D1844007

F.-W. Weitershaus • Das neue große Vornamenbuch

F.-W. Weitershaus

Das neue große VORNAMENBUCH

Herkunft und Bedeutung
von 8000 Vornamen

Bassermann

Illustrationen von Marina Faggioli Herold

ISBN 3-8094-1646-0

© 2005 by Bassermann Verlag, einem Unternehmen der Verlagsgruppe
Random House GmbH, 81673 München
www.bassermann-verlag.de
© der Originalausgabe 1992/1999 by Mosaik Verlag, München

Die Verwertung der Texte und Bilder, auch auszugsweise, ist ohne
Zustimmung des Verlags urheberrechtswidrig und strafbar.
Dies gilt auch für Vervielfältigungen, Übersetzungen, Mikroverfilmung
und für die Verarbeitung mit elektronischen Systemen.

Umschlaggestaltung: soldan advertising, München
Satz: Filmsatz Schröter GmbH, München
Druck: Těšínská tiskárna, Český Těšín

Printed in the Czech Republic

817 2635 4453

Inhalt

Vorwort

Ihr Kind trägt ein Leben lang den Namen, den Sie ihm geben werden. Dieses Buch möchte Ihnen Anregungen für die Namenwahl geben und die Suche nach einem Vornamen für Ihr Kind erleichtern. Über den oder die von Ihnen vorgesehenen Namen und viele andere erhalten Sie Auskunft über Herkunft, Bedeutung und Schreibung deutscher und fremder Vornamen. Dabei haben wir selbstverständlich den gesamten deutschen Sprachraum berücksichtigt, weitgehend die heute in der Bundesrepublik, in den neuen Bundesländern, in der Schweiz und in Österreich gebräuchlichen Vornamen. Zahlreiche Namen aus anderen europäischen Ländern, die bei uns Eingang gefunden haben und beliebt geworden sind, wurden aufgenommen.

Der einleitenden geschichtlichen Entwicklung der Rufnamen und Vornamen folgt der Abschnitt Vornamen im Wandel der Zeiten; er weist auf die verschiedenen Namenformen und auf die Mode in der Namengebung hin. Danach werden die heutigen Vornamen in Tabellen anschaulich dargestellt: vergleichsweise durch die Vornamen unserer Voreltern um 1900 und die am häufigsten gebrauchten Vornamen der letzten 30 Jahre. Die Grundsätze und Motive für die Namenwahl sollen Ihnen bei Ihrer Entscheidung helfen. Schließlich sind die namenrechtlichen Bestimmungen der Standesämter noch zu beachten wie die Regeln der Vornamenschreibung, damit man den gewünschten Vornamen dem Kind ohne Schwierigkeiten mit auf den Weg geben kann.

Der alphabetische Teil bringt über 8000 männliche und weibliche Vornamen. Sicher gibt es aus den vergangenen Jahrhunderten noch weit mehr Vornamen im deutschen Sprachraum. Doch haben wir von älteren Vornamen nur die ausgewählt, zu denen wir noch eine kulturgeschichtliche Beziehung haben. Bekannte Namensträger und -vorbilder sind in Auswahl berücksichtigt, ebenso die bekanntesten Kurz- oder Koseformen und die wichtigsten Entsprechungen deutscher Vornamen in anderen europäischen Sprachen.

Die vorliegende, aktualisierte Neuausgabe legt Erkenntnisse der heutigen Namenforschung dar und zitiert die relevanten Grundlagen des gegenwärtigen inländischen Namenrechts. Auch die Änderungen der namenrechtlichen Bestimmungen verschiedener europäischer Nachbarstaaten wurden eingearbeitet.

Geschichtliche Entwicklung der Rufnamen und Vornamen

Wer sich mit der Wahl eines Vornamens befaßt, besinnt sich auf die eigenen Namen. Und ihm wird bewußt, daß er einen oder mehrere Vornamen trägt, die er selbst nicht auswählen konnte, und dazu einen Familiennamen, auf den er keinen Einfluß hatte. Das ist Grund genug, für die eigenen Kinder eine sorgfältige Namenwahl zu treffen.

Bei den meisten Völkern führt heute jeder mindestens zwei Namen: den festen, ererbten Familien- oder Nachnamen und den oder die von den Eltern frei gewählten Vornamen. Die Eltern können zum Zeitpunkt der Namenwahl sicher noch nicht ahnen, welche Gestalt, Art und Wesen ihr Kind einmal haben wird. So sind Vornamen zunächst Wunschnamen, angelehnt an Namenvorbildern der Gegenwart oder der Vergangenheit. Man erwartet vom Vornamen, daß er nach seinem Wohlklang, nach seinem Vorbild, nach seiner Bedeutung vielleicht Einfluß ausüben könnte auf das Wesen des Trägers, auf sein Schicksal, auf sein gesellschaftliches Glück.

Vornamen sollen deshalb persönliche Namen sein, mit allen guten Wünschen und Eigenschaften, die in die Namengebung hineingelegt werden können. Das war schon Heilswunsch und Wille unserer Vorfahren. So mögen die überlieferten alten deutschen Namen ursprünglich Ausdruck und Gefühlswert der Eltern in ihrer Beziehung zu den Kindern gewesen sein. Mit den gegebenen zweigliedrigen Rufnamen konnten ideal und sinnvoll zwei Wünsche gepaart und ein reicher Schatz an Namen gebildet werden, von denen allerdings nur noch einige hundert die Zeiten überdauert haben.

Unsere germanischen Vorfahren hatten ebenso wie die Angehörigen der anderen indogermanischen Völker in der Anfangszeit ihrer Kulturen nur einen, nicht erblichen Namen, der einer bestimmten, lebenden Person zu eigen war. Von diesen frühen Eigennamen ausgehend, änderte und bereicherte sich die Namengebung entsprechend der Geschichte, der Kultur und dem Wachsen und Vergehen der Völker und ihrer Sprachen.

Von der Einnamigkeit wichen schon früh die Römer ab, die bereits in der klassischen Zeit ein Dreinamensystem entwickelt hatten, dem Vornamen, z. B. *Caius*, folgte der Gentilname des Geschlechtsverbandes, der Sippe, z. B. *Iulius*, und diesen der *cognomen*, der Zuname, später der Beiname, hier *Caesar*. Bei den Frauen blieb die Einnamigkeit.

Insgesamt haben unsere heutigen Vornamen, bis auf wenige Neubildungen, eine lange Überlieferung. Die zweistämmigen Eigennamen gehen bis in die indogermanische Zeit zurück – vielleicht bis ins zweite oder dritte vorchristliche Jahrtausend. Die vergleichende Sprachforschung konnte beweisen, daß die germanischen, griechischen, slawischen und keltischen Namen nicht nur das gemeinsame Gesetz der zweistämmigen Namenbildung zeigen, sondern auch noch in vielen Formen die gleiche Bedeutung haben.

Man kann die griechischen Namen *Damo-kles* neben *Diet-mar* (»Volk« und Ruhm«), *Demo-sthenes* neben *Volk-hard* (»Volk« und »hart, stark«), keltisch *Sego-mer* neben *Sieg-mar*, slawisch *Woli-mir* neben *Will-mar, Bogu-mil* neben *Gott-lieb* und *Dorothea* neben *Theodoros* stellen, Sinn und Bedeutung sind gleich (den Bindestrich haben wir eingefügt, um die Fugen der Wortstämme besser zu erkennen). Viele Wortstämme sind in ihrer lautgesetzlichen Übereinstimmung indogermanischer Herkunft; hier im einzelnen darauf einzugehen, würde zu weit führen.

Zwar scheint das einleitend Gesagte weit hergeholt; es soll jedoch zu erkennen geben, daß die meisten unserer europäischen Namen eine gemeinsame Entwicklung haben. Rund 600 der alten Namen im abendländlischen Kulturraum werden auch heute noch in verschiedenen lautlichen und graphischen Formen in fast allen europäischen Ländern gebraucht. Die wichtigsten Entsprechungen in den europäischen Sprachen haben wir deshalb in einer Auswahl im lexikalischen Teil zu den bekannten alten Vornamen gestellt. Wenn in jüngster Zeit mehr und mehr Vornamen fremder Herkunft bevorzugt werden, weil gerade das »fremd Klingende« anzieht, so sind die meisten von ihnen gar nicht so fremd und weither gekommen – uns fehlt nur der Überblick, die sprachgeschichtlichen Zusammenhänge der Namenbildung zu erkennen.

Bis ins 11./12. Jahrhundert genügte unseren Vorfahren *ein* Name, um sich voneinander zu unterscheiden. Mit diesem einen Namen wurden sie gerufen. Dieser alte *Rufname* hat heute eine andere Bedeutung. Er ist jetzt die Namenform, die (auch abweichend vom gegebenen Vornamen) täglich umgangssprachlich gebraucht wird.

Neben den alten Rufnamen trat etwa vom 12. Jahrhundert an bei wachsender Bevölkerung zur Unterscheidung ein *Zuname*, zunächst als *Beiname*, danach im Laufe der Jahrhunderte als festwerdender und vererbter *Familienname*. Der nun Vorname gewordene Rufname blieb über Jahrhunderte hinweg wichtiger, im täglichen Umgang die Person kennzeichnender Name, während der *Zuname* oder *Familienname* bis in die heutige Zeit im Gemeinwesen eine offizielle Funktion hat.

Die Urkunden der althochdeutschen Zeit (etwa 750 bis 1080) weisen eine Fülle zweistämmiger germanischer Namen auf, die einmal insgesamt 7000 gewesen sein mögen. Es sind meist Männernamen, die noch in der Karolingerzeit mit über 2000 Namen in Blüte standen. Im 11. Jahrhundert erlahmte die schöpferische Kraft der alten deutschen Namen, zugleich sind unter dem Einfluß des Christentums aus dem Süden bereits neue, fremde Namen eingedrungen. Zwar beschleunigte der neue Religionskult den Verfall der alten Namen, wiederum darf nicht vergessen werden: Die rund 400 alten germanischen Namen, die bis heute gebräuchlich geblieben sind, hat die Kirche mitbewahrt, indem Klerikale wie Laien im alten Reich bewußt die heimischen Namen weitertrugen. So sind Kaiser und Könige und ihre Frauen, die Gaugrafen und

Bischöfe, viele Heilige beiderlei Geschlechts noch erfreulicherweise Namenvorbilder mit ihren alten deutschen Namen. Hinzu kamen nun die christlich geprägten griechisch-lateinischen und alttestamentlichen Namenformen.

Sehen wir uns zum Verständnis des lexikalischen Teils die alten zweistämmigen germanischen Namen an. Es fällt auf, daß eine ganze Reihe von Wortstämmen auf Kampf und Krieg *(badu, gund, hadu, hari, hild, wig)*, auf die Waffen (*ekka* »Schwertschneide«, *ger* »Speer«, *isan* »Eisen«, *ort* »Spitze einer Waffe«, *brand* »Brennen, Schmerz durchs Schwert«) hinweisen; danach auf den Schutz davor: *brun* »Brünne, Brustpanzer«, *burg* »Schutz, Zuflucht«, *gard* »Einfriedung, Hort«, *helm* »Helm«, *linta* »Lindenholzschild«, *rand* ebenfalls (hoher) »Schild«. Den Eigenschaften des Kampfes (*bald* »kühn«, *harti* »hart, stark«, *kuni* »kühn«, *muot* »mutig, tapfer«, *trud* »Kraft«) folgen Sieg *(sigu)*, Ruhm *(hruod)*, Friede (*fridu* »Waffenruhe«) des Volkes *(diet, folc)*. Zum Walten *(waltan)* und Herrschen *(rihhi)* gehört auch die Natur mit den Göttern (Asen), den Alben und Elfen, der Wald *(witu)* und die Tierwelt: Adler *(arn)*, Bär *(bero)*, Eber *(ebur)*, Rabe *(hraban)* und Wolf *(wolf, wulf)*. Allein 200 Namen sind nachzuweisen, die auf *-bald* »kühn, mutig« ausgehen, 250 auf *-ric, -rich* »mächtig, reich, herrschend«, fast 400 auf *bert, brecht = beraht* »glänzend, strahlend, prächtig«, und allein 464 auf *wolf (-olf)*, womit die unmittelbar erfahrenen Eigenschaften des *Wolfs* wie »Kraft, Stärke, Ausdauer, List und Angriffslust« für den Kämpfer und Streiter gemeint waren. Grundsätzlich gab es in der zweigliedrigen Bildungsweise keinen Unterschied zwischen Männer- und Frauennamen. Jedoch fällt auf, daß als Zweitglieder bestimmte Wörter, wie *-brand, -frid, -muot, -ger* nur bei Männernamen und Wörter wie *-burg, -hild, -heit* nur bei Frauennamen auftreten. Bei den Erstgliedern sind die Namenelemente gleich, bis auf gelegentliche Ausnahmen wie *eber-* bei Männernamen, *swan-* bei Frauennamen. Darüber hinaus werden Frauennamen durch Movierung von Männernamen abgeleitet, indem den männlichen Formen *-e* oder *-a* zugefügt werden.

Die beiden beliebten Vornamen *Dieter* und *Volker* haben die gleiche Bedeutung, das wird klar, wenn wir das ausgestoßene und zweigliedrig erforderliche *h* hinzunehmen: *Diet-her, Volk-her,* ahd. *Diot-hari, Folk-hari, diot, folk* = Volk, *hari* = Heer; mit *folc, folk* ist vor allem Kriegsvolk gemeint, mit *hari, heri* vom got. *harjis* her der Krieger. Eine weitere Form *Dieter* war als Kurzform aus dem alten Namen *Dietrich* (*diot* »Volk« und *rihhi* »mächtig, reich, herrschend«) entstanden. Diether und Dieter fielen später zusammen, der Bedeutungsunterschied wurde nicht mehr verstanden. Bei den vielen Namen mit *-hold, -old, -olt, -ald, -wald* ist heute nicht mehr zu erkennen, daß sie alle zu *walt(an)* »walten, herrschen« zu stellen sind. Eine Reihe von Namen mit *-lieb* haben mit *liob* »lieb« gar nichts zu tun, sondern gehören zu *-leib* »Erbe, Hinterlassenschaft«. Schwierig wird es bei den zahlreichen Frauennamen mit *-lind*; gleich drei alte Stammwörter bieten sich an: *linta, lind* »die Linde, das Lindenholzschild«, *lindi, lind* »weich, sanft, zart, nachgiebig, lieblich«, *lint, lind* »die Schlange«. Obwohl die beiden letzteren wohl eher »passen« würden (nach heutiger Denkweise) für (manche) Frauen, gehört doch *linta* »das Lindenholzschild als Schutz« zu den meisten *-lind*-Namen, weil wir hier mehr *Walküren*namen als »Heimchen am Herde« zu sehen haben.

Kulturgeschichtliche Ausblicke eröffnen sich, wenn wir den Namen *Amalrich* verfolgen: *Amal-* zum Name der *Amaler, Amelungen* (ostgot. Königshaus), *-rich* »Herrscher«; *Amalrich* wird im Russischen zu *Amalrik* (heute Name eines russ. Dissidenten), im Italienischen zu *Amerigo*. Den italienischen Seefahrer Amerigo Vespucci (1451–1512) hielt man für den eigentlichen Entdecker des amerikanischen Festlandes, 1507 wurde der Vorname *Amerigo* Bezeichnung für Südamerika, auf der Karte Mercators von 1538 sind beide Amerika so benannt.

Nun kann man sich die Erklärung der alten deutschen Namen wesentlich erleichtern, indem man sie mit heutigen Begriffen gleichsetzt – wie es in allen früheren Namenbüchern üblich war. Statt zu erklären, *Dietrich* zu ahd. (althochdeutsch) *diot* »Volk« und *rihhi* »Reich, Herrschaft«, *rihhan* »beherrschen«, steht dann schlicht *Dietrich* »der Volksherrscher«. Diese verallgemeinernde Gleichschaltung versperrt aber bei den meisten alten Namen dem heutigen Leser den Blick für all jene möglichen Bedeutungen und Wünsche, die unsere Vorfahren in die Namen hineingedacht haben mögen.

Der Schriftsteller Bogislav von Selchow hat 1934 in seinem Namenbuch[1] – durchaus nach den damals treudeutschen wissenschaftlichen Erkenntnissen – bei den alten Namenformen die »sinnvollen« Appellativa »hinzugedichtet«. Was bei den Erklärungen »unserer arteigenen Namenwelt« als »Ausdruck einer bewußten Sinngebung« herauskam, sei nur an einigen der rund 5770 Namen zählenden Sammlung gezeigt:

Adelheid	»Die Edelstrahlende«
Adolf	»Edelwolf«
Amalie	»Die Arbeitsfrohe«
Dietlinde	»Die um das Geheimnis des Volkes weiß«
Gundula	»Kleine Kämpferin«
Helmut	»Von heldischem Mut«
Kai	»Der gegen die Feinde böse«
Reiner	»Ratender Adler«
Sigfrid	»Schütze die Deinen durch Besiegung des Feindes«
Ulla, Ursula	»Munteres Füllen«.

In dieser »Sammlung« sind noch viele fremde Namen »vereinnahmt« worden, so daß z. B. die genannten Namen Ursula und Ulla zu lateinisch *urs* »Bär« gehören und eher als »kleine Bärin« anzusprechen sind, nicht als »Füllen« zu ahd. *(h)ros*, mittelnd. *ors, urs* »Streitroß, Pferd«.

[1] Bogislav von Selchow, Das Namenbuch. Eine Sammlung sämtlicher deutscher, altdeutscher und in Deutschland gebräuchlicher fremdländischer Vornamen, Leipzig 1934.

Diese Namenerklärungen erwecken Vorstellungen beim heutigen Leser, die kaum den damaligen Wunschgedanken der Namengeber entsprochen haben dürften. Der frühere Sinn der zweistämmigen Namen läßt sich nicht mit heutigen Begriffen gleichsetzen. Wir haben also auf eine überholte Gleichschaltung von Vornamen und Appellativ verzichtet und setzen dafür die heute anerkannte und gebräuchlich gewordene Erklärung der Namen aus ihrer entsprechenden appellativischen Wurzel. Das mag für den heutigen Leser oft im Zusammenhang nicht leicht sein, ist aber der richtige Weg, um die umschreibende Bedeutung der Namen im Sinne unserer Vorfahren annähernd zu erkennen. Nur auf diese Weise kommen wir der Sinngebung der alten deutschen Namen in ihrer Zeit näher; allerdings ist wohl schon während des Gebrauchs und der Schöpfung von Namen im Laufe der Zeit in vielen Fällen Sinn und Bedeutung nicht mehr bewußt gewesen.

Zur Erklärungshilfe für die althochdeutschen Namenglieder steht vor dem lexikalischen Teil (S. 60) eine Auswahl von Namenelementen mit hochdeutschen Entsprechungen.

Vergessen wollen wir nicht, daß es neben den vielen zweistämmigen Namen auch einige einstämmige gegeben hat. Bekannt sind *Karl*, ahd. *charal, karl*, mhd. *karl* »Mann, Ehemann, Geliebter«, altnord. *karl* »Mann, (freier) Bauer«; mittelnd. *kerle* »freier, gewöhnlicher Mann« ist heute noch als *Kerl* mit verächtlichem Nebensinn geläufig. *Bruno* »der Braune« weist auf den Bären hin, *Ernst*, ahd. *Ernust*, auf die Festigkeit des Willens, aber auch durch angelsächsisch *eornost* auf »Kampf, Zweikampf«.

Durch die Verbreitung des Christentums gewannen die Namen der Römer und Griechen, aber auch die biblischen hebräischen Namen im Laufe der Jahrhunderte in Deutschland erheblich an Einfluß.

Heintze-Cascorbi[2] meint, bei den Griechen »eine reiche Phantasie, einen idealen Schwung«, ein Hinneigen »auf das überwiegend Geistige, auf edle Eigenschaften« zu erkennen. »Während die griechischen Personennamen ein ideales, poetisches Gepräge haben«, zeige sich dagegen, daß »die römischen Namen ein prosaisches Gepräge haben und sich meist in einer sehr niederen Region bewegen«. Tatsächlich haben viele der griechischen Namen, die bei uns gebraucht werden, zwei beredsame Wortstämme, die den zweigliedrigen germanischen Namen entsprechen. Dagegen überraschen die sachlichen (Vor-) Namen der Römer und ihre derben Beinamen (Übernamen). Man darf jedoch nicht dem allgemeinen Trugschluß unterliegen, »daß dem klar erkannten Unterschied eine völkerpsychologische Bedeutung beizumessen sei, während sich in Wahrheit nur zwei verschiedene Lagen der antiken Kultur in der Namenwahl der Griechen und Römer gegenüberstehen«[3].

[2] Heintze-Cascorbi, Die deutschen Familiennamen, geschichtlich, geographisch, sprachlich, Halle/Berlin 1933, S. 10.

[3] Erich Wentscher, Die Rufnamen des deutschen Volkes, Halle (Saale) 1928. S. 2.

Der jüngeren Namengebung der Römer fehlt das Prinzip der zweistämmigen Gliederung; sie könnten es unter dem Einfluß der Etrusker schon früh aufgegeben haben (etwa 500 v. Chr.). Die altrömischen lateinischen Namen sind oft nüchterne, praktische, phantasiearme Bildungen des Alltags: *Claudius* »der Hinkende«, *Fabius* »der Bohnenzüchter«, *Hilarius* »der Heitere«, *Longus* »der Lange«, *Paulus* »der Kleine«, *Plautus* »der Plattfuß«, *Rufus* »der Rote«. Häufig machten sich die Römer gar nicht die Mühe der Namenwahl, sie zählten ihre Kinder: *Secunda* »die Zweite«, *Tertia* »die Dritte«, *Quarta* »die Vierte«, *Quintus* »der Fünfte«, *Sextus* »der Sechste«. Auf erhaltenen römischen Grabsteinen finden wir dann neben dem Familiennamen S. (oder Sext.) für Sextus, oder Q. für Quintus.

Die traditionsreichen und heute wohlklingenden Namen *Claudia, Cäcilia, Oktavia* haben nun mal die sehr sachlichen Erklärungen: »die Hinkende«, »die Trübäugige (Blinde)«, »die Achte«; dafür sind weitere lateinische Namenbildungen, zum Teil auch unter griechischem Einfluß, um so erfreulicher: *Amanda* »die Liebenswerte«, *Amöne* »die Anmutige, Liebliche«, *Benedictus* »der Gesegnete«, *Felix* »der Glückliche«, *Renatus* (René) »der Wiedergeborene«.

Erste lateinische und griechische Namen in St. Galler Urkunden sind: *Benedictus, Bonifacius, Clemens, Domica, Eusebius, Gallus, Martinus, Vincentus, Valerius;* in Fuldaer Urkunden: *Alexander, Agnes, Anastasius, Andreas, Bartholomäus, Benedicta, Benedictus, Georg, Gregorius, Juliana, Julius.* Unter den orientalisch beeinflußten christlichen Namen sind jedoch überwiegend alttestamentliche hebräische Namen wie *Aaron, Abraham, Adam, Anna, Benjamin, Daniel, David, Iob* (Hiob), *Joseph, Isaak, Judith, Moyses, Salomon, Samuel, Sara, Saul, Susanna,* neutestamentliche wie *Petrus* und *Symon.* Der fromme Sinn und das ganz auf Gott (Jahwe, Jehova) bezogene kulturelle Leben der Juden kommt bei den meisten biblischen hebräischen Namen voll zur Entfaltung, oder sie zeigen den schmückenden orientalischen Vergleich, wie wir ihn aus vielen Texten der Bibel kennen.

Die älteste Namensammlung des 8. bis 11. Jahrhunderts in St. Gallen mit 1069 Namen von Kaisern und Königen, geistlichen und weltlichen Trägern im süddeutschen Raum weist nur 16 biblische (hebräische) und 15 lateinische Namen auf, die übrigen 1038 trugen die alten deutschen Namen[4]. Zum Vergleich: in dem weiter nördlich geschriebenen Fuldaer Codex[5] vom 8. bis 12. Jahrhundert mit 4578 Namen sind nur 38 biblische (hebräische, griechische) Namen enthalten und 50 lateinische, alle übrigen 4490 trugen noch die alten deutschen Namen. Zieht man hier von den fremden Namen noch die beurkundeten auswärtigen Päpste und Kardinäle ab, so liegt das Namenverhältnis der

[4] St. Galler Nekrologium, Handschrift der Stiftsbibliothek St. Gallen Nr. 915; abgedruckt durch Dümmler/Wartmann, St. Galler Todtenbuch, Mitt. Vaterländ. Gesch. St. Gallen XI, 1 (1869).

[5] Schmincke, Register zu Dronkes Codex diplomaticus fuldensis, Kassel 1862.

weltlichen und geistlichen Oberschicht bei 90:1, das heißt, bei 90 einheimischen Namenträgern war nur einer mit einem fremden Namen. Aus Sebastian Münsters Kosmographie[6] ergibt sich, daß im 10. Jahrhundert unter 240 Personen 211 = 88 Prozent einen deutschen Namen trugen.

Tabelle 1. Häufige Vornamen vom 8. bis 12. Jahrhundert in Deutschland

männlich	weiblich
Adalbert	Adelheid
Chuonrat (Konrad)	Mahthilt, Mechthilt
Dieto, Dietrich, Dietbert, Diemar	Irmingart (Irmgard)
Eberhart, Ekkehart	Berahta, Bertrada (Bertha),
Engilbert, Erhart, Ernust	Berahthilt, Blihtrud
Gerbert, Gerhart	Demuot, Diemuot
Heinrich	Edellint, Emma, Engiltrud
Friderich, Fridehelm	Gisalhilt, Gisele, Gerthrud
Heriman (Hermann), Herimuot	Hathewig (Hedwig), Hadaburg, Heilwic
Ruodolf, Ruodpert (Ruprecht)	Hiltiburg, Hiltigard, Hiltigund
Sigfrid	Irmintrud, Jutta, Kunigunt, Liutgart
Walthari (Walter)	Oda, Thiotlind (Dietlind)
Werinhari (Werner)	Walburg, Waltburg, Waltthrud

Um 1100 treten die wenigen alttestamentlichen Namen kaum noch auf oder kreuzen sich mit anderen fremden oder heimischen Rufnamen, so z.B. *Job* (Hiob) mit dem Heiligennamen *Jodokus* zu *Jobst*, später *Jost*, oder *Judith* mit dem alten deutschen Namen *Jutta*. Der Name *Jakob* kann sich durch wechselnden Bezug vom alttestamentlichen Patriarchen Jakob auf den neutestamentlichen Apostel Jakobus halten.

Mit Ausbreitung und Festigung der katholischen Kirche setzt in der zweiten Hälfte des 12. Jahrhunderts eine stärkere Heiligenverehrung ein, die zunächst bis zur Reformation die Namenverbreitung bestimmt. Die katholische Kirche fördert den volkstümlichen Heiligenkult, so daß die Taufnamen bestimmt werden durch den Heiligenkalender, durch die Heiligen als Schutzpatrone von Berufen, Helfer in vielen Dingen des Lebens, schließlich durch die Paten als feste Einrichtung der Kirche und des Gemeinwesens.

Während im ganzen 14. Jahrhundert bei Bürgern und Bauern in weiten Teilen Deutschlands die alten deutschen Rufnamen noch vorherrschen, setzen sich um die Wende des 14. zum 15. Jahrhundert, besonders aber in der ersten Hälfte des 15. Jahrhunderts, die mehr und mehr in Gebrauch kommenden fremden und Heiligennamen durch.

[6] Münster, Sebastian, cosmographei oder Beschreibung aller Länder, zum dritten Mal... gebessert, Basel 1550.

Tabelle 2. Vornamen um 1400

Die Reihenfolge der Häufigkeit konnte je nach Landschaft verschieden sein.

männlich	weiblich
Johann(es), Hans	Elisabeth, Elsbeth, Else
Heinrich	Margarethe, Greta
Konrad	Anna, Katharina
Peter, Petrus	Adelheid, Luckard, Liutgard
Nikolaus	Mathilde, Mechthild, Mette
Dietrich, Wilhelm	Kunigunde, Kunne
Jakob	Agnes, Ursula
Hermann, Gerhard	Bertha, Bertraud, Gertrud, Gertraud
Albert, Albrecht	Hille, Hilde, Hildegund
Ludwig	Irmgard, Ermgard,
Leonhard, Lienhard	Ermentrud, Diemut
Andreas, Georg, Martin, Franz	Barbara, Johanna, Sophia
Stephan, Thomas, Michael, Paul	Christina, Dorothea,
Matthias, Matthäus, Laurentius	Magdalena, Helene
Hugo, Bernhard,	Ida, Itte, Jutta
Rudolf, Friedrich	Walburga

Im Vergleich der Tabellen 1 und 2 sehen wir, daß die fremden Namen in zweieinhalb Jahrhunderten die heimischen Rufnamen erheblich zurückgedrängt haben. Die Reformation brachte vom ersten Viertel des 16. Jahrhunderts an bei den evangelischen Volksteilen Deutschlands die Ablehnung der katholischen Heiligennamen und – durch die Bibelübersetzung Luthers erleichtert – die Hinwendung zu biblischen Namen des Alten und Neuen Testaments. Die evangelische Kirche hat dabei die Namengebung zu keiner Zeit als Autorität beeinflußt.

Die alten Kirchenbücher beider Konfessionen bestätigen eine Erfahrung, die grundsätzlich für die Namengebung durch alle Jahrhunderte gilt: *Neue Vornamen sinken von der führenden Oberschicht des Volkes im Laufe von Generationen auf die unteren Volksschichten.* Zugleich verändern und verbreiten sich dadurch einzelne Namenformen, sie haben je nach Volkstümlichkeit und Beliebtheit *Nebenformen, Kurz- und Koseformen*. Die Kaisernamen des Mittelalters, *Heinrich* und *Konrad*, werden zu *Hinz* und *Kunz, Heinz, Hein, Kurt* und *Kord*, und zu Jedermanns-Namen.

Zeitweilige Namenbildungen dynastischer Herkunft können wir durch alle Jahrhunderte und quer durch alle deutschen Landschaften beobachten; zum Teil sind es unabhängige Namen nach Vorbildern, zum kleineren Teil nur abhängige Patenschaftsnamen. Die alten Fürstennamen Heinrich und Konrad, Friedrich und Ludwig und andere konkurrieren jahrhundertelang gegen die eindringenden Fremdnamen (siehe Tabelle 1 bis 4). Hat ein Landesfürst einen fremden Namen erhalten, so mehrt sich bald sichtlich sein Name unter den Landeskindern (z. B. in Tabelle 3: *Georg,* Name hessischer Landgrafen in dieser Zeit). Oder die an sich alten Dynastennamen *Friedrich* und *Wilhelm* erreichen erneut eine Verbreitung, wie um 1900 durch die Hohenzollernnamen (Tabelle 5). Das Absinken neuer Namen oder der Anstoß zu neuen Namenformen von der oberen Volksschicht über die mittlere bis in die untere Schicht ist auch noch in neuerer Zeit zu beobachten – für den heutigen soziologischen Bezug spricht man besser von Namenwanderung in den Berufsgruppen[7].

Tabelle 3. Häufigkeit von männlichen Vornamen einer deutschen Mittelstadt im Jahre 1616

Erfaßt waren insgesamt 615 Bürger. Nach dem Wallbauregister von Gießen, Lichtmeß 1616, Staatsarchiv Darmstadt, Abt. VIII, 2, Konv. 93 Musterungslisten.

Adam 16, Andreas (Enders) 5	Jeremias 2, Jeronimus 2
Balthasar (Balzer) 25, Bernhard 7	Johann(es) 84, Jost 18
Caspar 27, Claus 3, Conrad 22	Leonhard 4, Lorenz 4, Ludwig 14
Craft 3, Christian 7, Christoph 5	Marx (Markus) 3, Melchior 21
Daniel 3, David 2, Dietrich 2	Merten (Martin) 3, Michael 6
Ebert, Eberhard 6	Niclaus 7, Oswald 3
Friedrich, Fritz 8, Fabian 2	Paulus, Paul 16, Peter 15, Philipp 4
Georg 39, Gerlach 13	Reinhard 5, Simon 2
Hans 70, Henrich (Heinrich) 32	Tönges (Antonius) 11, Tobias 2
Hermann 10	Velten (Valentin) 7, Volpert 4
Jakob 6, Joachim 3	Wendel 4, Wilhelm 4

Abgesehen von der bereits erwähnten Heiligenverehrung hat in der Vergangenheit weniger das Vorbild berühmter Leute, sondern vielmehr Brauch, Sitte und Mode der Zeit Einfluß auf die Namengebung gehabt, insbesondere durch das Patennamensystem. Das wird verständlich, wenn wir uns die Taufnamen ansehen.

Aus den kirchlichen Taufbüchern vom 16. Jahrhundert an ergibt sich, daß die biblischen Namen, und regional verschieden stark die Heiligennamen, weitaus in der Mehrzahl sind. Allen voran steht bei den Knaben *Johann, Johannes,* insbesondere aber *Hans*, die beliebte Kurzform von Johannes. Hans war in allen Teilen des alten Reiches gleichermaßen stark verbreitet. Von 522 gefallenen und verwundeten Zürchern in der Schlacht bei Kappel (1531) hießen allein 145 Hans. Es folgen *Nikolaus (Klaus), Konrad, Peter, Georg, Heinrich* in unterschiedlicher Verbreitung. Bei den Mädchen sind *Maria, Marie* und *Anna*, danach *Elisabeth, Katharina* und *Margarete* am meisten verbreitet. Daß *Martin*

[7] Wilhelm Hesterkamp, Einflüsse sozialer Verhältnisse auf die Namenwahl, Muttersprache 75. Jg. (1965), S. 33–40.

und *Katharina* sich bei der evangelischen Bevölkerung mehr vorfindet, könnte zum Teil auf die Namen von Martin Luther und seiner Frau, Katharina von Bora, zurückzuführen sein.

Bis in die letzten Jahrzehnte des vorigen Jahrhunderts war es üblich, ja selbstverständlich, daß einem Kind bei der Taufe die *Namen seiner Paten* gegeben wurden. Der Pate hatte bei der Taufe im Namen des Kindes das Glaubensbekenntnis abzulegen und übernahm die Verpflichtung, christliche Unterweisung und Erziehung des Kindes zu fördern. Über die materiellen Patengeschenke hinaus war die Fürsorge der Paten für Halbwaisen und Waisen vielerorts üblich. Durch Patenschaft entstand in der katholischen Kirche eine geistliche Verwandtschaft, die evangelische Kirche kannte nur die Taufpaten. Mit der Zeit blieb nur noch eine bloße Taufzeugenschaft, wie wir sie heute kennen.

Im 16./17. Jahrhundert hatte ein Kind meistens zwei Taufpaten, deren Namen es bekam, *ein* Name davon wurde selbstverständlich Rufname. In katholischen Gegenden konnte dies mit der üblichen Sitte konkurrieren, dem Kind bei der Taufe den Namen des Heiligen seines Geburts- oder Tauftages nach dem Heiligenkalender beizulegen.

Auch die seit dem 16. Jahrhundert gebrauchten *Doppelvornamen* waren zuerst beim Hochadel, danach in den Städten und beim Landadel üblich und sanken dann zur großen Masse der Bauern und Bürger ab. Soldaten, geringe Leute und Bürger wählten bewußt Vornamen vornehmer Paten bei der Taufe ihrer Kinder hinzu – wohl zu ihrem Vorteil.

Während auf dem Lande die Taufnamengebung der Männer zu der sehr häufigen typischen Bildung *Johann* und einem Zweitvornamen führte, der Rufname wurde, gab es bei den Frauen häufig nur die Vornamen-Kombinationen zwischen den Namen *Anna, Maria, Elisabeth, Katharina, Margarete*. Besonders die evangelischen Kirchenbücher sind durch die Eintönigkeit der Taufnamen im 17./18. Jahrhundert bekannt. Das 18. Jahrhundert zeigt überhaupt bei der großen Masse des Volkes keine große Veränderung unter den Vornamen. Ausgefallene Namen ergeben sich nur durch besondere Umstände. Als der Verfasser auf der Suche nach Vorfahren im 17. Jahrhundert bei zahlreichen Anna Marias und Anna Katharinas endlich auf einen ungewöhnlichen Namen wie Polyxenia stieß, ergab sich, daß die Fürstin und Landesmutter selbst Patin gewesen war.

Im Bürgertum entwickelte sich im 18. Jahrhundert, dem Adel und dem Honoratiorentum der Städte folgend, ein Geltungsbedürfnis in der auswuchernden Sitte, statt zwei Paten nun vier, fünf, sechs und mehr, prunkend mit all ihren einzutragenden Titeln anzunehmen; je höher der Stand des Paten, desto ehrenvoller war es für die Familie und ihr Kind, das nun oft eine ganze Litanei von Namen bekam. Anders war es bei den katholischen Gläubigen, indem das Kind mit mehreren Heiligennamen unter Schutz und Fürbitte verschiedener Heiliger gestellt wurde.

Tabelle 4. Häufige Vornamen im 17./18. Jahrhundert

Die Reihenfolge konnte je nach Landschaft und Zeitabschnitt verschieden sein.

männlich	weiblich
Johannes, Hans	Maria, Marie
Conrad, Claus, Nikolaus	Anna, Elisabeth, Elsbeth, Else
Peter, Georg, Caspar	Margarethe, Greta
Christian, Christoph, Jakob	Katharina, Christina
Heinrich (Henrich), Friedrich, Hermann	Susanna, Magdalena
Balthasar, Daniel, David, Philipp, Jost	Dorothea, Barbara, Ursula
Eberhard, Wilhelm, Ludwig	Johanna, Johannette
Michael, Martin, Franz, Anton, Paulus	Gertrud, Bertha
Adam, Andreas, Melchior,	Agnes, Clara, Sophia
Velten (Valentin)	Franziska, Helena, Martha
Bernhard, Berthold, Burkhard, Ulrich	Charlotte

Tabelle 4 zeigt nur eine Spitzengruppe häufiger Vornamen im 17./18. Jahrhundert. Bei einem verhältnismäßig *großen Vornamenbestand* wurden *relativ wenige Namen* gebraucht. In Frankfurt am Main wurden vom März 1600 bis Juli 1900 nach einem Teilergebnis 4356 Kinder geboren; sie kamen in diesen 300 Jahren mit 130 einfachen männlichen und 96 einfachen weiblichen Vornamen aus, jedoch die Vergabe von 423 männlichen und 420 weiblichen Doppelvornamen-Varianten in dieser Zeit machte das Namenbild farbiger.

Mit dem Aufkommen des *Pietismus* in Deutschland, seit dem 17. Jahrhundert eine religiöse Bewegung in der evangelischen Kirche zur Erneuerung des frommen Lebens durch Spener, Francke und die Herrnhuter Brüdergemeine, setzte eine Namenschöpfung ein, die für zwei Jahrhunderte das frömmelnde Bild deutsch-christlicher Namen zeichnete. Es sind Namen wie *Christlieb, Gottlieb, Gotthelf, Gotthold, Fürchtegott* und *Leberecht*. Die Erneuerung des Pietismus in den Erweckungsbewegungen des 19. Jahrhunderts rettete einige dieser Namen bis in die jüngste Zeit.

Durch die Jahrhunderte hat es immer wieder Leute gegeben, die für die alten deutschen Vornamen eintraten, und andere, die den deutschen Namenschatz mit wohlklingenden Namen aus anderen Sprachen bereichern wollten. In der Blütezeit des *Humanismus* in Deutschland (16. Jahrhundert) mit der Vorliebe für lateinische und griechische Literatur ist durch Wiederentdecken antiker Schriftsteller eine große Zahl lateinischer und griechischer Vornamen aufgekommen, die zum Teil heute noch gebräuchlich sind; zugleich wurden auch die vielen lateinischen und griechischen Familiennamen durch »Übersetzen« der deutschen Familiennamen gebildet, wie wir sie heute noch haben.

Dagegen wetteiferten nun die *Sprachreiniger* des 17. Jahrhunderts untereinander, die anstelle fremder Wörter und Namen neue deutsche Begriffe und Namen bilden und durchsetzen wollten. Philipp von Zesen erfand im Kampf gegen die fremden antiken Götternamen für *Diana* die *Weidinne*, für *Venus* die *Lustinne* oder *Liebinne*; auch weitere wie *Himmelshulde* für *Dorothea, Deutschlieb* für *Dietleib* oder *Bluminne, Wollustine* oder andere belustigten schon die Zeitgenossen.

Im 17. und 18. Jahrhundert gewannen nicht nur französische Sprache und Kultur, sondern auch *französische Vornamen* stärkeren Einfluß im deutschen Bürgertum, insbesondere bei den Mädchennamen: *Adelaide, Annette, Babette* (zu Barbara), *Charlotte, Claire, Henriette, Jeannette, Louise, Margot, Marion; Louis* stand neben Ludwig, und *Jean* wurde im Rheinisch-Pfälzischen volkstümlich.

Die Übernahme fremder Namen und die Wiederbelebung alter deutscher Namen wurde im 17. bis 19. Jahrhundert durch die *Literatur der Zeit* beeinflußt. Die Räuberromane, gefördert durch Schillers »Räuber«, und die Ritterromane mit der Vorliebe fürs deutsche Mittelalter belebten fremde und alte deutsche Namen wie *Berthold, Bertha, Hugo, Karl, Kuno, Kunigunde*. Die Ritterdramen, in Nachfolge von Goethes *Götz* (1773) und Klingers *Otto* (1774), brachten Namen wie Törrings *Agnes* Bernauer (1780), Tiecks *Karl* von Berneck (1793) und Kleists *Käthchen* von Heilbronn (1810). Friedrich Schlegels frühromantischer Roman *Lucinde* (1799) mit den Namen *Damon, Phyllis, Chlorinde, Lucinde* ist längst vergessen. Doch wurden die von dem Schotten Macpherson gefälschten Ossian-Dichtungen (1762/63) durch Herder, Goethe, Lenz, Klopstock mit Begeisterung aufgenommen, daraus sind bei uns einige Vornamen wie *Oskar, Malwine* und *Selma* in Gebrauch gekommen.

Im 19. Jahrhundert vermittelte der erheblich gesteigerte Konsum blühender *Romanliteratur* neue und alte Vornamen durch die Schriftsteller jener Zeit. In Scheffels »Trompeter von Säckingen«: *Ekkehard, Margarete, Werner;* bei Heyse: *Edwin, Guntram, Ludolf, Esther, Irene, Lili, Lucie;* bei Spielhagen: *Arthur, Bodo, Joachim, Justus, Kuno, Udo, Ulrich, Wolfgang, Constanze, Eleonore, Hertha, Isabel, Klothilde;* bei Hermann Sudermann: *Frank, Ada, Daisy, Elly, Else, Felicitas, Hertha, Kitty, Meta.* Charakteristisch für die zweite Hälfte des 19. Jahrhunderts sind die Romannamen aus Zeitungen und Zeitschriften: *Eberhard, Egon, Erich, Erwin, Günther, Helmut, Herbert, Jürgen, Lothar, Ralf, Roger, Thassilo* (aber adlig!), *Walther, Werner; Adda, Annemarie, Christa, Daniela, Diana, Edda, Erika, Erna, Eva, Gita, Hilda, Ilse, Isabel, Judith, Jutta* (aber adlig!), *Käthe, Liddy, Lilli, Madeleine, Marliese, Renata, Sabine, Sibylle, Susanne, Thea* und *Theodora. Ulla* (zu Ursula) wurde um 1900 als »veralteter« Name angesehen.

Um die Jahrhundertwende, im Jahre 1902, ergab sich nach einer Untersuchung von N. Pulvermacher bei Vornamen von etwa 41 000 Berliner Schülern der Gebrauch von nur 291 männlichen und 306 weiblichen Vornamen. Die häufigsten männlichen Vornamen waren: 1. *Wilhelm* und *Willi,* 2. *Paul,* 3. *Friedrich* und *Fritz,* 4. *Johannes* und *Hans,* 5. *Karl,* 6. *Max,* 7. *Walther,* 8. *Erich,* 9. *Otto,* 10. *Franz,* 11. *Georg,* 12. *Kurt* und *Konrad,* 13. *Ernst,* 14. *Richard,* 15. *Alfred,*

16. *Hermann,* 17. *Bruno,* 18. *Artur,* 19. *Gustav,* 20. *Rudolf.* Die häufigsten weiblichen Vornamen: 1. *Margarete* und *Grete,* 2. *Gertrud* und *Trude,* 3. *Martha,* 4. *Frieda,* 5. *Anna,* 6. *Else* und *Elsa,* 7. *Marie, Maria,* 8. *Charlotte* und *Lotte,* 9. *Hedwig,* 10. *Erna,* 11. *Helene,* 12. *Elisabeth,* 13. *Clara,* 14. *Emma* und *Emmi,* 15. *Ella* und *Elli,* 16. *Johanna,* 17. *Louise, Luise,* 18. *Käthe* und *Katharina,* 19. *Elise,* 20. *Bertha.*

Vornamen im Wandel der Zeiten

Kurz- und Koseformen

Im Namenteil dieses Buches sind die Kurz- und Koseformen zwar nicht immer gegeneinander abzugrenzen, sie bedeuten aber auch nicht das gleiche. *Koseformen* drücken Gefühl, Zuneigung und Zärtlichkeit aus. Eine Koseform ist die »aus Zärtlichkeit abgewandelte, vertrauliche Form eines Namens«[8]. *Kurzformen* oder *Kurznamen*, wie Witkowski sie nennt, »entstehen in der Umgangssprache, können aber durch häufigen Gebrauch zu vollwertigen Namen werden, deren Herkunft aus einer Vollform nicht mehr empfunden oder gewußt wird. [...] Zahlreiche Kurznamen sind gleichzeitig Kosenamen oder stellen die Ausgangsform für solche dar«[9]. *Kurzformen,* zunächst aus sprachlichen, rationalen Gründen gebildet, können in ihrem vertraulichen Gebrauch zugleich auch zu *Koseformen* mit ihren typischen Verkleinerungsendungen werden.

Kurz- und Koseformen von Rufnamen und Vornamen hat es zu allen Zeiten gegeben. Fast unbekannt ist heute der reiche Schatz der *germanischen Kosenamen*, die Franz Stark 1868 untersucht hat[10]. Es sind Verkürzungen der vollen Namen zu einstämmigen Kosenamen, die wiederum Kürzungen und Verkleinerungen erfahren konnten, zum Beispiel bei den Formen: *Adalbero, Adalbo, Adal, Allo, Azo.*

Einige wenige dieser Namen sind heute noch in Gebrauch, z. B. *Arno* (Arnold), *Benno* (Bernhard), *Berta, Bruna, Irma, Rolf, Udo, Wolf* (Wulf), doch den größten Teil, von *Abbo* bis *Zuzo*, kann man heute nicht mehr vorschlagen, weil wir keine Beziehungen mehr zu diesen ungewöhnlichen germanischen Kosenamen haben. Ein Teil dieser alten Namen ist durch die zahlreichen friesischen Kurzformen erhalten geblieben, die in einer Auswahl im lexikalischen Teil eingefügt sind.

Im alltäglichen Gebrauch hat man früher wie heute Kurz- und Koseformen verwendet, weil die zweigliedrigen Namen zu lang und schwerfällig waren. So kürzte man *Arnold* zu *Arno, Bernhard* zu *Benno, Benz* oder *Hardi, Gertraud* zu *Trude, Uodalrich* zu *Ulrich, Ulli, Uodalwolf* zu *Udolf, Udo.*

Durch diese Kürzungen entstanden ein- und zweistämmige Kurzformen, die bei den zweigliedrigen germanischen Namen zum ersten oder zweiten Glied gehören konnten. Im allgemeinen sind einstämmige Kurzformen zum ersten

[8] Klappenbach/Steinitz, Wörterbuch der deutschen Gegenwartssprache (28. Lfg.) III, Berlin 1969, S. 2205.

[9] Teodolius Witkowski, Grundbegriffe der Namenkunde, Berlin 1964, S. 43.

[10] Franz Stark, Die Kosenamen der Germanen. Eine Studie. Wien 1868. Unveränderter Neudruck, Wiesbaden 1967.

Namenglied zu stellen, weil dieses am stärksten betont wurde. So ist *Waldo* Kurzform von *Walthari* und nicht von *Sigwald.*

Eine weitere Art der Kürzungen sind die *zusammengezogenen Namen*, wie *Arnold* zu *Arnd, Diederik* zu *Dierk, Gerhard* zu *Gerd, Gert, Konrad* zu *Kurt, Kord, Bernhard* zu *Bernd, Rudolf* zu *Rolf.*

Bei den germanischen Kosenamen enden die männlichen Formen meist auf *-o*, danach zu *-e* geschwächt, die weiblichen auf *-a*. Einige Kurzformen haben sich durch Einfluß der Urkundensprache erhalten: *Bruno, Bruna, Bodo, Hugo, Otto.* Die Kurzformendung *-e* gibt es noch bei manchen Namen, z. B. *Heine*, niederdeutsch *Hein* für *Heinrich, Kunz* in Bayern, *Kunze* in Sachsen für *Konrad* (heute meist patronymische Familiennamen).

Mit der Endung *-i* tritt zur Kurzform eine weitere Variante als *Verkleinerung* hinzu, die jedoch oft als Koseform nicht mehr empfunden wird, weil Namen wie *Emmi, Heidi, Rudi, Willi* im Laufe der Zeit selbständige Vornamen geworden sind.

Verkleinerungsformen

Auch Verkleinerungsformen sind wie die Kurzformen den Koseformen unterzuordnen. Eine Verkleinerungsform ist eine »in der vertraulichen Anrede oft als Koseform verwendete, durch eine bestimmte Endung gekennzeichnete Ableitung, deren Bedeutung die Größe, Intensität, die in der Bedeutung des Grundwortes zum Ausdruck kommt, mindert«[11]. Diese Erklärung des Diminutivs im allgemeinen Wortschatz trifft auch auf Eigennamen zu.

Zu den landschaftlich bezogenen kosenden Verkleinerungsformen gehört das Anhängsel *-i*; es ist oberdeutsch, besonders schweizerisch: *Barbi, Evi, Mädi, Hansruedi, Maidi, Poldi, Kuni, Resi, Rosi, Rudi, Stasi, Uschi, Vroni.*

Oberdeutsch ist *-el*, es ergeben sich durch diese Endung Namen wie *Bärbel, Christel, Gretel, Gustel, Liesel.* Einfaches *-l* ist bayrisch-österreichisch: *Christl, Ferdl, Franzl, Gustl, Wastl, Wiggerl, Xaverl.*

Schwäbisch ist *-le: Bürkle, Dorle, Heinerle, Mariele, Rickele, Rösle.* Alemannisch/schweizerisch ist *-li, lin: Anneli, Barbli, Gritli, Meieli, Ueli, Rösli, Fridolin, Iselin, Irmelin.*

Oberdeutsch und mitteldeutsch sind alte *z-Endungen: Heinz, Heinze, Hinz, Kunz, Kunze, Dietz, Fritz, Fritze, Mieze* (Maria), *Utz, Uz;* landschaftlich: *Frizzi, Mizzi, Renzi, Zenzi.*

[11] Klappenbach/Steinitz, Wörterbuch der deutschen Gegenwartssprache 51. Lfg., Berlin 1976, S. 4069.

Eine ostmitteldeutsche Form der *z-Endung*, die Berührung mit dem Slawischen zeigt, ist *tsch*, auch häufig *tzsch: Fritsch(e) = Fritz(e), Dietsch(e) = Dietz(e) = Dietrich, Bertsche = Berthold, Martsch = Margret.*

Das verkleinernde *-ke* ist niederdeutsch/friesisch: *Anke, Fieke, Heike (Heinrike), Henneke, Henrike, Mieke, Marieke, Rike, Sönke, Ulrike, Wibke;* ebenso *-je: Antje, Gretje, Grietje, Heintje, Hendrikje, Hiltje, Tietje.*

Allgemeine Verkleinerungsendungen wie *-lein* und *-chen* sind nur noch im familiären Umgang bei Rufnamen in Gebrauch; einige Formen wie *Lieschen, Mariechen* sind volkstümlich geworden.

Abgeleitete weibliche Vornamen

Die zweigliedrigen germanischen Namen haben Endglieder wie *-burg, -gard, -gund, -hild, -lind, -run, -traud, -trud,* die nur zu weiblichen Namen genommen wurden; andere Endglieder kennzeichnen die männlichen Namen: *-bert, -brecht, -fried, -hard, -mar, -rad, -rich, -ward.* Manche Endglieder, wie *-mut* und *-wig*, wurden für männliche und weibliche Namen gebraucht.

Die Möglichkeit, aus männlichen Namenformen durch Ableitungselemente weibliche Namenformen zu bilden, führte zu zahlreichen weiblichen Vornamen. Zu begründen ist dies weniger durch mangelnde weibliche Vornamen, sondern wohl, weil man eine Alternative, eine Wahl zwischen zwei Möglichkeiten haben wollte. Denn wenn man sich auf einen männlichen Vornamen (und Nachkommen) eingestellt hatte, konnte man auf einfache Weise den männlichen Namen zum weiblichen verwandeln. Überwiegend wird aber allgemein der Wunsch gewesen sein, zum männlichen Vornamen eine weibliche Entsprechung zu schaffen. Diese Ableitung weiblicher Namen wird in der Sprachwissenschaft als *Movierung* bezeichnet.

Durch Anhängen von *-a* oder *-e, -ine* oder *-ina* ergaben sich zahlreiche neue weibliche Vornamen, z. B. anhand der Liste von Namen der letzten 25 Jahre (Tabelle 6 und 7): *Andreas* und *Andrea, Christian* und *Christina, Christine, Daniel* und *Daniela, Denis* und *Denise, Friedrich* und *Friederike, Jan* und *Janine, Manuel* und *Manuela, Martin* und *Martina, Michael* und *Michaela, Peter* und *Petra, Stefan* und *Stefanie.*

Die klangvolle Endung *-ina* aus dem Lateinischen entspricht seit dem 17./18. Jahrhundert der barocken Form der Zeit wie der Sucht, Paten und Taufnamen in den Kirchenbüchern zu mehren.

Wiederholt kommt es auch umgekehrt vor, daß Männernamen sich erst in entsprechender Form nach Bestehen eines Frauennamens gebildet haben (griechisch-lateinische Namen) oder daß die Bedeutung eines Frauennamens verdunkelt war, weil die männliche Entsprechung in Vergessenheit geraten war, z. B. bei *Monika – Monikos, Sabina, Sabine – Sabin.*

Fremde Vornamen und ihre Anpassung im Deutschen

Fremde Vornamen mit ihren ungewohnten Lautformen und ihrem unverstandenen Sinn mußten im Laufe der Jahrhunderte noch stärkere Umwandlungen erfahren als die einheimischen Namen. Dieser Vorgang, der sich am stärksten bei den beliebten und längeren fremden Vornamen, insbesondere griechischer Herkunft, auswirkte, ist seit dem Ende des 13. Jahrhunderts zu beobachten. Die Heiligennamen, der damals größere Teil der fremden Namen, konnten erst beliebt und vertraut werden, nachdem sie sich der deutschen Sprache angepaßt hatten. Anpassung bedeutete, daß sie im allgemeinen den deutschen Laut- und Bildungsgesetzen der alten germanischen Kurz- und Koseformen folgten. Die altdeutschen Namen wurden fast alle auf der *ersten Silbe* betont, dem mußten sich die meist griechisch-lateinischen Namen fügen. Bei ihrer oft vier- bis fünfsilbigen Länge ergab es sich von selbst, daß *Kürzungen* und *Zusammenziehungen* (Kontraktionen) erfolgten.

Je häufiger die fremden Namen gebraucht wurden, desto mehr abgeschliffene Kurz- und Koseformen entstanden. Sie wurden schließlich noch gefördert durch die anziehende und wunderlich umwandelnde Kraft der *Volksetymologie*. Die später durch romanische Einflüsse hinzukommende französisch-neuhochdeutsche Betonung der *Namenendsilben* verdrängte die alte deutsche Betonung der ersten Silbe zum Teil, so daß durch *zwei Betonungsweisen* bei den mehrsilbigen Fremdnamen eine mannigfache und landschaftlich vielfältige Zahl von Kurznamen entstand. Auswahl zweier Beispiele:

Jóhannes	*Johánnes*	*Jákobus*	*Jakóbus*
Johann	*Hannes*	*Jakob*	*Köbus, Köbes*
John, Jahn	*Hans, Hänsel*	*Jäckel, Jäckle*	*Kob*
Jan, Jann	*Hanke, Henschel*	*Jockel, Jogg*	*Kobel, Kowes*
Jean, Jens	*Hanneken, Henne,*	*Jagli, Joggeli*	*Köpke, Köppen*
Johnny	*Henning, Henneken*	*Jock, Jöck*	*Kubes, Kub*

Mit *Johannes* war Johannes Baptist, Johannes der Täufer, gemeint, der am häufigsten gebrauchte Name in Einzel- und Doppelformen bis in die Neuzeit. Am fruchtbarsten gedieh der Heiligenname *Nikolaus*, der im deutschen Sprachraum insgesamt 480 Nebenformen, Kurz- und Koseformen sowie Zusammensetzungen einschließlich der mundartlichen und landschaftlichen Varianten erreichte[12], von denen allerdings der größte Teil zu Familiennamen erstarrte oder wieder unterging.

[12] Nachzusehen bei Edmund Nied, Heiligenverehrung und Namengebung, Freiburg i. B. 1924, S. 9–14.

Die Auswirkung der mittelalterlichen Heiligenverehrung auf die Namengebung wird in unserer säkularisierten Welt leicht vergessen. Hunderte von Heiligen- und biblischen Namen haben einen weit stärkeren Einfluß auf die europäische Namenwelt gehabt als jede andere Gruppe, das bezeugen die kaum bewußt wahrgenommenen 4000 bis 5000 Familiennamen, die aus hagiologischen Namen hervorgegangen sind.

Modenamen

Dem Begriff Modenamen wird oft zu Unrecht eine umgangssprachlich abwertende Bedeutung beigelegt, etwa bei der übertriebenen Vorliebe von Eltern für den einen oder anderen häufig vorkommenden »schönen« Namen eines Show- oder Filmstars. Sicher kann man über den Geschmack des einzelnen Namengebers anderer Meinung sein und Modenamen als nachahmensbegehrte Namen abqualifizieren. Das ändert nichts daran, daß Namenmoden und Modenamen seit Jahrhunderten ein Regulativ in der Namengebung sind, das durchaus positiv zu bewerten ist. Modenamen sind dann willkommen, wenn sie »in einer bestimmten Zeit als vorbildlich geltender bevorzugter Geschmack, [als] Zeitgeschmack«[13] gewählt werden.

Das war bereits bei den Taufnamen unserer Voreltern so. »Auch die sogenannten Taufnamen [...] unter den Deutschen mußten und müssen sich noch in den Geschmack der Modegöttin fügen, welcher oft so launig war, daß man in allen älteren und neueren Theorien des Geschmacks sich nach einem obersten Grundsatz für manche Art dieses Modegeschmacks vergebens umsehen und denselben auch wohl schwerlich finden dürfte« [...][14]. Mit den Modenamen meinte Dolz 1825 durchaus und richtig die damals bevorzugten Vornamen, mit der Mode selbst den Brauch der Zeit.

Auch im folgenden Abschnitt, S. 28–30, wird darauf hingewiesen, daß heute die fremdländischen Namen eindeutig in Führung sind, ihre »Spitzenreiter« bestimmen die Mode der Vornamen. Der mahnende Ruf früherer Autoren »Gebt Euren Kindern deutsche Namen« wäre heute aussichtslos und unnütz, denn die Modeströmung neuer Namen ist nicht aufzuhalten. Damit ist nicht gesagt, daß die befürchtete »Überfremdung« einzutreten braucht.

Wer die heranwachsende Generation kennt, weiß, daß sie weltaufgeschlossen ist, aber auch die heimische Kultur richtig einzuschätzen weiß. So ist auch der Trend nach »fremden Namen« oft gar nichts anderes als ein Wiederbeleben alter Namen eines erweiterten und anverwandten Kulturkreises. Zum Beispiel bei der Vorliebe für *nordische Namen: Birgit, Brigitt(e), Birga, Berga, Bergit, Gitte,*

[13] Klappenbach/Steinitz, Wörterbuch der deutschen Gegenwartssprache, 32. Lfg., Berlin 1970, S. 2537.

[14] Joh. Christian Dolz, Die Moden in den Taufnamen; mit Angabe der Wortbedeutung dieser Namen. Leipzig 1825, S. 14.

Gitta, Kristin – wie ja auch die beliebten männlichen Vornamen *Andreas, Christian, Daniel, Klaus, Thomas* wiederbelebte Taufnamen des Mittelalters sind.

Sprachliche Probleme gibt es meist nur bei Übernahme *englischer Vornamen*, weil zwischen Schreibung und Lautung der heutigen englischen Sprache und ihrer Namen Unterschiede bestehen. Englische Vornamen werden häufig gehört und in Unkenntnis der englischen Schreibung so niedergeschrieben, wie sie ins Ohr kommen. Die Enttäuschung ist groß, wenn der Standesbeamte die willkürlich gebildete Namenschreibung zurückweisen muß:

Alaine, Ailyn	für *Aileen*	*Iw*	für *Ev*
Angy, Eangi	für *Angie*	*Iwen*	für *Ivan*
Brayn	für *Brian*	*Jeniffer*	für *Jennifer*
Carolain	für *Carolin*	*Cessrin*	für *Catherine*
Claif	für *Clive*	*Kayth*	für *Keith*
Denni	für *Dennis*	*Madi*	für *Maidie*
Devid	für *David*	*Maik, Meik*	für *Mike (Michael)*
Eilin, Eylin	für *Eileen*	*Saimen*	für *Simon*
Elves	für *Elvis*	*Steave, Stiev*	für *Steve*
Endru	für *Andrew*	*Vinsent*	für *Vincent*
Hellen	für *Helen*	*Weronic*	für *Veronique*
Ilen	für *Eileen*	*Winny*	für *Winnie*

Für Vornamen fremder Herkunft gilt grundsätzlich, daß sie in der bereits beurkundeten heimischen Form der Fremdsprache zu übernehmen sind. Eine willkürliche Schreibung ist nicht zulässig. Es ist deshalb bedauerlich, daß die Ausspracheform *Maik, Meik* für *Mike = Michael* bereits als »eindeutschende Schreibweise« akzeptiert wurde.

Die heutigen Vornamen

Um die Vornamen der heutigen Zeit anschaulich und vergleichbar zu machen, sind in den Tabellen 5 bis 7 die am meisten gebrauchten *Vornamen um 1900* und diejenigen *der letzten 25 Jahre* aus dem deutschsprachigen Raum alphabetisch zusammengestellt.

Die Auflistungen zeigen, daß sich über einige Generationen hinweg ein sehr großer Teil der Namen erhalten hat oder wieder als beliebter Name aufgenommen wurde. Auffallend und charakteristisch ist jedoch für die jüngere Namengebung die wachsende *Tendenz zum fremden, besonders klangvollen Namen.* Dabei haben nach dem 2. Weltkrieg die *christlich-antiken Namen* hebräisch-griechisch-lateinischer Herkunft erneut ihren Siegeszug angetreten, der bis heute anhält. Daß die meisten dieser Namen als *Heiligennamen* verehrt wurden und mit wechselndem lokalen oder regionalem bis länderübergreifendem Kult die Jahrhunderte überdauert haben, wird den meisten Namengebern gar nicht bewußt.

Tabelle 5. Häufig gebrauchte Vornamen um 1900

männlich

Adolf	Eugen	Horst	Paul, Philipp
Albert	Felix	Hugo	Reinhard
Alexander	Franz	Jakob	Reinhold
Alfred	Franz-Josef	Johann	Richard
Alois	Friedrich,	Johannes	Robert
Anton	Fritz	Joseph	Rolf
Artur	Georg	Julius	Rudolf
August	Gerhard	Karl, Carl	Ruprecht
Bernhard	Günther	Konrad, Kurt	Siegfried
Bruno	Gustav	Leo, Leopold	Siegmund
Edmund	Hans	Ludwig, Louis	Theodor
Eduard	Heinrich	Martin	Walter
Emil	Heinz	Max,	Walther
Erich	Helmut	Maximilian	Werner
Ernst	Herbert	Oskar	Wilhelm, Willi
Erwin	Hermann	Otto	Wolfgang

weiblich

Agathe	Anna	Bertha	Clara, Cläre
Agnes	Antonie	Charlotte	Claire
Alice	Auguste	Lotte	Dorothea

weiblich

Dora	Franziska	Johannette	Martha
Edith	Frieda	Josefa	Mathilde
Eleonore	Friederike	Karoline,	Meta
Elfriede	Gertrud, Trude	Lina	Olga
Elisabeth	Hedwig	Käthe	Paul(in)a
Elise, Else	Helene	Katharina	Rosa, Rosalie
Ella, Elli	Hermine	Lisbeth	Selma
Elsa, Elsbeth	Hertha	Louise, Luise	Sophie
Emilie	Hildegard,	Lucie	Therese
Emma, Emmi	Hilde	Magdalene	Walburga
Erna	Ida	Margarete	Wanda
Ernestine	Irma	Grete, Greta	Wilhelmine
Eva	Johanna	Maria, Marie	Minna

Ohne Zutun der Kirche oder der Paten, ohne kirchlichen Segen eroberten sich die würdigen Heiligen und Namenspatrone erneut die moderne Namenwelt. Sie halten seit vielen Jahren bei den Jungen die vordersten Ränge aller Vornamen: *Andreas, Christian, Daniel, Alexander, Stefan, Michael* und *Thomas, Florian* und *Sebastian, Felix, Benjamin* und *Tobias*. Ähnlich bei den Mädchen: *Stefanie, Julia* und *Christine, Anna* und *Katharina* (in Konkurrenz mit der »modernen« Form *Kathrin*, die jedoch alte mundartliche Kurzform ist) – gefolgt von *Melanie, Sarah* und *Maria*. Nur der englische Nymphenname *Sabrina* hat sich seit kurzem hineingeschoben.

Von den sechziger Jahren an kamen beliebte französische und slawische Namen hinzu: *André, Denis, Denise, Nicole, Simone, Jacqueline, Mireille, Nadine, Yvonne, Chantal,* die russischen *Boris, Sascha, Nadja, Tanja, Tatjana, Tamara.*

Ebenso beliebt sind die vordringenden niederdeutsch-nordischen Namen *Antje, Anke, Heike, Silke, Birgit, Birger, Björn, Niels, Olaf, Sören, Sven* und *Svenja, Torben, Torsten* und *Ulrike*.

Während sich der angloamerikanische Einfluß im allgemeinen deutschen Wortschatz seit 1945/46 immer stärker bemerkbar machte, hat er sich in der Namengebung weit weniger ausgewirkt. Die folgenden Vornamen kommen meist aus dem englisch-britischen Bereich: *Oliver, Patrick, Robin, Roger, Ronald, Steven, Mike, Carolyn, Carolin, Jennifer, Jessica, Vanessa.* Seit 1980 macht *Sabrina* der *Sabina* Konkurrenz.

Die sehr freie Namenwahl und der Reiz der fremden, neuartigen Namenformen haben die germanisch-deutschen Namen ganz in den Hintergrund treten lassen; die allgemeine Abneigung gegenüber den zweistämmigen alten deutschen Rufnamen ist nicht zu übersehen. Im Vergleich von Jungen- und Mädchennamen fällt auf, daß sich zusammengehörige Namen gleichgroßer Beliebtheit erfreuen: *Andreas – Andrea, Christian – Christine, Daniel – Daniela, Manuel – Manuela, Michael – Michaela, Stefan – Stefanie, Sven – Svenja.*

Insgesamt sind jedoch die Namen der Jungen in der Fremdnamenerweiterung etwas konservativ zurückhaltender und die Mädchennamen haben dafür mehr fremde klangvolle Varianten aufzuweisen.

Ungewöhnliche Namen aus unserer sprachlichen Umwelt

Den erstgeborenen Stammhalter *Sebastian Alpha* zu nennen, erlaubte 1983 das AG Duisburg, obwohl Alpha als erster Buchstabe des Alphabets und Zahlzeichen bei den Griechen auch heute in der Mathematik, Musik, Technik eine reine Buchstabenfunktion hat. *Baron* und *Princess Anne* (OLG Hamburg, 1963) wurden als Vornamen abgelehnt, weil der Eindruck eines Adelstitels erweckt worden wäre. *Christos* ist nur in Griechenland, *Christus* jedoch bei uns nicht erlaubt. *Che,* den Rufnamen des 1967 ermordeten Revolutionärs Ernesto Guevara, lehnte das Standesamt Erding 1970 ab, darauf auch das LG München 1973; danach wurde *Che* als Zweitname gestattet bei Hosea Che Dutschke. Nachdem *Europa* (1968 LG München), *Germania* in Hamburg und *Silesia* als Mädchennamen zugelassen worden sind, darf auch eine Bäckerstochter in München *Bavaria* heißen (1981 AG München). *Farina* war in Hamburg als weiblicher Vorname anerkannt, 1980 in Solingen jedoch abgelehnt worden. *Jesus* ist bei uns seit jeher als Vorname nicht erlaubt (unzulässig laut AG Bielefeld vom 30. 9. 1963), in Spanien jedoch gebräuchlich. Für den Sohn einer Chemikerfamilie wurde 1976 *Lanthan* als Zweitname vom AG Karlsruhe zugelassen. *Pumuckl,* der TV-Kobold, wurde 1983 vom OLG Zweibrücken neben *Philipp* als Zweitname zugelassen, »weil der Kobold so viele sympathische Eigenschaften hat«, meinte der Richter. 1980 wurde der Vornamenwunsch *Nick Rasputin* (Standesamt Fulda) nach dem Familiennamen des berüchtigten russischen Günstlings und Mönchs Grigorij Rasputin abgelehnt; die Eltern wählten darauf den Namen *Robinson.* Als männlicher Vorname wurde *Timpe* 1980 vom OLG Hamburg, *Winnetou* 1974 vom LG Darmstadt zugelassen. Der Name des griechischen Hirtengottes *Pan* wurde 1978 vom OLG Braunschweig abgewiesen, *Oleander* 1983 für Knaben vom AG Stuttgart anerkannt.

In den Tabellen 6 und 7 haben wir die *beliebtesten* männlichen und weiblichen Vornamen der Jahre 1988 mit 1997 in *kursiv* ausgezeichnet. Die Spitzengruppe der Vornamen für Jungen aus den alten und neuen Bundesländern bildete in den Jahren 1994 mit 1997 in der Reihenfolge ihrer Beliebtheit: *Maximilian/Max, Philipp, Alexander, Lukas, Daniel, Florian, Paul, Michael, Kevin, Christian, Felix, Tobias, Marcel, Sebastian, Jan, Niklas, Dominik, Tom, Erik.* Für Mädchen aus den alten und neuen Bundesländern wurden während desselben Zeitraums folgende Vornamen am häufigsten gewählt: *Maria/Marie, Julia, Laura, Lisa, Anna/Anne, Katharina, Sara(h), Sophia/Sophie, Jessica, Vanessa, Franziska, Michelle, Jennifer, Lena* – etwa in dieser Rangfolge.

Tabelle 6. Die am häufigsten gebrauchten männlichen Vornamen der letzten 30 Jahre

- Achim
- Adrian
- Alain
- Alex
- *Alexander*
- Alfred
- André
- Andreas
- Angelo
- Anton
- Armin
- Arne
- Axel
- Bastian
- Beat
- Benedikt
- Benjamin
- Bernd, Bernt
- Bernhard
- Berthold
- Birger
- Björn
- Boris
- Bruno
- Burkard
- Caspar
- *Christian*
- Christoph
- Christopher
- Clemens
- *Daniel,* Danny
- *David*
- *Dennis*
- Detlef, Detlev
- Dieter
- Dietmar
- Dirk
- *Dominik*
- Eike
- Emanuel
  - Manuel
- Enrico
- Erich, *Erik*
- Ernst
- Fabian
- *Felix*
- *Florian*
- Frank
- Franz
- Franz-Josef
- Franz-Xaver
- Friedrich
  - Frederik
  - Fritz
- Friedhelm
- Georg
- Gerald
- Gerd, Gert
- Gerrit
- Gerhard
- Gregor
- Gunnar
- Günther
  - Günter
- Guido
- Hans
  - Hansdieter
  - Hansjörg
  - Hansjürgen
  - Hans-Joachim
  - Hanspeter
- Harald
- Hartmut
- Heiko
- Heinrich
- Heinz
- Helge
- Helmut
- Hendrik
- Henrik
- Henry
- Henning
- Herbert
- Hermann
- Holger
- Horst
- Ingo
- Jakob
- *Jan*
- Jean
- Jens
- Joachim
- Jochen
- Johann
- Johannes
  - Hannes
- Jonas
- Jörg
- Jürg, Jürgen
- Jörn
- Josef,
  - Joseph
- Julian
- Kai, Kay
- Karl, Carl
- Karlheinz
- Karsten
- *Kevin*
- Klaus
- Knut
- Kolja
- Kurt
- Lars
- Leif
- Lennart
- Lorenz
- Lothar
- Ludwig
  - Lutz
- *Lukas*
- Magnus
- Malte
- Manfred
- Manuel
- *Marcel*
- Mario
- Markus
  - Marc
  - Marco
  - *Marcus*
  - Mark
  - Marko
- *Martin*
  - Marten
- Marvin
- Matthias
  - Mathis
- *Maximilian*
  - *Max*
- *Michael*
  - Michel
  - Mike
- Mirko
- Moritz
- Morten
- *Niklas*
- Nikolaus
- Nikolas
- Niels, Nils
- Norbert
- Olaf
- Oliver,
  - Olivier
- Otto
- Pascal
- *Patrick*
- *Paul*
- Peter
- *Philipp*
- Pierre
- Rainer
- Reiner
- Ralf
- René

- Reto
- Richard
- *Robert*
- Robin
- Roger
- Roland
- Rolf
- Roman
- Ronald
- Rüdiger
- Rudolf
- Sascha
- *Sebastian*
- Simon
- Sören
- Stefan
  - Stephan
  - Steffen
- Sven
- Thomas
  - *Tom*
- Till
- Tilman
- Tim, Timm
- Timo, Tiemo
- *Tobias*
- Toni
- Torben
- Torsten
- Udo
- Ulf
- Ulrich, Ulli
- Urs
- Uwe
- Veit
- Volker
- Walter
- Werner
- Wilhelm
- Wolfgang
- Wolfram

Tabelle 7. Die am häufigsten gebrauchten weiblichen Vornamen der letzten 30 Jahre

- Adriane
- Agnes
- Alexandra
  - Alexa
- Alice
- Almut
- Andrea
- Angela
- Angelika
- Angelina
- Annika
- Anita
- Anja
- Anke
- *Anna*
  - *Anne*
- Anna-Maria
- Annegret
- Annemarie
- Annette
- Antje
- Antonia
- Ariane
- Astrid
- Barbara
  - Bärbel
- Beate
- Beatrice
- Beatrix
- Bettina
- Bianca
  - Bianka
- Birgit
- Birgitte
- Birte
- Brigitte
- Britta
- Carina
- Carmen
- Carola
- Carolin
- Caroline
  - Carolyn
- Chantal
- Charlotte
- Christa
- Christel
- Christiane
- *Christina*
- *Christine*
- Claudia
- Constanze
- Cora
- Cordula
- Corinna
- Corinne
- Cornelia
- Dagmar
- Daniela
- Danielle
- Deborah
- Denise
- Desiree
- Diana
- Doreen
- Doris
- Dorothea
- Dorothee
- Edith
- Elfriede
- Elisabeth
- Elke
- Elsbeth
- Enke
- Erika
- Esther
- Eva, Evi
- Eva-Maria
- Evelyn
- Felizitas
- *Franziska*
- Frauke
- Friederike
- Gabriele
- Gabriela
- Gerda
- Gertrud
- Gesa
- Gisela
- Grit
- Gudrun
- Gundula
  - Gunda
- Gwendolin
- Hanna
- Hannah
- Hannelore
- Hedwig
- Heidi
- Heike
- Helene
- Helga
- Henrike
- Hildegard
- Ilka
- Ilona
- Ilse
- Imke
- *Ina*
- *Ines*
- Inga
- Inge

Ingeborg
Ingrid
Inka
Irene
Iris
Irma
Irmgard
Isabel
Isabelle
Ivonne
Jacqueline
Jana
Janine
Jasmin
Jeannette
Jennifer
Jenny
Jessica
Johanna
Judith
Julia
Juliane
Julie
Jutta
Karen
Karin
Karola
Karolin
Katharina
Kathrin
  Katrin
Katia
  Katja
Klaudia
Korinna
Kornelia
  Nele
Kerstin
Kirstin
  Kirsten

Kristin
Laura
Lea
Lena
Liane
Lilian
Linda
Lisa
Lucia
Madeleine
Maja
Manuela
Maren
Margaret
Margret
Margit
Margrit
Maria
Marie
Marianne
Mareike
Mareile
Marika
Marina
Marion
Marita
Marlene
Marlies
Marlis
Martha
Martina
Maike
Meike
Melanie
Melissa
Michaela
Michelle
Milena
Mina
Mireille

Miriam
Mirjam
  Mirja
Mira
Monika
Monique
Nadja
Nadine
Natalie
Natascha
Nele
Nelly
Nicola
Nicole
Nina
Nora
Pamela
Paola
Patricia
Peggy
Petra
Pia
Priska
Rabea
Ramona
Rebecca
Rebekka
Regina
Regine
Regula
Renate
Ricarda
Rita
Rosa
Rosemarie
Roswitha
Ruth, Rut
Sabine
Sabrina
Sandra

Sara
Sarah
Saskia
Serena
Sibylle
Silke
Silvia
Sylvia
Simone
Sofie
  Sophia
  Sophie
Sonja
Stefanie
Stephanie
Steffi
Susanne
  Susan
Svenja
Sybille
Tamara
Tanja
Tatjana
Teresa
Theresa
Tina
Trix
Ulrike
Ursula
  Ulla
Ute, Uta
Vanessa
Vera
Verena
Veronika
Viola
Viviane
Wiebke,
  Wibke
Yvonne

Populäre Namen
und ihre Verbreitung

Wenn ein Vorname durch irgendein Ereignis oder durch die Medien Fernsehen, Rundfunk, Zeitungen, Zeitschriften in aller Munde ist, kann erwartet werden, daß er sich als Modename in der Namengebung und in den Geburtenlisten der Standesämter niederschlägt. Doch können Anlässe und Nachwirkungen ganz verschieden bei den Eltern und Namensuchenden »ankommen«.

Zum Beispiel zeigte eine Untersuchung über die schnell ansteigende Beliebtheit des weiblichen Vornamens *Nicole* in den Jahren 1967 bis 1970, daß die Fernsehserie »Ein Sommer mit Nicole« zwar von März bis Anfang Juni 1969 im Zweiten Deutschen Fernsehen lief, ein erhöhter Zuwachs an *Nicole*-Namen jedoch erst verspätet 1970 einsetzte[15].

Als der so erfolgreiche junge deutsche Tennisspieler *Boris Becker* aus Leimen bei Heidelberg hier wie im Ausland gefeiert wurde, war zu erwarten, daß er eine *Boris*-Welle in der Vornamengebung auslösen könnte. Zudem der »Spiegel« in seiner Nr. 29 vom 15. Juli 1985 spekulativ die Meldung lancierte: »Auch bei den Standesämtern schlug der Wimbledonsieger kräftig auf: Jeder fünfte Junge in Deutschland soll *Boris* heißen.« Diesem keck und vorlaut in die Welt gesetzten Wunsch eines Journalisten ist *Wilfried Seibicke* nachgegangen: Im Raum Heidelberg, der Heimat des Tennissiegers, ist seit den großen Siegen bis Ende August 1985 beim Standesamt Heidelberg nur ein einziger *Boris* eingetragen worden, im Halbjahr davor waren es noch drei; auch in Wiesbaden gab es seit dem Tennissieg nur einen *Boris*, vorher waren es noch fünf. »Die Leute sind gar nicht so einfach zu ›manipulieren‹, wie es manche Leute gern hätten«, meint der Vornamenberater[16].

Schaut man sich unter den weiteren Jungennamen um, so fällt in einigen Städten der Anstieg von *Leon* (auch französisch *Léon*, spanisch *León*) auf. Als Vorbilder kommen vielleicht der Name einer Hauptgestalt im Film, gespielt von Jean-Claude van Damme, und einer Figur in der Fernsehserie »Gute Zeiten – schlechte Zeiten« (RTL) in Betracht.[17]

[15] Friedhelm Debus, in: Namengebung. Onoma XVIII (1974), Heft 3, S. 461.

[16] Wilfried Seibicke im »Sprachdienst« (Wiesbaden), Heft 9/10 (1985), S. 144; Heft 2 (1987), Seite 45.

[17] Wilfried Seibicke und Lutz Jacob im »Sprachdienst« (Wiesbaden), Heft 3 (1998), S. 82.

Grundsätze und Motive für die Namenwahl

Die Vornamenwahl ist in heutiger Zeit eine Angelegenheit der Eltern, Großeltern, der Anverwandten, Nachbarn und Freunde. Es ist üblich, daß der Vorname nicht mehr patriarchalisch vom Vater bestimmt wird, wie es noch in einigen Ländern alter Brauch sein mag. Schon lange vor dem freudigen Ereignis der Geburt sollten Eltern und etwa vorhandene Kinder, Großeltern und Anverwandte sich schon mit dem Namen »ihres« zukünftigen Kindes befassen können. Namenwahl und Namengebung erfolgen im familiären Bereich, wobei verwandtschaftliche und gutnachbarliche Beziehungen sich auf unterschiedliche Weise auswirken. Zwar mögen bei der Namenwahl der Einfluß von Personen aus dem engeren Kreis und die guten Wünsche noch so groß sein, genommen wird schließlich der Vorname, der den Eltern am besten gefällt.

Häufig kommt es dabei vor, daß es zunächst nicht der Name ist, sondern einfach ein munteres, liebes Kind aus der Nachbarschaft, aus der Verwandtschaft, das gefällt und Freude macht – und somit *Namenvorbild* wird. Denn Namenvorbild ist zunächst eine Person, die gefällt, ein Mann, eine Frau, ein Kind. Nach ihnen gewinnt ihr guter, schöner Name Ansehen und wird Vorbild.

Angeregt durch die Umgebung gefällt ein Name – weil er anderen auch gefällt. »Die anderen« sind (oder waren) meist bekannt, beliebt, einflußreich, sympathisch, vornehm, reich. Ihre Namen und diejenigen ihrer Kinder werden gerne nachempfunden. Die »beliebten Namen« wandern in ihrer Zeit, in der sie dem modischen Zeitgeschmack entsprechen, von oberen sozialen Schichten zu den unteren. Dort werden sie in breiter Fülle zu »sehr beliebten Namen«, weil sie nicht nur gefallen, sondern auch vom Herkommen her »angesehen« und »vornehm« sind.

Benennungsmotive

Nicht mehr die Wahl der landschaftsgebundenen Namen von Paten, Verwandten oder die alten Namenvorbilder von Heiligen und Fürsten allein, wie sie jahrhundertelang üblich waren, bestimmen heute die Namengebung, sondern anregend mögen *viele Benennungsmotive* einer vielschichtigen Gesellschaft sein. Einige seien genannt:

- *die traditionsgebundene, bestimmte Namenfolge* in der Familie vom Vater, Großvater auf Sohn oder Enkel, die *Nachbenennung*, wie sie in der Familie üblich war – die Firmentradition mit der Namenerhaltung – der überlieferte Name des Hauses;
- *der seit altersher kirchlich gebundene Taufname,* der Patenname.

- *der dynastisch überlieferte Name* nach hervorragenden Namenvorbildern von Fürsten, Kaisern, Königen;
- *der literarisch orientierte Name* nach Dichtern, Schriftstellern – der Name eines Helden aus ihren Werken;
- *der politisch orientierte Name* nach Staatsmännern, Politikern, Demokraten, Sozialisten, Revolutionären – oder von erfolgreichen Männern oder Frauen aus Wirtschaft und Wissenschaft;
- *der moderne Name* aus dem lokalen Umkreis der persönlich Bekannten, der Anwohner, der Einwohner der Gemeinde;
- *der gerade derzeit und allseits beliebte (Mode-)Name,* aus dem Umkreis, aus den Massenmedien, Fernsehen, Rundfunk, Presse, Zeitschriften, Illustrierten und durch den Sport bekannt;
- *der Name von Idolen der Gegenwart* wie sie aus Filmen, aus dem Schlager- und Showgeschäft imponieren;
- *der bewußt seiner geographischen Herkunft nach gewählte Name:* der fremde und klangvolle Name – der nordische Name – die moderne englische Kurzform.
- *der besondere, seltene, meist fremde Name,* originell, ungewöhnlich, auffällig.
- *der unauffällige, schlichte Name,* seit langem bekannt, nicht häufig – die bewußte Vermeidung modischer Namen;
- *der klangvolle, besonders wohlklingende Name* an sich, insbesondere bei der Namengebung von Mädchen, mit den vollen Vokalen *a, o* oder *u* (doch Vorsicht: klingt er denn zusammen mit dem Familiennamen?);
- *der Name, der einen Wunsch ausdrückt,* bestimmt durch seine Bedeutung.
- *der nostalgische Name,* die Erinnerung aus persönlichem Erleben: aus der alten Heimat – aus der Kriegs- und Besatzungszeit – an liebe Verwandte und Freunde – aus der Jugendzeit – aus der Urlaubs- und Reisezeit;

  und schließlich
- *der »passende« Name aus dem Namenbuch,* mit der sympathischen Bedeutung, der den (stillen) Wünschen der Suchenden entgegenkommt.[18]

Diese 15 Punkte sollen nur Wegweiser sein auf der Suche nach einem Namen. Bei der Umschau nach einem Namenvorbild steht der eine Wunsch immer obenan: *Der Name für das Kind soll schön und klangvoll sein* – ganz gleich aus welchen Gründen und nach welchem der vorgenannten Benennungsmotive er gegeben wurde. Und hier kommt noch die Erwartung hinzu, daß der Name auch aus dem lokalen Umkreis der persönlich Bekannten, der Freunde, Anwohner und Nachbarn voll bestätigt werde. Wenn er ihnen gefällt, ist man froh, die richtige Wahl getroffen zu haben. Auch die individuelle Namenwahl kann sich schließlich von dem Einfluß der allgemeinen Modeströmung nicht freimachen.

[18] Dazu: Friedhelm Debus, Namengebung. Möglichkeiten zur Erforschung ihrer Hintergründe, in: Onoma XVIII (1974), Heft 3, S. 456–469.

Der einzige, der eigentlich den meisten Einfluß auf *seinen* Namen haben sollte und der befragt werden müßte, wird am wenigsten berücksichtigt: der neugeborene Namensträger selbst. Immerhin mögen die Re-aktionen der Kinder im nachhinein einigen Aufschluß darüber geben, ob die Motive der Namenwahl der Eltern richtig überlegt waren.

Reaktionen der Kinder und der erwachsen Gewordenen auf die Vornamengebung

Im Kindesalter wird aus der Sicht des Kindes sein Vorname oft mit dem einer erwachsenen Person in Beziehung gebracht. In Schweden zeigte sich, daß *im vorschulpflichtigen Alter* der Vorname meistens unkritisch mit einer Person assoziiert war.[19] Bei einer weiteren Untersuchung in der Volksschule stellte Rosa Katz fest, daß bei *9- bis 12jährigen Kindern* die Vornamen nicht mit bekannten Personen assoziiert waren, sondern die Kinder machten kritische Aussagen zum eigenen Vornamen und dem der Mutter.[18] Grundsätzlich wurden die häufiger vorkommenden Vornamen bevorzugt, die der älteren Generation als »nicht-schöne Namen« abgelehnt. Oft führen ausgefallene, seltene Namen Kinder in Konflikte mit der Umwelt, sie werden gehänselt, bekommen Namenersatz-Spitznamen. Die meisten dieser Kinder wären glücklich, wenn sie *»wie die anderen heißen«* würden.

Im Jugendlichenalter: Unsere *Irmgard*, die in Schweden lebt und dort den besser aussprechbaren Rufnamen *Ina* bekommen hat, meint, daß ihr der neue Name sichtlich besser gefällt als der bisherige. Wir, die Eltern, haben uns an die neue Form gewöhnt. Im allgemeinen werden *neben* dem Vornamen (Rufnamen) oft Kose- oder Spitznamen aus der Schule über Jahre hinaus weitergeführt.

Aus der Erinnerung an die Schulzeit sind manche stolz darauf, einen seltenen Namen bekommen zu haben, den kein anderer hatte. – »Unser Vater kam als Gebirgsjäger nach Kriegsende aus Norwegen zurück und gab allen drei Kindern, die nun kamen, nordische Namen«, stellt eine junge Frau resigniert fest; sie verurteilt die autoritäre Namengebung durch ihren Vater; gegenüber nordischen Namen ist sie deshalb reserviert.

Die mittlere Generation beklagt sich mehr über ihre altmodischen Namen, die sie bekommen hat, sie fühlt sich noch nicht alt und möchte fortschrittlich mit der Zeit leben.

Die Namenträger mit *C-Schreibung*, wie *Carl, Curt, Conrad, Cuno*, haben es schwer, den nun einmal so und amtlich eingetragenen C-Namen durchzusetzen. Entweder kommt bei fast jeder Namenangabe die stereotype Frage »mit K oder C?« – oder sie nehmen die »Falsch«-Schreibung mit K hin, um gelegentlich

[19] Rosa Katz, Psychologie des Vornamens, Bern und Stuttgart 1964, S. 23/24.

dadurch Unannehmlichkeiten zu bekommen. Ähnlich ist es manchmal bei anderen Schreibungen: *Kathrin, Katrin, Kai, Kei, Rainer, Reiner, Sven, Swen.* Die geläufige Form und nicht die Nebenform wird verstanden und niedergeschrieben, es gibt Rückfragen, Zweifel, man fällt auf. Und den Eltern gefiel damals die Nebenform und die besondere Schreibung so sehr . . .

Eine schwedische Schulrektorin stellte fest, daß in der Schule *unter den besonders schwierigen Kindern oft solche mit ungewöhnlichen Vornamen sind.*[20] Eine Untersuchung von Otto Ewert bei 9000 häufigen männlichen Vornamen von Haushaltsvorständen erbrachte die Beurteilung, *»daß häufige Vornamen sympathischer beurteilt wurden als seltene«*[21] – was unsere vorher genannte Aussage bestätigt: ein Name gefällt, weil er anderen auch gefällt.

Wir können den Schluß ziehen: Der Namenträger selbst möchte sich meistens mit seinem Vornamen anpassen, unauffällig sein, in der Masse untertauchen, wie die andern heißen. Nur ein kleiner Teil mag den außergewöhnlichen Namen, ist stolz darauf, stört sich nicht daran, mit dem Namen aufzufallen, mit seinem Vornamen »anders als die andern zu sein«.

Hinweise zur Namenwahl

- Wählen Sie wohlüberlegt und im Interesse Ihres Kindes unter den heutigen Vornamen denjenigen (oder diejenigen) aus, der Ihnen am besten gefällt.
- Wählen Sie *zwei Vornamen* aus und *nicht viel mehr.* Es kann sein, daß Ihnen oder dem Kind der andere als Rufname danach besser gefällt.
- Geben Sie Ihrem Kind lieber den vollen Vornamen, den es einmal als erwachsener Mensch tragen soll; es bleibt Ihnen unbenommen, im Kleinkind- und Schulalter das Kind mit dem gewählten Kosenamen zu rufen.
- Kurzformen und kurze Namen entsprechen dem Zug der Zeit, die Kosenamen der Kindheit gehören zum vertrauten Elternhaus, denn mit einem Bubi-Namen wird Volljährigen kein Gefallen mehr getan.
- Ein zu langer Name ist ebenso hinderlich im täglichen Leben wie ein hübscher Rufname, wenn er Doppelname ist.
- Auf seltene Namen und ausgefallene Schreibungen können Eltern zwar stolz sein, doch kann gerade der »besondere Name« Anforderungen an ihr Kind stellen, die nicht seinem Wesen entsprechen.
- Zum Schluß das Formale: Bei der Namenangabe für Ihr Kind haben Sie die individuelle Freiheit in der Schreibung, doch nur wenn der Vorname einer bekannten »richtigen« Schreibweise entspricht und sich eindeutig als männliche oder weibliche Namenform ausweist, wird der Standesbeamte den gewünschten Namen eintragen und damit amtlich festlegen.

[20] Rosa Katz, Psychologie des Vornamens, S. 31.

[21] Otto Ewert, Zur Bedeutungsanalyse von Vornamen. Bericht auf dem Kongreß der Deutschen Gesellschaft für Psychologie. Würzburg 1962.

Das sind nun gute Ratschläge, aber der Alltag der Namenbenennung sieht manchmal ganz anders aus, als ihn ein Namenbuchautor beurteilt. So können manchmal landschaftliche Benennungsmotive überraschen. Geht man der Häufigkeit von Motiven bei der Vornamengebung nach, so hat z. B. *Gerhard Koß* im Jahre 1969 bei einem Befragungsversuch in Weiden (Oberpfalz)[22] festgestellt, daß vorrangig und überwiegend die dem Familienstammbuch beigefügte *Namenliste* als Quelle der Vornamengebung diente. An zweiter Stelle folgt erst der Vorname »weil er den Eltern gefällt«. An dritter Stelle steht die Benennung nach kleinen Kindern der Nachbarschaft oder Verwandtschaft. Und erst danach folgen vereinzelte Namen von Elternteilen, nach Bekannten, Verwandten auf Vorschlag von Paten, Freunden, Geschwistern, nach Persönlichkeiten, nach den Großeltern oder aus Familientradition.

Die hier benutzte *Namenliste des Familienstammbuches* bei Wöchnerinnen im Krankenhaus als unmittelbar greifbare Quelle von Namen zeigt an, daß es wohl an einer *vorher* so wünschenswerten Namenwahl fehlte oder noch keine Entscheidung über den Namen des Kindes getroffen worden war – zum anderen aber auch, daß man *Namenbüchern* eine größere Verbreitung wünschen sollte, denn die vom Standesbeamten hilfreich dargebotene abstrakte Namenliste ist sicherlich nicht ausreichend.

Die Untersuchung zeigt auch, daß überwiegend der zweite Name (der Beivorname) nach dem Paten gegeben wurde. »Man gewinnt durchaus den Eindruck, als ob der Patenname an zweiter Stelle sich in katholischen Familien als Tradition erhält.« Deutlich war aber auch in dieser Landschaft zu beobachten, daß die *Namenmode* eine Rolle spielte, denn hier fanden sich die »gängigen« damaligen Vornamen wie *Thomas, Stefan, Jürgen* bei den Jungen oder *Andrea* bei den Mädchen.

[22] Gerhard Koß, »Benennungsmotive bei der Vornamengebung« in »Oberpfälzer Heimat«, Bd. 16 (1972), S. 143–158.

Namenrechtliche Bestimmungen der Standesämter

Die freie Vornamenwahl gehörte schon immer in den privatrechtlichen Bereich des Bürgers. Durch die Personensorge, ein Teil der elterlichen Gewalt, haben die Eltern das Recht und die Pflicht, den oder die Vornamen ihres Kindes zu bestimmen. Nur bei einem Findlingskind war es bisher üblich, daß der Vorname und der Familienname von den Behörden festgelegt wurde.

Die Beurkundung der Geburt erfolgte in früherer Zeit, nach der kirchlichen Taufe und dem Erhalt des Taufnamens, in den Taufregistern der Kirchenbücher. Dem Bedürfnis, die Lebensdaten ihrer Gläubigen aufzuzeichnen und zu registrieren, kamen die katholische wie die evangelische Kirche entgegen, indem sie seit der Mitte des 16. Jahrhunderts von allen Pfarrämtern Kirchenbücher führen ließen, die katholische Kirche seit dem Trienter Konzil 1563, die evangelische Kirche seit etwa 1575 durch landesherrliche Kirchenordnungen. Die Personenregister zu führen, gehörte ebenso zur Ordnung der Amtskirchen beider Konfessionen wie das Schulwesen zu beaufsichtigen.

Durch das am 1. Januar 1876 in Kraft getretene »Reichsgesetz über die Beurkundung des Personenstands und die Eheschließung« ging das gesamte Personenstandswesen in Deutschland einheitlich von den kirchlichen auf die bürgerlichen Behörden über. Die Beurkundung erfolgte nun durch das zuständige Standesamt durch Einträge in das Standesregister, das von einem bürgerlichen Standesbeamten geführt wurde. Jedoch auch nach Inkrafttreten des Personenstandsgesetzes vom 6. Februar 1875 gab es nach § 73 des Gesetzes für die »mit der Führung des Standesregisters oder der Kirchenbücher bisher betraut gewesenen Behörden und Beamten die Berechtigung und Verpflichtung, über die bis zur Wirksamkeit dieses Gesetzes eingetragenen Geburten, Heiraten und Sterbefälle Zeugnisse zu erteilen«. Daraus ist die Auskunftspflicht der Pfarrämter bis heute abzuleiten. Auch in Österreich und in der Schweiz wurde die staatliche Registerführung angeordnet.

Namenrechtliche Bestimmungen in der Bundesrepublik Deutschland[23]

Die Arbeitsanleitung für die Standesbeamten und die Durchführung der Personenstandseinträge ist in der *Dienstanweisung für die Standesbeamten und ihre Aufsichtsbehörden* in der Fassung der Bekanntgabe vom 31. 1. 1995, geändert 1997 und 1998, festgelegt (kurz: DA 1998). Wer den amtlichen Weg der *Geburtsanzeige* übernimmt, sollte sich mit folgenden auszugsweisen Bestimmungen vertraut machen:

Geburtsanzeige

§ 253 Zuständigkeit für die Beurkundung
(1) Für die Beurkundung der Geburt eines Kindes ist der Standesbeamte zuständig, in dessen Bezirk das Kind geboren ist. [...]

§ 254 Anzeigefrist[24]
(1) Die Geburt ist binnen einer Woche dem zuständigen Standesbeamten anzuzeigen. [...]

§ 255 Anzeigepflichtige
(1) Zur Anzeige der Geburt sind, und zwar in nachstehender Reihenfolge, verpflichtet

1. der Vater des Kindes, wenn er Mitinhaber der elterlichen Sorge ist,
2. die Hebamme, die bei der Geburt zugegen war,
3. der Arzt, der dabei zugegen war,
4. jede andere Person, die dabei zugegen war oder von der Geburt aus eigenem Wissen unterrichtet ist,
5. die Mutter, sobald sie zu der Anzeige imstande ist.

Die Anzeige ist mündlich zu erstatten.

§ 262 Erteilung und Schreibweise der Vornamen
(1) Das Recht zur Erteilung der Vornamen ergibt sich aus der Personensorge. Bei ehelichen Kindern steht dieses Recht den Eltern gemeinsam zu, in besonderen Fällen dem Ehegatten allein, der die Sorge für die Person des Kindes ausübt [...].[25] Bei nichtehelichen Kindern steht dieses Recht der Mutter zu.
(2) Der Standesbeamte soll sich bei der Anzeige der Vornamen vergewissern, daß die Vornamen von den berechtigten Personen erteilt worden sind.

[23] Die folgenden Vorschriften sind auch im Personenstandsgesetz in der Fassung vom 8. 8. 1957, mit späteren Änderungen, ab § 16ff. zu finden.

[24] Auf die Anzeigefrist nimmt auch das BGB in den §§ 186, 187 und 188 Bezug.

[25] Das Recht der Erteilung von Vornamen ergibt sich auch aus BGB §§ 1626, 1626a und 1627.

In den meisten Fällen wird heute in Kliniken entbunden, so daß die Geburtsanzeige auf eingespielte Weise an den zuständigen Standesbeamten geht; der eheliche Vater ist jedoch zuerst Anzeigepflichtiger.

Über die Wahl des Vornamens sollten sich die Eltern schon vorher schlüssig geworden sein; auch über die genaue Schreibweise des Namens. Und eines ganz besonders: Der Vorname sollte nicht aus der Situation heraus und dem Augenblick nach einem Kleinkind gegeben werden, denn er begleitet ja später den Namensträger als Erwachsenen sein ganzes Leben lang. Die vorher in Ruhe vorgenommene Namenwahl und der darauf von beiden Elternteilen akzeptierte Vorname (schriftlich fixiert auf einem Blatt Papier wegen der Schreibweise) spart Ärger und Verdruß – vielleicht den amtlichen Weg des Berichtigungsverfahrens.

(3) Bezeichnungen, die ihrem Wesen nach keine Vornamen sind, dürfen nicht gewählt werden. Das gleiche gilt von Familiennamen, soweit nicht nach örtlicher Überlieferung Ausnahmen bestehen. Mehrere Vornamen können zu einem Vornamen verbunden werden; ebenso ist die Verwendung einer gebräuchlichen Kurzform eines Vornamens als selbständiger Vorname zulässig.

Es ist wohl klar, daß die Vornamenwahl zwar frei ist, daß aber keine Sachbegriffe, »gewöhnlichen« Wörter, Gattungsnamen oder Familiennamen gewählt werden dürfen. Doch sollten sinnvolle und von der Zusammensetzung her verständliche Neubildungen zugelassen werden, z. B. Blumennamen, Pflanzennamen, oder Fügungen aus alten Namen, die eindeutig als männliche oder weibliche Formen zu erkennen sind.

(4) Für Knaben sind nur männliche, für Mädchen nur weibliche Vornamen zulässig. Nur der Vorname Maria darf Knaben neben einem oder mehreren männlichen Vornamen beigelegt werden.[26] Läßt ein Vorname Zweifel über das Geschlecht des Kindes aufkommen, so ist zu verlangen, daß dem Kinde ein weiterer, den Zweifel ausschließender Vorname beigelegt wird.

Zweifellos verlangt der tägliche Gebrauch des Vornamens bei Männern und Frauen, daß er den Namensträger eindeutig ausweist. Irrtümer und Verwechslungen der Personen und Geschlechter bringt sicher mehr an Unannehmlichkeiten als an angenehmen Überraschungen. Unter vielen tausend Vornamen sollte man sich nicht gerade die wenigen männlich/weiblich zweifelhaften, wie *Eike, Friedel, Gustel, Kai* oder *Toni* auswählen. Die männlichen/weiblichen Vornamen dieser Art haben wir im lexikalischen Teil mit dem Zeichen ° hinter dem

[26] Im Deutschen werden die Namen *Jesus* und *Christus* nicht vergeben (in Spanien ist *Jesus*, in Griechenland *Christos* erlaubt), s. a. im Namenteil unter *Christos, Jesus;* obwohl *Barrabas, Judas, Kain, Satan* u. a. von altersher gemieden werden, wurde der Vorname *Judas* 1976 in Siegen vergeben.

Namen versehen. Während z. B. die beliebten weiblichen Vornamen *Andrea, Gabriele* oder *Simone* in der Bundesrepublik ohne Einschränkung vergeben werden können, ist dies in der benachbarten Schweiz nur mit einem weiteren eindeutig weiblichen bzw. männlichen Vornamen möglich. Grund: durch den Einfluß der italienischen Schweiz werden dort auch die männlichen italienischen Namenformen *Andrea = Andreas, Gabriele = Gabriel* und *Simone = Simon* vergeben. Diese und andere Vornamen dürfen nur in Verbindung mit einem anderen, eindeutig männlichen oder weiblichen Vornamen verwendet werden.

Die Anzahl der Vornamen ist vom Gesetz nicht beschränkt worden. Man sollte aber doch bedenken, daß mehrere Vornamen im praktischen Gebrauch und Verkehr in der Öffentlichkeit ihre Grenzen haben. Wiederholt müssen mündlich oder schriftlich alle Vornamen angegeben werden, dann kann eine Vielzahl von Namen im verwalteten Staat und in der Gesellschaft nur hinderlich sein. Die Gerichte sind sich über die Anzahl der Vornamen nicht einig. Das Amtsgericht Hamburg hält sieben Vornamen für eine »nicht mehr tragbare Schrankenlosigkeit« und meint vier, höchstens fünf seien das Maximum. Das Amtsgericht Berlin dagegen läßt den dortigen Standesbeamten widerspruchslos sieben und mehr Vornamen eintragen. Der ursprüngliche Anlaß zu mehreren Taufnamen ergab sich aus der Anzahl der Taufpaten. Ein davon losgelöster Wunsch nach Vielnamigkeit muß bei einem Standesbeamten auf erhebliche Bedenken stoßen und zu einer unzumutbaren Mehrbelastung führen, wenn z. B. ein Fußballfan versuchte, seinem Sohn alle elf Vornamen seiner Lieblingsmannschaft zu geben oder ein Elternpaar 1982 in Kirchheimbolanden 28 Vornamen für ein Kind durchsetzen wollte – und sich dann mit sieben begnügte.

(5) Die Schreibweise der Vornamen richtet sich nach den allgemeinen Regeln der Rechtschreibung, außer wenn trotz Belehrung eine andere Schreibweise verlangt wird. Wird eine andere Schreibweise verlangt, so soll der Standesbeamte dies aktenkundig machen.

Mit der Eintragung ins Geburtsregister wird die Schreibweise der Vornamen festgelegt. Willkürliche Änderungen oder eigenmächtige Andersschreibungen der Vornamen sind dann nicht mehr möglich, z. B. von *Helmut* in *Hellmuth*, *Margarete* in *Margaret*, von *Kathrin* in *Katrin* oder *Karolin* in *Carolin*. Über die Wahl einer Nebenform oder eine abweichende seltene Schreibung sollten sich die Eltern bei der Geburtsanzeige einig sein.

Bei Geburtsanzeigen durch ausländische Ehepartner ist zu beachten:

§ 49 Sprache und Schrift
(1) Die Personenstandsbücher sind in deutscher Sprache mit deutscher oder lateinischer Schrift zu führen. [...]
(2) Werden für eine fremde Sprache andere als lateinische Schriftzeichen verwendet, so sind Namen und andere Wörter soweit wie möglich durch Trans-

literation wiederzugeben, das heißt, daß jedes fremde Schriftzeichen durch das gleichwertige lateinische Schriftzeichen wiederzugeben ist. Hierbei sind [...] die Normen der Internationalen Normenorganisation (ISO) anzuwenden. [...] Ist eine Transliteration nicht möglich, so sind Namen und sonstige Wörter nach ihrem Klang und den Lautregeln der deutschen Rechtschreibung (phonetische Umschrift) einzutragen.

Bestehen beim Standesbeamten Zweifel über die Schreibweise eines fremden Vornamens, ist er ihm nicht geläufig, zweifelt er an der Existenz des vorgeschlagenen Vornamens, so kann er beim zuständigen Konsulat, bei der betreffenden Botschaft oder bei der Gesellschaft für deutsche Sprache in Wiesbaden Rat und Auskunft einholen (Spiegelgasse 11, 65183 Wiesbaden).

Auf die allgemeinen Regeln der Rechtschreibung von Vornamen wird im nächsten Abschnitt eingegangen.

Besondere Umstände können die Nennung der Vornamen bei einer Geburtsanzeige verhindern, das Gesetz hat deshalb eine Nachholfrist gegeben:

§ 263 **Nachträgliche Anzeige der Vornamen**
(1) Können die Vornamen bei der Geburtsanzeige noch nicht angegeben werden, so müssen sie innerhalb eines Monats nach der Geburt angezeigt werden. Hierauf ist der Anzeigende hinzuweisen. [...] Die Vornamen können auch von einem anderen Anzeigepflichtigen nachträglich angezeigt werden.
(2) [...]
(3) Die Vornamen des Kindes können nachträglich auch einem anderen Standesbeamten als dem, der die Geburt des Kindes beurkundet hat, angezeigt werden [...].

In den »Gemeinsamen Vorschriften für Eintragungen in Personenstandsbücher« (DA 1975) wird gesagt:

§ 58 **Vornamen**
(1) Die Vornamen sind richtig, vollständig und deutlich einzutragen.
(2) Die Vornamen sind in der Weise einzutragen, wie sie sich aus dem Geburtseintrag ergeben. Spätere Änderungen der Vornamen sind zu berücksichtigen.

Das bedeutet, daß alle Vornamen in ihrer richtigen Reihenfolge dem Geburtseintrag nach auch in Zukunft bei allen offiziellen Anlässen und amtlichen Dokumenten genau wie in der Schreibung des Ersteintrags angegeben werden müssen. Auch dies sollte die Eltern davon abhalten, ein Kind Zeit seines Lebens mit einer außergewöhnlichen Schreibweise seines Namens oder mit einem halben Dutzend Vornamen zu belasten.

In der Dienstanweisung für Standesbeamte vom 9. 12. 1938, die auch für die geänderte DA 1958 noch galt, stand im § 172 Abs. 1: »Wird ein Vorname als Rufname bezeichnet, so ist er durch Unterstreichen als solcher kenntlich zu machen.« Dieses an sich gute Ordnungsprinzip ist leider in der Neuausgabe der DA 1968 weggefallen und so unverändert geblieben in der Fassung 1998. Ein amtlich festgelegter Rufname unter mehreren Einträgen gibt es nun nicht mehr, alle sind gleichberechtigte Vornamen. Im Elternhaus wird man sich aber auf einen bestimmten Rufnamen für das Kind festlegen. Nebenher entwickelt sich oft noch eine familiäre Kurz- oder Koseform, mit der das Kind gerufen wird.

Aus Erlassen der Innenminister in Baden-Württemberg, Hessen und Rheinland-Pfalz aus dem Jahre 1972 geht hervor, daß sich bei der Ausstellung von Ausweispapieren für Aussiedler aus dem Osten *Schwierigkeiten in der Vornamenschreibung* ergeben haben. Deshalb wurde im berechtigten Interesse dieser Personen bestimmt:

a) Ist die Geburt in einem deutschen Personenstandsbuch eingetragen und hat eine ausländische Behörde den Vornamen danach ohne Rechtsgrundlage geändert, z. B. slawisiert, so ist der Vorname in der ursprünglichen deutschen Form zu übernehmen.

b) Ist die Geburt nicht in einem deutschen Personenstandsbuch eingetragen und weisen die von der betroffenen Person vorgelegten Unterlagen einen fremdländischen Vornamen aus, so ist der Vorname in der deutschen Form in Personenstandsbücher, Personalausweise usw. einzutragen, wenn die Sorgeberechtigten glaubhaft darlegen, daß sie dem Kind einen deutschen Vornamen erteilt haben, daß der ausländische Standesbeamte den Namen jedoch in der ausländischen Form eingetragen habe. Kann die Frage nicht zweifelsfrei geklärt werden oder steht fest, daß der Name in der ausländischen Form erteilt worden ist, so bedarf es zur Eintragung eines deutschen Vornamens in Ausweispapiere, amtliche Unterlagen usw. einer Namensänderung [...].[27]

Das Gesetz über die Änderung von Familiennamen und Vornamen läßt nach den §§ 1, 6 und 11 in bestimmten Fällen Namensänderungen zu, für Vornamen gelten dieselben Bestimmungen wie bei Familiennamen:

§ 59 Behördliche Änderung oder Feststellung des Namens

(1) [1]Der Familienname oder die Vornamen eines Deutschen können wirksam nur vor der nach Landesrecht zuständigen Verwaltungsbehörde geändert werden. [2]Ist zweifelhaft, welchen Familiennamen ein Deutscher zu führen hat, so kann die nach Landesrecht zuständige Verwaltungsbehörde diesen Namen auf Antrag eines Beteiligten oder von Amts wegen mit allgemein verbindlicher Wirkung feststellen. [3]Die Sätze 1 und 2 gelten auch für Staatenlose, Asylberechtigte und ausländische Flüchtlinge [...] mit Wohnsitz, bei Fehlen eines solchen mit Aufenthalt, sowie für heimatlose Ausländer [...] mit gewöhnlichem Aufenthalt, beim Fehlen eines solchen mit Aufenthalt im Geltungsbereich des Personenstandsgesetzes. [...]

[27] Abgedruckt in: Das Standesamt, Zeitschrift für Standesamtswesen, Personenstandsrecht usw. 1972, S. 221 (Baden-Württemberg); 1972, S. 132 (Hessen); 1972, S. 194 (Rheinland-Pfalz).

Die Bundesrepublik Deutschland hatte bereits am 4. 9. 1958 eine internationale Vereinbarung über die Änderung von Namen und Vornamen getroffen. Das Übereinkommen gilt zwischen der Bundesrepublik und den Ländern Frankreich, Österreich, Italien, den Niederlanden und der Türkei.

§ 126 Änderung von Namen und Vornamen im Ausland [DA 1998]
(1) In dem Übereinkommen über die Änderung von Namen und Vornamen [...] verpflichtet sich jeder Vertragsstaat, keine öffentlich-rechtliche Änderung von Namen oder Vornamen eines Staatsangehörigen eines anderen Vertragsstaates zu bewilligen, außer wenn diese Person zugleich auch die Staatsangehörigkeit des Staates besitzt, der die Änderung durchführt.
(2) Wird von der zuständigen Behörde eines Vertragsstaates der Name oder Vorname eines Angehörigen dieses Staates durch unanfechtbare Entscheidung geändert, so ist die Namensänderung in jedem Vertragsstaat ohne weiteres wirksam, soweit dessen öffentliche Ordnung hierdurch nicht beeinträchtigt wird.
(3) Das Übereinkommen gilt zwischen der Bundesrepublik Deutschland und folgenden Staaten: Frankreich, Italien, Luxemburg, Niederlande, Österreich, Portugal, Spanien, Türkei.
[...]

Eine Namensänderung muß vom Namensträger beantragt und begründet werden; ist er noch minderjährig, dann sind die Eltern oder die gesetzlichen Vertreter Antragsteller. Änderungen werden nicht ohne weiteres vom Standesbeamten vorgenommen, er leitet den Antrag an die vorgesetzte Verwaltungsbehörde weiter, die nach Prüfung und Stellungnahme das gerichtliche Berichtigungsverfahren dem zuständigen Amtsgericht überläßt.

Am 30. 8. 1976 hat der Bundestag das Gesetz zu dem Übereinkommen vom 13. 9. 1973 über die Angabe von Familiennamen und Vornamen in den Personenstandsbüchern beschlossen. Es soll gewährleisten, daß die Namen natürlicher Personen in allen Vertragsstaaten einheitlich in die Personenstandsbücher eingetragen werden, d. h., künftig werden auch die Namen deutscher Staatsangehöriger in den obengenannten Staaten in allen amtlichen Papieren buchstabengetreu wiedergegeben.

Eintragungen spanischer Vornamen[28]

Bei der Namenwahl spanischer Kinder in Deutschland ist zu beachten:

Bei der Eintragung in das Register ist der Vorname wiederzugeben, der dem Neugeborenen gegeben wird.

[28] Michael Degreif, Zu Fragen des spanischen Vornamenrechts; in: Das Standesamt 7/8 (1985), S. 198–201.

Verboten sind außergewöhnliche Namen, die für Personen ungeeignet und unehrerbietig oder umstürzlerisch sind, ebenso die Umwandlung von Familiennamen oder Pseudonymen in Vornamen. Ebenso ist es verboten, dem Neugeborenen den Vornamen eines Bruders zu geben, es sei denn, dieser ist bereits verstorben, oder einen anderen Namen, der über die Identität täuscht.

Es können nicht mehr als zwei einfache Vornamen gegeben werden, die mit einem Bindestrich verbunden werden, oder nicht mehr als ein zusammengesetzter Name.

Ausländische Namen sind gestattet. Wenn sie gewöhnlich in eine der spanischen Sprachen übersetzt werden, so werden sie in der Sprache eingetragen, die der Namensgeber wählt.

Als extravagant sind solche Namen verboten, die allein oder in Verbindung mit Familiennamen der Würde der Person widersprechen.

Es sind auch alle Vornamen verboten, die die Kennzeichnung verwirren oder die in ihrer Gesamtheit einen Irrtum über das Geschlecht hervorrufen.

Die reformierten Bestimmungen faßt der Artikel 192 der spanischen Zivilregisterordnung (RRC) von 1984.

Eintragungen türkischer Vornamen

Bei der Namenwahl türkischer Kinder in Deutschland ist zu beachten:

Frühere Ehrentitel und Bezeichnungen des Osmanischen Reiches, die auch als Beinamen gebräuchlich waren, dürfen nach dem türkischen Zivilgesetz vom 26. 11. 1934 nicht mehr als Namen geführt werden. Es sind dies: *Aga, Agha, Haci, Hafiz, Hoca, Molla, Efendi, Bey, Beyefendi, Pasa, Hanim, Hanimefendi, Hazretleri*. Diese Bezeichnungen sind nach türkischem Recht unzulässig (AG Aachen vom 19. 5. 1976). Ansonsten dürfen für türkische Kinder nur Vornamen aus dem kulturellen Bereich der Türkei gewählt werden. Wählen türkische Eltern für ihr in Deutschland geborenes Kind einen Vornamen, der nicht dem türkischen Kulturgut entspricht, muß dies mit den türkischen Behörden abgestimmt werden, da es sonst zu Problemen bei der Paßausstellung kommen könnte.

Namenrechtliche Bestimmungen in Österreich

Personenstandsgesetz. Bundesgesetz vom 19. Januar 1983 über die Regelung der Personenstandsangelegenheiten einschließlich des Matrikenwesens, geändert durch Bundesgesetzblätter. Unter den Personenstandsbüchern dient das Geburtenbuch der Beurkundung der Geburt eines Kindes. Wer den amtlichen Weg der Geburtsanzeige übernimmt, sollte sich mit den folgenden auszugsweisen Bestimmungen vertraut machen:

3. Abschnitt Geburtenbuch

§ 18 Anzeige der Geburt

(1) Die Anzeige der Geburt obliegt der Reihe nach
1. dem Leiter der Krankenanstalt, in der das Kind geboren worden ist;
2. dem Arzt oder der Hebamme, die bei der Geburt anwesend waren;
3. dem Vater oder der Mutter, wenn sie dazu innerhalb der Anzeigefrist (Abs. 2) imstande sind;
4. der Behörde oder der Dienststelle der Bundesgendarmerie, die Ermittlungen über die Geburt durchführt;
5. sonstigen Personen, die von der Geburt auf Grund eigener Wahrnehmung Kenntnis haben.

(2) Die Geburt ist der zuständigen Personenstandsbehörde innerhalb einer Woche anzuzeigen.

(3) Die Anzeige hat, soweit der Anzeigepflichtige dazu in der Lage ist, alle Angaben zu enthalten, die für Eintragungen in den Personenstandsbüchern benötigt werden.

(4) Kann die schriftliche Erklärung über die Vornamen des Kindes (§ 21 Abs. 1) zur Zeit der Anzeige nicht beigebracht werden, haben die zur Vornamensgebung berechtigten Personen die Anzeige innerhalb eines Monates nach der Geburt zu ergänzen.

§ 19 Inhalt der Eintragung

Im Geburtenbuch ist nur die Geburt lebend geborener Kinder zu beurkunden; einzutragen sind
1. der Familienname und die Vornamen des Kindes;
2. der Zeitpunkt und der Ort der Geburt des Kindes;
3. das Geschlecht des Kindes;
4. die Familiennamen und die Vornamen der Eltern, ihr Wohnort, der Tag, der Ort und die Eintragung ihrer Geburt sowie ihre Zugehörigkeit zu einer gesetzlich anerkannten Kirche oder Religionsgesellschaft [...].

§ 20 Personen ungeklärter Herkunft

(1) Kann die Personenstandsbehörde die Herkunft einer Person, die in ihrem Amtsbereich ihren gewöhnlichen Aufenthalt hat, nicht feststellen, hat sie das wahrscheinliche Alter und das Geschlecht der Person sowie die sonstigen Ergebnisse ihrer Ermittlungen dem Landeshauptmann mitzuteilen.

(2) Der Landeshauptmann hat der Personenstandsbehörde, sobald das Verfahren nach § 51 abgeschlossen ist, eine Anzeige zu erstatten, die zu enthalten hat
1. den Familiennamen und den Vornamen;
2. den Tag und den Ort der Geburt;
3. das Geschlecht.

(3) In der Anzeige nach Abs. 2 ist der Tag der Geburt anzugeben, der vom Landeshauptmann für den Zweck der Eintragung bestimmt wird. Als der Ort der Geburt ist die Gemeinde anzuführen, in der die Personenstandsbehörde ihren Sitz hat.

§ 21 Vornamensgebung

(1) Vor der Eintragung der Vornamen des Kindes in das Geburtenbuch haben die dazu berechtigten Personen schriftlich zu erklären, welche Vornamen sie dem Kind gegeben haben. Sind die Vornamen von den Eltern einvernehmlich zu geben, genügt die Erklärung eines Elternteiles, wenn er darin versichert, daß der andere Elternteil damit einverstanden ist.

(2) Bei Kindern des im § 2 Abs. 2 genannten Personenkreises muß zumindest der erste Vorname dem Geschlecht des Kindes entsprechen; Bezeichnungen, die nicht als Vornamen gebräuchlich oder dem Wohl des Kindes abträglich sind, dürfen nicht eingetragen werden.

(3) Stimmen die Erklärungen mehrerer zur Vornamensgebung berechtigter Personen nicht überein, hat die Personenstandsbehörde vor der Eintragung der Vornamen das Pflegschaftsgericht zu verständigen. Das gleiche gilt, wenn keine Vornamen oder solche gegeben werden, die nach Ansicht der Personenstandsbehörde als dem Abs. 2 widersprechend nicht eingetragen werden können.

§ 11 Personennamen

(1) Personennamen sind aus der für die Eintragung herangezogenen Urkunde buchstaben- und zeichengetreu zu übernehmen. Sind in der Urkunde andere als lateinische Schriftzeichen verwendet worden, müssen die Regeln für die Transliteration beachtet werden.

(2) Zur Ermittlung des durch Abstammung erworbenen Familiennamens sind, soweit die Person, auf die sich die Eintragung bezieht, nicht anderes beantragt, nur die Urkunden der Person(en) heranzuziehen, von der (denen) der Familienname unmittelbar abgeleitet wird.

[...]

§ 48 Sprache und Schrift

Die Eintragung in die Personenstandsbücher und die Ausstellung von Urkunden hat in deutscher Sprache unter Verwendung lateinischer Schriftzeichen und arabischer Ziffern zu erfolgen. Bestimmungen in zwischenstaatlichen Übereinkommen über die Ausstellung mehrsprachiger Urkunden und die Bestimmungen des Bundesgesetzes über die Rechtsstellung von Volksgruppen in Österreich (Volksgruppengesetz), BGBl. Nr. 396/1976, bleiben unberührt.

Fremdländische Vornamen

Heimatvertriebene Österreicher können auf Antrag anstelle eines fremdländischen Vornamens wieder den entsprechenden deutschen Vornamen führen, vorausgesetzt, daß ursprünglich in der Geburtenmatrik der entsprechende deutsche Vorname eingetragen war. Ein vergleichbares Verzeichnis mit den übersetzbaren fremdländischen Vornamen ist nach dem Erlaß des österreichischen Bundesministeriums für Inneres vom 24. März 1965 in der Zeitschrift »Österreichisches Standesamt« 1965, Nr. 7/8, abgedruckt worden.

Soweit fremdländische Vornamen bei Ausländern zugelassen sind, brauchen sie nicht übersetzt zu werden. Ausländer müssen ihre Vornamen in der fremdsprachigen Schreibweise nach ihren rechtsgültigen Personenstandspapieren führen. Eine öffentlich-rechtliche Namensänderung des Vornamens kann aus wichtigem Grund bei der Bezirksverwaltungsbehörde oder bei der Bundespolizeibehörde beantragt werden.

Der Standesbeamte kann eine Berichtigung in Form eines ins Geburtenbuch einzutragenden Randvermerks nur mit Genehmigung seiner vorgesetzten Bezirksverwaltungsbehörde vornehmen.

§ 15 **Berichtigung**

(1) Eine Beurkundung ist zu berichtigen, wenn sie bereits zur Zeit der Eintragung unrichtig gewesen ist.

(2) Die Personenstandsbehörde hat selbst zu berichtigen

1. offenkundige Schreibfehler;
2. Angaben, die auf einer Eintragung in einem inländischen Personenstandsbuch beruhen, die berichtigt worden ist;
3. Angaben, deren Unrichtigkeit durch inländische Personenstandsurkunden nachgewiesen ist;
4. im Geburtenbuch die Angaben über den Wohnort, den Tag, den Ort und die Eintragung der Geburt der Eltern sowie über ihre Zugehörigkeit zu einer gesetzlich anerkannten Kirche oder Religionsgesellschaft.

(3) Kann eine Beurkundung nicht nach Abs. 2 berichtigt werden, hat über die Berichtigung die Bezirksverwaltungsbehörde auf Antrag einer Partei (Abs. 7) oder von Amts wegen zu entscheiden.

(4) Die Personenstandsbehörde hat Zweifel an der Richtigkeit einer Beurkundung, die sie nicht selbst berichtigen kann, der Bezirksverwaltungsbehörde schriftlich mitzuteilen.

[...]

Namenrechtliche Bestimmungen in der Schweiz

Die Zivilstandsregister werden in der Schweiz gemäß Artikel 39 bis 51 des Zivilgesetzbuches von den Zivilstandsämtern geführt.

Die Anzeigefrist ist bei Geburten verhältnismäßig kurz. Eine Geburt ist spätestens drei Tage nach der Entbindung anzuzeigen.

Der Artikel 61 der Zivilstandsverordnung regelt den Kreis der Anzeigeberechtigten. Dieser entspricht im allgemeinen demjenigen in der Bundesrepublik. Die Vornamen müssen gleichzeitig bei der Geburtsanzeige des Kindes angegeben werden; eine nachträgliche Meldung der Vornamen ist nicht zulässig.

Vornamengebung nach Artikel 69 der Zivilstandsverordnung vom 1. Juli 1994
Das Recht zur Vornamengebung richtet sich nach der elterlichen Sorge. Demnach werden die Vornamen des ehelichen Kindes von beiden Eltern gemeinsam bestimmt. Die Vornamen des außerehelichen Kindes bestimmt die Mutter allein.[29]

Mitgeteilte Vornamen werden zurückgewiesen, wenn sie offensichtlich die Interessen des Kindes oder Dritter verletzen.

Auf Wunsch der Eltern erhalten auch totgeborene Kinder Vornamen.

Die Eltern können also in der Namengebung grundsätzlich frei entscheiden, welchen und wie viele Vornamen sie ihrem Kind geben wollen. Sie sollen bei der Namengebung von den objektiven Interessen des Kindes ausgehen und sich nur dort einschränken, wo es für das Kind oder für Dritte Nachteile geben könnte. Dazu heißt es in der von dem Schweizerischen Verband der Zivilstandsbeamten 1993 herausgegebenen Broschüre »Vornamen in der Schweiz«:

Nichteintragbare Namen
Es gibt Vornamen, die in einem bestimmten Fall nicht eingetragen werden dürfen: Mädchennamen für einen Knaben und umgekehrt.

Aus dem Wortlaut des Artikels 69 der Zivilstandsverordnung ergibt sich außerdem, daß der Zivilstandsbeamte Namen nicht eintragen darf, die anstößig oder lächerlich sind, oder die die Interessen des Kindes oder Dritter verletzen. Es ist damit die Namensgebungsfreiheit der Eltern ausdrücklich eingeschränkt.

Vornamen, welche das Geschlecht des Kindes nicht ohne weiteres erkennen lassen, können *nicht allein* erteilt und eingetragen werden. Der Sinn des Personennamens besteht unter anderem darin, den Namensträger in seine Geschlechtsgemeinschaft einzuordnen.

Diskutable Namen
Es gibt Namen, die zum mindesten diskutabel sind, etwa weil sie den guten Geschmack verletzen. Nun sind aber gerade Geschmacksfragen dem Entscheid des Zivilstandsbeamten entzogen. Er kann persönlich sehr wohl einen von den Eltern gewählten Vornamen als geschmackswidrig empfinden. Sofern ein solcher Name nicht lächerlich oder anstößig ist und nicht die Interessen irgend jemandes verletzt, kann der Zivilstandsbeamte ihn nicht ablehnen.

Durch die Eintragung im Geburtsregister wird die Reihenfolge der Vornamen festgelegt, keineswegs aber ein Rufname. Im schweizerischen Namenrecht gibt es den Begriff des Rufnamens nicht. Von mehreren eingetragenen Vornamen muß nicht der erste der Rufname sein. Wenn gleichwohl Eltern und Behörden einen der eingetragenen Namen als Rufnamen bezeichnen, so hat dies nur praktische Gründe. Der erwachsene Namensträger kann im Laufe seines

[29] Artikel 301 des Schweizerischen Zivilgesetzbuches.

Lebens seinen Rufnamen ohne weiteres entsprechend der eingetragenen Vornamen wechseln.

Die Zahl der Vornamen ist durch das Gesetz nicht beschränkt worden. Doch wird erwartet, daß die Eltern im Interesse des Kindes sich mit der Namengebung in Grenzen halten und sich auf eine kleine Zahl von Vornamen beschränken. »Ein Kind mit einer Vielzahl von Vornamen wird im verwalteten Staat während seines ganzen Lebens mehr oder weniger Ärger haben.«[30]

Kinder ein und derselben Familie dürfen nicht die gleichen Vornamen erhalten; sie müssen sich durch mindestens einen Vornamen unterscheiden.

Die Zivilstandsregister in der Schweiz werden in der Schriftsprache geführt. Deshalb werden Vornamen auch nur in der schriftsprachlichen Form eingetragen. Anleitung dazu gibt das viersprachige Vornamenverzeichnis der eintragbaren Vornamen in Deutsch, Französisch, Italienisch und Rätoromanisch[30]. Danach werden Mundartformen wie *Meieli* (für Maria) oder *Ruedi* (für Rudolf) nicht ins Geburtsregister eingetragen. Abkürzungen und Koseformen sollten vermieden werden. Bekannte alte Kurzformen wie *Alex, Balz, Beat, Benno, Hannes, Harry, Max, Nico* oder *Plazi* sind zulässig.

Auf die Tatsache, daß in der viersprachigen Schweiz der gleiche Vorname in einer der anderen Sprachen des Landes als männlicher oder weiblicher Vorname in Gebrauch sein kann, wird auf S. 43 schon hingewiesen. Folgende Vornamen, im lexikalischen Teil mit ° gekennzeichnet, können nur mit einem anderen, eindeutig männlichen oder weiblichen Vornamen verwendet werden:

männlich	weiblich
Andrea (Andreas)	*Andrea*
Camille (Camill)	*Camille* (Camilla)
Claude (Claudius)	*Claude* (Claudia)
Dominique (Dominik)	*Dominique* (Dominika)
Gabriele, ital. = Gabriel	*Gabriele*
Gerit, Gerrit (Garrit)	*Gerit, Gerrit* (Gerhardine)
Kai, Kaj, Kay	*Kai, Kaj, Kay*
Kersten (Karsten)	*Kerstin, Kirsten*
Patrice (Patrick)	*Patrice* (Patricia)
Sascha	*Sascha*
Simone (Simon)	*Simone*
Vanja	*Vanja*
Wanja	*Wanja*

Wenn die Eintragung der Vornamen im Geburtsregister abgeschlossen ist, können Veränderungen nur noch bei der zuständigen Heimatbehörde beantragt werden.

[30] Vornamen in der Schweiz, hrsg. vom Schweizer. Verband der Zivilstandsbeamten, 1993.

Regeln der Vornamenschreibung

»Namen entziehen sich den orthographischen Regeln« schrieb Wilhelm Wilmanns 1887 in seinem Kommentar zur preußischen Schulorthographie[31]; und an anderer Stelle seines Buches heißt es: »Ganz undurchführbar scheint das Verlangen Jakob Grimms, die Schreibung der Eigennamen den Gesetzen zu unterwerfen, welche für die andern Wörter angenommen sind.« Damit meinte Prof. Wilmanns, damals neben Duden einer der führenden Vertreter für eine neue Rechtschreibung, bei den zitierten Textstellen ganz eindeutig durch Beispiele auch die *Vornamen*.

Nach der »Orthographischen Konferenz« von 1901 in Berlin und nach der Einführung der heute noch gültigen »neuen Rechtschreibung« schrieb Konrad Duden im Jahre 1902 in der siebten Auflage seines Orthographischen Wörterbuches der deutschen Sprache: »Vornamen müssen den allgemeinen Gesetzen folgen, und Schreibungen wie Carl, Conrad, Adolph, Rudolph sind nicht mehr zulässig.«

Bei dieser Aussage ist es bis heute grundsätzlich geblieben. Vornamen folgen, im Gegensatz zu den Familiennamen, den allgemeinen Regeln der amtlichen Rechtschreibung. Die derzeitigen Dudenausgaben der 21. Auflage in West und Ost sagen übereinstimmend:

Für die Schreibung der Vornamen gelten im allgemeinen die heutigen Rechtschreibregeln.[32]

Für die Schreibung der Vornamen gelten die allgemeinen Rechtschreibregeln; jedoch wird dem einzelnen bei der amtlichen Festsetzung der Schreibung eine gewisse Freiheit zugebilligt.[33]

Dazu eine kritische Stimme aus der Schweiz: »Auch Vornamen sind tabu. Die in den Regelbüchern mehr oder minder verbindlich formulierte Vorschrift, Vornamen seien nach den allgemeinen Regeln zu schreiben, findet rechtlich nirgends eine Stütze. Es steht im Gegenteil jedem frei, wie er seinen Vornamen schreiben will.«[34]

Heute ist in der Vornamenschreibung eine Liberalisierung eingetreten, die nicht mehr nach Rechtschreibregeln fragt. In Knaurs Rechtschreibung[35] heißt

[31] W. Wilmanns, Die Orthographie in den Schulen Deutschlands, Berlin ²1887.

[32] Duden, Rechtschreibung der deutschen Sprache und der Fremdwörter, Mannheim ²¹1996, S. 51.

[33] Der Große Duden, Wörterbuch und Leitfaden der deutschen Rechtschreibung, Leipzig ¹⁹1978, S. 635.

[34] Walter Heuer, Richtiges Deutsch. Eine Sprachschule für jedermann, Zürich 1960, S. 190.

[35] Knaurs Rechtschreibung, München/Zürich 1973, S. 67.

es: »Die Schreibung der Vornamen richtet sich nicht immer nach den Rechtschreibregeln, sondern wird oft von individuellen Gesichtspunkten beeinflußt.«

Wilfried Seibicke sagt in seinem Vornamenbuch: »Oberster Leitsatz ist die möglichst umfassende Anwendung der allgemeinen Rechtschreibregeln. Dadurch soll eine im großen und ganzen einheitliche Schreibung gewährleistet sein, die allen – auch denen, die keine fremde(n) Sprache(n) beherrschen – das Erlernen der »richtigen« Schreibweisen erleichtert. Sprachgeschichtlich nicht gerechtfertigte Buchstaben sind deshalb fernzuhalten; für ein und denselben Laut soll nach Möglichkeit dasselbe Schriftzeichen verwendet werden. Gewisse Abweichungen sind jedoch zulässig.«[36]

Vornamen können und sollten durch und mit Hilfe der Rechtschreibregeln nur empfehlende Richtlinien erhalten, um die Schreibung und Verständigung zwischen dem Namenträger und seiner Umwelt zu erleichtern. Der Begriff »Richtlinien« soll hier weder als Regelzwang noch als Einheitlichkeitsstreben aufgefaßt werden. Wir empfehlen die folgenden Richtlinien lediglich zur Überprüfung einzelner Namen.

Namen mit ai oder ei

Haike	*Heike*	Haiko	*Heiko*	*Haimo*	*Heimo*	
Raimar	*Reimar*	*Reimer*	Raimo	*Reimo*		
Rainer	*Reiner*	Raimund	*Reimund*	Rainald	Reinald	*Reinold*

Vorzuziehen sind die Namenformen mit *ei*, die älteren mit *ai* sind z. T. alte obd. oder fries. Formen.

Bei den männl./weibl. Namen *Kai*, Kaj, Kay, Kei(e) sollte die Schreibweise *Kai* gelten; sie wird auch am meisten gebraucht. *Maike,* Maiken entspricht Maria; *Meik, Meike, Meiko* gehört dagegen zu Namen mit Mein-.

Namen mit c oder k

Die k-Schreibung ist bei Namen mit deutscher oder slawischer Herkunft der c-Schreibung vorzuziehen, auch wenn eine amtliche Eintragung mit c noch möglich ist.

Beispiele: Karl, Karla, Konrad, Kord, Kurt, Klodwig, Klothilde (statt Chl-), *Kasimir.*

Carl, Conrad, Curt usw. sind an sich veraltete Schreibungen des vorigen Jahrhunderts. Entsprechend dem Trend zu fremden Namen leben sie aber in neuerer Zeit wieder auf.

Bei Vornamen fremder Herkunft kommt die schwankende Schreibweise heute mehr durch Mode und Neigung zu fremden Namen; auch hier ist die k-Schreibung vorzuziehen. *Beispiele:*

[36] Wilfried Seibicke, Vornamen, Frankfurt a. M. ²1991.

Angelika	*Karsta*	*Kaspar*	*Konstantin*	*Viktor*
Angelica	Carsta	Caspar	Constantin	Victor
Blanka	*Kathrin*	*Klaus*	*Konstanze*	
Blanca	Catrin	Claus	Constanze	
Karola	*Klara*	*Klemens*	*Veronika*	
Carola	Clara	Clemens	Veronica	

Namen wie *Carolin, Claudia, Cordula, Cornelia, Clemens* unterliegen noch stärker modischen Einflüssen. Neben den Namenformen *Christa, Christiane, Christina, Christine* dringen die modischen nordischen Formen *Krista, Kristiane, Kristin, Kristine, Kristina* vor.

Namen mit c oder z

Eindeutschende Namenformen sind vorzuziehen:

Felizitas, Kreszenz, Kreszentia, Patrizia, Zita. Neben Cäcilie, Cölestin, Cölestine stehen (weniger gebraucht) *Zäzilie, Zölestin, Zölestine.*

Namen mit d oder t

Die althochdeutschen Namenglieder sind als Endglieder grundsätzlich mit *d* zu schreiben, z. B. *-bald, -bold, -fried, -gard, -gund, -hard, -heid, -hild, -(h)old, -lind, -mund, -nand, -rad, -traud, -trud, -wald, -ward;* vorausgestellt auch noch mit *t*: *Balthild, Baltrun, Gunthild, Waltrun.* Einige Namen haben alte Nebenformen, wie *Alheit, Eckart, Gerhart, Volkhart, Dankwart.*

Namen mit f oder ph

In deutschen Vornamen wird statt sprachgeschichtlich falschem *ph* nur *f* geschrieben, also *nicht* Adolph, Alphons, Rudolph, Ralph, Rolph, *sondern Adolf, Alfons, Rudolf, Ralf, Rolf.*

Bei Vornamen griechischer Herkunft hat sich statt der *ph*-Schreibung meist die Schreibung mit *f* durchgesetzt: *Josef, Raffael, Sofie, Stefan, Stefanie;* bei *ph* verharren noch: *Christoph, Philipp.*

Namen mit i oder ie

Die althochdeutschen Namenglieder *fried* und *sieg* werden heute in der Regel mit *ie* geschrieben. Bei einigen Namen sind alte Nebenformen gebräuchlich: *Ernfrid, Fridolin, Sigbert, Sigmund, Sigismund.*

Kurz- oder Koseformen mit -i oder -y

Mit den Endungen *-i* und *-y* werden viele Kurz- und Koseformen gebildet. Die englischen Namenformen haben *-y*; danach sind zahlreiche Kurz- und Koseformen unter englischem Einfluß in Deutschland mit *-y* entstanden:

Andy	*Betsy*	*Freddy*	*Kitty*	*Mary*	*Wally*
Anny	*Betty*	*Harry*	*Lilly*	*Sissy*	*Willy*
	Billy	*Henry*	*Lissy*	*Vicky*	

Die umgangssprachlichen deutschen Kurz- und Koseformen

Andi	*Ferdi*	*Gerdi*	*Lilli*	*Rudi*	*Walli*
Anni	*Gabi*	*Heidi*	*Lissi*	*Vicki*	*Willi*

sind vorzuziehen, sie sollten schlicht mit *i* geschrieben werden.

Namen mit t oder th

Das sprachgeschichtlich falsche h hat bei den deutschen Vornamen *Bert(h)a, Erdmut(h)e, Helmut(h), Hert(h)a* keine Berechtigung; ebensowenig auch bei *Berthold*, doch ist hier die alte *-old-(-wald)-Form* an *-hold* angelehnt worden.

Dort, wo das angestammte *h* der alten Zusammensetzung nach berechtigt wäre, läßt man es meistens weg: *Dieter* (Diether), *Günter, Gunter* (Günther, Gunther), *Walter* (Walther). Wer jedoch bewußt die alten sprachgeschichtlich richtigen Formen *Diether, Günther, Gunther, Walther* wählt, schreibt hier *kein th*, sondern wählt die Folgeform der alten Rufnamen *Diethar, Diotheri, Gunthere, Gundhari, Walthari* (ahd. *hari, heri* »Heer«).

Nordische Namen neigen bei *Tor/Thor*-Namen in neuerer Schreibung zu *t* statt *th*: *Toralf* (Thoralf), *Torben* (Thorbjörn), *Tore, Ture* (Thor, Thure), *Torleif* (Thorleif), *Torsten* (Thorsten).

Bei th-Vornamen fremder, insbesondere griechischer Herkunft neigt man dazu, das *h* aufzugeben: *Käte, Katrin, Marta, Tekla, Teo; th* bleibt jedoch bei *Dorothea, Theodora, Theophil.* Wenig Einfluß hat hierbei die »ökumenische Schreibung«, die gemeinsam von der evangelischen und katholischen Kirche vorgeschlagene Schreibung der biblischen Eigennamen nach den Loccumer Richtlinien (1971) bei *Mattias, Mattäus, Marta, Tomas, Bartolomäus* usw.

Einige Vornamen behalten auch heute noch ihr altes *h* nach dem Vorbild geschichtlicher Namensträger: *Lothar, Mathilde, Roswitha, Theodor, Theobald, Thusnelda.*

Namen mit v oder f

Die alte germanische f-Schreibung hat sich unter lateinischem Einfluß schon früh in eine v-Schreibung gewandelt; in niederdeutschen und friesischen Namen blieb das f bei *Volk*-Namen z. T. erhalten:

Volker, Folker; Volkert, Folkert; Volkbert, Folbert, Fulbert; Volkhard, Folkhart; Volkwin, Folkwein; Folke, Folko, Fulko.

Bei niederdeutschen, friesischen und nordischen Namen ist die Schreibung mit *f* am Namenende bei einer Reihe von Namen üblich:

Detlef, Edlef, Garlef, Gustaf, Leif, Olaf, Olof, Oluf, Riglef, Thorleif.

Namen mit w oder v
Unterschiede gibt es bei nordischen Vornamen, wenn sie eingedeutscht werden:

deutsch	*Alwy*	*Arwed*	*Ingwar*	*Iwar*	*Siw*
nordisch	Alvi, Alvy	Arved	Ingvar	Ivar, Iver	Siv

Bei *Solveig, Svea, Sven, Svenja* hat sich die nordische Schreibweise mit *v* überwiegend erhalten.

Bei der Schreibung russischer Vornamen ergibt sich, daß in deutscher Umschrift für russisches *B* zwar *v* ausgesprochen, jedoch *w* geschrieben wird: *Iwan, Swetlana, Wanja, Wasja, Wladimir, Wassilij.*

Bei der schon lange gebräuchlichen Form *Vera* hat sich diese Schreibweise statt *Wera* erhalten. Obwohl für das russische *B* am Namenende *f* ausgesprochen wird, wird im Deutschen dafür *w* gesetzt: *Bogislaw, Boguslaw, Boleslaw, Lew, Jaroslaw, Miloslaw, Miroslaw, Stanislawa.*

Falsche, inkorrekte Schreibungen
Offensichtliche Falschschreibungen treten bei einigen, meist fremden Vornamen immer wieder auf:

falsch, inkorrekt	richtig	*falsch, inkorrekt*	richtig
Andre, Andree	*André*	Mathias	*Matthias*
Anette	*Annette*	Mathäus	*Matthäus*
Cay	*Kai*	Micke	*Mike*
Guiseppe	*Giuseppe*	Nadin	*Nadine*
Jaques	*Jacques*	Rene	*René*
Liesette	*Lisette*	Renee	*Renée*
Lillian	*Lilian*	Swen	*Sven*

Bei dem weiblichen Vornamen Sibylle ist die (unrichtige) Nebenform *Sybille* zwar zugelassen, besser ist aber der ursprüngliche griechische Name *Sibylle*.

Doppelvornamen, Doppelformen
Die Doppelvornamen können zusammengeschrieben einen einzigen Vornamen bilden oder mit Bindestrich geschrieben werden.

Beispiele: Hauptton auf erstem oder zweitem Namenteil:
Annemarie, Anneliese, Hannelore, Marianne, Evamarie, Hansjoachim, Hansjürgen, Karlheinz, Karlludwig, Rosemarie, Klauspeter, Wolfdieter.

Gewisse Selbständigkeit der Doppelform, Betonung gleichstark:
Eva-Maria, Hans-Joachim, Hans-Jürgen, Karl-Heinz, Karl-Ludwig, Klaus-Peter, Wolf-Dieter.

Auch die dritte, mehr selbständige Form in zwei getrennt geschriebenen Vornamen wird, entgegen der Rechtschreibnorm, auch heute noch eingetragen; Betonung gleichstark auf beiden Namen:
Anne Marie, Eva Maria, Hans Joachim, Hans Jürgen, Karl Heinz, Karl Ludwig, Wolf Dieter.

Namenstage

Adalbert 23. April
Adam 24. Dezember
Adelgunde 30. Januar
Adelheid 16. Dezember
Adolf 13. Februar
Afra 7. August
Agathe 5. Februar
Ägid 1. September
Albert 15. November
Agnes 21. Januar
Alban 21. Juni
Alexander 3. Mai
Alexandra 21. April
Alexis 17. Juli
Alfons 1. August
Alfred 28. Oktober
Alois 21. Juni
Amandus 6. Februar
Amatus 13. September
Ambrosius 7. Dezember
Andreas 30. November
Angela 27. Januar
Anna 26. Juli
Anno 5. Dezember
Anselm 21. April
Ansgar 3. Februar
Anton 17. Januar, 13. Juni
Apollonia 9. Februar
Arno 13. Juli
Arnold 18. Juli
Arnulf 18. Juli
Augustin 28. August

Barbara 4. Dezember
Bartholomäus 24. August
Basilius 2. Januar
Beate 29. Juni
Beatrix 30. Juli
Beatus 9. Mai
Benedikt 11. Juli
Benno 16. Juni
Bernhard 20. August
Bernward 20. November
Berta 4. Juli, 28. November
Berthold 27. Juli, 14. Dezember
Birgitta 23. Juli
Blandine 2. Juni
Blanka 1. Dezember
Blasius 3. Februar
Bonaventura 15. Juli
Bonifatius 5. Juni
Brigida 1. Februar
Bruno 6. Oktober,
11. Oktober
Burkhard 14. Oktober

Cäcilie 22. November
Carmen 16. Juli
Cäsarius 27. August
Chantal 12. Dezember
Christian 14. Mai, 4. Dez.
Christine 24. Juli
Christophorus 24. Juli
Claudia 18. August
Clemens 23. November
Cölestin 6. April, 19. Mai
Cordelia 22. Oktober
Cornelius 16. September
Crescentia 5. April, 15. Juni
Crispinus 25. Oktober

Daniel 21. Juli
Daria 25. Oktober
David 29. Dezember
Dietlinde 22. Januar
Dietmar 5. März, 18. Mai
Dietrich 2. Februar
Dominika 5. August
Dominikus 8. August
Donatus 7. August
Dorothea 6. Februar, 25. Juni

Eberhard 22. Juni
Edgar 8. Juli
Edith 16. September
Eduard 13. Oktober
Egon 15. Juli
Ekkehard 28. Juni
Elfriede 20. Mai
Elisabeth 19. November
Elvira 25. August
Emerentia 23. Januar
Emma (Hemma) 27. Juni
Emmerich 5. November
Engelbert 7. November
Erasmus 2. Juni
Erhard 8. Januar
Erich 18. Mai, 10. Juli
Ernst 7. November
Erwin (Ermin) 25. April
Eugen 2. Juni
Eva 24. Dezember
Ewald 3. Oktober

Fabian 20. Januar
Fabiola 27. Dezember
Felicitas 23. November
Felix 18. Mai, 11. September
Ferdinand 30. Mai
Fidelis 24. April
Flora 29. Juli

Florian 4. Mai
Franz(iskus) 4. Oktober
2. April, 24. Januar
Franziska 9. März
Fridolin 6. März
Friedrich 18. Juli

Gabriel 29. September
Gabriele 17. Juli
Gangolf 11. Mai
Gebhard 27. August
Georg 23. April
Gerhard 23. April, 24. Sept.
Gerlind (Herlind) 12. Oktober
Gero 29. Juni
Gertrud 17. März, 17. Nov.
Gisela 7. Mai
Gottfried 8. November
Gotthard (Godehard) 5. Mai
Gregor 25. Mai, 3. September
Gudula 8. Januar
Gunter 8. Oktober

Hedwig 16. Oktober
Heinrich 13. Juli
Helene 18. August
Heribert 16. März, 30. August
Hieronymus 30. September
Hilarius 13. Januar
Hilda 17. November
Hildegard 17. September
Hiltrud 27. September
Hubert 3. November
Hugo 28. April

Ida 4. September
Ignatius 31. Juli
Ingeborg 30. Juli
Ingrid 9. September
Innozenz 28. Juli
Irene 1. April
Irmgard 20. März, 4. September
Isabella 22. Februar
Ivo 19. Mai

Jakob 25. Juli, 3. Mai
Joachim 26. Juli
Jodokus 13. Dezember
Johanna 4. Februar
Johannes 24. Juni
27. Dezember
Joseph 19. März
Julia 22. Mai, 16. Sept.
Juliana 16. Febr., 7. August
Julius 12. April

Justina 7. Oktober
Jutta 22. Dezember

Karl 4. November
Kasimir 4. März
Katharina 25. November, 29. April
Kilian 8. Juli
Klara 11. August
Knud 10. Juli
Konrad 26. November, 21. April
Konstantin 21. Mai
Konstanze 18. Februar
Korbinian 20. November
Kunigunde 3. März

Lambert 17. September
Laurentius 10. August
Leo 10. November
Leonhard 6. November
Leopold 15. November
Liborius 23. Juli
Linus 23. September
Lioba 28. September
Lothar 15. Juni
Lucia 13. Dezember
Lucius 2. Dezember
Ludger 26. März
Ludolf 29. März
Ludwig 25. August
Lukas 18. Oktober

Magdalena 22. Juli
Manfred 28. Januar
Manuel 1. Oktober
Marcella 31. Januar
Marcellus 16. Januar
Margarete 20. Juli
Maria alle Marienfeste
Marianne 26. Mai
Markus 25. April
Martha 29. Juli
Martin 11. November
Martina 30. Januar
Mathilde 14. März
Matthäus 21. September
Matthias 24. Februar
Maximilian 12. Oktober
Meinrad 21. Januar
Melanie 31. Dezember
Melchior 6. Januar
Michael 29. September
Michaela 24. August
Monika 27. August
Moritz (Mauritius) 22. September

Nepomuk 16. Mai
Nikolaus 6. Dezember
Nina 15. Dezember
Norbert 6. Juni
Notburg 15. September

Odilie 13. Dezember
Olaf 29. Juli
Olga 11. Juli
Oliver 11. Juli
Olympia 17. Dezember
Ottmar 16. November
Otto 30. Juni

Pankratius 12. Mai
Patricia 15. August
Patrick 17. März
Paul 29. Juni
Paula 26. Januar
Peter 29. Juni
Philipp 3. Mai
Pia 6. Januar
Pius 30. April, 21. Aug.
Prisca 18. Januar

Quirin 30. April

Radegund 12. August
Raimund 7. Januar
Rainer, Reiner 11. April
Raphael 29. September
Regina 7. September
Regula 11. September
Reinhard 7. März
Reinhild 30. Mai
Reinhold 7. Januar
Renate 22. Mai
Richard 3. April
Rita 22. Mai
Robert 17. September
Rochus 16. August
Rosa 23. August
Rotraud 23. September
Rudolf 6. November
Rupert 24. September

Sabine 29. August
Salome 22. Oktober
Sara 13. Juli
Sebald 19. August
Sebastian 20. Januar
Serena 30. Januar
Sergius 8. September
Servatius 13. Mai
Severin 23. Oktober
Sybille 9. Oktober
Siegfried 15. Februar
Sieglinde 24. Juli
Sigbert 1. Februar
Sigismund 2. Mai
Sigrid 7. Januar
Silvester 31. Dezember
Silvia 3. November
Simon 28. Oktober
Sophia 15. Mai
Stanislaus 13. November
Stefanie 26. Dezember
Stephan 26. Dezember
Susanne 11. August

Thekla 23. u. 28. September
Theodor 9. November, 16. August
Therese 15. Oktober
Thomas 3. Juli

Ulrich 4. Juli
Urban 25. Mai
Urs 30. September
Ursula 21. Oktober

Valentin 7. Januar, 14. Februar
Valeria 4. und 20. Mai
Valerius 29. Januar
Vera 24. Januar
Verena 1. September
Veronika 4. Februar
Viktor 30. September, 10. Oktober
Viktoria 17. Nov., 23. Dez.
Vinzenz 22. Januar
Virginia 7. Januar
Vitus, Veit 15. Juni

Walburg 25. Februar, 4. März
Waltraud 9. April
Wendelin 20. Oktober
Wenzel 28. September
Werner 19. April
Wilfried 24. April
Wilhelm 28. Mai, 1., 10. Jan.
Willibald 7. Juli
Wiltrud 6. Januar, 2. Juli
Winifred 3. November
Wladimir 15. Juli
Wolfgang 31. Oktober
Wolfram 20. März
Wunibald 15. Dezember

Xaver 3. Dezember

Zacharias 15. März
Zeno 12. April
Zita 27. April

Erklärung der häufigsten althochdeutschen Gliedwörter

adal, adel ahd. *adal* »edel, adlig, echt, hervorragend«, altnordisch *adhall*, germanisch *athala*; »Ansehen, Bedeutung, von edler Art und Abstammung, hervorragende Stellung, Vollkommenheit«.

ald, alt ahd. *alt*, altsächsisch *ald* »alt, bewährt, erfahren, erprobt, hervorragend, erhaben«; »Vornehmster« und »groß und kräftig an Macht«.

alf, alb, alp altnordisch *alfr*, mhd. *alb, alf* »Alb, Elfe, Dämon, kleines Naturwesen, Wicht«; näher für die Namensbildung liegt niederdeutsch *alf* »bewegliches, munteres, geschäftiges Mädchen«, entspricht norwegisch *elv*, schwedisch *aelv* »lebendiges, bewegtes Wasser«.

Agi(l)- germanische Ausgangsform zu gotisch *agis* »Schrecken (verbreiten)«, die sich in der Namenbedeutung wohl mit altsächsisch *eggia* »Schneide, Spieß«, ahd. *agal* »Spitze«, *ekka* »Ecke, Spitze, Schwertschneide« gekreuzt hat.

al, alah, alk ahd. *alah*, angelsächsisch *ealh* »heilig, geweiht«; »Heiligtum, Tempel, gesicherter Ort« = »heiler Ort, von dem Heil kommt«.

Amal(a)-, Aman(a)- germanisch, 1. namenbildend durch den Namen des ostgotischen Königsgeschlechts der Amaler, Amelungen; 2. zu altnordisch *amla* »sich abmühen, anstrengen, geschäftig, mühevoll«; *aml* »eifrig, heftig, vordrängen, Arbeit, Rührigkeit«.

Angil- germanische Ausgangsform zu Stammesnamen der Angeln, die mit Teilen des Volkes von Schleswig aus England besiedelten; zu ahd. *angul* »Angel(haken), Spitze«, auch zu ahd. *ango* »Angelpunkt, Mittelpunkt, Stachel«; die Bedeutung kreuzte sich nach Einführung des Christentums mit ahd. *engil* »Engel«.

ans, as, os altnordisch *as*, angelsächsisch *os* »göttlich, gottgleich, Gott«, das heißt, den Asen gleich, germanisches Göttergeschlecht in der Himmelsburg Asgard; altnordisch *ass*, schwedisch *as* für etwas Hervorragendes: Segelstange, Hügel, Dachfirst.

arbi, erbi ahd. *arbi*, mhd. *erbe* »(angestammtes) Erbe, Erbgut, Erbschaft, Eigentum«.

arn, aro, arin, ern ahd. *aro*, angelsächsisch *earn* 1. »Adler, stark, kühn wie ein Adler, herrschend«; 2. »Ernte, Gewinn, Ertrag«.

ask, asc ahd. *asc*, angelsächsisch *aesc* »Esche, Baum, Eschenspieß, Speer«.

aud, ad → *ot*.

badu, batu, baud, bod, pat gotisch *bado*, angelsächsisch *beadu* »Kampf, Vorstoß; Kämpfer, Streiter, Vorgehen, Raum gewinnen«; niederdeutsch *bot*, engl. *bout* »Vorangehen«.

bald, balt, baldo ahd. *bald*, altnordisch *baldr* »kühn, mutig, dreist, schnell, eifrig, frisch und munter«; »ein Streiter, Held«; angelsächsisch *beald* »kühn, tapfer«; ital. *baldo*, altfranzösisch *baud* »keck, fröhlich«.

ber, beren, berin, bern ahd. *bero* »Bär«, »stark, mächtig, kräftig wie ein Bär«; in der dt. Tiersage ist der Bär der König der Tiere; angelsächsisch *beorn, biorn* »hervorragend durch Kraft und Stärke«, altnordisch *björn* »Bär«; auch als *brun* »der Braune«.

bert, brecht, beraht, berht, breht, pert, precht ahd. *beraht* »hell, glänzend, strahlend, ansehnlich«, mhd. »Glanz, Pracht«.

berg ahd. *bergan*, nur bei weiblichen Vornamen, »bergen, schützen«, verwandt mit ahd. *burg*, gotisch *bairgan*, zu germanisch, *-bergo* mit vielschichtiger Bedeutung 1. »die Gefallenen Bergende«; 2. »die Schützende«; 3. »die Geburtshelferin«.

bot, bod, boto ahd. *biotan* »Bote, Gebieter, Herr«, dazu ahd. *beotan*, angelsächsisch *biodan, bodan* »bieten, darbieten, (ge)bieten«.

brand, brant, prant ahd. *brant* »Brand, Brennen, Feuerschwert, Klinge, brennend(er) Schmerz, verursacht durch das Schwert, Waffe; Kämpfer, der dies beherrscht«.

brun ahd. *brun* »braun, glänzend«; in den Koseformen *Bruno, Bruna* auf den »Braunen«, den Bären bezogen.

brun(n), brünn, brun(n)ia, brunna ahd. *bruna* »schützen mit der Brünne, Brustharnisch«, mit *brun* »braun« verwandt; ursprünglich aus Leder, später auf Eisen bezogen, Brünne, Panzer (brünieren, Metall bräunen).

burg, berg, birg ahd. *burg*, *altnordisch borg* »Burg, Schutz, Bergung, Zuflucht(stätte), Sicherheit«, nur bei weiblichen Vornamen, zu ahd. *borgen* »wahren, sichern«, niederhochdeutsch »geborgen« sein; Wunsch: Schutz und Geborgenheit bieten; kann auch als »die die Schlachttoten Bergende«, als Walkürenname verstanden werden.

dag, tag ahd. *tac* »hell, licht, glänzend«, ahd. *tagen* »ans Licht bringen, offenlegen« und »Tag, Licht, Glanz, Leben, strahlend wie der Tag«.

dank, thank, dang(h), danch ahd. *danc* »Dank, Gnade, Lohn, Zustimmung«; ahd. *danchon* »erkenntlich sein, freundlich sein, geneigt sein«; ahd. *(gi)danch*, mhd. *(ge)danc* »Gedanke, Geist«.

degan, thegan ahd. *degan*, mhd. *degen* »Degen = Held, junger Held, Ritter, Gefolgsmann« und »tapfer, ritterlich«.

diet, dit, det ahd. *diot*, gotisch *thiuda*, angelsächsisch *theod* »Volk, Menge, Haufe, (Kriegs-)Schar, zum Volk gehörig, volkstümlich, deutsch«.

eber ahd. *ebur*, angelsächsisch *eofor* »Eber, kräftig, stark, mutig«; der Eber war das Reittier des nordischen Gottes Freyr; altnordisch *jöfurr* »Fürst« = »stark, kräftig, mächtig«.

eg, ecke, ekka ahd. *ekka* »Spitze des Schwerts, Schneide« siehe auch *Agi(l)*.

Engel- → *Angel-*.

folk, volk ahd. *folc* »Volk, Leute, Schar, Heerschar, Kriegsvolk«; niederdeutsch *folk* »Verwandtschaft, Stamm«.

fried, frid ahd. *fridu* »Freude, Ruhe, Sicherheit, Schutz vor Waffengewalt«, altsächsisch *friten*, altengl. *fridhian* »schützen, sichern«; altnordisch *fridhr* auch »schön, hübsch, angenehm«.

gard ahd. *gardan* »einfrieden, einzäunen«, Movierung von germanisch *gardaz* »Zaun«; altnordisch *gardhr, gerdha* »Haus, Hof, abgeschlossenes Gehege, Hort, Schutz«; nur bei weiblichen Vornamen.

ger ahd. *ger*, altnordisch *geirr, ger* »Speer, Wurfgeschoß«; »streitbar, kämpfend, mutiger Streiter, Kämpfer«.

gisel ahd. *gisel*, altnordisch *gisl(i)*, mhd. *geisel* 1. »Pfeilschaft, Pfeil, Stab, Speer«; norwegisch *gisla* »flimmern, blinken, strahlen lassen«, *Sunnigisil* »Sonnenstrahl«; 2. ahd. *gisal*, altnordisch *gisl* »Geisel« (edle Kriegs-)Gefangene zum Austausch, Adelssproß schlechthin.

god 1. ahd. *got*, altnordisch *godh, gudh* »Gott, göttlich«; 2. ahd. *guot*, altnordisch *godhr* »gut, gut machen, sich gnädig, freundlich und wohlwollend erweisen«.

grim angelsächsisch altnordisch *grima* »Maske, Larve«, wohl auf den Kampf bezogen; auch ahd. *grim, grimmi* »zornig, wild, schrecklich, erregt sein, heftig vorstoßen«, angelsächsisch *grimman* »wüten, ungestüm, eilen«; später *kriem*, auch bei *Kriemhild*.

gund, gunt 1. ahd. *gund(-fano)* in »Kriegsfahne«, altnordisch *gunnr*, germanisch *gunthi* »Kampf«; nur bei weiblichen Namen; 2. ahd. *giunnan, gunnen* »gewähren, erlauben, gestatten, gönnen«.

hadu ahd. *hadu* »Kampf«, entspricht spätmittelhochdeutsch *hader*, niederhochdeutsch *Hader* »Streit, Zwist«.

hagan, hagl ahd. *hagan, hag* »Gehege, umfriedetes Gebüsch, Umzäunung, Weideplatz, Dornbusch, (Dorn-)Hecke, Schutzwall aus Dornen, schützen, schirmen«.

hard, hart ahd. *harti* »hart, stark, fest, entschlossen, hart machen, stark machen«.

hari, heri ahd. *hari, heri*, altnordisch *herr* »Heer«, angelsächsisch *heri* »Menge, Volk«, gotisch *harjis, chario-* in germanischen Eigennamen zur Römerzeit (Chariomerus) = Krieger.

heid, heit 1. altnordisch *heidh* »klar, heiter, glänzend«, auf Tag und Himmel bezogen, ursprünglich germanisch *haithi* wohl »hell«, auch bei Personen; 2. ahd. *heit* »Art, Wesen, Erscheinung einer Person«; 3. ahd. *heidan, heidin* »wild, wild wachsend«.

heil ahd. *heil* »Schutz, Heil, Gedeihen, gesund, unverletzt, vollständig, stark, kräftig, blühend, gerettet«, mhd. heil »Gesundheit, Glück«, altnordisch *heill* »Glück verheißendes Vorzeichen«.

heim ahd. *heim* »Haus, Wohnung«, mittelniederdeutsch *heime* »(gute) Heimat«.

helm ahd. *helm* »Helm, Schutz«; angelsächsisch auch »Beschützer, Hülle«, gleichen Stammes wie ahd. *helan* »verbergen, bedecken«.

hild, hilt ahd. *hiltiu, hiltja*, altnordisch *hildr* »Kampf«; häufigstes Endglied in germanischen Frauennamen; »kämpfen, sich eifrig bemühen«.

hug ahd. *hugu* »Sinn, Gedanke, Geist, Munterkeit, auch Klugheit« – bezogen auf Odins Raben Hugin.

ing altnordisch *ingi* »König«; *Ingwio* »Gott der Ingwaonen«, angelsächsisch *Ing* »Gott«, altnordisch *Yngvi*, Name des nordischen Gottes Freyr; 2. als Endglied germanischen Geschlechts und Ortsnamen; patronymisch *-ing* »Sproß, zugehörig zum Geschlecht, zur Familie«.

irmin ahd. *irmin, ermen* »gewaltig, groß, erhaben, allumfassend«; zum Namen des germanischen Stammes der Irminonen, Herminonen.

isan, isen ahd. *isan* »Eisen, Waffe«; Bedeutung »eisern, fest, stark«.

kuni ahd. *kuoni, chuoni* »kühn, mutig, tapfer, stark«, ahd. *kunni* »Geschlecht«, *chunni* »Verwandtschaft, Nachwuchs«, dazu auch *kuning* »König«.

land ahd. *lant* »festes Land, (heimisches) Land, Boden, Feld, Landgut, landeingesessen«.

leib, leip, lef, leif 1. ahd. *leiba*, altnordisch *leif* »Erbe, Hinterlassenschaft, der Hinterlassene, Sohn, Tochter«; zu germanisch *laibaz* »Nachkomme, Sproß«; 2. altnordisch *leyfa*, engl. *leave* »freigeben, laufen lassen, wachsen lassen«.

lind, lint 1. ahd. *linta, linda*, angelsächsisch *lind* »Linde«, ahd., angelsächsisch, altnordisch »Lindenschild«, aus Lindenholz gearbeitet oder aus Lindenbast geflochten, steht für den persönlichen, unmittelbaren Schutz, Schild, Schirm; 2. ahd. *lindi*, mhd. *linde* »weich, nachgiebig, empfänglich, zart, mild«, *lind(j)an* »weich machen«; 3. ahd. *lint*, altnordisch *linnr* »Schlange, Wurm«. Weiblicher Vorname, wohl meist Walkürennamen in der Bedeutung »Schildkämpferin«, aber auch in der 2. Bedeutung.

liob, lieb ahd. *liob, liub*, angelsächsisch *leof* »lieb, wert, freundlich, zugeneigt, gütig, gut, günstig, gnädig«, *liuban* lieben, liebevoll behandeln, zu germanisch *liubaz* »lieb, geliebt«.

liut, obd. **luit** ahd. *liut*, altnordisch *liud*, altfriesisch *liod*, angelsächsisch *leod* »Volksstamm, Geschlecht«, altnordisch *lidh*, altslawisch *ljudu* »Leute, Volk, Gesinde«; ahd. *liotan*, altsächsisch *liodan* »wachsen, sprossen, hervorsprießen«.

lud, (h)lut *chlod, klod* 1. ahd. *hlut*, altfränkisch *chlod* »laut, berühmt, helltönend«; 2. angelsächsisch *hlodh* »Schar, Truppe, Masse«, ahd. *fluot*, angelsächsisch *flod* »Aufschwemmung, Masse«.

mein, magan ahd. *magan, megin, mehin* »Macht, Vermögen, Kraft, Menge, Mächtiges«; altnordisch *megin* »stark, gewaltig, sehr groß«; verwandt mit griech. *megas* »groß«.

mar ahd. *mari, mare,* angels. *maere, mere* »berühmt, ansehnlich, groß, herrlich«.

mund, munt ahd. *munt* »Hand (darüberhaltend), Schutz, Bevormundung, Schutz der (unmündigen) Person, die sich noch nicht selbst vertreten kann, altfriesisch *mund, mond* »Vormundschaft, Vormund«, angelsächsisch *mund* »die (flache) Hand, Gewalt über eine unselbständige Person, Schutz, Schirm«; altnordisch *mundr* »Kaufpreis der Braut, dadurch erworbene Vormundschaft über sie«.

muot, mut ahd. *muot*, germanisch *modaz* »Seelenstimmung, auf etwas gerichteter Sinn«, in der Bedeutung Sinn, Geist, Mut, Gesinnung, Verlangen, Begehren, ahd. *mouton, mouten* »begehren, verlangen, erstreben«; erst ab 13. Jh. die heute noch bekannte Bedeutung »wagende Kampflust, Entschlossenheit, trotziger Eigenwille«.

-nand ahd. *nendan, nindan*, germanisch *nanthaz*, gotisch *nanthjan* »etwas wagen, angreifen, kühn, mutig, eifrig sein«.

odal, odil ahd. *odhil, uodal, uodil* »Besitz, Erbgut, Reichtum«, altfränkisch *ethel, othol* »Erbgut«, angelsächsisch *odhel, edhel* »(angestammte) Heimat, Heimatland«.

ot, od ahd. *ot*, altsächsisch *od.* »Besitz, Gut«, angelsächsisch *ed, ead* »Besitz, Glück, Sicherheit«, altnordisch *audhr* »Besitz, Reichtum, Glück«; noch heute in nhd. *Allod*, ahd. *alot* »das echte (vererbbare) Eigentum«.

(h)old → *wald, walt.*

ort ahd. *ort*, altnordisch *oddr*, germanisch *uzda* »Spitze, spitze Waffe, Waffenspitze«, angelsächsisch *ord* »stechende, schneidende Waffe, Beginn, Schlachtordnung«; mittelniederdeutsch/niederdeutsch *ord, ort* »Spitze, Ecke, Winkel, Anfang, Ende, Platz, Raumpunkt«.

os → *ans.*

(h(raban, (h)ram ahd. *(h)raban*, verkürzt *(h)ram*, germanisch *hramn* »Rabe«, spätahd. *rabo*, mhd. *rabe(n), rappe*, mittelniederdeutsch *rave(n)*; bezogen auf den Raben Hugin des germanischen Gottes Odin in der Bedeutung »Klugheit, Schnelligkeit«.

rai, rain, rein, ragan, ragin, regin gotisch *ragin*, angelsächsisch *regir* »Rat, Beschluß«, altnordisch *regin* »Rat der Götter, die Ratgebenden«.

rad, rat ahd. *rat* »Rat, Einsicht, Vorsorge, Gewinn«, angelsächsisch *raed* »Hilfe, Gewinn, Vorteil«.

rich, rik ahd. *rihhi* »groß, mächtig, reich, umfangreich, herrschend«, ahd. *richi, rihhi, riche* »Reich, Herrschaft, Bereich, Besitz«, gotisch *reiks* »Herrscher, Fürst«.

run, runa ahd. *runa*, angelsächsisch *run*, altnordisch *run* »Zauber, Geheimnis, Weissagung«, ahd. *runen*, angelsächsisch *runian*, altnordisch *runon* »raunen«, angelsächsisch *gereonian* »flüstern, murmeln«. Dazu Rune, urdeutsche Schriftzeichen, angelsächsisch *run* »Beratung, Geheimschrift, Zauberzeichen«.

rut, (h)ruot ahd. *(h)ruom*, germanisch *hroth* »Ruhm; berühmt, ruhmvoll«; angelsächsisch *hroedhe* »wild, grimmig, rauh, bewegt, lebenskräftig«.

sieg, sig, sigi ahd. *sigu* »Sieg, Kraft, Vorangehen, Gewinn, Gedeihen, Zunahme«.

traud, trud 1. altnordisch *thrudhr* »mutiges Weib«, germanisch *thruthi*, altengl. *trydh* »Kraft«, Umdeutung des Endgliedes weiblicher Namen zu 2. ahd. *triu, trut*, mhd. *trud*, altnordisch *tryggr, trur* »lieb, beliebt, zuverlässig, sicher, treu, traut, fest«, altnordisch *tryggia* »treu, zuverlässig«.

wald, walt ahd. *waltan*, zu germanisch *waldaz* »waltend«; »walten, herrschen, für etwas sorgen, etwas bestimmen, beherrschen«, altnordisch *valda* »bewirken, verursachen«; bei *-ald* sind die Namen oft noch abgeschliffen worden zu *-old*, und danach angelehnt an *-hold*, z. B. *Reinwald, Reinald, Reinold, Reinhold*.

ward, wart ahd. *wart* »Hüter, Schützer, Wächter, achtgeben auf etwas«; bedeutungsverwandt bei alten Namen auch *-wara*, ahd. *waran* »wahren«, gotisch *wars* »behutsam«.

wig ahd. *wig* »Kampf, Streit«, angelsächsisch *wigan*, gotisch *weihan* »Kämpfer, Streiter«; mögliche Bedeutungskreuzung mit ahd. *wihan*, gotisch *weihan* »weihen, heiligen«, in der Bedeutung »erhalten, bewahren«.

wil ahd. *willio, willon* »willig sein, streben, gern bereit, freudig, mit Lust«, *wiljo* »Wille, Begehr, Streben, Freude«.

win, wine, wyn ahd. *wini* »Freund, Geliebter«, wohl bedeutungsverwandt mit ahd., altsächsisch *gi-unnan* »gönnen, erlauben«, altnordisch *unna* »lieben, zuwenden«.

wid, wit, witt 1. ahd. *witu* »Wald, Holz, im Walde wohnend«, konkurriert 2. mit ahd. *witjan, wittan* »weit machen, erweitern«, ahd. *wit*, angelsächsisch *wid* »weit, groß, stark, kräftig«.

wolf, wulf, -olf, -ulf ahd. *wolf*, gotisch *wulfo* 1. zu ahd. *wolf* »Wolf«, häufig in vielen Namen mit den Eigenschaften Kraft, Stärke, Ausdauer, List, Angriffslust des Kriegers und Kämpfers; konkurriert mit den alten Bedeutungen 2. ahd. *wolf, wulf* »Wildes, Starkes, Aufgewühltes«, in Gewässernamen; 3. niederdeutsch *wulfen* »schwer arbeiten, wühlen«.

Abkürzungen

AG	Amtsgericht
ahd.	althochdeutsch
A. T.	Altes Testament
BayOblG	Bayer. Oberlandesgericht
BGH	Bundesgerichtshof
dt.	deutsch
engl.	englisch
frz.	französisch
griech.	griechisch
hebr.	hebräisch
ital.	italienisch
Jh.	Jahrhundert
K	Kunstwerke, Grabmale namenbezogen
lat.	lateinisch
LG	Landgericht
mhd.	mittelhochdeutsch
N. T.	Neues Testament
österr.	österreichisch
OLG	Oberlandesgericht
ostmd.	ostmitteldeutsch
slaw.	slawisch
slowen.	slowenisch
span.	spanisch

Bitte für den Namenteil beachten:
Die männlich oder weiblich gebräuchlichen Vornamen, die als eintragungsfähig angesehen werden, sind mit dem Zeichen ° hinter dem Namen versehen. Bitte dazu die namenrechtlichen Bestimmungen S. 42 und 52 beachten.

A...

A...

Aaron, Aron männl., bibl. Name, zu hebr. *'aharon* »Erleuchteter, Bergbewohner«; älterer Bruder des Moses.

Abel männl., bibl. Name, zu hebr. *hebel* »Hauch, Vergänglichkeit«. Im Mittelalter Kurzform von → *Albert, Albrecht.*

Abela weibl., niederdeutsch von → *Apollonia.*

Abelin männl., **Abelina** weibl., Kurzform zu *Abel*; auch baskischer Taufname auf *Abellionis*, Gottheit der Gallier, bezogen.

Abelke weibl., niederdeutsch-ostfriesische Koseform zu Namen mit *Adal-*, z. B. *Adalberta.*

Abelone weibl., dänisch/norwegische Form von → *Apollonia.*

Abigail weibl., bibl. Name, zu hebr. *'abigajil* »(Quell der) Vater-Freude«, auch »Vortänzerin«; ungarisch *Abigel.*

Abraham männl., bibl. Name, zu hebr. *'abraham* »Vater der Menge«; ursprünglich *'abram* »hoher, erhabener Vater«; arabisch *Ibrahim.*

Absalom, *Absalon* männl., bibl. Name, zu hebr. *abshalóm* »Vater des Friedens«; Sohn Davids.

Achas, Achaz männl., lat. *Achatius, Achatus* bibl. Name, zu hebr. *'achaz* »der Herr besitzt«; *Ahas* im Alten Testament.
Der heilige Achatius, Märtyrer, ist einer der 14 Nothelfer.

Achill, Achilles männl. Vorname, griech. Herkunftsname *Achilleion*; in der Sage griech. Held von Troja; frz. *Achille.*

Achim männl. Kurzform von → *Joachim.*
K Achim (Ludwig Joachim) von Arnim, romantischer Dichter, Gr. Wiepersdorf, Kreis Jüterbog.

Achmed männl., arabischer Vorname in der Bedeutung »preis- und lobenswürdig«.

Ada weibl., auch *Adda*, Kurzform von Namen mit *Adal-, Adel-* und *Adarhild*; auch bibl. Name *Ada* »die Geschmückte«.

Adalbert, Adelbert männl., **Adalberta, Adelberte** weibl., **Adalbrecht, Adelbrecht** männl., alte dt. Vornamen, zu ahd. *adal* »edel, vornehm« und *beraht* »glänzend«.
K Heiliger Adalbert (10. Jh.), Grabmal im Dom zu Gnesen, Landespatron Böhmens und Preußens.

Adalfried männl., alter dt. Vorname, zu ahd. *adal* »edel« und *fridu* »Friede«.

Adalhard, Adalhart, Adelhard männl., zu ahd. *adal* »edel« und *harti* »hart«.

Adalhelm, Adelhelm männl., zu ahd. *adal* »edel« und *helm* »Helm«.

Adalie weibl. Nebenform zu *Adela* (= Adelheid) oder Kurzform von Namen mit *Adal-*.

Adalmar, Adelmar männl., auch *Aldemar*, zu ahd. *adal* »edel« und *mari* »berühmt«.

Adalrich, Adelrich, Alderich männl., zu ahd. *adal* »edel« und *rihhi* »mächtig, reich«.

Adalwin, Adelwin männl., zu ahd. *adal* »edel« und *wini* »Freund«.

Adam männl., bibl. Name, zu hebr. *'adam* »der von *adama* (aus roter Erde) Genommene, Mensch«. Bibl. Stammvater der Menschheit. Früher häufiger Name im Rheinland; volkstümlicher Taufname des Mittelalters.

Adela, Adele weibl. selbständige Kurzform von → *Adelheid*; frz. *Adèle*.

Adelberta, Adelberte weibl. → *Adalbert*.

Adelbrecht männl. → *Adalbert*.

Adelfriede, *Adelfrieda* weibl. zu → *Adalfried*.

Adelgund(e), *Adelgundis* weibl., zu ahd. *adal* »edel« und *gund* »Kampf«.

Adelheid weibl., alter dt. Vorname, zu ahd. *adal* »edel« und *heit* »Art, Wesen«; sehr beliebter Vorname des Mittelalters, durch die romantische Dichtung seit dem 19. Jahrhundert neu aufgekommen.
Engl. *Adelaide*, frz. *Adélaide*; Kurzform *Aleid, Aleit, Alheit, Aletta, Alette, Alke, Elke, Alice, Alida, Heidi, Lida, Lettie, Liddy*.
K Die heilige Adelheid, dt. Kaiserin (931–999), Grabplatte in Villich.

Adelhild(e) weibl., zu ahd. *adel* »edel« und *hiltja* »Kampf«.

Adelina, Adeline weibl. Verkleinerungsform von → *Adela*.

Adelinde weibl., zu ahd. *adal* »edel« und *linta* »Lindenholzschild« oder *lind* »sanft«.

Adelmut(e) weibl., auch *Almod, Almudis*, zu ahd. *adal* »edel« und *muot* »Sinn, Geist, Gemüt«.

Adelrun(e) weibl., zu ahd. *adal* »edel« und *runa* »Geheimnis, Zauber«.

Adeltraud, Adeltrud weibl., zu ahd. *adal* »edel« und *trud* »Kraft, Stärke«.

Adelwin männl., zu ahd. *adal* »edel« und *wini* »Freund«.

Adhelm männl. Kurzform von → *Adalhelm*.

Adina weibl., bibl. Name, hebr. *adina* »weich, zart, schlank«. Kurzform *Dina*.

Adna weibl. Nebenform des engl. Vornamens → *Edna*, zu hebr. *adna* »Wonne, Lieblichkeit«.

Adolar männl., wie *Adelar* zu ahd. *adal* »edel« und *arn* »Adler«; Name adliger Helden- und Rittergestalten.

Adolf männl., aus altem Vornamen *Adalwolf*, zu ahd. *adal* »edel« und *wolf* »Wolf«, im Mittelalter Fürstenname, auch seit dem Schwedenkönig Gustav Adolf verbreitet.
Kurzform *Alf, Adi, Adje, Ado, Dolf*; engl. *Adolph*, frz. *Adolphe*, ital. *Adolfo, Azzo, Ezzo*, span. *Adolfo*. K Adolf von Nassau, dt. König, Grabmal im Dom zu Speyer.

Adolfa weibl. Form von → *Adolf*.

Adolfina, Adolfine weibl. Weiterbildung von → *Adolfa*.

Adolph männl., engl. *Adolphe*, frz. Form von → *Adolf*.

Adonia weibl. Vorname zum griech. Vornamen *Adonias, Adonis*. Schöner

Jüngling, Liebling der Venus, dessen Totenfeier, ursprünglich ein orientalischer Mysterienkult, symbolisch das Entschwinden des Frühlings und den Beginn des Sommers anzeigte.

Adrian männl., früher auch *Hadrian*, lat. *(H)adrianus* »Mann aus Adria (Hadria)« (südl. Venedig); Papstname, darunter Hadrianus aus Utrecht (16. Jh.). Niederl. *Adriaan, Adriaen*, frz. *Adrien*, ital., span. *Adriano*.

Adriana, Adriane weibl., auch *Ariane*, zu → Adrian.
engl./frz. *Adrienne*, rumänische Kurzform *Riana*.

Adrienne weibl., engl./frz. Form zu *Adriana*; verbreitet durch die heilige Adrienne von Cortona.

Afra weibl. Vorname, zu lat. *afra* »afrikanisch«, »die Afrikanerin«.
Die heilige Afra, Märtyrerin um 304 in Augsburg.
K Steinsarkophag (1064) St. Ulrich und Afra, Augsburg.

Agascha weibl., russische Kurzform/Koseform von *Agafia = Agathe*.

Agatha, Agathe weibl., »die Gute«, zu griech. *agathós* »gut«; beliebter Vorname des 19. Jh.; ungarische Nebenform *Agota*.
Die heilige Agatha (3. Jh.), Kanonheilige, Patronin der Bergleute und Hüttenarbeiter.

Agda weibl., schwedische Form von → *Agathe*.

Age- → *Agi-*.

Aggie, Aggy weibl., engl. Kurzform von *Agathe*; auch von *Angelika*.

Ägid, Ägidius männl., auch *Egid, Egidius*, »der Schildträger, Schützende« zu griech. *aegis* »Schutzmantel des Zeus«.
Seit dem Wirken des Abts Ägidius vom Kloster St. Gilles (Provence) verbreiteter volkstümlicher Vorname. Kurzform *Egidi, Gidi, Gil, Gilg, Ilg, Tilg*; engl. *Giles*, frz. *Gilles*, span. *Gil*, polnisch *Idzi*, schwedisch *Ilian*.

Agilbert männl., zu ahd. *agal* »Schwertspitze« und *beraht* »glänzend«; Kurzform *Agilo*, neuere Form *Eilbert*.

Agilhard männl., zu ahd. *agal* »Schwertspitze« und *harti* »hart«.

Agilo männl. Kurzform von Namen mit *Agil-*.

Agilolf, Agilulf männl., zu ahd. *agal* »Schwertspitze« und *wolf* »Wolf«; Agilolf, Kölner Lokalheilige; das älteste bayer. Herzogsgeschlecht der Agilolfinger; Nebenform *Aigolf*.

Agimar, *Agemar* männl., zu ahd. *agal* »Schwertspitze« und *mari* »berühmt«.

Agimund, *Agilmund* männl., zu ahd. *agal* »Schwertspitze« und *munt* »Schutz (der noch unmündigen Person)«.

Agin männl. Kurzform von Namen mit *agal* »Schwertspitze«.

Aginald, *Agenald* männl., zu ahd. *agal* »Schwertspitze und *waltan* »walten, herrschen«.

Aginolf, *Aginulf* männl., zu ahd. *agal* »Schwertspitze« und *wolf, wulf* »Wolf«.

Aglaia, *Aglaja* weibl., griech. Kurzform, eine der Göttinnen der Anmut (»Charitinnen«) der griech. Mythologie, zu griech. *aglaia* »Glanz, Pracht«.

Agnes weibl. Vorname »die Keusche, Reine«, zu griech. *agnós* »heilig, geweiht«, *agnōs* »keusch, rein«. In deutsch-schweizerischer Aussprache *ágnes*. Bekannt: Agnes Bernauer (1852). Trauerspiel von Friedrich Hebbel. Die heilige Agnes, mit dem Lamm (Gottes) dargestellt, ist die Patronin der Jungfräulichkeit.

K Glasfenster (14. Jh.) in der Kirche Heiligkreuztal (Württemberg).

Agnese weibl., ital., **Agnete** weibl. Nebenform von → *Agnes*.

Ago männl. Kurzform von Namen mit *Agi-, Ago-*.

Agomar männl. Nebenform von → *Agimar*.

Ahasver männl., bibl. Name, hebr. *achasveros* »Hauptkönig, Großfürst«, in altpersischer Keilschrift *chschersche* = Xerxes, der »Löwenkönig«.

Aida weibl., altgriech. Frauenname, vermutlich zu griech. *aithiopis* »die Äthioperin«; Gestalt der äthiopischen Sklavin in Verdis Oper »Aida« (1871).

Ailin männl., irische Form zu → *Alan*.

Ailis weibl., irischer Taufname zu → *Alice*.

Aimé männl., frz. Vorname »der Geliebte«, zu lat. → *Amatus*.

Aimée weibl., frz. Vorname »die Geliebte«, zu lat. → *Amata*.

Aimo männl., alte westfränkische wie latinisierte Form für die Kurzform → *Haimo, Heimo*.

Aitana weibl., span. Vorname nach einer Landschaft bei Alicante.

Aja weibl., zu ital. *aia* »Hüterin, Wärterin«.

Ake männl., friesische Kurzform zu Namen mit *Adal-*.

Akelei weibl. »Blumenname« für die *Aquilega*, zu lat. *aquila* »Adler«.

Die geschützte Akelei zählt zu den Hahnenfußgewächsen. Im Gebirge bis 2000 m wachsen die blauvioletten Einseles Akelei, die braunvioletten Dunklen Akelei und die blaue Gemeine Akelei.

Akim männl. Kurzform zum nord. und südslaw. Vornamen *Joakim = Joachim*.

Alain männl., frz. Form von → *Alan, Allan*.

Alan, Allan, Allen männl., engl. Vorname keltisch-bretonischen Ursprungs, frz. *Alain*, lat. *Alanus*; zum Namen der Alanen.

Alard männl., westfränkische Form von → *Adalhard*.

Alarich männl., gotisch *Alareiks*, zu ahd. *alah* »Heiligtum« und *rihhi* »mächtig, Herrscher«; Westgotenkönig, gestorben im Jahre 410.

Alba weibl., zu lat. *alba* »(weiße) Perle«, *albus* »weiß, hell«.

Alban männl., zu lat. *Albanus* »Mann aus Alba«, Mittelitalien; der hl. Alban von Mainz, Märtyrer (4. Jh.).

K Hochaltar (1499) in der Albanikirche in Göttingen.

Alberad männl. Nebenform von → *Alfrad*.

Alberich, Elberich männl., zu ahd. *alb* »Naturgeist« und *rihhi* »mächtig, reich«.

Albero männl. Nebenform von Adalbero, ahd. *adal* »edel« und *bero* »Bär«.

Im 12. Jh. in Köln unter den zehn häufigsten Namen.

Albert männl., **Alberta, Alberte** weibl. Kurzform von → *Adalbert, Adalberta*; Gelehrten und Künstlername im Mittelalter, Fürstenname im 19. Jh., Kurzform → *Abel*.

Engl.-frz. *Albert*, ital. *Alberto*.

K Heiliger Albertus Magnus, Grabmal in St. Andreas, Köln; Bronzewerk von G. Marcks (1956), Universität Köln.

Albertina, Albertine weibl. Weiterbildung von *Alberta.*

Alberto männl., ital. Form von → *Albert.*

Albin männl. Nebenform von *Albwin, Alboin,* auch zu lat. *Albinus* »der Weiße«, aus *albus* »weiß«; frz. *Aubin.*

Albina, Albine weibl. Formen zu → *Albin, Alwin.*

Alboin, Albuin männl. Nebenform von *Albwin.*

Albrand männl. Nebenform zu *Adalbrand,* ahd. *adal* »edel« und *brant* »Brennen, Brand«.

Albrecht männl. alter dt. Vorname, zu → *Adalbert, Adalbrecht*; seit dem Mittelalter verbreiteter Fürstenname, Vorname von Dichtern und Malern (Dürer, Altdorfer).

K Albrecht I., dt. König, Grabmal im Dom zu Speyer; Albrecht II., dt. König, Gruft der ungarischen Könige, Stuhlweißenburg.

Albrun(e) weibl., zu ahd. *alb, alp* »Elf(e), Naturgeist« und *runa* »Geheimnis, Zauber«.

Alburg(a) weibl., zu *Adelburg(a),* ahd. *adal* »edel« und *burg* »Schutz, Zuflucht«.

Albwin männl., auch *Alboin, Albuin,* zu ahd. *alb, alp* »Elf, Naturgeist« und *wini* »Freund«.

Alda weibl. Kurzform zu → *Aldegund* oder zu *Gesualda, Mafalda*; frz. *Aude.*

Aldebrand männl., wie → *Albrand zu Adalbrand.*

Aldeger männl., zu *Adalger,* ahd. *adal* »edel« und *ger* »Speer«.

Adelgund(e), Algonde, Algunde weibl., zu → *Adelgunde.*

Aldemar männl., zu → *Adalmar.*

Alderich männl., auch niederdeutsch-friesisch *Alderk,* zu → *Adalrich.*

Aldhelm männl., zu → *Adalhelm.*

Aldiger männl., wie → *Aldeger* zu *Adalger.*

Aldina, Aldine weibl. Kurzform von *Geraldina, Geraldine.*

Aldo männl. alte Kurzform von *Aldobrand, Aldofrid* zu → *Adal-Namen.*

Aldona weibl. Weiterbildung zu → *Aldo.*

Alec männl., engl. Kurzform von → *Alexander.*

Alef, Alof männl. Kurzform von → *Adolf.*

Aleida, Aleide weibl., norddeutsche Kurzform von → *Adelheid*; ostfriesisch auch *Alida, Alide.*

Aleit, Alheit weibl., niederdeutsche Kurzform von → *Adelheid.*

Aleke weibl., ostfriesischer Vorname → *Alke.*

Aleko männl., bulgarische Kurzform von → *Alexander.*

Aleksascha weibl., russische Verkürzung von *Aleksandra*; Kurzform *Sascha, Saschura, Schura.*

Alena, Alene weibl., slawische und ungarische Kurzform von → *Magdalena.*

Alena, Alina weibl., russische und litauische Formen zu → *Helene.*

Alenica weibl., russische Koseform von → *Elena = Helene.*

Alenka weibl. Vorname, südslawische und ungarische Koseform von *Alena*, zu → *Magdalena*.

Alesia weibl., latinisierte Kurzform zu → *Adelheid (→ Alice)*.

Alessandra weibl., ital. Form von → *Alexandra*.

Alessandro männl., ital. Form von → *Alexander*.

Alessa, Alessia weibl., *Alessio* männl., ital. Kurzform von *Alexa, Alexia, Alexius*.

Aleta, Aletta, Alette weibl., ostfriesische Kurzform; *Alette* auch frz. Verkleinerungsform von → *Adelheid*.

Alex männl. Kurzform von → *Alexander*.

Alexa weibl. Kurzform von → *Alexandra*.

Alexander männl., »der Abwehrende, Schützer«, zu griech. *aléxō, alexein* »schützen, verteidigen« und *andrós* »Mann«; Name von Königen, Kaisern, Päpsten des Mittelalters, in jüngster Zeit häufig unter den beliebten Vornamen.

Kurzform *Alex, Lex, Xander*; engl. Kurzform *Alec, Sander, Sandy*, frz. *Alexandre*, ital. *Alessandro*, russisch *Aleksandr, Alexej*.

K Papst Alexander I., Kanzel Alexanderkirche, Marbach (1480/90); Humboldt-Grabstätte, Berlin-Tegel (Alexander von Humboldt).

Alexandra weibl. Form von *Alexander*; legendärer Heiligenname, Vorname von Fürstinnen im 19. Jh.; engl. Kurzform *Alix, Lexi, Sandie, Sandra, Sandy*.

Alexandrina, Alexandrine weibl. Weiterbildung zu → *Alexandra*.

Alexej, Aleksej männl., russische Formen von → *Alexius* und *Alexander*.

Alexia weibl. Form von *Alexis*, Kurzform von → *Alexandra*.

Alexis, Alexius männl., zu griech. *alexein* »beschützen«, *alexis* »Hilfe, Abwehr; *Alexis* Kurzform von → *Alexander*.

K Zum heiligen Alexis im Mittelalter sind die Wandmalerei (1340) im Chor der Frauenkirche in Esslingen zu besichtigen.

Alf männl., **Alfa** weibl. Kurzform von Namen mit *Alf-* ; Kurzform von → *Adolf*.

Alfard, Alfhard männl., zu ahd. *alb, alf* »Naturgeist« und *harti* »hart, stark«.

Alfhild(e) weibl., zu ahd. *alb, alf* »Elf(e), Naturgeist« und *hiltja* »Kampf«.

Alfons, Alphons männl., **Alfonsa, Alphonsa** weibl., ursprünglich westgotischer in Spanien romanisierter Name, zu ahd. *hadu* »Kampf« und *funs* »bereit, tapfer«, angelehnt an *adal* »edel«; danach westfränkisch *Adalfuns*. Spanischer, portugiesischer und neapolitanischer Königsname.

K Alfons X., dt. König, Grabmal in Santa Maria, Sevilla.

Alfrad männl., **Alfrada** weibl., zu ahd. *alb, alf* »Naturgeist« und *rat* »Ratgeber«.

Alfred männl., **Alfreda** weibl., älter *Alfered, Alfrad*, über die altengl. Form *Aelfraed*, zu *aelf* »Naturgeist« und *raed* »Rat(geber)« zu uns gekommen, im 19. Jh. verbreitet, auch in neuerer Zeit.

Alfried männl. Kurzform von *Adalfried* oder *Aldfrid*, ahd. *alda* »erfahren« und *fridu* »Friede«.

Alfrun weibl. Nebenform von *Albrun*.

Alger männl., westfriesischer Vorname, zu ahd. *adal* »edel« und *ger* »Speer«; auch *Alker*.

Algunde weibl. Nebenform zu *Adelgunde*.

Alhard, Alhart männl., zu → *Adalhard, Adalhart*. Im Mittelalter in den oberen Schichten weit verbreitet.

Alheid, *Alheit* weibl., niederdeutsche Kurzform von *Adelheid*.

Ali männl. Kurzform von Namen mit *Al-, Adel-*, z.B. *Albrecht*; arabisch *Ali* »der Erhabene« entspricht hebr. *alja* »hoch, erhaben«.

Alice weibl., engl. Vorname, bürgerte sich im 19. Jh. im dt. Sprachgebiet ein, Kurzform von → *Adelheid*; aus latinisiert *Alesia*, *Alicia*, altfrz. *Adaliz, Aliz*, engl. *Ade-liz*.
Verbreitet auch durch Lewis Carrolls Märchen »Alice's Adventures in Wonderland«, Kurzform von *Elisabeth, Alexandra, Aloysia*; engl.-frz. Kurzform *Alison*.

Alid, Alida, Alide weibl., ostfriesische Kurzform von → *Adelheid*.

Alik männl., russische Kurzform von *Aleksandr, Albert*.

Alina, Aline weibl., populäre Form zu *Adelina*, Heiligenname; auch schwedischer und ungarischer Vorname, slawisch *Alina, Alena*, Kurzform zu *Helena*.

Alinda, Alinde weibl. Kurzform zu *Adelinde*.

Alisa weibl. Nebenform von → *Alice*.

Alison weibl., engl.-frz. Kurzform von → *Alice*.

Alix weibl., frz. Kurzform von → *Alice*.
Kommt auch als männl. Nebenform von frz. *Alissandre = Alexander* vor.

Alja weibl. Kurzform von → *Alexandra*.

Aljoscha männl., russische Kurz- oder Koseform von *Aleksandr*.

Alke, Alkje weibl., niederdeutsch-friesische Kurzform aus *Adalika, Alika*, von Namen mit *Adel-, Al-*, insbesondere von → *Adelheit*.

Alker männl., westfriesischer Vorname → *Alger*.

Alkuin, Alkwin männl., zu ahd. *alah* »Tempel, Heiligtum« und *wini* »Freund«.

Allert männl. Nebenform zu → *Alard*.

Allrich männl. Vorname, zu → *Adalrich*.

Alma weibl. Vorname 1. aus dem Span., »die Nährende«, zu lat. *almus* »nährend, wohltätig«; 2. Kurzform von Namen mit gotisch *Amal-*.

Almar männl. Vorname, zu → *Adalmar*.

Almerich männl. Nebenform von *Amalrich*.

Almod(a) weibl. Nebenform von *Almudis* → *Adelmut*.

Almud, Almut weibl. Nebenform von → *Adelmut*.

Alois, *Aloisius, Aloys, Aloysius* männl., romanisierte Formen des ahd. Namens *Alawis* »vollkommen weise«, als kath. Heiligenname nach Süddeutschland zurückgekommen.
Frz. *Aloyse, Louis*, ital. *Aloisio, Luigi*, ungarisch *Alajos*.

Aloisa, *Aloisia, Aloysia* weibl. Formen zu *Alois*; Kurzform *Alice, Loisa, Wisa, Wisia*.

Alphonse männl. → *Alfons.*

Alraune weibl. Nebenform von → *Adelrune.*

Alrich, Alrik männl., **Alrike** weibl., verkürzte Formen von → *Adalrich.*

Alrun(e) weibl. Nebenform von *Adelrune.*

Altfried männl. Vorname zu älterem *Aldefried, Aldfrid*, zu ahd. *alda* »erfahren, verständig« und *fridu* »Friede«.

Altman, Altmann männl. Vorname zu einer älteren Form *Aldeman,* ahd. *alda* »erfahren, verständig« und *man* »Mann«.
K Bischof Altmann von Passau, Reliquien im Stift Göttweig.

Alto männl., westfriesischer Vorname, ostfriesisch auch Kurzform von *Altman*; zu *Alde-, Adal-*Namen.

Altraud, Altrud weibl. Nebenform von → *Adeltraud.*

Alvaro männl., span. Vorname, ursprünglich ahd. *Alawart*, zu ahd. *al(a)* »all, ganz« und *wart* »Hüter«; alte weibl. Form: *Alwara.*

Alwin männl. Kurzform von *Adalwin*; seit dem 19. Jh. neben der weibl. Form *Alwine* verbreitet.

Alwina, Alwine weibl. Formen zu → *Alwin.*
Engl. auch *Alwyne*, schwedisch *Alvina*, Kurzform *Alvi, Alvy*; engl.-dt. Kurzform *Alwy.*

Ama, Amane weibl., baskischer Taufname »die Mutter, die Mütterliche«.

Amabel (engl.), **Amabella** weibl. Vorname zu lat. *amabilis* »liebenswert«, »die Liebenswürdige«; engl. Kurzform *Mabel.*

Amada weibl., provenzalisch-katalanischer Taufname »die Liebenswürdige«, zu romanisch *amare* »lieben«.

Amadeus männl., lat. Name des 12. Jh., aus lat. *amare* »lieben« und *Deus* »Gott« = »liebe Gott!«; bekannt und beliebt durch den Vornamen des Komponisten Wolfgang Amadeus Mozart.
Frz. *Amédée*, ital. *Amadeo*, baskisch *Amate.*

Amalberga, Amalburg(a) weibl. Vorname zu *Amal-*, dem ostgotischen Königsgeschlecht der Amaler, gotisch *amal-s* »tapfer, tätig« und ahd. *bergan* »bergen, schützen«.

Amalbert männl., **Amalberta** weibl., zu *Amal-* (→ *Amalberga*) und ahd. *beraht* »glänzend, hell«.

Amalfried männl., **Amalfrieda, Amalfriede** weibl., zu *Amal-* (→ *Amalberga*) und ahd. *fridu* »Friede«.

Amalgard weibl., zu *Amal-* (→ *Amalberga*) und ahd. *gard* »Gehege, Hort, Schutz«.

Amalgunda, Amalgunde weibl. Vorname zu *Amal-* (→ *Amalberga*) und ahd. *gund* »Kampf«.

Amalia, Amalie weibl. Modename des 18. Jh., zu *Amalina* (→ *Amalinde*), ahd. *Amalindis*; Nebenform *Amalie*; Kurzform *Male, Malchen, Mali*; frz. *Amélie, Ameline* .

Amalinde, Amalindis weibl., alte dt. Vornamen, zu ahd. *Amal-* und *linta* »Lindenholzschild«; neuere Vornamen *Ameline, Amalie.*

Amalrich männl., auch *Emelrich*, zu *Amal-* (Amaler, ostgotisches Königshaus) und ahd. *rihhi* »mächtig, reich«.
Engl. *Amelric*, frz. *Amaury*, ital. → *Amerigo, Emerico*, russisch *Amalrik*.

Amand männl., **Amanda** weibl., **Amandus** männl., zu lat. *amandus* »liebenswürdig«; Namen verbreitet nach dem heiligen Amandus, Apostel der Belgier.

Amarante weibl. »Blumenname«.
Gemeint ist der Goldgelbe Kugelamarant *(Gomphrena haageana* oder *aurantiaca)*; zu griech. *a-márantos* »nie welkend, unvergänglich«.

Amarilla, Amaryllis weibl. »Blumennamen«.
Ursprünglich Name einer griech. Nymphe, danach der Blumenname der von griech. Hirten besungenen goldgelben Amaryllis *(Sternbergia lutea)*. Im Volksmund ist heute die *Amaryllis belladonna* aus Südafrika mit zartrosafarbenen Blüten bekannt oder der *Ritterstern* mit rosa und roten Blüten in fast strahliger Symmetrie.

Amata weibl., lat. *amata* »die Geliebte«, zu lat. *amare* »lieben«; engl. Kurzform *Amy*, frz. *Aimée*.

Amatus männl., »der Geliebte«, lat. *amatus* »geliebt«, *amare »lieben«*; frz. *Aimé*.

Amber weibl., engl. Vorname über altfrz. *ambre* aus arabisch *anbar*, ursprünglich gelber Amber = Bernstein; hier *Amber* = »die Blonde«; frz. *Ambre*, ital. *Ambra*.

Ambra weibl., ital. Vorname, in der ital. Schweiz beliebt, Bedeutung siehe → *Amber*.

Ambrosia weibl., engl. *Ambrosine*, weibl. Form von → *Ambrosius*.

Ambrosius, Ambros männl., zu griech. *ambrósios* »unsterblicher Natur, göttlich«; der heilige Ambrosius, Kirchenlehrer und Verbreiter des christlichen Glaubens, Verfasser des Ambrosianischen Lobgesangs.
Kurzform *Broß, Bros, Brasch*; engl. *Ambrose*, frz. *Ambroise*, ital. *Ambrogio, Ambrosio, Brogio*. **K** Großgemälde van Dycks, Wien, Kunsthistorisches Museum; Sant' Ambrogio, Mailand.

Amelia, Amelie weibl. Nebenform von → *Amalie*.

Ameline, Amelina weibl., zum ahd. Namen → *Amalindis*.

Amerigo männl., auch *Emerico*, ital. Vorname, älter *Amalrigo*, zum germanischen Namen → *Amalrich*; Amerigo Vespucci gab mit seinem Vornamen dem Erdteil *Amerika* seinen heutigen Namen.

Ämilia weibl., **Ämilius** männl. → *Emilie, Emil*.

Amon männl., 1. bibl. Name, zu hebr. *'amon* »geübter, geschickter Arbeiter«; 2. auch *Amun (Re)* ägyptischer Sonnengott, Königsname »Erhabenheit, Größe«; 3. *Ammon* männl., amerikanischer Vorname, zu hebr. *'ammon* »eigenständig, Sohn meines Volkes«.

Amöna, Amöne weibl., wohl zu lat. *amoenus* »anmutig, lieblich«.

Amos männl., bibl. Name, zu hebr. *'amos* »von Gott getragen«, auch »Träger, Lastträger«; bibl. Prophet.

Amrei weibl., süddeutsch/schweizerische Kurzform von → *Annemarie, -marei.*

Amy weibl., engl. Kurzform zu → *Amata.*

Ana weibl., span. Form von → *Anna.*

Kein männl. Vorname. OLG Hamm, 15.12.83.

Anabel weibl. Kurzform zu → *Annabella.*

Anastasia weibl., zu griech. *anástasis* »Auferstehung«; dt. Kurzform *Asta, Stase, Stasi*; russische Kurzform *Nastja, Nastjenka.*

Anastasius männl., »der Auferstandene«, zu griechisch *anástasis* »Auferstehung«; dt. Kurzform *Anestasl, Stas, Stasl, Stasi, Statz*; frz. *Anastasie*, ital. *Anastasio.*

Anatol männl. Herkunftsname, zu griech. *anatolios* »der aus Anatolien (Kleinasien) Stammende«; Heiligenname, Titelheld im Roman »Stiller« von Max Frisch.

Andel weibl., alemannische Kurzform von → *Anna*; männl., slawische Kurzform zu → *Angelus.*

Anders männl., dänisch-schwedische Form von → *Andreas.*

Andi männl. Kurzform von → *Andreas.*

Andolin männl., baskischer Taufname, spanisch *Antolin*, Nebenform zu → *Antonin.*

Andor männl., ungarische Nebenform von *András* = *Andreas.*

Andra weibl. Kurzform von *Alexandra*; katalanisch zu → *Andrea.*

André männl., **Andrée** weibl., frz. Formen von → *Andreas* und → *Andrea.*

Andrea weibl., sehr beliebte weibl. Form von → *Andreas.*

Weiblicher Vorname im dt. Sprachgebiet. Schweiz, Bundesgericht, 14.5.1956.

Andrea männl., ital. Form von → *Andreas*; auch männl. Vorname in der Schweiz.

Andreas männl., sehr beliebter Vorname griech. Herkunft, »der Mannhafte«, zu griech. *andreios* »mannhaft, tapfer«.

Als Apostelname im Abendland schon früh verbreitet; der Kult des heiligen Andreas drang im 9. Jh. in Rußland ein, dort und in Schottland Landespatron; Name ungarischer Könige im Mittelalter.

Kurzform niederdeutsch *Anders, Andres, Andris*; österr. *Anderl*, westf. *Andi, Drees, Dreis, Dries*, niederdeutsch *Drewes*, oberdeutsch *Enderle*; engl. *Andrew, Andy, Andraé*, frz. *André*, dänisch-schwedisch *Anders*, slawisch *Andra, Andrej, Andrij, Andrus(ch)*, polnisch *Andrzej*, ungarisch *András, Andor.*

Andreana weibl., südslawische Nebenform von *Andrejana, Andrijana*, zu → *Andrea* weibl.

Andree männl., nicht zu empfehlende Schreibung des frz. Vornamen *André*, z. B. *Andree-Pascal* (Siegen 1976).

Andres, Andrees, Andries männl., niederdeutsch-niederländische Formen von → *Andreas.*

Andrew männl., engl. Form von → *Andreas.*

Andrijan männl., russische Nebenform von → *Andreas*.
Als männl. Vorname zugelassen. Landgericht München, 1965.

Andriko männl., ukrainische Kurzform von *Andreas*.

Andro männl., südslawische Kurzform von → *Andreas*.

Andrusch männl., russische Kurzform von *Andrej* = *Andreas*.

Andy männl., engl. und ungarische Kurzform von → *Andreas*, auch *Andi, Andie*.
Männl. Vorname, LG Lübeck, 30. 9. 1980.

Anemone weibl. »Blumenname«.
Zum Hain- oder Buschwindröschen, *Anemone nemorosa*, ursprünglich zu griech. *anemos* »Wind, die Windsbraut«, denn die Anemone öffnet sich nur bei wehendem Wind.

Anette männl., nicht zu empfehlende Form (falsche Schreibung, zu *Anna*!), dafür → *Annette*.

Ange weibl., frz. Vorname, zu lat. *angelus* »Engel«.

Angel männl. Kurzform zu → *Angelus*.

Angela weibl., griech.-lat. Herkunft, »die Engelhafte«, zu lat. *angelus* »Engel«; frz. *Angèle*.

Angelia weibl. Weiterbildung von → *Angela*.

Angelika Angelica weibl., Weiterbildung von → *Angela*; frz. *Angélique*.

Angelikus männl., »der Engelgleiche«, Weiterbildung von → *Angelus*; ital. *Angelico*.

Angelina, Angeline weibl., »Engelchen«, auch »Engelhafte«, ital.-span. Form, auch Weiterbildung von → *Angela*.

Angélique weibl., frz. Form von *Angelika*.
Die Flut der Angélique-Romane von Anne und Serge Golon führte nach ersten Beobachtungen nicht zur Verbreitung dieses frz. Vornamens, sondern zum beliebten Vornamen → *Angelika*.

Angelo männl., engl./ital. Form von → *Angelus*.

Angelus männl., lat.-griech. Herkunft, »Bote Gottes«, zu lat. *angelus*, griech. *ággelos* »Bote, Verkündiger«; engl./ital. *Angelo*, slawisch *Angel, Andel*, bulgarisch *Anjo*, span. *Angel*.
K Der heilige Angelus, einer der ersten Karmeliter, Altartafel (um 1500), Mainzer Dom.

Ania weibl., span. Form von → *Anna*.

Anica weibl., südslawische Form von → *Anna*.

Aniela, Aniele weibl., polnische und litauische Formen von → *Angela*.

Anik, Anika, Annika weibl., slawische Kurzform von → *Anna*.

Aniko männl., baskischer Taufname, zur ahd. Kurzform *Hanicho* → *Anno, Hanno*.

Aniska weibl., russische Kurzform von → *Anna*.

Anita weibl., span. Verkleinerungsform von *Ana* = *Anna*.

Anja weibl., russische Kurzform von *Anna*.

Anjo männl., bulgarische Kurzform von → *Angelus*.

Anjuscha, Anjuschka weibl., slawische Kurzform von *Anna*; auch *Hanusja*.

Anjuta weibl., bulgarische Kurzform von → *Anna*.

Anjutta weibl., vermutlich Neubildung aus *Anna* und *Jutta* (Seibicke); angelehnt an slawische Koseformen von *Anna*.

Anka weibl., niederdeutsche und slawische Kurzform von → *Anna*.

Anke weibl., beliebte niederdeutsche Kurzform von *Anna*.

Ann weibl., engl. Form von *Anna*; auch in Doppelform, wie *Ann-Kathrin*.

Anna weibl., bibl. Name, griech. Form von → *Hannah*, Mutter Mariens.

Seit dem 16. Jh. sehr große Verbreitung, mit Maria der häufigste dt. Frauenname. *Anna*, die alte, dt. weibl. Form von → *Anno*, wurde durch den bibl. Namen der heiligen Anna verdrängt.

Kurzform *Ann, Anni, Anneli, Annchen, Annerl, Anke, Antje, Nann, Nanni, Nannerl, Nanneli*; engl. *Ann, Anne*, frz. *Anne*, russisch *Anja, Anjuscha*; ungarische Kurzform *Aniko, Anilla, Anita*.

K Anna, dt. Kaiserin, Kapuzinergruft Wien.

Annabarbara, Annebarbara weibl. Doppelform aus *Anna* und *Barbara*.

Annabell, Annabella weibl. Doppelform aus *Anna* und *Bella*, ital. »die Schöne«.

Annabeth weibl., aus *Anna* und (Elisa)*beth*.

Annalene, Annelene weibl. Doppelform aus *Anna* und (He)*lene* oder (Magda-)*lene*.

Annalies, Annalisa, *Annalise* weibl. Doppelform aus *Anna* und *Lisa*.

Annamaria, Annamarie weibl., alte Doppelform aus *Anna* und *Maria*; beliebt auch *Anna-Maria*.

Annarösli, Annerösli weibl., deutschschweizerische Doppelform aus *Anna* und Verkleinerungsform von *Rosa*.

Annbritt weibl., schwedische Fügung aus *Anna* und *Brigitte*.

Anne weibl., dt., engl. und frz. Nebenform von → *Anna*.

Änne weibl. Nebenform von → *Anna*.

Annebärbel weibl., alemannische Doppelform von *Anna* und *Barbara*.

Annedore weibl. Doppelform aus *Anne* und *Dore*.

Annegard weibl. Doppelform aus *Anne* und *Irmgard*.

Annegret weibl. Doppelform aus *Anne* und (Mar)*gret*.

Annekathrin, Annekatrin weibl. Doppelform aus *Anne* und *Kathrin*.

Anneke weibl., niederdeutsch-niederländische Verkleinerungsform von *Anna*.

Anneli, Annelie weibl., alemannische Kurzform von *Anna*.

Annelies(e), Annelis(e) weibl. Doppelform von *Anne* und *Liese*.

Annelore weibl. Doppelform aus *Anne* und *Lore*.

Annelotte weibl. Doppelform aus *Anne* und (Char)*lotte*.

Anneluise weibl. Doppelform aus *Anne* und *Luise*.

Annemarei weibl., oberdeutsche/schweizerische Form von *Annemarie*.

Annemargret weibl. Doppelform aus *Anne* und *Margret*.

Annemarie weibl., auch *Annemaria*, nach wie vor im dt. Sprachraum beliebte Doppelform aus *Anne* und *Marie*; weniger verbreitet die frz. Form *Anne-Marie*.

Annemie weibl. Koseform von → *Annemarie*.

Annerose weibl. Doppelform aus *Anne* und *Rosa*.

Annetilde weibl. Doppelform aus *Anne* und (Ma)*tilde*.

Annetraud, Anntraud weibl. Doppelform aus *Anne* und (Ger)*traud*.

Annett, Annette weibl. Verkleinerungsform von *Anna*, aus dem Frz. übernommen. K Annette von Droste-Hülshoff, dt. Schriftstellerin, ihr Grab ist auf dem Friedhof in Meersburg zu finden.

Anni, Annie, Anny weibl. Kurzform von *Anna*.

Annik, Annika, Annike weibl., schwedische Kurzform zu *Anna*.

Annina, Annine weibl. Weiterbildung von *Anna*; dänisch *Anine*.

Ann-Kathrin weibl. Doppelform aus *Anna* und *Kathrin*.

Anno männl., latinisierte Form zu ahd. → *Hanno*, altsächsisch *Hannicho*.
K Der heilige Anno, Erzbischof von Köln (11. Jh.), Grabmal in der Klosterkirche in Siegburg.

Annunziata weibl., ital. Vorname *Maria Annunciata* »die Angekündigte«, bezogen auf Mariä Verkündigung, 25. März.

Anouk, Annouk, Anouchka weibl., mehr in der Welschschweiz gebräuchliche slawische Kurzform → *Anuscha*.

Ansbert männl., zu germanisch *ans* »(Ase), Gott« und ahd. *beraht* »glänzend«.

Anselm, *Anshelm* männl., zu germanisch *ans* »(Ase), Gott« und ahd. *helm* »Helm«.

Anselma, Anselmina weibl. Formen zu → *Anselm*.

Ansfried männl., zu germanisch *ans* »Gott« und *fridu* »Friede«.

Ansgar männl., alter dt. Vorname, zu germanisch *ans* »(Ase) Gott« und *gar, ger* »Speer«, heute bekannt ist die übernommene Form → *Oskar*, aus altengl. *Osgar*.
K Der heilige Ansgar, Erzbischof von Hamburg-Bremen, wurde als »Apostel des Nordens« verehrt; Gedenktafel (1457) Petrikirche Hamburg; Statue in Klanxbüll.

Ansgard weibl., zu germanisch *ans* »Gott« und ahd. *gard* »Gehege, Hort, Schutz«.

Anshelm männl. → *Anselm*.

Anstrud weibl., westfränkischer Taufname, zu germanisch *ans* »Gott« und *thruthi* »beliebt, treu, traut«.

Answald männl., zu germanisch *ans* »Gott« und ahd. *waltan* »walten, herrschen«; jüngere Form → *Oswald*.

Ante, Antek männl., slawische Formen von → *Anton*.

Anthony männl., engl. Form von → *Anton*.

Antia weibl., romanische Kurzform von *Antonia*.

Antje weibl., friesische Kurzform von → *Anna*.

Antka weibl., polnische Kurzform von *Antonina, Antonia*.

Antoine männl., frz. Form von → *Anton*.

Antoinette weibl., frz. Verkleinerungsform von *Antoine* = *Anton*.

Anton männl. Vorname lat. Herkunft, *Antonius*, zum Namen der altrömischen Familie *Antonia*; der plebejische Zweig brachte die historisch bekannten

Personen hervor. Unter mehreren Heiligen war der heilige Antonius von Padua, Schutzpatron der Eheleute.

Kurzform *Dönges, Thön(e), Toni, Ton, Tonke, Tönges, Tönnies*, rheinisch *Tünnes*; engl. *Anthony*, frz. *Antoine*, ital. *Antonio*.

K Altar, Stiftskirche in Xanten (1521); Il Santo (Friedhof), Padua.

Antonella weibl., **Antonello** männl., ital. Verkleinerungsform zu *Antonia, Anton*.

Antonetta, Antonette weibl., rätoromanische Verkleinerungsform zu *Antonia*.

Antonia, Antonie weibl. Formen zu *Anton*; in der eigentlichen Bedeutung: Frau aus der altrömischen Familie Antonia; auch *Antona*.

Antonietta weibl., ital. Verkleinerungsform von *Antonia*.

Antonin männl., slawische Form von *Anton*.

Antonina weibl., bulgarische und polnische Form von *Antonia*; eigentlich Adoptivform der altrömischen Familie Antonia.

K Die heilige Antonina, Schrein (14. Jh.) mit Reliquien in St. Johannes-Baptist, Köln.

Antoninus männl., übernommene Adoptivform der altrömischen Familie Antonia; einer der von dieser Familie Adoptierten.

Der heilige Antoninus von Florenz (14. Jh.); Antoninus, Soldat der Thebaischen Legion, Piacenza, K Kirche zu Obino, Tessin (16. Jh.).

Antonio männl., ital. Form von *Anton*.

Anuscha, Anuschka weibl., slawische Koseformen von *Anna*.

Apke westfriesische männl., ostfriesische männl. und weibl. stark verkürzte Form von *Adalbert, Adalberta*.

Apollinaris männl., **Apolline** weibl., zu lat. *Apollinarius*, griech.-lat. Herkunft → *Apollonius*.

Apollonia weibl. Form von → *Apollonius*; die heilige Apollonia, im Mittelalter verehrt.

Kurzform *Loni, Polly*, niederdeutsch *Plünnie, Pünni*; ungarisch *Apolka, Pola*.

K Holzstatue (14. Jh.) in Münstereifel; desgl. von 1456 in Sterzing, Tirol.

Apollonius männl. Vorname griech. Herkunft, »dem Gott Apollo geweiht«, griech. *Apollōnis*, Göttername *Apóllōn*; Heiligen- und Märtyrername im Mittelalter.

Arabella weibl., zu span. *arabella* »kleine Araberin«, Anlehnung an span. *bella* »die Schöne«, engl. Kurzform *Arabel*.

Aranka weibl., ungarischer Vorname, über ungarisch *arany* »Gold« ursprünglich zu lat. *Aurelia* (römische Familie) und zu der lat. Bedeutung *aureolus* »aus Gold gemacht«.

Arbo männl. Kurzform von → *Arbogast*.

Arbogast männl., alter dt. Vorname, zu ahd. *arbi* »Erbe« und *ast* »Fremder, Gast«; niederdeutsche Kurzform *arp, Erb, Eppo*.

K Der heilige Arbogast zählt zu den Heiligen im Elsaß, Patron von Rufach; Glasfenster (13./14. Jh.) in Niederhaslach.

Archibald männl., zum älteren burgund. Taufnamen *Archimbald*, ahd. *erchan* »echt, rein« und *bald* »kühn«.

Arend, Arent männl., nordische Kurzform von Namen mit Arn-, »Adler«, zu selbständ. Vornamen geworden.

Areta, Aretha weibl., angloamerikanischer Vorname griech. Herkunft, zu griech. *aristos, aretē* »die Vortreffliche«.

Arfast, Arfst männl., nordfriesische übernommene Vornamen nordischer Herkunft, altnordisch *Arnfastr, arn* »Adler« und *fastr* »fest«.

Argia weibl., baskischer Taufname, zu baskisch *argi* »Licht, Klarheit«; entspricht → *Klara*.

Arhild weibl. Nebenform von *Arnhild*.

Ari, Arie, Ary männl., **Aria, Arya** weibl., niederländische Kurzform von *Adrian, Adriane*; auch Kurzform von *Aribert*.

Ariadne weibl., alter griech. Frauenname; Nebenform *Ariane*, baskisch auch *Arene*. In der Sage des Theseus gab sie diesem das Garnknäuel, damit er aus dem Labyrinth entkommen sollte (der Ariadnefaden); zu griech. *ari* »sehr« und *à-idnēs* »unsichtbar, verborgen«.

Arian männl., niederländische und ungarische Kurzform von → *Adrian*; span. *Ariano*.

Ariane weibl., frz. Form von *Ariadne*, ital. *Arianna*, danach auch *Arianne*.

Aribert männl., frz. Form des alten fränkischen *Haribert* → *Herbert*.

Ariela, Ariella, Arielle weibl., frz.-ital. Vorname zum männl. bibl. Namen *Ariël*, hebr. *'ariel* »Opferstelle, Held Gottes«.

Arieta, Ariettai weibl., Verkleinerungsform von *Adriane*.

Arik männl., russische Kurzform von *Alberik* = *Alberich* und anderen russischen Vornamen.

Arild männl., dänische Form von → *Arnold*.

Arist männl. Kurzform von → *Aristide*.

Arista weibl. Kurzform griechischen Ursprungs, zu *Arist* → *Aristide*.

Aristid, Aristide männl., frz. Vorname griechischen Ursprungs, zu griech. *aristos* »Bester, Vornehmster, Vortrefflicher« und *eidos* »Ansehen, Gestalt«. Kurzform *Arist*.

Arka weibl., **Arke, Arko** männl., niederländisch-westfriesische Kurzform von Namen mit *Arn-*.

Arkadius männl., zu lat. *Arcadius* »Mann aus Arkadien«; russisch *Arkadij*.

Arlene weibl., engl.-irischer Vorname, weibl. Form zum ursprünglich männl. keltischen Namen *Arlen* »Liebespfand, Kind«.

Arlett, Arlette weibl., frz. Kurzform zu *Arnoullet* → *Arnold*.

Armand, Armant männl., frz. Vorname der alten Form *Harmand*; bezogen auf *Hartmann* und *Hermann*; baskisch *Arman*.

Armande (frz), **Armanda** (ital.) weibl. Formen von *Armand*.

Armando männl., ital. Form von *Hermann*.

Armella, Armelle, Armilla weibl. Verkleinerungsform zum alten bretonischen wie westfränkischen Heiligennamen *Armel, Armagil* = *Ermengil*.

Armgard weibl. Nebenform von → *Irmgard.*

Armida, Armide weibl., ital. und rätoromanische Vornamen, wie *Armina, Arminia* auf *Armanda, Armande* bezogen.

Armin, Arminus männl., latinisierte Form eines germanischen *Ermen-, Irmin-*Namens oder lat.-römischer Beiname *Armenius.*

Name eines Cheruskerfürsten, der 9 n. Chr. Varus im Teutoburger Wald schlug (fälschlich als »Hermann« dt. Symbol geworden). In Italien entspr. *Arminio* dem Vornamen *Hermann.*

Arna, Arnalde weibl. Kurzform sowie Vorname und Nebenform von *Arnolde.*

Arnaud männl., frz. Form von → *Arnold.*

Arnd, Arndt, Arne männl., nordische Kurzform von Namen mit *Arn-* »Adler« → *Arnold*, zu selbständigem Vornamen geworden.

Arne als weibl. Vorname nicht eintragungsfähig. OLG Köln, 5.9.1989.

Arndis weibl., nordischer Vorname, zu ahd. *arn* »Adler« und *dis* »Schutzgöttin«.

Arnfred männl., zu älterem *Aranfred*, ahd. *arn* »Adler« und *fridu* »Friede«.

Arnfried männl., **Arnfrieda, Arnfriede** weibl., zu ahd. *arn* »Adler« und *fridu* »Friede«.

Arngard weibl., zu ahd. *arn* »Adler« und *gard* »Gehege, Hort, Schutz«.

Arnger männl., zu ahd. *arn* »Adler« und *ger* »Speer«.

Arngrim männl. Vorname zu ahd. *arn* »Adler« und *grima* »Maske, Helm«.

Arnhard männl., ahd. *arn* »Adler« und *harti* »hart«.

Arnhelm männl., zu ahd. *arn* »Adler« und *helm* »Helm, Schutz«.

Arnhild, Arnhilde weibl., zu ahd. *arn* »Adler« und *hiltja* »Kampf«.

Arnika weibl., ungarische Kurzform von → *Arnolde*; bei uns wohl in Anlehnung an die Korbblütlerstaude Arnika.

Arniko männl., ungarische Kurzform zu *Arnold.*

Arnim männl., Umkehrung des Vornamen *Armin.* Anlehnung an *Arn-*Namen.

Arno männl. Kurzform von Namen mit *Arn-*, insbesondere von → *Arnold.*

Arnold, Arnolt, Arnhold männl., **Arnolde** weibl., alte dt. Vornamen, zu ahd. *arn* »Adler« und *waltan* »walten, herrschen«.

Häufiger, beliebter Name im Mittelalter, gering und nur lokal beeinflußt durch Heiligennamen: so der heilige Arnold (9. Jh., Arnoldsweiler bei Düren), Arnold von Hiltensweiler, ein Volksheiliger am Bodensee. Kurzform *Arno*; frz. *Arnaud*; dän. *Arild*, ital. *Arnaldo, Arnoldo.*

Arnoldine weibl. Weiterbildung von *Arnolde.*

Arnot männl., baskisch, zu frz. *Arnaud* = *Arnold.*

Arnt männl., nordische Kurzform von Namen mit *Arn* »Adler«.

Arntraud, Arntrud weibl., zu ahd. *arn* »Adler« und *trud* »Kraft, Stärke«.

Arnulf männl., alter dt. Vorname, zu ahd. *arn* »Adler« und *wulf* »Wolf«.

Der heilige Arnulf, Bischof von Metz, war Stammherr der Arnulfinger und Karolinger.

K Arnulf von Kärnten, ostfränkischer König, dt. Kaiser, Grabdenkmal St. Emmeram, Regensburg.

Arnwald männl., zu ahd. *arn* »Adler« und *waltan* »walten, herrschen«.

Aron männl. → *Aaron*.

Arpad männl., ungarischer Herrschername *Árpád*, zu *arpa* »Gerstenkorn«.

Arsen männl., **Arsene** weibl., zum Heiligennamen *Arsenius*, zu griech. *arsēn* »männlich, mannhaft«; frz. *Arsène* männl., ital. *Arsenio*.

Art, Airt männl., irischer Vorname keltischer Herkunft, wird zu engl. *Arthur* gestellt.

Artur, *Arthur* männl., aus dem Engl. übernommener Vorname, der sich nach König Artus (um 500) um die keltischen Sagen über ihn und seine Tafelrunde verbreitet hat. Um 1900 beliebter Vorname, heute seltener.

Artura weibl. Form von → *Artur*.

Arwed männl., dt. Form des nordischen Vornamens *Arved, Arvid*, älter *Ar(n-)vidh* »Adler« und »weit (umher)«.

Asa weibl. Kurzform, oft weibl. Taufname im 9. Jh., zu germanisch *ans* »Gott«.

Asbjörn männl., nordischer Vorname, zu schwedisch *as*, »(Ase) Gott« und *björn* »Bär«.

Aschwin männl. → *Aswin*; niederdeutsche Kurzform *Asche*.

Asgard weibl. Nebenform von → *Ansgard*.

Asja, Assja weibl., russische Kurzform von → *Anna, Anastasia, Asta*.

Askan, Ascan(ius) männl. Vorname zu altem *Askwin, Ascwin* → *Aswin*.

Aslaug weibl., nordischer Vorname, *as* »Gott« und *lag* »rechtes Maß, Ordnung«.

Asmus männl. Kurzform von → *Erasmus*.

Aspasia weibl. Vorname griech. Herkunft, »die Willkommene«, zu griech. *aspásios* »willkommen, erwünscht«.

Assunta weibl., ital. Vorname, zum Fest *Maria Assumpta*, die »in den Himmel Aufgenommene«, die heilige Maria, bezogen auf Mariä Himmelfahrt, 15. August.

Asta weibl. Kurzform von *Anastasia, Astrid* und *Augusta*.

Astrid weibl., schwedischer Vorname, Walkürenname, älter *Astrith*, zu altnordisch *as*, germanisch *ans* »Gott« und *truthi* »beliebt, treu, traut« (in Umdeutung bei weibl. Namen).

Aswin männl., auch *Aschwin*, älter *Ascwin*, *Askwin*, altengl. *Aescwine*, zu ahd. *ask* »Eschenspeer« und *wini* »Freund«; niederdeutsche Kurzform *Asche*.

Aswine, Aswina weibl. Form zu → *Aswin*.

Athalia weibl., bibl. Name, zu hebr. *athaljāh* »stark, erhaben ist Gott«, frz. *Athalie*.

Athanasius männl., »der Unsterbliche«, zu griech. *athanasia* »Unsterblichkeit«.
K Heiliger Athanasius, griech. Kirchenlehrer, einer der vier großen Kirchenväter, an ihn erinnert ein Fresko (1737) im Spital am Pyhrn.

Attala weibl., zu gotisch *atta*, ahd. *atto* »Vater, Vorfahr«.
K Die heilige Attala, Äbtissin eines Frauenklosters in Straßburg, Glasfenster (14. Jh.) im Straßburger Münster.

Attila männl. Vorname bezogen auf den Namen des Hunnenkönigs *Attila*, zu gotisch *attila* »Väterchen«, als König Etzel bekannt; ital. *Attilo, Attilio*.

Aubrey männl., engl.-frz. Form germanischen Ursprungs, zu → *Alberich.*

Aud, Auda weibl., 1. isländischer Vorname, zu altisländisch *authegr* »reich«; 2. *Auda, Aude* weibl., alter südfrz. Vorname *Alde*, zu germanisch *Alda*, Namen mit *Ald(e)-*, ahd. *alda* »erfahren, verständig«.

Audrey weibl., engl. Vorname zu *Etheldreda = Adeltrude*, ahd. *adal* »edel« und *trut* »beliebt, treu, traut«.

August, Augustus männl., ursprünglich Beiname für Gajus Julius Caesar Octavianus, bekannt als Kaiser Augustus z. Z. Christi Geburt, zu lat. *augustus* »heilig, ehrwürdig«; Name im 19. Jh. häufiger, heute selten.
Kurzform *Gust, Gustl*, niederdeutsch *Austen*, engl. *Augustine, Augsten, Austin, Gus, Gussy*, frz. *Auguste*, ital. *Agosto, Augusto*, entspricht arabisch *Ali.*
K August II., der Starke, Grabmal in der Schloßkirche in Krakau, Herz in der Fürstengruft zu Dresden.

Augusta, Auguste weibl. Form zu → *August.*
Kurzform *Asta, Gusta, Guste, Gustel, Gustchen*; entspr. arabisch *Aline.*
K Augusta, dt. Kaiserin († 1890), Mausoleum Charlottenburg.

Augustin männl., lat. *Augustinus*, Weiterbildung von → *Augustus.*
Name verbreitet durch Verehrung des heiligen Augustinus, einer der vier großen Kirchenväter (4./5. Jh.), durch Augustinus, Apostel der Angelsachsen (6./7. Jh.); volkstümlich durch das Lied »Ach, du lieber Augustin«. K Pacher-Tafeln (1490/91), München, Alte Pinakothek; Augustin Bea, dt. Kardinal, Grabmal in Riedböhringen b. Donaueschingen.

Augustina, Augustine weibl. Formen zu → *Augustin*; Kurzform *Austine.*

Aura weibl., rumänische Kurzform zu → *Aurelia.*

Area, Aurelia, Aurelie »die Goldene, Schöne«, weibl. Formen zu → *Aurelius.*
Engl. auch *Oralia, Oriel, Goldy*, baskisch *Aurela*, frz. *Aurélie*, niederländisch auch *Auralia*, rumänisch *Aura, Aurica*, slawisch auch *Zlatka, Zlata*, ungarisch auch *Aranka.*
K Die heilige Aurelia wird in Straßburg verehrt; Glasfenster (13. Jh.), Straßburger Münster.

Aurelian männl., lat. *Aurelianus*, Adoptivform von → *Aurelius.*

Aurelius, Aurel männl., nach dem römischen Geschlechternamen Aurelius, zu lat. *aureolus* »aus Gold gemacht«.
Frz. *Aurèle*, südslawisch auch *Zlatan, Zlatko.*
K Die Reliquien des heiligen Aurelius kamen nach Hirsau; dort gibt es die seit 1956 renovierte Aureliuskapelle (von 1056), Chorwand, Reliquienschrein, 1970/71.

Aureus männl., lat. *aureus* »golden, aus Gold«.
K Der heilige Aureus, Bischof von Mainz (um 450), Hochgrab (14. Jh.) Ägidiuskirche Heiligenstadt.

Aurica, Aurika weibl., rumänische Koseformen von *Aura*, aus → *Aurelia.*

Aurora weibl., die röm. Göttin der Morgenröte, zu lat. *aurora* »das Morgenrot«.
Frz. *Aure, Aurore*, illyrisch *Zora, Zorana.*

Austen männl. niederdeutsche Form von → *August*.
Austin männl., engl. Form von → *Augustin*.
Austina, Austine weibl. Nebenform von → *Augustine*.
Auxilia weibl., zu lat. *auxilium* »Hilfe, Beistand, Schutz, Rettung«.
Ava männl., russische Kurzform von → *August*.
Ava, Awa weibl., westfränkisch-romanische Kurzform der männl. Kurzform *Avo*, zum Stamm *Aba-* »Mann, Gatte«.
Avelina weibl., westfränkisch-romanischer Taufname aus → *Abelin(a)*.
Avia, Avina weibl., alte Kurzform aus *Hadewidis*, ahd. *hadu* »Kampf« und *wid* »weit, groß«.
Axel männl., nordische Umbildung des bibl. Namens → *Absalom*; dänisch *Aksel*, schwedische Kurzform *Acke*.
Azalie, *Azalea, Azalee* weibl. Pflanzenname, zu griech. *azaléos* »trocken«, wird auch Alpenrose genannt.
Azalee als weibl. Vorname zugelassen. Amtsgericht Koblenz, 17.8.1959.
Azius männl. = *Bonifazius, Servazius, Pankrazius*, die Eisheiligen Kölns.
Azo, Azzo, Azzing männl., westfriesische Kurzform von Namen mit *Ad-, Ado-*, z. B. *Adolf*.

B...

B...

Babette, *Babetta* weibl. im 18. Jh. aus dem Frz. übernommene Verkleinerungsform von → *Barbara; Babett, Bawettche, Bäppche* sind rheinisch-hessisch-pfälzische Formen.

Bahne männl., friesischer Vorname → *Bane*.

Balbina, Balbine weibl., »die Stammelnde«, zu lat. *balbutire* »stottern, stammeln, lallen«.

Balda weibl. Kurzform von Namen mit *Bald-*.

Baldebert männl., zu ahd. *bald* »mutig, kühn« und *beraht* »glänzend«.

Baldegund(e) weibl., zu ahd. *bald* »kühn« und *gund* »Kampf«.

Baldemar männl., zu ahd. *bald* »kühn« und *mari* »berühmt«.

Balder männl. Kurzform von *Baldheri*, ahd. *bald* »kühn« und *heri* »Heer«.

Baldfried, *Baltfried* männl. alter dt. Vorname, zu ahd. *bald* »kühn« und *fridu* »Friede«.

Baldo männl., ostfriesische Kurzform von Namen mit *Bald-*; ital. Kurzform zu *Rambaldo, Ubaldo*.

Baldomar männl., zu ahd. *bald* »kühn« und *mari* »berühmt«.
Der heilige Baldomaris, als Subdiakon mit einer Zange in der Hand, gilt als Patron der Schlosser.

Baldram männl. → *Baltram*.

Balduin männl. → *Baldwin*.

Baldur männl., nordischer Vorname nach dem altnordischen Götternamen *Baldr*, Gott des Lichts.

Baldus männl. Kurzform von *Sebaldus, Sebald*.

Baldwin, *Balduin* männl., zu ahd. *bald* »kühn« und *wini* »Freund«; *Balduin*, im Mittelalter der Name flandrischer Grafen, wird heute noch von König Baudouin I. von Belgien in der frz. Form geführt; engl. *Baldwin*.

Balene weibl., baskische Kurzform aus → *Valeriane*.

Balte, Baltus männl. Vorname zu Namen mit *Bald-*.

Baltfried männl., zu ahd. *bald* »kühn« und *fridu* »Friede«.

Balthasar männl., bibl. Name babylonischer Herkunft, assyrisch *Beltas-assar*, hebr. *Belsa'zar* »Bel (babylon. Gott) schütze den König«.
Einer der Heiligen Drei Könige, Name im Mittelalter durch Volksbrauch des Dreikönigsspiels verbreitet.

Balthes männl., volkstümliche Kurzform von → *Balthasar*.

Balthilde, auch *Bathilde*, weibl., zu ahd. *bald* »kühn« und *hiltja* »Kampf«.

Baltram männl., zu ahd. *bald* »kühn« und *hraban* »Rabe«.

Baltrun weibl., zu ahd. *bald* »kühn« und *runa* »Geheimnis, Zauber«.

Balz, Balzer männl. Kurzform von → *Balthasar*.

Bane, Bahne, Baan, Banne, Bannert, Bantje männl., friesische Kurzform zu Namen mit ahd. *ban*, altfriesisch *ban, bon* »Aufgebot, Bann«.

Baptist männl., zu griech. *baptistēs* »Täufer«, ursprünglich Beiname Johannes des Täufers, häufig noch durch Doppelform *Johann Baptist* erkennbar; frz. *Baptiste*, ital. *Battista*.

Baptista weibl. Form von *Baptist*.

Barbara weibl., »die Fremde«, zu lat. *barbarus*, griech. *bárbaros* »ausländisch, fremd«.

Die namengebende heilige Barbara, vom 14. Jh. an sehr verehrt, wurde Patronin der Bergleute, Glöckner, Architekten und der Artilleristen, gehörte außerdem zu den 14 Nothelfern.

Kurzform *Barb, Barbe, Bärbel, Barbi, Barbro, Bäppche, Babett, Barbla, Barbli, Bibi*.

K Altartafel von Jörg Ratgeb (1510) in Schwaigern (Württemberg); Hochaltar in der Pfarrkirche Deggio, Tessin.

Barbe weibl., frz. Kurzform von → *Barbara*.

Bärbel weibl. Verkleinerungsform von → *Barbara*; zum sehr beliebten Namen geworden.

Barberina, Barberine weibl. Weiterbildung von → *Barbara*.

Barbi, Barbla, Barbli weibl. Kurzform von → *Barbara*.

Barbro weibl., schwedische Kurzform von → *Barbara*.

Bardo, Barto männl. Kurzform von *Bardolf*.

Bardolf, Bardulf männl., zu ahd. *barta* »Streitaxt« und *wolf, wulf* »Wolf«.

Barnabas männl., bibl. Name aramäischer Herkunft, *Bar-nabas*, Sohn des Nabas, »der (tröstlichen) Weissagung«.

Kurzform *Barnes, Bas*; engl. auch *Barnabe, Barnaby*, frz. *Barnabé*.

Barnd männl., niederdeutsch-friesische Form von → *Bernd*.

Barnet männl., mittelenglische Form von *Bernhard*.

Barthel, Bartel, Barto männl. Kurzform von → *Bartholomäus*.

Barthold männl. Nebenform von *Berthold*.

Bartholomäus männl., bibl. patronymischer Name aramäischer Herkunft, *Bar Tolmai*, griech. *Bartholomaios* »Sohn des Tomai«; Kurzform *Barthel, Mebus*.

Der heilige Bartholomäus, der Darstellung im Volksmund nach den Beruf des Winzers ausübend, war früher sehr volkstümlich; die Redensart »wissen, wo Barthel den Most holt«, sagt: schlau und verschlagen sein.

Bartholomea weibl. Form von *Bartholomäus*.

Baruch männl., bibl. Name, zu hebr. *bārūkh* »der Gesegnete«.

Basil, Basilius männl., **Basilea, Basilia** weibl., griech. *basileios* »der Königliche«.

Bastian männl. Kurzform von → *Sebastian*.

Bastienne weibl., frz. Form zu *Bastien* = *Sebastian*.

Bathilde weibl. Nebenform zu → *Bathilde*.

Baudouin männl., frz. Form von → *Baldwin, Balduin*.

Baue, Bauwe, Bauwen männl., westfriesischer Vorname, *Bouw, Bouwe* können auf ahd. *Buobo* = Bube hinweisen.

Bavaria weibl. Vorname, lat. Name für Bayern, die Personifikation des Bayernlandes.

Bavariae als Eigenname bereits im 4. Jh. Inschrift auf einem Grabtisch in Tipasa (Algerien). Als weibl. Vorname zulässig, AG München, 2.6.1981.

Bavo männl., alte Kurzform von *Allowin* (→ *Alwin*) und *Paul*.

Bea weibl. Kurzform von → *Beate*.

Bean männl., **Beanke** weibl., westfriesische Kurzform zu *Bernhard*.

Beat männl., sehr beliebte schweizerische Kurzform von → *Beatus*, dem »Apostel der Schweiz«; Nebenform *Beath, Beato*.

Der heilige Beatus lebte nach der Legende als Einsiedler in einer Höhle bei Beatenberg am Thuner See (2. Jh.), Patron von Thun und Lausanne.

K Holzfigur (15. Jh.) in Rechberghausen/Württemberg.

Beata, Beate weibl. Vornamen, zu lat. *beatus* »glückselig«, sehr beliebter Vorname geworden.

Beatrice weibl., ital. Form des lat. Namens → *Beatrix*, literarische Gestalt in Dantes »Göttlicher Komödie«, Sinnbild des Glaubens und der Gnade.

Beatrix weibl., zu lat. *beatus* »glückselig«.

Der Heiligenname war im 12. Jh. im Rheinland sehr verbreitet nach Beatrix von Burgund, dt. Kaiserin; heute bekannt: Beatrix, Königin der Niederlande; in der Schweiz auch *Beatrixe*, Kurzform *Trix, Trixa, Trixi*.

Beatus männl., »der Glückselige«, zu lat. *beatus* »glückselig«; bevorzugt ist die Kurzform → *Beat*.

Beda, *Bede* männl., 1. altenglischer Vorname, 2. ungarische Kurzform zu → *Benedikt*.

Der heilige Beda Venerabilis = »der Ehrwürdige; Vater der engl. Geschichte« († 735).

K Relief (16. Jh.) in Münster (Westfalen).

Beek männl., **Beeke, Beekje** weibl., niederdeutsche Kurzform von *Bert*-Namen, *Beke* = *Bertke*.

Bega, Begga weibl., alte Kurzform zu den ahd. Frauennamen *Bechta, Berchta* = *Bertha*, ahd. *beraht* »glänzend«.

Die heilige Begga (7. Jh.), Großmutter Karls des Großen.

K Rubens »Pippin und Bega« (1612/1615), Kunsthistor. Museum, Wien.

Begonia weibl. Vorname nach dem baskisch-spanischen Taufnamen *Begoña* (Bilbao).

Pflanzenname Begonia (Schiefblatt) nach Michael Begon, Gouverneur von San Domingo.

Bela männl., ungarische Kurzform *Béla*, die zu *Adalbert* gehört.

Bele weibl., in der Kindersprache Kurzform von → *Elisabeth; auch Bele* = *Bertila*.

Belina weibl., zu frz. *Béline*, Frauengestalt bei Molière; die frz. männl. Form *Belin* zum Namen des heiligen → *Benignus*, gelegentlich auch *Saint-Blin*.

Belinda, *Belinde* weibl., engl. aus dem Ital. übernommener Vorname, »die Schöne«, zu ital. *bello* »schön«, *beltà* »Schönheit«.

Bella weibl., span. Kurzform von *Arabella, Isabella*; ital. Taufname zu *beltà* »Schönheit«.

Ben männl. Kurzform zu → *Benjamin*; westfriesisch auch *Ben, Bene, Beno, Benno*, Kurzform von → *Bernhard*; bei jüdischen Namen bedeutet hebr. *ben* »Sohn des...«.

Benate weibl., baskischer Taufname zu → *Bernarda*.

Bendicht, Benedicht männl., schweizerische Nebenform von → *Benedikt*.

Bende, Bendine weibl., ostfriesisch-niederdeutsche Formen von *Bernhardine*.

Bendiks männl., westfriesisch **Bendix** männl., nordfriesische Kurzform von *Benediktus*.

Benedetta weibl., ital. Form von → *Benedikta*.

Benedikt, *Benedict, Benedictus* männl., »der Gesegnete«, zu lat. *benedicere* »segnen«, namengebend war der heilige Benediktus von Nursia, Begründer des abendländischen Mönchtums, Abt von Monte Cassino.
Kurzform *Bendix, Benno*; engl. *Benedict, Bennet*, frz. *Bénédict, Benoit*, ital. *Benedetto*, dänisch *Bengt, Bent*, schwedisch *Bengt*, span. *Benedicto*, ital./span. *Benito*, ungarisch *Benedek, Beda, Bede*.

Benedikta, *Benedicta* »die Gesegnete«, weibl. Form von *Benedikt*.
Engl. *Benedicta, Benita*, frz. *Bénédicte, Benoîte*, ital. *Benedetta, Betta*, span. *Benedicta*, ital./span. *Benita*, dänisch/schwedisch *Bengta*.
K Die heilige Benedikta auf einem Wandteppich (15. Jh.) aus Neuburg/Donau (Kunstgewerbe-Museum, Köln).

Beneke männl., niederdeutsche Kurzform von Namen mit *Bern-*.

Bengt männl., älter *Benkt*, schwedische Kurzform von → *Benedikt*; auf Terschelling Kurzform von → *Bernhard*.

Beni, *Benit* männl., frz. Kurzform von *Benedikt*.

Benigna weibl., »die Gütige«, zu lat. *benignus* »gütig, freundlich«; Kurzform *Bina, Bigna* im Engadin.

Benignus männl., zu lat *benignus* »gütig, freundlich, liebevoll«.
K Benignus-Schrein (12. Jh.), Benediktinerabtei Michaelisberg, Siegburg.

Benita weibl., ital./span. Form von → *Benedikta*.

Benito männl., ital./span. Form von → *Benedikt*.

Benjamin männl., bibl. Name, zu hebr. *binjāmin* »Sohn der rechten (glücklichen) Hand, Glückssohn«.

Benna weibl., alte Kurzform des 8. Jh. zu → *Benedikta*.

Bennet, Bennett männl., engl. Kurzform von → *Benedikt*.

Benno männl., selbständige Kurzform von Namen mit → *Bern-*; von → *Benedikt, Benjamin*.
Der heilige Benno, Bischof von Meißen, widmete sich besonders der Bekehrung der Slawen.

Benny männl., engl. Kurzform von → *Benjamin*.

Beno männl., westfriesische Nebenform zu → *Benno*; auch Kurzform von *Benjamin* und *Benedikt*; ungarisch *Beno*.

Benoît männl., frz. Form von *Benedikt*.

Bent männl., **Bente** weibl., dän. Kurzform von *Benedikt, Benedikta*.

Benvenuto männl., ital. Vorname, »der Willkommene«, zu ital. *benvenuto* »willkommen«; galicisch *Benvido*.

Benz männl., alte oberdeutsche Form von → *Bernhard*; auch Kurzform von *Benedikt*.

Beppa weibl., **Beppo** männl., ital., in der Kleinkindsprache Kurzform von *Giuseppa, Giuseppe = Josefa, Josef*.

Berchtold, Berchthold männl., alte Nebenform von *Berthold*.

Der Berchtoldstag, auch Bechtelistag, ist ein volkstümlicher Feiertag im Elsaß und in der Schweiz (2. Januar).

Berend männl., niederdeutsche Kurzform von → *Bernhard*.

Berendina, Berendine weibl., niederdeutsche Kurzform von *Bernhardine*.

Berengar männl. Vorname, neben frz. *Béranger*, romanische Form des germanischen Namens *Beren-gari* = → *Bernger*, Heiligenname.

Berenike weibl., zu griech. *pherenikē* »den Sieg bringend«, der Name entspricht dem mittellateinischen → *Veronika*; auch *Bernice, Bera, Bereni*.

Bergit, Bergita weibl. Nebenform von *Birgit*.

Berit weibl., dänisch-schwedische Nebenform von → *Birgit, Brigitte*.

Berlinde weibl., zu ahd. *bero* »Bär« und *linta* »Lindenholzschild«.

Berna weibl. Kurzform von Namen mit *Bern-*.

Bernadette weibl., frz. Verkleinerungsform von *Bernarde = Bernhardine*.

Name der Maria Bernarda Sourbirous von Lourdes, 1933 heiliggesprochen; dazu Franz Werfels »Lied von Bernadette«.

Bernald männl., **Bernalde** weibl., alte dt. Vornamen, älter *Bernwald*, zu ahd. *bero* »Bär« und *waltan* »walten, herrschen«.

Bernard männl., engl., frz., niederländische Form von *Bernhard*.

Bernarda, *Bernarde* weibl., engl., romanisch, niederländisch, slawische Form von *Bernharde*.

Bernardina weibl., romanisch, niederländisch, schwedische Weiterbildung von → *Bernhardine*.

Bernardo männl., ital., span., portugiesische Form von → *Bernhard*.

Bernat männl., baskische Form von *Bernhard*.

Bernd männl., beliebte Kurzform von → *Bernhard*; andere Schreibung: *Bernt*.

Bernfried männl., **Bernfriede** weibl., zu ahd. *bero* »Bär« und *fridu* »Friede, Schutz«.

Berngard weibl., zu ahd. *bero* »Bär« und *gard* »Gehege, Hort, Schutz«.

Bernger, *Berngar* männl., zu germanisch *Berengari*, ahd. *bero* »Bär« und *ger* »Speer«.

Bernhard, *Bernard* männl. alter dt. Vorname zu ahd. *bero* »Bär« und *harti* »hart«.

Beliebter Name seit etwa 800, nur zum geringen Teil durch Verehrung des heiligen Bernhard von Clairvaux, Begründer des Zisterzienserordens. Der Vorname ist im 19. Jh. durch die romantische Dichtung wieder aufgekommen. Kurzform *Bernd, Bernt, Benz*; engl./frz. *Bernard*, engl. Kurzform *Bernie*, ital. *Bernardo, Benso*, ungarisch *Bernát*, baskisch *Bernat*.

K Bebenhausen; Hochaltar der Augustinerkirche Nürnberg im Germ. Museum; Altar Jörg Breu (ca. 1500) Stiftskirche, Zwettl.

Bernharde, Bernharda, Bernhardine weibl. Formen von *Bernhard*.

Bernhardin, *Bernardin* männl., Weiterbildung von → *Bernhard*.
Engl./frz. *Bernardin*. Der heilige Bernhardin von Siena (14./15. Jh.).

Bernhelm männl., zu ahd. *bero* »Bär« und *helm* »Helm«.

Bernhild(e) weibl., zu ahd. *bero* »Bär« und *hiltja* »Kampf«.

Bernhold männl. → *Bernold*.

Berno männl., alte dt. Kurzform von Namen mit *Bern-*, insbsondere → *Bernhard*.

Bernold, Bernald, Bernhold männl., **Bernolde** weibl., alte dt. Vornamen zu ahd. *bero* »Bär« und *waltan* »walten, herrschen«.

Bernt männl. Kurzform von *Bernhard*; geläufiger ist die Form → *Bernd*.

Bernulf, Bernolf männl. Vornamen zu ahd. *bero* »Bär« und *wolf* »Wolf«.

Bernwald männl., ältere Form von *Bernald, Bernold*, zu ahd. *bero* »Bär« und *waltan* »walten, herrschen«.

Bernward männl., alter dt. Vorname, zu ahd. *bero* »Bär« und *wart* »Hüter«.
K Der heilige Bernward, Bischof von Hildesheim, großes künstlerisches Wirken; Domschatz in Hildesheim; altes Landsknechtlied »Die Glocken klangen vom Bernwardsturm ...«

Bero männl. Kurzform »der Bär«, zu alten dt. Namen mit *Bern-*.

Berold männl., zu ahd. *bero* »Bär« und *waltan* »walten, herrschen«.

Bert männl., **Berta, Berte, Bertha, Berthe** weibl. Kurzform von Namen mit *Bert-*, zu ahd. *beraht* »glänzend«.
Kurzform *Bertl, Beke, Bele, Bertin, Bertina*. Berta war im Mittelalter ein beliebter Name; die heilige Berta wurde in Bayern als Stifterin des Klosters Biburg verehrt. Durch die Romantik im 19. Jh. wurde der Name volkstümlich. Bertha von Suttner, Kriegsgegnerin, erhielt 1904 den Friedensnobelpreis.

Bertfried männl., **Bertfriede** weibl., zu ahd. *beraht* »glänzend« und *fridu* »Friede«.

Berthild(e) weibl., zu ahd. *beraht* »glänzend« und *hiltja* »Kampf«.

Berthold, *Bertold, Bertolt* männl., alter dt. Vorname *Berhtwald*, zu ahd. *beraht* »glänzend« und *waltan* »walten, herrschen«; beliebter Vorname in Südwestdeutschland durch die Zähringer-Herzöge; → *Berchtold*.
Kurzform *Bert, Bertel, Berti, Berto*.
Namensverbreitung auch durch den seligen Berthold, Abt von Garsten, Benediktiner, und durch den Volksprediger und Franziskaner Bertholt von Regensburg.

Bertholde, Bertolda, Bertolde weibl. Formen von → *Berthold*.

Bertil schwedisch **Bertilo** männl., **Bertila** weibl. Kurzform von Namen mit *Bert-*.
Bertin männl. Kurzform von Namen mit *Bert-*.
Der heilige Bertinus gab dem Kloster St. Bertin bei St. Omer/Calais den Namen.
Bertine, *Bertina* weibl. Form von *Bertin*, Weiterbildung von → *Berta*; auch zu *Hubertina, Albertina*.
Berto männl. Kurzform von Namen mit *Bert-*, insbesondere von → *Berthold*.
Bertold männl. → *Berthold*.
Bertolda weibl. → *Bertholde*.
Bertolf, *Bertulf* männl., zu ahd. → *beraht* »glänzend« und *wolf, wulf* »Wolf«.
Bertolt männl. → *Berthold*.
Bertram männl., alter dt. Vorname *Berahthraban*, ahd. *beraht* »glänzend« und *hraban* »Rabe«; wird als zeitgemäßer, moderner Name angesehen.
Bertran de Born, Troubadour (um 1140–1215).
Bertrand männl., frz. Vorname, wird wegen der Nebenform *Bertran, Bertram* zum dt. Vornamen *Bertram* gestellt, kann zum dt. Vornamen *Bertrand*, ahd. *beraht* »glänzend« und *rand* »Schilde« gehören.
Bertraude, -trude, Bertraut weibl., zu ahd. *beraht* »glänzend« und *trud* »Kraft«.
Bertrun weibl., zu ahd. *beraht* »glänzend« und *runa* »Geheimnis, Zauber«.
Bertwin männl., zu ahd. *beraht* »glänzend« und *wini* »Freund«.
Beryl weibl., engl. Vorname, zu griech. *bēryllos*, engl. *beryl*, Bezeichnung des durchsichtigen, wasserhellen Edelsteins Beryll.
Bess, Bessie, Bessy, Betsy weibl., engl. Kurzform von → *Elisabeth*.
Bessel männl., westfriesischer Vorname zu Namen mit *Bert-* und *-brecht*.
Bethli, *Bethly* weibl., schweizerische Kurzform zu → *Elisabeth*.
Betta, Bette, Betti, Betty weibl. Kurzform von → *Elisabeth*; baskisch *Betisa*.
Bettina weibl., Weiterbildung der vorgenannten Kurzform von *Elisabeth*.
K Bettina von Arnim, dt. Schriftstellerin, Grabmal in Wiepersdorf, Kr. Jüterbog.
Bernharde, Bernarde weibl. Formen zu → *Bernhard*.
Bettemie weibl., Fügung aus *Elisabeth* und *Marie*.
Bianca, Bianka weibl., ital. Vorname, »die Weiße«, zu ital. *bianco* »weiß«.
Bibernell(e) weibl. Vorname, Pflanzenname, lat. *Pimpinella*, zu ahd. *bibinella*, mhd. *pimpenelle*, damit auch zu den Vornamen *Pimpinelle, Pimpernell(e)*.
Bibiana, Bibiane weibl., zu lat. *Viviana*.
Bilke weibl., niederdeutsch-friesische Kurzform zu → *Bilhild*.
Bill männl., engl., in der Kleinkindsprache Kurzform von *William*.
Bill, Billa weibl. Kurzform zu *Sibylle*.
Billfried männl., zu ahd. *billi* »Schwert« und *fridu* »Friede«.
Billhard männl., zu ahd. *billi* »Schwert« und *harti* »hart«.
Billy männl., engl. Koseform von *Bill* → *William*.
Bina, Bine weibl. Kurzform von Namenendungen wie bei *Sabina, Sabine* u. a.; *Bina* auch Kurzform von *Benigna* im Engadin.
Binka, Binke weibl. Kurzform zu → *Benigna*; bulgarische Nebenform zu *Bibiana*.

Bionda, Biondetta weibl., ital. Formen zu *Blonda, Blondina* »die Blonde«; rätoromanisch *Blondigna* (Graubünden).

Birga weibl. Nebenform von → *Birgit, Brigitte.*

Birger männl., nordischer Vorname, nach Runeninschriften *Birghir, Byrghir,* »bergen, helfen, schützen«.

Birgit, Birgitta weibl., schwedische Formen von → *Brigitte*, auch *Birgid, Birgitt; Birgitta,* älter *Brigitta,* ist Umbildung von keltisch Brigit, latinisiert *Brigida. Birgit* wie *Brigitte* sind heute sehr beliebte Vornamen.
Verbreitung der Namen geht zurück auf die irische Nationalhymne, die heilige Brigitte (5./6. Jh.) und die heilige Birgitta von Schweden (14. Jh.), Gründerin des Birgittenordens.

Birk männl., alemannische Kurzform von → *Burkhard.*

Birke, *Birka* weibl. Vorname zum Baumnamen Birke, ahd. *bircha,* in der Grundbedeutung »die Glänzende«.

Birkhild weibl., Neubildung aus *Birke* und *Hilde.*

Birte, *Birthe* weibl., dänische Kurzform von *Birgitta.*

Biserka weibl., kroatische Kurzform, zu *biser* »Perle«; auch wörtlich: *biserka* »Perlhuhn«.

Bjarne männl., nordische Nebenform von → *Björn.*

Björn männl., beliebter nordischer Vorname, norwegisch *bjørn,* schwedisch *björn* »Bär«, »der Braune«, entspricht indogermanisch *bhero* »braun«; → *Bruno.*

Blaise männl., frz. Form von → *Blasius.*

Blanca weibl., rätoromanischer Vorname, frz. *Blanche,* »die Helle, Weiße«; → *Blanka.*

Blanche weibl., frz. Vorname, »die Helle, Weiße«, entspricht *Blanka.*

Blanchette weibl., frz. Verkleinerungsform von *Blanche.*

Blanda weibl., zu lat. *blandus* »freundlich«.

Blandina, Blandine weibl., Weiterbildung von *Blanda* »die Freundliche«; zu altfrz. *blandir* »schmeicheln, liebkosen«.

Blanka weibl. Vorname span. Herkunft, zu span. *blanco* »weiß«, mhd. *blanc* »blank, weißglänzend«; katalanisch *Blanca.*
Die heilige Blanka, span. Königstochter, heiratete König Ludwig VIII. von Frankreich und trug zur Verbreitung des Vornamens in den romanischen Ländern bei.

Blasius männl. Vorname griech.-lat. Herkunft, zum lat. Beinamen *Blaesus,* griech. *blaisos* »lispelnd, undeutlich reden«.
Verbreitung des Namens durch den volkstümlichen heiligen Blasius, Patron der Ärzte, Bauarbeiter, Schneider, Schuhmacher und Weber, Wetterheiliger; Reliquien nach St. Blasien (Schwarzwald); frz. → *Blaise,* ital. *Biasio,* span. *Blasco.* K Herlins Altar (1472) in Bopfingen; Kopfreliquiar im Welfenschatz, Blasiusdom, Braunschweig.

Bleikard männl., älter *Blickhart, Blicker,* mhd. *Bligger,* zu *Blidger,* ahd. *blidi* »fröhlich, heiter« und *ger* »Speer«.

Blida, Blide, Blidina weibl. Kurzform zu → *Blidhilde.*

Blidhilde weibl., zu ahd. *blidi* »fröhlich, mild, gütig« und *hiltja* »Kampf«.

Blonda weibl., »die Blonde«; Kurzform von rätoromanisch *Blondigna.*

Bluette weibl., frz. Verkleinerungsform, zu altfrz. *bluet* »Kornblume« und *beluete* »Funken«, zusammengezogen zu *bluette* (»blaues Fünkchen«; übertragene Bedeutung »Geistesblitz, witziger Einfall«.

Bo männl., dän./schwed. Vorname, nach Runeninschriften *Boe* »der Angesessene, Seßhafte«.

Bob, Bobby männl., engl., in der Kindersprache Kurzform von → *Robert.*

Bodewald männl., zu ahd. *boto*, altsächs. *bodo* »Bote, Gebieter« und *waltan* »walten, herrschen«.

Bodmar männl., zu ahd. *boto* »Bote, Gebieter« und *mari* »berühmt«.

Bodo männl., selbständige Kurzform von dt. Namen mit *Bodo-, Bode-, Bot-.*

Bodobert, *Bodebert* männl., zu ahd. *boto* »Bote« und *beraht* »glänzend«.

Bogdan männl., **Bogdana** weibl., slawischer Vorname, zu russisch *bog* »Gott« und *dan* »Gabe« = Gottesgeschenk.

Bogislaw, Boguslaw männl., slawischer Vorname zu russisch *bog* »Gott« und *slava* »Ruhm, Ehre«.

Bogumil männl., tschechisch *Bohumil*, slawischer Vorname, zu russisch *bog* »Gott« und *milyj* »lieb, angenehm«.

Bohumil männl., **Bohumila** weibl., tschechische Vornamen, die den Vornamen → *Gottlieb, Theophil* entsprechen.

Bogomir männl., slawischer Vorname, zu russisch *bog* »Gott« und altslawisch *miru* »Friede«.

Bohuslaw männl., tschechische Form von → *Bogislaw.*

Bohdan männl., **Bohdana** weibl., tschechische Formen zu → *Bogdan, Bogdana.*

Boi, Boie, Boje, Bojo, Boy, Boye männl., friesische Kurzform zu *Bodo* oder Namen mit *Bodo-, Bode-.*

Boleslaw männl., slawischer Vorname, zu russisch *bólee* »mehr« und *slava* »Ruhm«. Kurzform *Bolo.*

Bolko männl. Kurzform von *Boleslaw.*

Bona weibl., »die Gute«, lat. *bonus* »gut«; span. Taufname *Bonafilia* »gute Tochter«.

Bonaventura männl., zu lat. *bonus* »gut« und *ventura* »Zukunft«. Verbreitet durch den Namen des hl. Bonaventura, Kirchenlehrer des Franziskanerordens.

Bone, Bonke männl., nordische und ostfriesische Nebenform von → *Bane*, zu ahd. *ban*, altfriesisch *ban, bon* »Aufgebot, Bann«.

Bonifatia weibl. Form zu → *Bonifatius.*

Bonifatius, *Bonifaz, Bonifazius* männl., lat. umgedeutet, *bonus* »gut« und *facere* »tun, machen« = der Wohltäter. Frühe Verbreitung des Namens seit dem heiligen Bonifatius, Apostel in Hessen und Thüringen.

Bonifatius, ursprünglich angelsächsisch Wynfrith, päpstlicher Vikar für das dt. Missionsgebiet, wurde 754 bei Dokkum von den Friesen erschlagen. **K** Grabstätte im Dom zu Fulda.

Boppo männl., alte dt. Kurzform → *Poppo.*

Borchard männl., niederdeutsche Form von → *Burkhard.*

Borghild weibl. Nebenform von *Burghild.*

Borgward männl., niederdeutsche Form von → *Burgward.*

Bories, Borris, Börre, Borries, Börries männl., niederdeutsche Kurzform von → *Liborius*, Heiligenname.

Boris männl., slawische Kurzform von *Borislaw*, zu slawisch *boru* »Kampf« und *slava* »Ruhm«.

Bork männl., niederdeutsche Kurzform von *Burkhard.*

Bosco männl., ital. Kurzform von *Burkhard.* Der heilige Johannes Bosco, als Don Bosco genialer Pädagoge (1815–1888).

Bosse, Bosso männl., niederdeutsche Kurzform von *Borchard* = *Burkhard.*

Bosshard männl., alter dt. Vorname *Bos-hart*, zu ahd. *buoz* »Buße« und *harti* »hart«.

Bothilde weibl., zu ahd. *boto* »Bote, Gebieter« und *hiltja* »Kampf«.

Botho, Boto männl. Nebenform von → *Bodo.*

Botmar männl. Nebenform von → *Bodmar.*

Botwin männl., zu ahd. *boto* »Bote, Gebieter« und *wini* »Freund«.

Brand männl. Kurzform von Namen mit *Brand-.*

Branda, Brenda weibl. Kurzform zu → *Hildebrand.*

Brandolf, *Brandulf* männl., zu ahd. *brant* »Brand« und *wolf, wulf* »Wolf«.

Branka weibl., **Branko** männl., südslaw. Kurzform von *Branislaw* → *Bronislaw.*

Braun männl., ältere Form von → *Bruno.*

Brian männl., engl. Vorname keltischer Herkunft, ursprünglich in Irland gebräuchlich, in der Bretagne *Brior, Briunal*, zu keltisch *bryn* »Hügel«.

Brid, Brida weibl. Kurzform von *Brigida.*

Bridget weibl., engl. Form zu → *Brigitte.*

Briga, Brigga weibl. Kurzform von → *Brigitte.*

Brigida, Brigide weibl., latinisierte Formen von → *Brigitte.*
Die heilige Brigida von Kildare, Äbtissin, ist Patronin Irlands (5./6. Jh.).

Brigitte, auch *Brigitt, Brigitta* weibl. Vornamen keltischen Ursprungs, »die Hohe, Erhabene«. Verbreitung durch die heilige Brigitte, latinisiert Brigida, irische Nationalheilige, und die heilige Birgitta von Schweden (14. Jh.).
Kurzform *Gitta, Gitte*, engl. *Bridget, Brigid, Brigit, Bride, Briddy, Biddy*; ungarische Kurzform *Bitta, Brigi, Gita, Gitti.*

Bringfried männl., **Bringfriede** weibl., wörtlich zu nehmende Neubildung.

Bris, Brix männl. Kurzform des süddeutschen Heiligennamen *Brictius, Brixius*, keltischen Ursprungs in der Bedeutung »der Starke, Kräftige«.

Brit, Brita, Britt, Britta weibl. Kurzform zur älteren schwedischen Form *Brigitta.* *Britt* beliebt in Schweden bei Doppelformen.

Brixius männl., zu lat. *Brictius, Bricius, Briccius*, vermutlich keltischen Ursprungs. Der heilige Brictius, Nachf. des heiligen Martin, Bischof von Tours; Brictius, noch heute in Heiligenblut am Großglockner verehrt; engl./frz. *Brice.*

Broder männl. friesischer Vorname, Runeninschriften *Brodhir,* ältere Form für *Bror,* beide in der Bedeutung »Bruder«.

Bronislaw männl., **Bronislawa** weibl., slawischer Vorname, zu russisch *bronja* »Brünne, Panzer« und *slava* »Ruhm, Ehre«.

Bronja weibl., slawische Kurzform von *Bronislawa.*

Brun männl. Kurzform von Namen mit *Brun-* (= braun), alter ostfriesischer Personenname, steht häufig für → *Bruno.*

Bruna »die Braune«, weibl. Kurzform des 9. Jh. zu → *Bruno*, ahd. *brun* »braun«.

Bruneke weibl., niederdeutsche Verkleinerungsform von *Brunhilde.*

Brunella weibl., ital. Nebenform von *Brunelda* = *Brunhilde.*

Brunello männl., ital. Entsprechung zu *Brunella.*

Brunhard männl., zu ahd. *brun* »braun« und *harti* »hart«.

Brunhild, Brunhilde, Brünhild(e) weibl., alte dt. Vornamen, zu ahd. *brunni* »Brünne, Panzer« und *hiltja* »Kampf«.

Bruni weibl. Kurzform von → *Brunhilde.*

Bruno weibl., beliebter Vorname des Mittelalters, älter auch *Braun, Praun*, selbständige Kurzform von Namen mit *Brun-*, auch zu ahd. *brun* »braun, der Braune«, wohl ursprünglich auf den Bär bezogen; → *Brunold*, → *Björn*; ital. auch *Brunone.* Der heilige Bruno aus Köln, Stifter des Kartäuserordens (11. Jh.), 1084 in der »Cartusia« (Wildnis bei Grenoble).

Brünne weibl. Kurzform von *Brünhilde.*

Brunold männl., alter dt. Vorname, zu ahd. *brun* »braun, der Braune« (der Bär) und *waltan* »walten, herrschen«.

Bruntje weibl., ostfriesische Kurzform von → *Brunhilde.*

Burchard, *Burghard* männl. → *Burkhard*, im Mittelalter im alemannischen Raum beliebter und häufiger Name.

Burga weibl. Kurzform von Namen mit *-burg*, die alle als weibl. Formen wohl den Sinn von »geborgen« hatten.

Burgel, *Burgl* weibl., süddeutsche Kurzform von Namen mit *Burg-, -burg.*

Burghard männl. Nebenform von *Burkhard.*

Burghilde weibl., zu ahd. *burg* »Burg, Schutz« und *hiltja* »Kampf«.

Burgit weibl., Neubildung, wohl aus Namen mit *Burg-* und *Birgit.*

Burglinde weibl., zu ahd. *burg* »Burg, Schutz« und *linta* »Lindenholzschild«.

Burgunde weibl. Vorname in Anlehnung an »die Burgunderin«, zu ahd. *burg* »Burg, Schutz« und *gund* »Kampf«.

Burk, Bürk männl. Kurzform von → *Burkhard.*

Burkard, Burkart männl. Nebenform von *Burkhard.*

Burkhard, *Burghard* männl. Vorname, zu ahd. *burg* »Burg« und *harti* »hart«. Im Oberdeutschen, insbes. in Schwaben und am Oberrhein, beliebter Vorname, verbreitet nach dem hl. Burkhard, Bischof von Würzburg (8. Jh.).

Burt männl., amerikanische Form für *Burkhard.*

Busse, Busso männl., niederdeutsche Kurzform von → *Burkhard.*

C...

C...

Cäcilia, Cäcilie weibl. Vorname lat. Herkunft, Frau aus der altrömischen Familie der Caecilier; die heilige *Cäcilia*, umgedeutet »Coeli lilia«, die »himmlische Lilie« (3. Jh.).

Cäcilius männl. Vorname lat. Herkunft, aus der altrömischen Familie der Caecilier.

Caesar männl. → *Cäsar*.

Cajetan männl. → *Kajetan*.

Calla weibl., schwedische Kurzform von → *Karoline*.

Camilla, *Kamilla* weibl. Vorname, zu → *Camill*.

Camill, Camille (frz.), **Camillo** (ital.) männl, zu lat. *camillus* »ehrbar, aus unbescholtener Ehe, frei geboren«.

Candid männl., lat. *candidus* »hell, glänzend, weiß, aufrichtig«.

Candida, Kandida weibl. Form von → *Candid*; engl. Kurzform *Candy, Candie*.

Cara, *Kara* weibl. Vorname, zu lat. *carus* »teuer, lieb und wert«; auch zu irisch *Caraid* »Freund«; unter den populärsten 50 Vornamen in den USA.

Carin weibl. Nebenform von → *Karin*.

Carina, Carine, *Karina, Karine* weibl. Vornamen, Weiterbildung zu → *Cara*; ital. Kurzform zu *Caterina*.

Carinne weibl., auch *Karynne*, Nebenform von Corinna → *Korinna*.

Caritas, Charitas weibl. Vornamen, wird zu lat. *caritas* »hochachtende Liebe, christliche Nächstenliebe« gestellt, ist jedoch eine Weiterbildung von → *Cara*.

Carl männl. Nebenform von → *Karl*.

Carla weibl. Form von → *Karl*.

Carlo männl., ital. Form von → *Karl*.

Carlos männl., niederländische, portugiesische und spanische Form von → *Karl*, aus lat. *Carolus*.

Carlota weibl., spanisch/portugiesische Form von → *Charlotte*.

Carlotta weibl., ital. Form von → *Charlotte*.

Carmela, Carmelia, Carmelina weibl., span. Koseformen von → *Carmen*.

Carmen weibl., span. Vorname, ursprünglich Beiname der Virgen del Carmen = Jungfrau Maria vom Berg Karmel (Palästina); dort ein Karmeliterkloster. Festtag: 16. Juli.

Carmina, Carmine weibl. Weiterbildung von → *Carmen*.

Carol männl., rumänische Form von → *Karl*, lat. *Carolus*.
Männl. Vorname, AG Hamburg, 11.9.1967.

Carola, Carole weibl., latinisierte Formen von → *Karla* sowie weibl. Form von *Carol*.

Carolin, Carolina, Caroline weibl., beliebte Weiterbildung von → *Carola*; dt. Formen → *Karolina, Karoline*; engl. *Carolyn*, Kurzform *Carol, Carry, Carry*.

Carolus männl., latinisierte Form von → *Karl*.

Carrie, Carry weibl., engl. Form von → *Carola, Carolina*.

Carsta weibl. → *Karsta*.

Carsten männl. → *Karsten*.

Cäsar, Caesar männl., ursprünglich Beiname der altrömischen Familie der Julier; lat. *caesaries*, Kennzeichnung für buschiges Haar oder langes Barthaar, *caesaries longae barbae*, oder zu lat. *caedere* »schneiden«.
Gajus Julius Caesar (100–44 v. Chr.), römischer Herrscher.

Cäsarina, Cesarina, Cäsarine, Cesarine weibl. Formen zu → *Cäsar*.

Casimir männl. → *Kasimir*.

Caspar männl. → *Kaspar*.

Cassian männl. Weiterbildung von *Cassius*, zur römischen Familie *Cassia* und lat. *cassia* »Seidelbast«.

Castor männl. → *Kastor*.

Catarina, Caterina, Catharina, Catherine, Cathrin weibl. → *Katharina*.

Cathia, Catia, Catiana, Catina weibl., romanische Formen zu → *Käthe, Katharina*.

Cecil männl., engl. Form von → *Cäcilius*.

Cécile, Cecilia, Cecily weibl. → *Cäcilia*.

Cedric männl., engl. Vorname keltischen Ursprungs, zu altengl. *Cerdic*, Gründer des westsächsischen Königreichs.

Celestina weibl., ital./span. Vorname → *Cölestina*.

Celia weibl., spanische Kurzform von → *Cäcilia*.

Celine, *Celina* weibl. Kurzform von → *Marceline*; frz. *Céline*.

Cella, *Celina, Cellina* weibl. Kurzform von → *Marcella, Marcellina*.

Cendrine weibl. Vorname frz. Ursprungs, zu frz. *cendre* »Asche«; engl. → *Cinderella*.
Eigentlich zu *faire pénitence dans le sac et la cendre* »in Sack und Asche Buße tun« (von glücklichen Eheleuten); *cendrillon* »Aschenbrödel«.

Centa weibl. Kurzform zu *Vincenta*.

Cesar männl., romanische Form von → *Cäsar*.

Chantal weibl., beliebter frz. Taufname nach dem Ehenamen der Jeanne-Françoise Frémiot de Chantal, Ordensstifterin der Salesianerinnen (1572–1641).

Charis weibl. Vorname zu griech. *charis* »Anmut, Liebreiz«.

Charlotte weibl., frz. Weiterbildung von *Charles* (= Karl).
Populär durch Elisabeth Charlotte, »Liselotte von der Pfalz« (1652–1722), seit Anfang des 18. Jh. Modename; Charlotte Buff, Charlotte von Stein, Goethes Freundinnen, niederdeutsch *Charlot*, beliebte Kurzform *Lotte*, auch *Lola, Lolo*, ital. *Carlotta*, span. *Carlota*.

Charles männl., frz./engl. Form von → *Karl*.

Charlie, Charly männl., engl. Kurzform von → *Charles = Karl.*

Chatrina weibl. Form von → *Katharina* im Engadin.

Che männl. Vorname, ursprünglich nur vertraulicher span.-argentinischer Zuruf »He, Hallo«, danach Spitzname für den ermordeten Revolutionär Ernesto Guevara, kubanischer Politiker und Arzt (1928–1967).
Als Vorname 1970 vom Standesamt Erding abgelehnt. Danach als Zweitname zugelassen.

Chiara, Chiarella weibl., ital. Formen von → *Klara.*

Chilenka, Chiletschka weibl., russische Koseformen und Weiterbildungen von → *Chilja.*

Chilia weibl. Nebenform von → *Chilja.*

Chilja weibl., russische Kurzform von *Rachil'*, zum bibl. Namen *Rahel, Rachel.*

Chlodwig männl., alter fränkischer Vorname nach dem Frankenkönig *Chlodwig*, altfränkisch *Chlodovech*, dt. Formen → *Klod(e)wig, Ludwig.*

Chloe weibl. Vorname ['klo:e:], zu griech. *chlóē* »erster grüngelber Pflanzentrieb, junger Keim«. Bekannt aus der Literatur: Longos, Daphnis und Chloe. Schäferroman aus dem 3. Jahrhundert.

Chlothar männl., alte Form von → *Lothar.*

Chlothilde weibl. → *Klothilde.*

Chonz, Conz männl., schweizerische Kurzform von → *Konrad.*

Chrischona weibl. Vorname zu der mundartlich männl. Kurzform *Chrisch, Chrischo* in der Schweiz für *Christian*, im Kanton Graubünden.

Chris, Christ männl. Kurzform von → *Christian.*

Christa weibl. Kurzform von → *Christiana*, gegenwärtig mit *Christiane* sehr beliebter Vorname.

Christabel weibl., engl. Vorname, wohl Fügung aus *Christa* und *Bella.*

Christel° beliebte weibl. Kurzform zu *Christa, Christine, Christiane.*
Auch männl. Kurzform, deshalb nur in Verbindung mit einem eindeutig männl. oder weibl. Zweitnamen verwenden.

Christele, Christeli, Christelle weibl. Weiterbildung in der Schweiz zu → *Christel = Christiane.*

Christer männl., dänisch/schwedische Form von → *Christian*; auch *Krister.*

Christfried männl. Vorname, pietistische Neubildung des 18. Jh. zu »Christus« und »Friede«.

Christhard männl., Fügung aus *Christian* und Namen mit *-hard.*

Christhild(e) weibl., Fügung aus *Christine* und Namen mit *-hild.*

Christian männl. Vorname, lat.-griech. Herkunft, lat. *Christianus* »der Christ«, aus griech. → *Christós* »der Gesalbte«. Nach der Reformation weit verbreitet, in Dänemark Königsname, auch heute beliebter Vorname.

Christiane, Christiana weibl. Form zu → *Christian*; gegenwärtig sehr beliebter Vorname.

Christianne weibl. Weiterbildung von → *Christiane.*

Christin weibl. Nebenform von → *Christine.*
Weibl. Vorname, BayObLG, 20. 10. 1970.

Christina, Christine, *Kristina* weibl. Nebenform von → *Christiane*; sehr beliebter Vorname, zusammen mit *Christa* und *Christiane*.
K Die heilige Christina (3. Jh.) früh verehrt; zahlreiche rheinisch-niederländische Altäre (um 1500), mit Mühlstein und Pfeilen.

Christlieb männl., pietistische Fügung aus *Christian* und Namen mit *-lieb*.

Christmar männl. Neubildung aus *Christian* und alten *-mar*-Namen.

Christo männl. Kurzform von *Christophorus*.

Christoff, Christoffer männl. Nebenform von → *Christoph*.

Christoph, Christof männl. Vornamen zu griech. *Christo-phóros* »Christus tragend«.
Aus der Legende entstanden. Im Mittelalter, besonders seit den Kreuzzügen, weit verbreitet durch Verehrung des heiligen *Christophorus*; der Volksheilige war Schutzpatron der Schiffer und Flößer, Nothelfer.
Kurzform *Stoffel, Stoffges* (rheinisch), *Toff(e)l*, engl. *Christopher, Chris, Kit*, frz. *Christophe*, ital. *Cristoforo*, span. *Cristóbal*, niederdeutsch *Christoffel, Kristoffel*, slawisch *Krysztof*.
K Die zahlreichen Darstellungen des »Christusträgers« förderten die Namengebung, Tafelmalerei von Konrad Witz (1440, Basel), Dierick Bouts (1415–1475) von München, Alte Pinakothek; bis heute populärer Name.

Christophe männl., frz. Form von → *Christoph*.

Christopher männl., engl. Form von → *Christoph*.

Christophine, Christophora weibl. Formen zu → *Christoph*.

Christos männl., altgriech. Mannsname, »der Gesalbte des Herrn«.
Christos ist in Griechenland zulässig; *Christus* ist im Deutschen als Vorname nicht erlaubt.

Chrysantha weibl. »Blumenname«, weibl. Form zu → *Chrysanthus*.

Chrysanthus, Chrysant(h) männl. Vorname zu griech. *chrysós* »Gold« und *ánthos* »Blume« = »Goldblume«.
Der Vorname ist in Münstereifel noch gebräuchlich, wo um 844 Reliquien des heiligen Chrysanthus hinkamen.

Chrysostomus männl. Vorname, zu griech. *chrysós* »Gold« und *stóma* »Mund«; der heilige Chrysostomus, griech. Kirchenlehrer des 4./5. Jh., ist der Johannes Guldenmund des 15. Jh.

Cia weibl. Kurzform von → *Lucia*.

Cilia, *Cilla, Cilli, Cillia, Cilly, Zilla, Zilli, Zilly* weibl. Kurzform von → *Cäcilia*.

Cinderella weibl., engl. Vorname »Aschenbrödel, Aschenputtel«, Heldin des in England bekannten Feenmärchens; siehe auch unter → *Cendrine*.

Cindy weibl. Kurzform von → *Cinderella*.

Cinja weibl. Kurzform des dt. Pflanzennamens *Zinnie*, eine mexikanische Korbblütlergattung, benannt nach Joh. Zinn, lat. *Zinnia*, zum ungarischen Vornamen *Cinnia*.

Cinzia weibl., ital. Vorname, entspricht der ungarischen Form *Cintia* = → *Cynthia*.

Ciril männl., romanische Form von → *Cyrill*.

Cirilla weibl., ungarische Form von *Cyrill.*
Cissy weibl., engl. Kurzform von *Cecily* = *Cäcilie.*
Claas männl. → *Klaas.*
Claire weibl., frz. Form von → *Klara.*
Clamor weibl. Vorname, zu lat. *clamor* »lauter Ruf, freundlicher Zuruf«.
Clara weibl. → *Klara.*
Clare weibl., engl./frz. Form von → *Clara.*
Clarelia weibl. Weiterbildung von *Clara.*
Claretta, Clarette weibl. Verkleinerungsform frz. Herkunft von *Clara*; frz. *Clairette.*
Clarissa, Clarisse, *Klarissa* weibl. Weiterbildung von *Clara* → *Klara*, engl. *Clarice.*
Clarita weibl., span. Kurzform von *Clara* = *Klara.*
Clark männl., amerikanischer Vorname zu lat. *clericus* »Geistlicher, Gelehrter, Schreiber«; aus engl. Familiennamen *Clarke, Clerk, Clerke.*
Claude° männl./weibl., frz. Form von *Claudius/Claudia.*
Claudette weibl., frz. Verkleinerungsform von → *Claudia.*
Claudia, *Klaudia* weibl. Form von → *Claudius*; Nebenform *Clodia.*
Claudine, *Claudina* weibl. Weiterbildung von → *Claudia* [frz. Aussprache klo'di:n].
Claudinette weibl., frz. Verkleinerungsform von *Claudine* [frz. Aussprache: klodi'net].
Claudio männl., ital. Form von → *Claudius.*
Claudius männl., altrömischer Name, »aus dem Geschlecht der Claudier«, zu lat. *claudus* »lahm, hinkend«.
Kaiser Tiberius Claudius Nero (10 v. Chr.–54 n. Chr.)
Claus männl. → *Klaus.*
Clelia weibl., engl. Vorname, zu lat. *Cloelia*, römische Jungfrau aus der Familie *Cloelia.*
Clematis, *Klematis* weibl., Blumenname, griech. *klēmatis* »junger Zweig«.
Clemens männl. → *Klemens.*
Clement männl., engl./frz. Form von → *Clemens.*
Clemente männl., ital./span. Form von → *Clemens.*
Clementia, Clemenza, *Klementia* weibl. Formen zu → *Clemens.*
Clementina, Clementine, *Klementina* weibl., Weiterbildung von *Clementia.*
Cleopatra weibl. → *Kleopatra.*
Cliff, *Clif* männl., engl. Kurzform von *Clifton* → *Clifford.*
Clifford männl., engl. Vorname, ursprünglich Beiname nach einem engl. Ortsnamen, Vorname seit Ende des 19. Jh.
Clio weibl., »die Rühmende«, in der griech. Mythologie ist *Kleiō* die Muse der Geschichte, zu griech. *kleō* »Ruhm«, *kleíō* »bekannt, berühmt machen, preisen«.
Clive [klaiv] männl., engl. Vorname nach dem Familiennamen Robert Clive's, Lord Clive of Plassey (1725–1774), gebildet.

Clivia, *Klivia* weibl. Blumenname, ein Amaryllisgewächs.
Angeblich nach Lady Charlotte Florentia, Herzogin von Northumberland, Enkelin → *Clive's*.

Clodia weibl. Nebenform von → *Claudia*.

Cloe weibl. → *Chloe*.

Clorinda weibl. → *Klorinde*.

Cola männl., ital. Verkleinerungsform von → *Nikolaus*.

Cöleste, Cölestina, Cölestine, *Zölestine* weibl. Formen von → *Cölestin*.
Engl. *Celestina, frz. Célestine*, ital./span. *Celestina*.

Cölestin männl., auch *Cölestinus, Zölestin, Zölestinus*, zu lat. *caelestis* »himmlisch, zum Himmel gehörig«.
Engl. *Celestine*, frz. *Celestin*, ital./span. *Celestino*.

Coletta weibl., ital. Koseform und Verkleinerungsform von → *Nicoletta*; frz. *Colette*.

Colette weibl., frz. Kurzform von → *Nicolette*.

Colin männl., engl. Kurzform zu irisch *Coilin*, ursprünglich »Welpe«, später Koseform zu → *Nikolaus*.

Columba, Columbina, *Kolumbina* weibl. Vorname zu lat. *columba* »Taube«.

Columban männl. → *Kolumban*.

Concordia, *Konkordia* weibl. Vorname zu lat. *concordia* »Eintracht, Harmonie«, nach der römischen Göttin Concordia.

Connie, Conny° männl./weibl., engl. Kurzform von *Conrad, Constanze* oder *Cornelia*.

Conrad männl. → *Konrad*.

Conradin männl., **Conradine** weibl. → *Konradin, Konradine*.

Constantin männl. → *Konstantin*.

Constanze weibl. Vorname → *Konstanze*.

Consilia weibl., **Consuelo** weibl., ital.-span. Taufname, zu lat. *consilium* »Rat«, span. *consuelo* »Trost, Tröstung«.
Nach einem Gnadenbild »Unsere Liebe Frau vom Guten Rat« (Rom).

Cora weibl. Nebenform von → *Kora, Korinna* zur griech. Kurzform *Kora*, »Mädchen«. Kurzform von → *Cordelia, Cordula*, niederländisch von *Cornelia*.

Corbinian männl. → *Korbinian*.

Cord, Curd männl., niederdeutsche Formen von → *Kurt*.

Cordelia, *Kordelia* weibl. Nebenform von → *Cordula*.

Cordula, *Kordula* weibl. Vorname zu griech. *kora* »Mädchen«, *kórē* »Jungfräulichkeit«, *kóreia* »Opferfest« der *Ḱorē* oder *Koria*, Beiname der Athene in Arkadien; ebenso zu *korídion* »Mägdlein«.

Coretta, Corette weibl. Verkleinerungsform von → *Cora*.

Corina, Corinna, *Korinna* weibl. Vorname, nach dem alten griech. Namen *Kórinna*. Bekannt duch die gleichnamige Dichterin aus Böotien, Zeitgenossin des Pindar; Weiterbildung von *Kórē, Koria*, »die Jungfräuliche«, Beiname der Göttin Athene in Arkadien.

Corine, Corinne weibl. → *Corinna, Korinna.*

Cornelia, *Kornelia* weibl. Vorname; frühe Namensträgerin der weibl. Form zu → *Cornelius* ist die römische Patrizierin Cornelia, Tochter des Scipio Africanus d. Ä., Mutter der Gracchen; Beliebtheit des Namens steigend. Kurzform *Connie, Conny, Cornell, Lia, Nelia, Nellie, Nelly, Nella, Nelske*, engl. auch *Cornela, Cornelle, Corrie, Corry*, frz. *Cornélie.*

Cornelius, *Kornelius* männl. Vorname, altrömischer Geschlechtername »aus der Familie der Cornelier«. Kurzform *Cornel, Kornel, Cornelis, Corell, Cors, Kors, Niels, Nils, Nelson, Neelke*, ital./span. *Cornelio*, slawisch, norwegisch und ungarisch *Kornel.*

Cornell, Corny weibl., engl. Kurzform von → *Cornelia.*

Corona, *Korona* weibl. Vorname in der Bedeutung »Kranz, Blüten- oder Blumenkrone«, zu lat. *corona* »Kranz, Krone«.
Die heilige Corona (2. Jh.), wegen ihres Namens als »Krone« = Geldzeichen gedeutet, war Patronin des Schatzgutes; sie wurde in Bayern, Niederösterreich und Böhmen verehrt.
K Glasfenster (14. Jh.) im Münster zu Straßburg.

Corrado männl., ital. Form von → *Konrad.*

Corrie, Corry weibl., engl. Kurzform → *Cornelia.*

Corsin, Corsinus männl., rätoromanischer Vorname des Engadin, zu lat. *corsus* »der Korse, von der Insel Korsika«.

Cortina weibl. Vorname um 1960, Erinnerung an die Olympischen Winterspiele in Cortina d'Ampezzo, älter ist lat. *cortina* »Sitz der apollinischen Weissagerin«.

Corvina weibl., **Corvinus** männl. Vorname zu lat. *corvus* »Rabe«, *corvinus* »kleiner Rabe«.

Cosetta, Cosette weibl., frz. Verkleinerungsform von → *Nicole.*

Cosima, *Kosima* weibl., **Cosimo**, *Kosimo* männl., ital. Vorname griech. Herkunft, ursprünglich → *Cosmas.*

Cosine weibl. Vorname zu ital. *cosina* »kleines Ding«.

Cosmas, *Kosmas* männl. Vorname zu griech. *kósmos* »Ordnung, Glanz, Schönheit, Schmuck, Zier«. *Cosmas* und *Damianus* waren Märtyrer um 303.
Engl. *Cosmo*, frz. *Côme, Cosme*, ital. *Cosimo, Cosmo*, weibl. Form *Cosima*. Bekannt: Cosima Wagner (1837–1930), verh. mit H. v. Bülow und R. Wagner.

Cosmea weibl. »Blumenname« nach dem zweifiederspaltigen, violettrosa oder purpurrosa (auch orangefarben, gelb, rot, weiß) blühenden *Schmuckkörbchen* oder *Cosmee* (= Cosmos), eine aus Mexiko stammende einjährige Gartenpflanze.

Crescentia weibl. → *Kreszentia.*

Crispin, Crispinus männl. Vorname, zu lat. *crispus* »mit krausen Haaren«; namengebend der heilige Crispinus, Märtyrer des 3./4. Jahrhunderts.

Cristian, Cristiano männl., ital. Formen von → *Christian.*

Cristiana, Cristina weibl., ital. Form von → *Christiane.*

Cristobal männl., span. Form von → *Christoph(er)*.

Curadin, Curdin männl., rätoromanische Formen von → *Konradin*.

Curd, Curt männl., niederdeutsche Formen von → *Kurt*.

Curtis männl., engl. Vorname frz. Herkunft, zu altfranzösisch *Curtise* »höflich, artig, ritterlich«; engl. Kurzform auch *Curt*; ital. *Curzio*, wird zur dt. Form *Curt, Kurt* gezogen.

Curzio männl., ital. Form zu engl. → *Curtis*.

Cynthia weibl., engl.-amerikanischer Vorname, ursprünglich als Beiname *Kynthia* der griech. Jagdgöttin Artemis, »vom Berge *Kynthos*«. Insel Delos; ital. → *Cinzia*, ungarisch *Cintia*.

Cyprian männl. Vorname, zu griech. *kyprioi* »Einwohner von Zypern«.

Cyriac, Cyriacus, Cyriakus männl., dt. *Zyriak, Zyriakus*, zu griech. *kyriakós* »zum Herrn gehörig«, *kyrios* »der Meister, der rechte Herr« (neutestamentlich *Christus*). K Der heilige Cyriakus, Hochaltarschrein (1520) in Besigheim (Württemberg).

Cyrill, Cyrillus männl. Vorname, zu griech. *kyrillos*, Verkleinerungsform von *kyrios* »der rechte Herr, Gebieter« (neutestamentlich *Christus*); auch *Cyril*, frz. *Cyrille*.

Cyrus männl. Vorname, zu griech. *Kyros*, persisch *Khurush*, Bezeichnung für die Sonne; Name besonders in England und den USA verbreitet.

D...

D...

Dafne weibl., ital. Form von → *Daphne*.

Dag männl., nordischer Vorname, Kurzform von Namen mit *dag-* »Tag«.

Dagmar weibl., dänischer Vorname, zu dänisch *dag* »Tag« und *mar* »berühmt« gestellt, ursprünglich ein Männername, geht über sorbisch *Dargmara* auf den slawischen Vornamen *Dragomira* zurück; zu altslawisch *dragi* »lieb, teuer« und *mir* »Friede«.
Name einer böhmischen Prinzessin, die im 13. Jh. dänische Königin wurde, die heilige *Dagmar* († 1212).

Dagny weibl., jüngerer nordischer Vorname, zu schwedisch *dag* »Tag« und *ny* »neu«.

Dagobert männl., **Dagoberta** weibl., *Dago-* wohl zu keltisch *dago* »gut« und ahd. *beraht* »glänzend«.
K Der heilige Dagobert II., König von Austrasien (7. Jh.), Steinfigur (13. Jh.) in der Stiftskirche zu Weißenburg, Elsaß.

Dagomar männl. Vorname zu keltisch *dago* »gut« und ahd. *mari* »berühmt«; Kurzform *Dago*.

Daisy weibl., engl. Vorname, *daisy* »Maßliebchen, Gänseblümchen«, eigentlich »Tagesauge«.

Dalila, Dalilah weibl., bibl. Name, zu hebr. → *delilah* »die Sehnende«.

Damaris weibl. Vorname, zu griech. *dámar* »Gattin, Geliebte«.

Damian männl. Vorname, zu griech. *damios* für *demios* »Volk«; der heilige *Damianus* war Märtyrer, Bruder des → *Cosmas*; frz. *Damien*, ital. *Damiano*.

Damiana weibl., **Damiano** männl., ital. Formen zu → *Damian*.

Dammo männl., auch *Tammo*, friesische Kurzform zu *Dankmar, Thankmar*.

Dan männl., 1. bibl. Name, zu hebr. *dān* »Richter«; 2. engl. Kurzform von → *Daniel*.

Dana weibl. Kurzform von → *Daniela*; auch schwedisch weibl. Form von *Dan* »Däne«; slawische Kurzform von → *Bogdana*.

Danela weibl. Nebenform von → *Daniela*.

Danella, Danelle weibl., engl. Form zu → *Daniel*.

Daniel männl., bibl. Name, zu hebr. *dānijjē'l* »(mein) Richter ist Gott«.
Name des großen Propheten Daniel, seit der Reformation verbreitet, heute beliebtester Schweizer Vorname seit 25 Jahren.
Kurzform engl. *Dan, Danny, Nel*, slawisch *Danil, Danilo, Dano*, serbisch *Dančo, Dane*, ungarisch auch *Dánós*. K Glasfenster (12. Jh.), Augsburger Dom; Goldene Pforte in der Marienkirche, Freiburg/Sa., Albrecht Altdorfer (1526), München, Alte Pinakothek.

Daniela, Daniella weibl. Formen zu → *Daniel*; slawisch *Dana, Danila, Danilka, Danaila*; amerikanische Doppelform *Danniebelle*.

Daniele°, *Danello* männl., ital. Formen von → *Daniel*; häufiger männl. Vorname in der Schweiz.

Danielle weibl., frz. Form zu → *Daniel*.

Danila weibl., slawische Form zu → *Daniel*.

Danilo männl., slawische Form zu → *Daniel*.

Danja weibl., slawische Koseform zu *Danila*.

Danka weibl., 1. dt. Kurzform von Namen mit *Dank-*; 2. serbokroatische weibl. Form von → *Danko*.

Dankmar weibl. Vorname zu ahd. *danc* »Dank, Geneigtheit« und *mari* »berühmt«.

Danko männl., 1. Kurzform von ahd. Namen mit *Dank-*; 2. serbokroatischer Vorname »der Gegebene, Geschenkte«.

Dankrad männl., **Dankrade** weibl., zu ahd. *dank* »Dank, Geneigtheit« und *rat* »Rat«.

Dankward, *Dankwart* männl., zu ahd. *danc* »Dank, Geneigtheit« und *wart* »Hüter, Schützer«.

Danny männl., engl. Kurzform von → *Daniel*; *Dany* familiäre männl. Kurzform.

Dano männl., bulgarische Kurzform von → *Daniel*.

Dante männl., ital. Vorname, verkürzt aus dem alten ital. Namen *Durante*, lat. *Durandus* (im 11. Jh. in Trier), zu lat. *durus* »abgehärtet, ausdauernd«. Dante Alighieri (1265–1321), Dichter der »Göttlichen Komödie«.

Danuta weibl., polnische Form von → *Daniella*.

Dany weibl., frz./engl. Kurzform von → *Danielle, Daniela*.
Weibl. Vorname, LG Münster, 29.3.1988.

Daphne, *Dafne* weibl. Vorname, zu griech. *dáphnē* »Lorbeer, Lorbeerbaum«. Nymphe in der griech. Sage, von Apoll verfolgt, in einen Lorbeerbaum verwandelt; Oper »Daphne« von Richard Strauß.

Dargard weibl. Vorname zu einem dt. *-gard*-Namen.

Daria »die Mächtige«, weibl. Form zu → *Darius*.

Dario männl., ital., span./portugiesische Form von → *Darius*.

Darius männl., zu griech. *Dāreios* »der Mächtige, Bezwinger«, Name mehrerer persischer Könige, altpersisch *Dârajavusch*.

Darja weibl., slawische Form von → *Daria*.

David männl., bibl. Name, zu hebr. *dāvid, dawîdh* »Geliebter, Liebender«. Name des jüdischen Königs David, verbreitet seit der Reformation; wird heute als moderner, beliebter Name empfunden. Kurzform *Vit*, engl. *Davy, Davie, Taffy*, ital. auch *Davide*.
K Glasfenster (12. Jh.), Augsburger Dom; Chorgestühl Bamberg, Ulm, Köln, Bern; David mit Goliath, Fußbodenmosaik, St. Gereon, Köln.

Davida weibl. Form zu *David*; engl. auch *Davina*, niederländisch auch *Davide, Davita*.

Davide männl., ital. Form für → *David*.

Davina, *Davine* weibl., schottische Nebenform von → *Davida.*

Dawn weibl., engl. Vorname im 20. Jh. aufgekommen als literarischer Name bei den engl. Novellenschreibern, engl. *dawn* »Tagwerden, Morgendämmerung«.

Dea weibl. Kurzform von *Andrea, Desideria* → *Deodata.*

Dean männl., engl.-amerikanischer Vorname, ursprünglich Personenname, frz. *Dean(e)*; engl. *dean* »Dekan, Dechant, Ältester«.

Deba weibl. Kurzform von → *Debora(h).*

Debald männl., niederdeutsche Form von → *Dietbald.*

Debora, Deborah weibl., bibl. Name, zu hebr. *debōrāh* »Biene, Wespe«. Richterin und Prophetin im alten Israel; ihr Name wurde wiederbelebt durch die engl. Puritaner und verbreitet in Amerika. Kurzform *Bora, Debi.*

Deb, Debir, Debra weibl., engl. Kurzform von *Deborah.*

Deda, Dedda, Didda weibl., **Dedde, Deddo, Dedo** männl., niederdeutsch-ostfriesische Kurzform von Namen mit *Diet-.*

Deert männl., niederdeutsche Form von → *Diethard.*

Degenhard männl., zu ahd. *degan* »junger Held, Krieger« und *harti* »hart, stark«.

Deik männl., **Deike** weibl., niederdeutsche Kurzform von Namen mit *Diet.*

Deinhard männl. Nebenform von → *Degenhard.*

Dela, Dele, Della weibl. Kurzform von → *Adele.*

Delan weibl., schwedische Kurzform von *Adele.*

Delf männl. Kurzform von → *Detlef.*

Delfons männl. Kurzform von älterem Vornamen *Adelfons* → *Alfons.*

Delia weibl., ursprünglich Beiname der griech. Göttin Artemis, die römische Diana, im Namen ihre Herkunft angebend: »von der Insel *Delos* stammend«. Kurzform *Deli, Lia.*

Delila(h) weibl., bibl. Name; engl. *Delilah* → *Dalila.* Kurzform *Della, Lila.*

Delphine, *Delfine* weibl., zur frz. weibl. Form *Delphin*, griech. *delphis* »Delphin«.

Demetrius männl., griech. Männername *Dēmētrios*, »der Göttin Dēmētēr geweiht«; russisch *Dmitri, Dimitri.*

Demos männl., griech.-amerikanische Kurzform zu griech. Vornamen mit *démios* »Volk«.

Demut weibl. Vorname, älter *Diemuot*, angelehnt an ahd. *deomuoti* »Demut«, jedoch zu ahd. *diot* »Volk« und *muot* »Mut, Gesinnung« gehörend.

Denis *Dennis* männl., frz. Vorname zum griech.-lat. Namen *Dionysius*, »dem Gott Dionysos geweiht«; *Dennis* engl. Schreibung.

Denise weibl. Form des frz. Vornamens → *Denis.*

Deno männl. Kurzform von → *Degenhard.*

Deodata weibl., **Deodatus** männl., lat. *Adeodata, Adeodatus* »von Gott gegeben«. Der heilige Deodatus, Einsiedler in den Vogesen, gründete das Kloster Ebersmünster bei Schlettstadt.

Derek, Derik, Derk männl., niederdeutsch-ostfriesische Kurzform von → *Dietrich*. Auch *Derrik*, engl. *Derrick*.

Desideria weibl. Form von → *Desiderius*.

Desiderius männl., zu lat. *desiderare* »verlangen, begehren«; frz. *Didier*.

Desirée weibl., »die Erwünschte, Ersehnte«, frz. Form von *Desideria*, zu lat. *desiderare* »verlangen, begehren, ersehnen«; kastilianisch *Deseada*.

Deta, Detje, Dette weibl., niederdeutsch-ostfriesische Kurzform von Namen mit *Diet-*.

Dethard männl., niederdeutsche Form von → *Diethard*.

Detlef, Detlev männl. Vorname, älter *Dietleib*, zu ahd. *diot* »Volk« und *leiba* »Erbe, Hinterlassenschaft«.

Detmar, *Dettmar* männl., niederdeutsche Form von → *Dietmar*.

Detwin männl., niederdeutsche Form von → *Dietwin*.

Dewald männl., niederdeutsch zu *Dietbald* oder *Dietwald*.

Diana, Diane weibl. Vorname, ursprünglich Name der altitalischen Jagd- und Mondgöttin, gleichbedeutend der griech. Artemis.

Dianne weibl., moderne frz. Nebenform von *Diane*; ungarische Kurzform *Dia, Dianka*.

Dick männl., engl., aus der Kindersprache zu → *Richard*; Koseform *Dicky*.

Didakus männl., lat. *Didacus*, griech. *didachē, didáskein* »Lehre, lehren, unterrichten«; span. → *Diego*.

Didda, Didde weibl., **Didde, Diddo** männl., ostfriesische Kurzform von Namen mit *Diet-*; dazu dän. *Ditte*.

Didier männl., frz. Form von → *Desiderius*.

Dido männl., alte niederdeutsch-friesische Kurzform zu → *Dietrich*.

Dido weibl., griech. Vorname, *Didō*, Tochter des Königs Belos aus Tyros und Gründerin von Karthago.

Diebald, Diebold männl. Vorname, Nebenform von → *Dietbald, Dietbold*.

Diederich, Diederik männl., **Diederike** weibl., niederdeutsch-niederländische Formen zu → *Dietrich; Diedrich* auch friesischer Vorname.

Diego männl., span. Form von → *Jakob*; zusammengezogen aus *Santiago* = *Sant'Iago* = Jakob, portugiesisch *Diago*; auch zu → *Didakus*.

Diemo männl. Kurzform von Namen mit *Diet-*.

Diepolt männl., auch *Deotpold*, alte Nebenform zu → *Dietbald, Theobald*. Im Mittelalter Name der Oberschicht und des Patriziats, nach dem heiligen Theobald von Provins (11. Jh.), Wallfahrtsort Thann (Elsaß).

Dierk männl., niederdeutsch-friesische Kurzform von *Diderik* → *Dietrich*.

Dieta alte weibl. Kurzform zu Namen mit *Diet-*.

Dietbald männl., zu ahd. *diot* »Volk« und *bald* »kühn«.

Dietberga, -burga weibl., zu ahd. *diot* »Volk« und *berga, burg* »Schutz«.

Dietbert männl., **Dietberta** weibl., zu ahd. *diot* »Volk« und *beraht* »glänzend«.

Dietbold männl. → *Dietbald*.

Dietbrand männl., zu ahd. *diot* »Volk« und *brand* »Brennen, Brand (durch Schwertstreich)«.

Dietegen männl. Vorname, zu ahd. *diot* »Volk« und *degan* »(junger) Held«.

Dieter männl., älter auch *Diether*, alter dt. selbständiger Vorname → *Diether*, aber auch Kurzform von → *Dietrich* geworden; zu ahd. *diot* »Volk« und *heri* »Heer«, im Mittelalter sehr verbreitet; heute zusammengezogene Kurzform von *Dieter* → *Diether* und *Dieter* → *Dietrich*; unter den beliebtesten Namen.

Dietfried männl. Vorname, zu ahd. *diot* »Volk« und *fridu* »Friede«.

Dietgard weibl. Vorname, zu ahd. *diot* »Volk« und *gard* »Gehege, Hort, Schutz«.

Dietger männl. Vorname, zu ahd. *diot* »Volk« und *ger* »Speer«.

Dietgund(e) weibl., zu ahd. *diot* »Volk« und *gund* »Kampf«.

Diethard männl., zu ahd. *diot* »Volk« und *harti* »hart, stark«.

Diethelm männl., zu ahd. *diot* »Volk« und *helm* »Helm«.

Diether männl., neuere Form *Dieter*, zu ahd. *diot* »Volk« und *heri* »Heer«, die mit der Kurzform *Dieter/Diether* des Namens *Dietrich* zusammenfiel.

Diethild(e) weibl., zu ahd. *diot* »Volk« und *hiltja* »Kampf«.

Dietleib männl., alte Form von → *Detlef*.

Dietlind(e), *Dietlindis* weibl., zu ahd. *diot* »Volk« und *linta* »Lindenholzschild« oder *lind* »sanft, mild«.

Dietmar, *Ditmar, Dittmar* männl., zu ahd. *diot* »Volk« und *mari* »berühmt«; weitere Formen: *Detmar, Dittmer, Thietmar*; Kurz- oder Koseformen: *Diemo, Thiemo, Tim, Timmo*.

Beliebter Name bereits im 12. Jh. in der oberen und mittleren Schicht.

Dietmund männl., **Dietmunde** weibl., zu ahd. *diot* »Volk« und *munt* »Schutz (der noch unmündigen Person)«.

Dietmut, Dietmute weibl., zu ahd. *diot* »Volk« und *muot* »Geist, Gesinnung«.

Eine männl. Form *Dietmut* ist nach den ahd. Quellen auszuschließen.

Dieto männl. Kurzform von Namen mit *Diet-*.

Dietolf männl., zu ahd. *diot* »Volk« und *(w)olf* »Wolf«.

Dietrad männl., **Dietrade** weibl., zu ahd. *diot* »Volk« und *rat* »Ratgeber, Berater«.

Dietram männl., zu ahd. *diot* »Volk« und *hraban* »Rabe«.

Dietrich, *Dietreich* männl., alter dt. Vorname, zu ahd. *diot* »Volk« und *rihhi* »reich, mächtig«, *rihhan* »beherrschen« = »der Volksherrscher«.

Durch die Heldengestalt Dietrichs von Bern (Verona) lebte in der Sage der Ostgotenkönig *Theoderich* weiter; nach mittelalterlicher Verbreitung und Höhepunkt des volkstümlichen Namens im 13./14. Jh., insbesondere im niederdeutschen und mitteldeutschen Raum, kam er im 20. Jh. erneut zur Geltung. Bei dem heimischen Sagen- und Heldennamen Dietrich hatte die lokale Heiligenverehrung nur geringen Einfluß.

Niederdeutsch/niederländische Formen: *Derek, Derik, Derk, Dieterik, Dierk, Dirk, Dietje, Thiede, Dido, Tide, Tido, Til, Tile, Till, Tillmann, Tilo, Tillo*; engl. *Derek, Derrick*; frz. *Thierri, Thierry*.

Dietrun, *Dietrune* weibl., zu ahd. *diot* »Volk« und *runa* »Geheimnis«.

Dietwald männl., zu ahd. *diot* »Volk« und *waltan* »walten, herrschen«.

Dietward, Dietwart männl., zu ahd. *diot* »Volk« und *wart* »Hüter, Schützer«.

Dietwin männl., zu ahd. *diot* »Volk« und *wini* »Freund«.

Dietwolf männl., zu ahd. *diot* »Volk« und *wolf* »Wolf«.

Dietz männl. Kurzform zu → *Dietrich*, heute als patronymischer Familienname verbreitet.

Digna männl., katalanische Kurzform zu → *Edigna*.

Dija weibl., russische Kurzform von Konkordija → *Concordia*.

Diktus männl. Kurzform von → *Benediktus*.

Dilia, Dilis weibl. Kurzform von *Odilia* → *Odilie*.

Dimitri männl., russische Form von *Demetrius*; auch *Dimitrij, Dmitrij*.

Dina weibl., 1. Kurzform von Namen, die auf *-dina* enden; 2. selbständiger bibl. Name, auch *Dinah*, zu hebr. *dinah* »eine, der zu Recht verholfen wurde«; 3. im Kanton Tessin weibl. Form zu → *Dino*.

Dino männl., ital. Kurzform von Namen mit *dino*, wie *Bernardino, Corradino*.

Dionys, Dionysius männl., »der Fröhliche«, griech. *Dionysos*, lat. auch *Bacchus*, Gott der Fruchtbarkeit, besonders des Weinbaus.
Kurzform *Dion, Dins, Dinnies, Niese*, engl. *Dennis*, frz. *Dénis*, böhmisch *Diwis*, ungarisch *Denes, Dennis*.

Dionysia weibl. Vorname zu *Dionys*, engl. *Denise, Denice, Denny*, frz. *Dénise*, romanisch *Dionisia*, ungarisch auch *Döniz*.

Diotima weibl., zu griech. *dios* und *tima* »(für) Gott bestimmt«.
Literarische Namen: Diotima in Platons *»Symposion«* und in Friedrich Hölderlins *»Hyperion«*.

Dirk männl., niederdeutsche Kurzform von → *Dietrich*.

Dismas männl., Name des Schächers zur Rechten Christi, Heiliger, Patron der zum Tode Verurteilten.
K Deckenmalerei (12. Jh.) im Kapitelsaal, Brauweiler; Wandmalerei (1420) in Neustadt bei Waiblingen.

Ditta weibl., dänisch *Ditte*, Nebenform zu → *Dieta*; Kurzform zu *Edith(a), Judith(a)*.

Dittmar, Dittmer männl., auch *Dithmar*, Nebenform zu → *Dietmar*.

Dix männl. Kurzform von *Bendix, Benedikt*.

Dodo weibl. Kurzform von → *Dorothea*, in der Kindersprache abgeleitet von den Kurzformen *Dora, Doris, Dorle, Doro*.

Dolf männl. Kurzform von Namen mit *-dolf*, wie *Adolf, Ludolf, Rudolf*.

Doll, Dolly, Doly weibl., engl. Kurzform zu → *Dorothea*; ungarisch *Dolli*.

Dolitta weibl. Kurzform zu *Dolly = Dorothea*, angelehnt an *Lolita*.

Dolores weibl., span. Beiname der Mutter Maria, lat. *Mater dolorosa* »schmerzensreiche Mutter«; span. *Virgen de los dolores* »Jungfrau der Schmerzen«.

Doma weibl., südslawische Kurzform von → *Dominika*.

Domenic männl., rätoromanische Form von → *Domenikus*.

Domenica, Dominica, Domenika, Dominika weibl. Vorname zu → *Dominikus*.

Domenico männl., ital. Form → *Dominikus*.

Dominik, Dominikus, *Dominic* männl., zu lat. *dominicus* »dem Herrn gehörend«, Jesus Christus betreffend.
Der Spanier Domingo Guzman (1170–1221), der spätere heilige *Dominikus*, ist Gründer des Dominikanerordens.
Engl. *Dominic*, frz. *Dominique*, ital. *Domenico*, span. *Domingo*, slawisch *Dominik, Dinko, Dunko*, ungarisch *Domo(n)kos, Domos, Doman*.
K Maulbronner Altar (1432); Hans Holbein d. Ä. (1501), Städel, Frankfurt/Main; Stuttgart. Württ. Staatsgalerie; Hochaltar, Statue (1480), Wimpfen am Berg.

Dominique° männl./weibl., frz. Form von → *Dominik(us)*; häufiger männl. und weibl. Vorname in der Schweiz.

Dominique als männl. Vorname in Verbindung mit männl. Zweitnamen zulässig. AG Karlsruhe, 7.3.1988.

Domka, Donka weibl., russische Kurzform → *Dominika*.

Don männl., engl. Kurzform von → *Donald*; Koseform *Donny*.

Donald männl., engl. Vorname zu keltisch *Domhnall* »Weltherrscher«.

Donat, *Donatus* männl., zu lat. *donatio* »Geschenk (Gottes)«.
Engl. *Donet*, frz. *Donat, Donatien*, ital./span. *Donato*, bulgarisch/mazedonisch *Dote, Doto*. K Der heilige *Donatus* von Münstereifel, Wetterheiliger, verehrt in der Eifel, Luxemburg, Süddeutschland, Österreich; silberne Büste (1656), Münstereifel. Der italienische Bildhauer Donatello (1386–1466) hieß eigentlich Donato di Niccolo di Betto.

Donata, Donate weibl. Form → *Donatus*.
Frz. *Donatienne*, ital. *Donatella*, bulgarisch/mazedonisch *Dota, Donka*.

Donatella, Donatina weibl., ital. Verkleinerungsform zu → *Donata*.

Donato, Donatello männl., italienische Formen (Verkleinerungsformen) zu → *Donatus*.

Donka weibl., russische Nebenform von *Domna* = *Dominika*; bulgarische Kurzform von *Donata*.

Donny männl., engl. Koseform von → *Donald*.

Dora, Dore weibl. Kurzform von → *Dorothea*, griech. → *Theodora*.

Doreen weibl., engl. Vorname irischen Ursprungs, Verkleinerungsform von *Dorothy* = *Dorothea*.

Dorett, Dorette weibl., frz. Verkleinerungsform von *Dorothée* → *Dorothea*.

Dori, *Doride* weibl., ital. Vorname zu → *Doris*.

Dorian, *Dorien* männl., engl. Vorname griech. Herkunft, »der Dorer«; ital. *Doriano*; bekannt auch durch Oscar Wilde's Roman *Das Bildnis des Dorian Gray* (1891).

Doriet, Dorrit, Dory weibl., engl. Kurzform zu *Dorothy* = *Dorothea*.

Dorina, *Dorinka* weibl, ungarische Formen zu *Dora, Dorothea*.

Dorinda, Dorinde weibl., ital. Kurzform von *Dorothea*.

Doris weibl. Kurzform von → *Dorothea* oder → *Theodora*; auch altgriech. Frauenname »die Dorerin«.

Dorit, Dorita, Dorith weibl. Kurzform von → *Dorothea.*

Dorle, Dorli weibl., oberdeutsche, schweizerische Kurzform von → *Dorothea.*

Doro weibl. Kurzform von → *Dorothea.*

Doroteo männl., ital. Vorname = *Dorotheus*, Umkehrung von → *Theodor.*

Dorothea, Dorothee weibl. Vorname griech. Ursprungs, Umkehrung von → *Theodora* »Gottesgeschenk« zu griech. *doron* »Geschenk, Gabe« und *theós* »Gott«. Kurzform *Dora, Dore, Dorle, Dorte, Dorthe, Dörte, Dörthe, Dortel, Dortje, Dürte, Thea*, engl. *Dorothy, Doreen, Doriet, Dorit, Dorrit, Dory*, frz. *Dorothée*, polnisch *Dorota*, ital./span. *Dorotea.* K Die heilige Dorothea (3./4. Jh.) war in der mittelalterlichen Kunst eine der beliebtesten Heiligen und dadurch namenverbreitend; Gemälde Baldung Griens (1520/30), Prag, National-Galerie.

Dorrit weibl. Vorname → *Doriet.*

Dorte, Dörte, Dorthe, Dörthe weibl. Kurzform von → *Dorothea.*

Dortje, Doortje weibl., niederdeutsche, friesische und niederländische Kurzform zu → *Dorothea.*

Dothias männl., ost- und westfriesischer Vorname, ursprünglich *Dothe, Dote, Dotte*, zu alten niederländisch-friesischen Namen *Douwe, Duive = duif, duive* »Taube«.

Douglas männl., engl. Vorname, ursprünglich keltischer Flußname, *dub(h)glas* »dunkelblau«, in weiterer Bedeutung »dunkles Wasser«.

Dragan, Drago, Dragotin männl. Kurzform zu slawisch *Dragomir*, altslawisch *dragi* »lieb, teuer, wert« und *mir* »Friede«.

Dragana weibl., slowenische Kurzform zu → *Dragan.*

Drees, Drewes, Dries männl., niederdeutsche Kurzform von → *Andreas.*

Drogo männl., frz. *Dron*, Kurzform zu slawisch-germanischen Namen mit *Drago-* »lieb, teuer«.

Drudilo männl., wie *Trudo* alte oberdeutsche Kurzform zu → *Traut*-Namen.

Drudmunt männl., alte oberdeutsche Form von → *Trautmund.*

Dubravka weibl., tschechischer Vorname, älter *Dobravka*, polnisch *Dabrówka*, zu slawisch *dobru* »gut« oder zum Pflanzennamen »der Günsel«, ein Lippenblütler.

Dufina, Dufke, Duifke, Duva, Düveke weibl., west- und ostfriesische Koseformen »Taube, Täubchen«, zu niederländisch *duif, duive*, ahd. *duba* »Taube«.

Duglora, Duglore weibl. Vorname südslaw. Herkunft, zu slawisch *dlugu* »lang«.

Duncan männl. Vorname, zu altirisch *Dunecan, Donnchadh* »brauner Krieger«.

Dunja weibl., »die Wohlgefällige, Angesehene«, slawische Kurzform zu griech. *Eudokía* »die wohlgefällt, angesehen ist«.

Duri, *Durio, Durisch, Durs* männl., rätoromanische Kurzform zu ital. *Doriano = Dorian* »der Dorer«.

Dürte, Dürten weibl., wie *Dörte* Kurzform zu → *Dorothea.*

Dusja weibl., russische Kurzform aus *Idusja, Ida.*

Dute männl., **Dutje** weibl., friesische Kurzform zu Namen mit *Diet-*.

E…

E...

Earl männl., engl. Vorname, angelsächsisch *eorl* »edler, freier Mann«; engl. Grafentitel, in den USA Vorname, dort auch *Errol*.

Ebba, Ebbe weibl., (ostfriesisch), **Ebbe, Ebbo** männl., friesische Kurzform von Namen mit *Eber*.

Ebel, Ebeling männl., niederdeutsche Kurzform zu → *Abel*.

Eberfried männl., zu ahd. *ebur* »Eber« und *fridu* »Friede«.

Ebergard weibl., zu ahd. *ebur* »Eber« und *gard* »Gehege, Hort, Schutz«.

Ebergund, Ebergunde weibl., zu ahd. *ebur* »Eber« und *gund* »Kampf«.

Eberhard, Eberhart, Everhard männl., **Eberharde, Eberhardine** weibl., alte dt. Vornamen, zu ahd. *ebur* »Eber« und *harti* »hart, stark«; Kurzform *Ebert*, niederdeutsch *Evert*.

Unter den *Eber*-Namen ist Eberhard der verbreitetste und volkstümlichste bis in die heutige Zeit, in Schwaben gefördert durch die Namen der württembergischen Herzöge, z. B. Eberhard im Barte. Der heilige Eberhard, Erzbischof von Salzburg (12. Jh.).

K Eberhard I. von Württemberg, Stiftskirche, Stuttgart.

Eberhild, Eberhilde weibl., zu ahd. *ebur* »Eber« und *hiltja* »Kampf«.

Eberta weibl. Kurzform von → *Eberharde*.

Ebertine weibl. Kurzform von → *Eberhardine*.

Eberwein, Eberwin männl., zu ahd. *ebur* »Eber« und *wini* »Freund«.

Eck, Ecke männl. Kurzform von Namen mit *Eck-*.

Eckart männl. Nebenform von → *Eckehard*.

Eckbert, Eckbrecht männl., zu ahd. *ekka* »Spitze, Schneide einer Waffe« und *beraht* »glänzend«.

Eckehard, Ekkehard, Eckhard männl., alte dt. Vornamen, zu ahd. *ekka* »Spitze einer Waffe« und *harti* »hart, stark«.

Ekkehard I. von St. Gallen, Verfasser des »Walthariliedes«, auch Ekkehard IV. vom gleichen Kloster und die Sagengestalt des »getreuen Eckart« haben den Namen bewahrt; aus neuerer Zeit stammt Josef Victor von Scheffels Roman »Ekkehard«.

Eckert männl. Nebenform von → *Eckehard*.

Eckeward, Eckward, Eckwart männl., zu ahd. *ekka* »Spitze, Schneide einer Waffe« und *wart* »Hüter, Schützer«.

Eckfried, Ekfried männl., zu ahd. *ekka* »Spitze, Schneide einer Waffe« und *fridu* »Friede«.

Eckwin männl., zu ahd. *ekka* »Spitze einer Waffe« und *wini* »Freund«.

Ed männl., engl. Kurzform von → *Edward, Edgar*; Koseform: *Eddie, Eddy*.

Eda weibl. Nebenform von → *Edda*, schwedische Kurzform von *Edwardina*.

Edbert männl., angelsächsische Nebenform von *Otbert.*

Edburg, Edburga weibl. Vornamen, engl. *Edborough*, zu angelsächsisch *ead*, ahd. *od, ot* »Erbgut, Besitz« und *burg* »Schutz«.

Edda weibl., auch *Eda, Etta*, Kurzform von Namen mit *Ed-*, angelsächsisch *ead*, ahd. *od, ot* »Erbgut, Besitz«.
Die altnordische Liedersammlung *Edda*, »Poetik« oder »Buch von Oddi«, des altisländischen Schrifttums hat keinen Bezug zum Namen *Edda.*

Eddi, Eddie, Eddy männl., engl. Kurzform von → *Edward = Eduard.*

Ede männl., dt., ungarische Kurzform von → *Eduard.*

Edi, Edo männl. Kurzform von → *Eduard.*

Edelbert männl., **Edelberta, Edelberte** weibl., neuere Formen für → *Adelbert, Adelberte*; Kurzform *Edel.*

Edelburg, Edelburga weibl., neuere Form für → *Adelburg(a).*

Edelgard, Edelgart weibl., neuere Form für den altdt. Namen → *Adalgard*, zu ahd. *adal* »edel, vornehm« und *gard* »Gehege, Hort, Schutz«; engl. *Ethelgard*; Kurzform *Ethel*, dt. *Edel.*

Edelinde weibl., neuere Form für → *Adelinde.*

Edelmira, Edelmire weibl. Vorname, Neubildung in Anlehnung an den arabisch-spanischen Namen → *Elmira.*

Edeltraud, Edeltrud weibl., neuere Formen für → *Adeltraud.*

Edgar männl., engl. Vorname, altengl. *Eadgar*, zu angelsächsisch *ead*, ahd. *od, ot* »Erbgut, Besitz« und *gar* »Ger, Speer«.
Name angelsächsischer Könige, bekannt: Edgar Allen Poe, Edgar Wallace; seit dem 19. Jh. in Deutschland verbreitet; ital. *Edgaro.*

Edgard männl., Neubildung zum Vornamen → *Edgar*, wohl in Anlehnung an weibl. *-gard*-Namen, z. B. *Edelgard*; ital. *Edgardo.*

Edigna männl., frz. *Edigne*, zum westfränkischen Frauennamen *Audinga*, ahd. *auda* »Reichtum, Besitz«. **K** Die selige (heilige) Edigna lebte als Einsiedlerin in einer hohlen Linde zu Puch bei Fürstenfeldbruck; Statue in Puch; Altarflügel (15. Jh.), Bayerisches Nationalmuseum, München.

Edik männl., russische Kurzform von → *Eduard.*

Edina weibl., Weiterbildung von → *Edna* oder zum bibl. Namen *Adina*, hebr. *'adina* »Wonne« und »Zierde, Schmuck«; auch nordfriesischer Vorname.

Edita, Edite weibl. Nebenform von *Edith, Editha.*

Edith weibl., engl. Vorname, altengl. *Eadgyth*, zu angelsächsisch *ead* »Erbgut, Besitz« und *gyth* (ahd. *gund*) »Kampf«; engl. auch *Edithe, Edyth, Eydie.*

Editha weibl., latinisierte Form von → *Edith*; Kurzform *Dita, Ditta.*

Edla weibl., schwedische Kurzform von dt. Namen mit *Adal-, Edel-.*

Edlef männl., ost- und nordfriesische Vornamen zu angelsächsisch *ead*, ahd. *od, ot* »Erbgut, Besitz« und altfriesisch *leva*, ahd. *leiba* »Hinterlassenschaft«.

Edmar männl. Nebenform von → *Otmar.*

Edmond männl., engl., frz., niederländische, rumänische, ungarische Form von → *Edmund*; ital. *Edmondo.*

Edmund männl., aus dem Engl. übernommener Vorname, aus angelsächsisch

Ead-mund, altisländisch *Audhmundr* »Beschützer des Erbguts«, zu angelsächsisch *ead*, ahd. *od, ot* »Erbgut, Besitz« und *munt* »Schutz (der unmündigen Person)«.
Engl./frz. *Edmond, Ned, Neddy*, irisch *Eamon, Eamonn*, ital. *Edmondo*, ungarisch *Ödön*.
Namenträger: der heilige Edmund, König der Ostangeln (9. Jh.), Patron der engl. Könige.
K Andreas-Altar, St. Stephan in Wien; Hochaltar in Nördlingen (1518).

Edmonda, Edmonde weibl., engl., frz. und niederländische Form zu → *Edmond*.

Edmunda, Edmunde weibl. Formen zu → *Edmund*; engl./niederländisch *Edmonda*, frz. *Edmonde, Edmée*, ital. *Edmea*.

Edna weibl., engl. Vorname, zum bibl. Namen *Adna*, hebr. *'adina* »Wonne«.

Edo männl. Kurzform von → *Eduard*, auch anderen Namen mit *Ed-*.

Edoardo, *Odoardo* männl., ital. Formen zu → *Eduard*.

Edouard männl., frz. Form von → *Eduard*.

Edsardt, Edsart, Edsert männl., wie → *Edzard* friesische Formen von → *Eckehard*.

Edu männl., rumänische Kurzform von → *Eduard*.

Eduard männl., über die frz. Form *Edouard* bei uns verbreiteter Name engl. Herkunft: → *Edward*, zu angelsächsisch *ead*, ahd. *od, ot* »Erbgut, Besitz« und angelsächsisch *weard*, ahd. *wart* »Hüter, Schützer«; der Name verbreitete sich über die Literatur im 18. Jh. vom Engl. zum Frz. ins Deutsche.
Engl. *Edward, Ed, Eddy, Ned, Ted, Teddy*, frz. *Edouard*, ital. *Edoardo, Eduardo*, portugiesisch *Duarte*, norwegisch *Edvard*. Der heilige Eduard, Sohn des Königs Edgar von England (10. Jh.).
K Eduard Mörike (1804–1875), dt. Dichter, Grab Pragfriedhof, Stuttgart.

Eduarde weibl. Form von → *Eduard*.

Eduardine, Edwardine weibl. Weiterbildung von *Eduarde*.

Edward männl., engl. Vorname, altengl. *Eadweard*, zu angelsächsisch *ead* »Erbgut, Besitz« und *weard* »Hüter, Schützer«. Seit dem 18. Jh. in der dt. Form → *Eduard*.
Historischer Namenträger: der heilige Edward der Bekenner, angelsächsischer König (11. Jh.); der Name verbreitete sich seit dem Mittelalter in alle europäischen Länder. Kurzform *Ned, Neddy*.

Edwardina weibl. erweiterte Form von → *Edward*.

Edwin männl., engl. Vorname zu angelsächsisch *ead* »Erbgut, Besitz« und *wine* »Freund«, entspricht ahd. → *Otwin*.

Edwina, Edwine weibl. Formen von → *Edwin*.

Edy männl. Kurzform von → *Edward, Eduard*.

Edzard männl., friesische Form von → *Eckehard*; auch *Edsart, Edsert*.
Bekannt: der Schriftsteller Edzard (Hellmuth) Schaper (1908–1984).

Edzarda weibl. Form zu → *Edzard*.

Effi weibl. Kurzform von → *Elfriede*; bekannt durch Theodor Fontanes Roman »Effi Briest« (1895).

Efrem männl., ital. Form von → *Ephraim.*

Egbert männl., **Egberta, Egberte** weibl. Nebenform von → *Eckbert.*

Egbertine weibl. Weiterbildung zu → *Egberta.*

Egbrecht männl. Nebenform von → *Eckbert.*

Egge, Eggo männl., west- und ostfriesische Kurzform von Namen mit *Eg-.*

Eggert männl., niederdeutsche und schwedische Form von → *Eckehard.*

Egia weibl., baskischer Taufname, zu baskisch *egia* »die Wahrheit«.

Egid, Egidius männl. Nebenform von → *Ägidius.*

Egidio männl., ital. Form von → *Ägidius.*

Egil männl. Kurzform von *Eilbert*, älter *Agilbert.*

Egilbert männl. Nebenform zu *Agilbert*, zu ahd. *agal* »Spitze, Schneide einer Waffe« und *beraht* »glänzend«.

Egilmar männl., zu ahd. *agal* »Spitze, Schneide einer Waffe« und *mari* »berühmt«.

Egilo männl. Kurzform von Namen mit *Egil-, Agil-.*

Egilolf männl. Nebenform von → *Agilolf.*

Egilward männl., zu ahd. *agal* »Spitze, Schneide einer Waffe« und *wart* »Hüter, Schützer«.

Eginald männl., zu ahd. *agal* »Spitze, Schneide einer Waffe« und *waltan* »walten, herrschen«.

Eginbert männl., zu ahd. *agal* »Spitze, Schneide einer Waffe« und *beraht* »glänzend«.

Eginhard männl., zu ahd. *agal* »Spitze, Schneide einer Waffe« und *harti* »hart, stark«.

Eginolf, Eginulf männl., zu ahd. *agal* »Spitze, Schneide einer Waffe« und *wolf, wulf* »Wolf«; Kurzform *Egino.*

Egli männl., deutschschweizerische Form zu → *Egon.*

Eglof, Egloff männl. Nebenform von → *Egolf.*

Egmund männl., jüngere Nebenform von → *Agimund.*

Egmond, Egmont männl., niederdeutsch/niederländische Formen von → *Egmund.*

Graf Egmont, Gegner der span. Verwaltung in den Niederlanden, Trauerspiel von Goethe. Kurzform *Monti, Monty.*

Egolf männl. Vorname aus *Egilolf*, ältere Form → *Agilolf.*

Egon männl. Vorname, seit dem Mittelalter selbständige Nebenform von *Egino*, einer Kurzform von Namen mit *Egin-.*

Ehm männl., niederdeutsch-friesische Kurzform von Namen mit *Agi-, Egin*, entspricht ahd. *Agimo.*

Bekannt: Schriftsteller Ehm Welk († 1966).

Ehmi weibl. Kurzform zu → *Ehm, Eme; Emi, Emy* kann Kurzform von *Emina, Emine* sein; *Emi* ist auch Nebenform von *Ema* = *Emma.*

Ehregott, Eregott, Ehrgott männl., pietistischer Name des 17./18. Jh., Imperativ: »Ehre Gott!« entspricht → *Timotheus.*

Ehrenfried, Ehrenfrid, Erenfried männl., wohl Bildung aus neuhochdeutscher

Zeit, auf »Ehre« und »Friede« bezogen; angelehnt an älteren Namen *Erinfrid*, zu ahd. *arn, arin* »Adler« → *Arnfried*.

Ehrengard weibl. Vorname, wohl Neubildung von »Ehre« mit einem *-gard*-Namen.

Ehrenreich männl., älter *Ehrenrich*, Neubildung des 16./17. Jh., »reich an Ehren«; beliebt bei der Annahme jüdischer Familiennamen.

Ehrentraud, Ehrentrud weibl., gehört nicht zu »Ehre«, sondern zum alten Namen *Erinthrut, Arntraut*, ahd. *arn, arin* »Adler« und *trud* »Kraft, Stärke«.

Die heilige Erentrudis (8. Jh.) war erste Äbtissin auf dem Nonnberg in Salzburg, Benediktinerinnenkloster.

Ehrfried männl. Nebenform von → *Ehrenfried*, älter *Erfried*, das noch auf den ahd. Namen *Erinfried* bezogen werden kann.

Ehrhard männl. Nebenform von → *Erhard*.

Eiba, Eibbe, Eibe weibl., **Eibe, Eibo** männl., ostfriesische Kurzform von germanischen Namen mit *Agi-, Egi-; Eibe = Egibert*.

Eika, Eike weibl., ost-/nordfriesische Kurzform zu Namen mit *Eg-, Agi-*.

Eike, Eiko männl., ostfriesische Kurzform zu Namen mit *Eg-*, älter *Aiko*, aus *Agiko*.

Männl. Vorname, LG Lübeck, 14.7.1971.

Eila weibl., alte hessische Kurzform zu → *Elisabeth*.

Eilard männl. → *Eilhard*.

Eilbert männl., neuere Form von → *Egilbert = Agilbert*.

Eilburg weibl., zu ahd. *agal* »Spitze, Schneide einer Waffe« und *burg* »Schutz, Zuflucht«.

Eilert männl., niederdeutsche Form von → *Eilhard*.

Eileen, Eilene weibl., engl. Vorname irischer Herkunft, zu → *Helene*.

Eilfried männl., zu ahd. *agal* »Spitze, Schneide einer Waffe« und *fridu* »Friede«.

Eilhard männl., auch *Eilhard*, Nebenform von → *Agilhard*.

Eilis, Eilise weibl., irischer Taufname zu → *Elisabeth*.

Eilmar männl. Nebenform von ahd. *Agi(l)mar* zu ahd. *agal* »Spitze des Schwerts« und *mari* »berühmt«.

Eiltraud, Eiltrud weibl., zu ahd. *agal* »Spitze, Schneide einer Waffe« und *trud* »Kraft, Stärke«.

Eilward, Eilwart männl., zu ahd. *agal* »Spitze, Schneide einer Waffe« und *wart* »Hüter, Schützer«.

Eina weibl., schwedische Form von → *Einar*.

Einar männl., nordischer Vorname, zu altisländisch *Einarr, einn* »allein« und *herr* »Heer« = »der allein kämpft«.

Einhard männl., **Einharde** weibl. Nebenform von → *Eginhard*.

Eitel männl. Vorname, erst aus der Verbindung seiner alten Bedeutung mit einem eigenständigen Namen selbständiger Vorname geworden: *eitel* = »nichts als . . ., bloß nur«, bei *Eitelfritz* = »allein Fritz« (besagt: sonst kein anderer Name).

So auch bei den Hohenzollernprinzen: *Eitel* Friedrich »nur Friedrich (genannt)«. Die Bedeutung »eingebildet« für *eitel* erscheint erst im 18. Jh.

Eka weibl. Kurz- oder Koseform von Namen mit *Eg-, Eck-.*

Ekaterina weibl., russischer Vorname → *Katharina.*

Ekkehard männl., ist die alte dt. Form von → *Eckehard.*

Ela weibl. Kurzform von → *Elisabeth*; slowakisch auch von *Helene.*

Elard, Elart männl., **Elarda** weibl., friesisch-niederdeutsche Formen von → *Eilhard* (Agilhard) oder *Edelhard* (Adelhard).

Elbert männl. Nebenform von → *Eilbert.*

Elborg, Elburg weibl. Nebenform von → *Eilburg.*

Eldrid weibl., nordische Form von → *Edeltraud.*

Eleanor weibl., engl. Kurzform zu provenzalisch *Aliénor (= Helena)*; auch *Elinor.*

Elena weibl., bulgarische, griech., ital., norwegische, rumänische, russische und spanische Form von → *Helena*; Nebenform *Eleane.*

Eleonora, Eleonore weibl. Vorname zu engl. → *Eleanor* und provenzalisch *Aliénor = Helene.*
Kurzform *Ela, Eli, Lenore, Leonore, Lora, Nora, Nore*, schwedisch/norwegisch *Elna*, engl. *Eleanor, Ellinor, Elinor*, frz. *Eléonore.*

Eler männl., alter friesischer Vorname mit verschiedenen Bedeutungen, zu → *Elert*; auch Kurzform zu altfriesisch *Ethelheri*, ahd. *adal* »edel«.

Elert männl., niederdeutsch-friesische Form von *Eilert, Eilhard.*

Elfe weibl. Kurzform von Namen mit *Elf-.*

Elfgard weibl., zu ahd. *alb* »Elfe, Naturgeist« und *gard* »Gehege, Schutz«.

Elfi, Elfie weibl. Kurzform von → *Elfriede.*

Elfriede weibl., alte Formen angelsächsischer Herkunft sind *Alfrida, Alfryth, Elfrith*; sie zeigen gemeinsame Herkunft von *Elfriede* und *Alfried*: zu ahd. *adal* »edel, vornehm« und *fridu* »Friede«; Kurzform *Effi, Elfi*, engl. *Elfreda.*

Elfrun weibl., jüngere Nebenform von → *Albrun.*

Elftraud, Elftrud weibl., zu ahd. *alb* »Elfe, Naturgeist« und *trud* »Kraft, Stärke«.

Elga weibl., nordische Kurzform zu → *Helga*; auch *Ilga* zu → *Hilga.*

Elgard weibl. Nebenform von *Eilgard.*

Elger männl., westfriesischer Vorname, zu germanisch *Agil-* oder zu ahd. *adal* »edel, vornehm« und *ger* »Speer«.

Elgin, Elgine, Ellegina weibl., niederländisch-friesische Kurzform wie *Alke, Eilke, Eilk, Elke, Eltina* zu *adal*-Namen, z. B. *Adelheid.*

Eliana, Eliane weibl. Formen zu → *Helene.*
Weitere weibl. Formen: bulgarisch/mazedonisch *Ilka, Ilana, Ilina, Ilinka*, ungarisch *Eliana, Elianka.*

Elias männl., bibl. Name, griech. Form von hebr. *Elia, Elija* »mein Gott ist Jahwe« (oder Jehova).
Elia(s), der große Prophet Israels. Die »Eliashöhle« auf dem Berg Karmel (Israel) ist Ursprung des Mönchswesens.

Engl. *Elias, Ellis*, frz. *Elie*, ital. *Elia, Eliano*, slawisch *Ilja, Ilija*, mazedonisch, ukrainisch *Ilko*.

Elida weibl., nordischer Vorname, isländisch *Ellidhi* »das schnell segelnde (Schiff)«.

Elieser männl., bibl. Name, zu hebr. *'eli'ezer* »(Mein) Gott ist (Quell der) Hilfe«.

Eliette weibl., frz. Verkleinerungsform zu *Elie = Elias*.

Eligius, *Eulogius* männl. Vorname »der Auserwählte«, zu lat. *eligere* »auswählen«; engl., frz. *Eloi*, span. *Eloy* »Stifter eines Ordens mit kornblumenblauen Gewändern«.

Der heilige Eligius (6. Jh.) ist Patron aller Schmiede.

K Schmiedefenster im Freiburger Münster; dazu der alljährliche »Euligiusritt« bei Großschönach/Überlingen.

Elimar männl. Nebenform von → *Adalmar*.

Elina weibl., finnische, rumänische, schwedische Kurzform von → *Helena*.

Elinor, Elinore weibl., engl. Formen von → *Eleonora* und *Eleanor*.

Elio männl., beliebte ital. Kurzform von *Eliodoro* = lat. *Heliodorus*.

Elisa, Elise weibl. Kurzform von *Elisabeth*. Der bibl. *Elisa* ist Männername.

Elisabeth, Elisabetha weibl., bibl. Name, zu hebr. *elischeba* »die Gott verehrt, Gottgeweihte«.

Durch die Verehrung der heiligen Elisabeth, Landgräfin von Thüringen und Hessen (13. Jh.), war der Name schon im Mittelalter sehr volkstümlich, über Jahrhunderte stark verbreitet und ist heute noch ein beliebter Name.

Auswahl der Kurzform: *Else, Elisa, Elsbeth, Ella, Elli, Elly, Lisa, Lisbeth, Lise, Liesel, Lisette, Lissy, Babette, Betty, Bettina, Betsy*; engl. *Elizabeth*, frz. auch *Isabelle*, ital. *Elisabetta, Lisabetta*, spanisch, portugiesisch *Isabel*.

K Elisabethkirche und Grabmal der heiligen Elisabeth in Marburg an der Lahn.

Elka, Elke, Elleke weibl., friesische Kurzform zu *Alke*, entspricht dem Vornamen *Adelheid* oder ahd. Namen mit *adal* »edel, vornehm«.

Elke, Elko männl., niederdeutsch-friesische Kurzform zu Namen mit *Elk-, Alk-*, z. B. → *Elkmar* und zu ahd. Namen mit *adal* »edel«.

Elkmar männl. Nebenform von *Alkmar*, zu ahd. *adal* »edel, vornehm« und *mari* »berühmt«.

Ella weibl. Kurzform von → *Elisabeth*, auch von *Elfriede, Eleonora; Gabriella*.

Ellen weibl., engl. Nebenform von → *Helen(e)*; Kurzform von *Eleanor, Ellinor*.

Elli, Elly weibl. Kurzform von → *Elisabeth*.

Ellinor weibl., engl. Form zu → *Eleanor*.

Elma weibl. Nebenform zu → *Alma*; auch Kurzform von → *Elmira*.

Elmar männl., auch *Ellmar, Elimar*, engl./schwedisch *Elmar*, Nebenform von → *Eilmar* oder Kurzform von → *Adelmar*; Kurzform *Elmo*.

Elmer männl., engl./schwedische Form von → *Elmar*.

Elmira weibl. Vorname arabisch-span. Herkunft, »erhaben, vornehm, edelmütig, fürstlich«; Kurzform *Elma*.

Elmo männl., ital./span. Kurzform von *Erasmo* = *Erasmus*; engl./schwedische Kurzform von *Elmer* = *Elmar, Eilmar*; katalanisch *Elm*.

Elms männl., dt. Kurzform von → *Erasmus*.

Elna weibl., schwedische Kurzform von → *Helena*.

Elof, Elov männl., älter *Elef*, nordischer Name, nach Runeninschriften *ailaifr* »jederzeit (fester) Erbe«; schwedische Koseform *Loffe*, dän. *Eluf*.

Elrike weibl. Nebenform von *Alrike* = *Adelrike*.

Elsa weibl. Kurzform von → *Elisabeth*.

Bekannt: Elsa von Brabant aus der Lohengrinsage und der gleichnamigen Oper von Richard Wagner; die Schwedin Elsa Brändström, genannt der »Engel von Sibirien« (1. Weltkrieg).

Elsabe, Elsbe, Elsebe weibl., niederdeutsch-ostfriesische Kurzform von → *Elisabeth*.

Elsabea weibl. Kurzform von → *Elisabeth*, auch Fügung von *Elsa* und *Bea(te)*.

Elsbeth weibl. Kurzform von → *Elisabeth*; seit Beginn des 19. Jh. verbreitet, in der Schweiz immer noch beliebt.

Elscha, Elsche weibl., niederdeutsch-ostfriesische Kurzform von *Else, Elisabeth*.

Else weibl. Vorname, alte, weit verbreitete, selbständige niederdeutsche Kurzform von → *Elisabeth*; Modename um 1900, heute noch verbreitet, in der Schweiz wird *Elsa* bevorzugt; häufige literarische Gestalt.

Elseke, Elsk, Elske weibl., niederdeutsch-friesische Kurz- und Koseformen von → *Elisabeth*.

Elsi weibl., auch *Elsy*, Koseform von → *Elisabeth*.

Elsie, Elsy weibl., engl. Kurzform von *Elizabeth*.

Elsike weibl., niederdeutsche Kurzform von → *Elisabeth*.

Elsine, Elsita weibl. Koseformen und Weiterbildung von *Elsa, Else*.

Elskea weibl., friesische Kurzform von → *Elisabeth*.

Elso männl., ostfriesische Kurzform von Namen mit *Adal-*.

Die gleichfalls im »Verzeichnis guter ostfriesischer Namen« vorgeschlagene männl. Form *Else* sollte vermieden werden.

Elvira, *Elwira* weibl. Vorname, »die Erhabene«, aus dem Span. übernommene weibl. Form von *Alvaro*, durch Opern Mozarts und Aubers bekanntgeworden.

Elvis männl., engl.-amerikanischer Vorname, eine Nebenform von *Elvin, Elwin* = *Alwin*. Bekannt: der amerikanische Schlagersänger Elvis Presley († 1977).

Elwin männl., auch *Elvin*, **Elwine** weibl., auch *Elvine*, engl. Nebenform von → *Alwin, Alwine*.

Emanuel männl., griech.-lat. Form von hebr. → *Immanuel* »Gott mit uns«. Engl./frz. *Emanuel, Emmanuel*, ital. *Emanuele, Manuele, Manolo*, span. *Manuel*.

Emanuela weibl. Form zu → *Emanuel*.

Frz. *Emmanuelle*, ital. *Emanuela*, span. *Manuela, Manuelita*.

Emeram, Emmeram männl. Vorname, zu *Amal* »die Araber betreffend« und ahd. *hraban* »Rabe«.

Der heilige Emmeram war aus Gallien nach Bayern gekommen (7. Jh.).
K Steinrelief (1052) in St. Emmeram, Regensburg.

Emerentia, Emerenz weibl. Vorname »die Würdige, die Verdienstvolle«, zu lat. *e-mereri* »verdienen, würdig sein«.
Die heilige Emerentia war Märtyrerin, unter Diokletian verfolgt.
K Tafeln: Ortenberger Altar (Darmstadt); Soest, Wiesenkirche (1473); Lukas Cranach (1509) Städel, Frankfurt/Main.

Emerenz weibl. → *Emerentia.*

Emerich, Emmerich männl., alter dt. Vorname, zu *Amal-*, germanischer Stamm der Amaler, und ahd. *rihhi* »mächtig, herrschen«. Der heilige Emerich, Sohn des heiligen König Stephan von Ungarn (11. Jh.).

Emerita weibl. Vorname »die Verdienstvolle«, zu lat. *e-mereri* »verdienen, würdig sein«.
Die heilige Emerita, Märtyrerin in Chur (Graubünden), dort K Hochaltar in der Kathedrale.

Emi weibl., auch *Emy*, Kurzform von → *Emilie.*

Emil männl., aus dem Frz. übernommener Vorname lat. Ursprungs, *Aemilius* »aus der Familie der Ämilier«, zu lat. *aemulus* »nacheifernd, nachahmend, wetteifernd«; *Emil* war schon 1825 Modename, 1900 verbreitet, heute noch beliebt.
Frz. *Emile*, ital./span. *Emilio*, slawische Kurzform *Mile, Milo, Milko.*

Emile männl., frz. Form von → *Emil.*

Emilia, Emilie weibl. Form von → *Emil.*
Name mehrerer Heiliger, im 18. und 19. Jh. beliebter literarischer Name. Emilia Galotti (1772) von Gotthold Ephraim Lessing.
Kurzform *Emmi, Miele, Mila, Milli, Miggi, Mielchen*, auch in der ursprünglichen Form *Ämilia* (siehe → *Emil*); engl. *Emily*, frz. *Emilie*, slawisch *Emilka, Mila, Milka.*

Emilian männl., **Emiliana** weibl. Vorname lat. Herkunft, zu *Aemilianus*, engl. *Emilian*, frz. *Emilien*, ital. *Emiliano.*

Emilio männl., ital. Form von → *Emil.*

Emily weibl., engl. Form → *Emilia, Emilie.*

Emma weibl. Kurzform aus *Erma*, zu Namen mit *Irm-*, wird aber auch zu *Imme* »die Biene, die Fleißige« gestellt.
Engl. auch *Imma, Emme, Emmy, Em*, span. *Ema.*

Emmanuel männl. Vorname, in der Schweiz verbreitete Nebenform von → *Immanuel.*

Emmanuelle weibl. Vorname, weibl. Nebenform von → *Immanuel.*

Emmeline, Emmelina weibl., neuere Form des alten dt. Namens → *Ameline.*

Emmerich männl. → *Emerich.*

Emmi, Emmy weibl. Kurzform von *Emma*, aber auch von *Emilie.*

Emmilotte weibl. Doppelform aus *Emmi* und *Lotte.*

Emmo, Eme, Emo männl., west- und ostfriesische Kurzformen von → *Emmerich* oder von Namen mit *Erm-*.

Ena weibl., schwedische Nebenform von *Eina*, auch von einem ursprünglich keltischen Namen, zu irisch *Eithne*, engl. *Enid* »kleines Feuer«.

Endera weibl., baskischer Taufname zu → *Andreas*.

Enders, Endres männl. Nebenformen von → *Andreas*.

Endrich, Endrik männl., niederdeutsche Kurzformen von *Hen(d)rich, Hen(d)rik = Heinrich*.

Engbert männl. Nebenform von → *Ingbert*.

Engel° männl./weibl., alter männl. wie weibl. Vorname, jeweils Kurzform zu einem mit *Engel-* beginnenden Namen.

Auch oberdeutsch gebräuchlich (Bauernkrieg »Engel Hiltensperger«); *Engel* gehört zum Stammesnamen der Angeln (→ *Engelbert*), wird aber seit dem Spätmittelalter mit *»angelus«*, dem Begriff des himmlischen Engels, verbunden und als weibl. Kurzform zu *Angela* gestellt.

Engelberga weibl. Vorname, zu *Angel-* (→ *Engelbert)* und ahd. *bergan* »schützen«.

Engelbert männl., **Engelberta** weibl., **Engelbrecht** männl., alte dt. Vornamen, zum Stammesnamen der *Angeln* und ahd. *beraht* »glänzend«.

Die spätmittelalterliche Verbreitung der *Engel*-Namen erfolgte jedoch vor allem durch die mystische Verbindung zu *»angelus«*, dem Begriff des himmlischen Engels.

Der heilige Engelbert, Erzbischof von Köln (13. Jh.) wehrte sich gegen die Bedrückung durch die Klostervögte; er wurde 1225 ermordet, als Märtyrer verehrt.

K Schrein (1633) im Kölner Dom.

Engelburg, Engelburga weibl. Vornamen, zu *Angel-* und ahd. *burg* »Zuflucht, Schutz«; → *Engelbert*.

Engelfried männl. Vorname, zu *Angel-* und ahd. *fridu* »Friede«; → *Engelbert*.

Engelgard weibl. Vorname, zu *Angel-* und ahd. *gard* »Hort, Schutz«; → *Engelbert*.

Engelhard männl. Vorname, zu *Angel-* und ahd. *harti* »hart, stark«; → *Engelbert*.

Engelina, Engeline weibl. Vorname, Weiterbildung von → *Engel*.

Engelke männl./weibl., alte niederdeutsche Verkleinerungsform zu mit *Engel*-beginnenden Namen.

Engelmar männl., zu *Angel-* und ahd. *mari* »berühmt«; → *Engelbert*.

Engelram männl. Vorname, zu *Angel-* und ahd. *hraban* »Rabe«; → *Engelbert*.

Engeltraud, Engeltrud weibl. Vorname, zu *Angel-* und ahd. *trud* »Kraft, Stärke«; → *Engelbert*.

Engla weibl., schwedische Kurzform, älter *Engela*, Umbildung der dt. Kurzform → *Engel*.

Enke° männl./weibl. Vorname, westfriesisch männl., ostfriesisch weibl. Form zu *Agin-, Egin*-Namen.

Enkea weibl., ostfriesische Kurzform zu *Agin-, Egin*-Namen, die eindeutig die weibl. Form anzeigt.

Enna weibl., ostfriesische Kurzform zu *Agin-* oder *Egin-*Namen.
Enne, Enno männl., friesische Kurzform zu *Einhard.*
Enrica weibl., ital.-span. Form zu → *Enrico* und *Enrique* = *Heinrich.*
Enrico männl., ital. Form von → *Heinrich.*
Enrik männl., niederdeutsche Kurzform von *Henrik* = *Heinrich.*
Enzio, Enzo männl., ital. Koseformen von → *Heinz* und → *Enrico* = *Heinrich.*
Eoban männl., **Eobane** weibl. Vorname, zu griech. *eōs* und *ban, baínō* »der Morgenröte entgegengehend«.
Der heilige Eoban, Begleiter des Bonifatius zu den Friesen, wurde dort 754 erschlagen.
Eos weibl. Vorname, zu griech. *eōs*, lat. *aurora*, altindisch *usrā* »die Morgenröte«. Name der griech. Göttin *Eos*, Tochter des Sonnengottes Hyperion, Schwester des Helios und der Selene.
Ephraim männl., bibl. Name zu hebr. *epherajim* »doppelt fruchtbar, fruchtbare Nachkommenschaft«.
Ephrosine weibl. Nebenform von → *Euphrosine.*
Eppo männl. Nebenform von friesisch → *Ebbo.*
Eraldo männl. Vorname, ital. Form von → *Harald.*
Erasmus männl., griech. *Erasmós*, zu *erasmios* »liebenswürdig, anmutig«.
Der heilige Erasmus war Patron der Seeleute und Drechsler; bekannt ist der niederländische Humanist Erasmus von Rotterdam (1466 oder 1469–1536).
Kurzform *Rasmus, Asmus, Elms* (St.-Elms-Feuer), frz. *Erasme*, romanisch *Erasmo, Elmo.*
K Tafel mit dem heiligen Mauritius, Mathis Nithart (1521), München, Alte Pinakothek.
Erda weibl., Urmutter im »Ring des Nibelungen«; altnordische Erdgöttin *Jörd.*
Erdmann männl., Neubildung des 17. Jh. zu → *Adam*; auch *Ertmar*, Nebenform von → *Hartmann.*
Erdmut männl. Nebenform von → *Hartmut.*
Männl. Vorname, AG München, 25.5.1955.
Erdmute, Erdmuthe weibl. Vorname, wendisch *Hortmuta*, litauisch *Jertme*, weist auf → *Hartmute* hin; oberdeutsche Kurzform *Erdele.*
Erdtrud weibl. Vorname, wohl Neubildung von »Erde« und *-trud-*Namen.
Erdwin männl. Vorname, wohl Nebenform zu → *Hartwin.*
Erfried männl. Vorname, verkürzt aus → *Ehrenfried.*
Erga weibl., baskische Kurzform zu *Erguina* = → *Regina.*
Erhard, Erhart, Ehrhard männl., alter dt. Vorname zu ahd. *era* »Ehre, Ansehen« und *harti* »hart, stark«.
Im Mittelalter durch den Namen des heiligen Erhard von Regensburg (7./8. Jh.) in Süddeutschland verbreitet und volkstümlich geworden, Patron gegen Pest und Viehseuchen.
K Relieffigur des Dionysius-Schreins (1440), St. Emmeram, Regensburg.
Erhardine weibl. Form von → *Erhard.*

Eric männl., engl. Form von → *Erich*.

Erica weibl. Nebenform von → *Erika*.

Erich männl., nordischer Vorname, schwedisch/niederdeutsch *Erik*, nach Runeninschriften *airikr*, isländisch *Eirikr* »alleiniger beständiger Herrscher«, nach schwedischen Königsnamen in Deutschland verbreitet; engl. *Eric*, weitere schwedische Formen *Erk, Erker, Jerker*.

Erik männl., schwedische Form von → *Erich*.
Verbreitung des Namens nach dem Tod des schwedischen Königs Erik († 1160), Landesheiliger Schwedens.
K Tafel (1484), Kunsthalle, Hamburg.

Erika, *Erica* weibl., latinisierte Form von → *Erich*, aus dem nordischen Namen → *Erik*; wird durch Zuordnung zu dem neueren (Pflanzen-) Vornamen *Erika* »Heidekraut« (aus griech. *ereikē*, lat. *erice*) überlagert und verdrängt.

Erk, Erker männl., schwedische Formen zu *Erik* → *Erich*.

Erkenbald männl., zu ahd. *erkan* »ausgezeichnet, echt« und *bald* »kühn«.

Erkenbert, Erkenbrecht männl., zu ahd. *erkan* »ausgezeichnet, echt« und *beraht* »glänzend«.

Erkenfried männl., zu ahd. *erkan* »ausgezeichnet, echt« und *fridu* »Friede«.

Erkengard weibl., zu ahd. *erkan* »ausgezeichnet, echt« und *gard* »Hort, Schutz«.

Erkenhild, Erkenhilde weibl., zu ahd. *erkan* »ausgezeichnet, echt« und *hiltja* »Kampf«.

Erkenrad männl., zu ahd. *erkan* »ausgezeichnet, echt« und *rad* »Ratgeber«.

Erkentraud, Erkentrud weibl., zu ahd. *erkan* »ausgezeichnet, echt« und *trud* »Kraft, Stärke«.

Erkenwald männl., zu ahd. *erkan* »ausgezeichnet, echt« und *waltan* »walten, herrschen«.

Erkmar männl., zu ahd. *erkan* »ausgezeichnet, echt« und *mari* »berühmt«.

Erko männl. Kurzform von Namen mit *Erken-*.

Erla weibl. Kurzform von Namen mit *Erl-*.

Erland männl., **Erlanda** weibl., nordischer Vorname, isländisch *Erlendr*, zu altnordisch *örlendr* »ausländisch, fremd«; in ostfriesischen Quellen *Erlandus*.

Erlea männl., baskischer Taufname zu baskisch *erle* »die Biene«.

Elfried männl., **Elfriede** weibl., zu ahd. *erl* »freier Mann« und *fridu* »Friede«.

Erlgard männl., zu ahd. *erl* »Freie, Vornehme« und *gard* »Gehege, Hort, Schutz«.

Erling männl., nordischer Vorname, zu ahd. *erl* »freier Mann, Edelmann«; schwedisch *Elling*.

Erltraud, Erltrud weibl., zu ahd. *erl* »Freie, Vornehme« und *trut* »beliebt, treu, traut«.

Erlwin männl., **Erlwine** weibl., zu ahd. *erl* »freier Mann« bzw. »Freie, Vornehme« und *wini* »Freund«.

Ermas weibl. Nebenform von → *Irma*.

Ermelina weibl. Nebenform von → *Irmela, Irmelin*, zu → *Irma*.

Ermelinda, Ermelinde, Ermlinde weibl. Nebenform von → *Irmlinde.* Die hl. Ermelindis (6. Jh.). **K** Statuette am Bronzegrabmal Kaiser Maximilians I. in Innsbruck.

Ermenbald männl., zu ahd. *irmin, erman* »groß, allumfassend« und *bald* »kühn«.

Ermenbert, Ermenbrecht männl. Nebenform zu *Irmenbert, Irmenbrecht.*

Ermenfried männl. Nebenform zu *Irmenfried.*

Ermengard, Ermgard weibl. Nebenform zu → *Irmgard.*

Ermenhard männl. Nebenform zu *Irmenhard.*

Ermenhild, Ermenhilde, Erminhilde weibl. Nebenform zu → *Irmhild.*

Ermenrad männl. Nebenform zu *Irmenrad.*

Ermenrich männl., der erste Teil ist Stammesname der Herminonen (Irminonen), zu ahd. *irmin* »groß, allumfassend« und *rihhi* »mächtig, herrschen«.

Ermentraud, Ermentrud weibl. Nebenform zu *Irmtraud, Irmtrud.*

Ermgart weibl., ostfriesische Form → *Irmgard.*

Ermhild weibl. Nebenform zu → *Irmhild.*

Ermina weibl., 1. niederdeutsch-friesische Kurzform von *Ermin-, Irmin-*Namen = *Irmina*; 2. *Ermina* Nebenform von *Hermina.*

Ermingard weibl., alte Nebenform zu → *Irmgard.*

Erminhild weibl., alte Nebenform zu → *Irmhild.*

Erminold männl., alter dt. Vorname, zu ahd. *irmin, erman* »groß, allumfassend« und *(-old, -ald =) waltan* »walten, herrschen«.

Der heilige Erminold war erster Abt vom Kloster Prüfening in Regensburg.

K Dort prächtiges Hochgrab (1283), Statue (1610) am Hochaltar.

Ermo männl., ital. Kurzform von *Ermogene, Erminio* (Hermes, Merkur), *Ermanno* (Hermann) und *Erasmus.*

Ermtraud, Ermentraud, Ermintraud, Ermtrud, Ermentrud, Ermintrud weibl. Nebenformen von → *Irmtraud, Irmtrud.*

Erna weibl., selbständige Kurzform von → *Ernesta* oder von Namen mit *Arn-, Ern-*; um 1900 beliebter Vorname, häufiger als Kosename; heute weniger gebräuchlich.

Erne weibl. Nebenform von → *Erna.*

Ernest männl., engl., frz., romanische Form von → *Ernst.*

Ernesta weibl. Form von → *Ernst.*

Ernestina, Ernestine, Ernstina, Ernstine weibl. Weiterbildung von → *Ernesta.*

Ernesto, Ernestino männl., ital. Formen von → *Ernst.*

Ernfried männl., **Ernfriede** weibl., Nebenformen zu → *Arnfried, Arnfriede.*

Erno männl., selbständige niederländische Kurzform von Namen mit *Arn-, Ern-* wie bei *Erna.*

Ernö männl., ungarische Form von → *Ernst.* Kurzform *Erni, Ernike, Ernöke, Nö, Nöke.*

Ernst männl., alter dt. Vorname, ahd. *Arnest, Arnust,* latinisiert *Ernestus, Ernestinus* »der Ernste, Gestrenge, Besonnene« zu ahd. *ernust* »Ernst, Entschlossenheit, Beharrlichkeit«.

Im Mittelalter bekannter und in allen Schichten verbreiteter schwäbischer Herzogname, danach häufiger Fürstenname, vor dem 1. Weltkrieg sehr beliebt, heute noch verbreitet, dazu in Doppelform engl., frz. *Ernest*, ital./span. *Ernesto*, tschechisch *Arnošt*, ungarisch *Ernö*.

Der heilige Ernst, Abt von Zwiefalten (12. Jh.).

K Altartafel in der Kapuzinerkirche, Dinkelsbühl.

Eros männl. Vorname, nach dem altgriech. Götter- und Männernamen *Erōs*, Gott der Liebe, lat. *Cupido*.

Erpe, Erpo männl., ostfriesische Kurzform, niederdeutsch *Arp*, angelsächsisch *eorp*, altnordisch *iarpr* »dunkel, braun, glänzend«.

Errol männl., engl.-amerikanischer Vorname, Nebenform zu → *Earl*.

Ertmar männl. → *Erdmann*.

Erwin männl., alter dt. Vorname aus dem älteren *Herwin*, zu ahd. *heri* »Heer« und *wini* »Freund«; engl. *Irwin*.

K Erwin von Steinbach, Baumeister der Gotik und des Straßburger Münsters, Grabplatte im Straßburger Münster.

Erwine weibl. Form zu → *Erwin*.

Esma weibl., georgischer Vorname, »Er (Gott) hat es erhört«.

Esmeralda weibl., span. Vorname, zu span. *esmeralda* »Smaragd, Edelstein«.

Esmond männl., engl. Vorname, wohl zu *Osmund*, aus germanisch *Ase* »Gott« und ahd. *munt* »Schutz (der Unmündigen)«.

Esra männl., bibl. Name, zu hebr. *ezerah* »Hilfe (ist der Herr)«. Jüdischer Priester, der die Juden aus der babylonischen Gefangenschaft zurückführte.

Esta weibl., engl. Kurzform zu *Estella* und *Estalind, Estalinda*, zu angelsächsisch *Eostre* »Frühlingsgöttin« und ahd. *linta* »Lindenholzschild«, entspricht → *Osterlind*.

Esteban männl., span. Form von → *Stephan*.

Estella weibl., ital., **Estrella** weibl., span. Formen zu lat. → *Stella* »Stern«.

Estelle weibl., frz. Form zu lat. → *Stella* »Stern«.

Ester, Esther weibl., bibl. Königin, zu hebr. *estēr* »junge Frau«, auch »Stern« oder »Myrte«, jidd. *Esster*. Das Buch »Esther« ist eine zu den Geschichtsbüchern des A. T. zählende Schrift und entstand um 1800 v. Chr. – Ahasveros erwählte Esther, von deren Anmut er entzückt war, zu seiner Gemahlin.

K Hans Burgkmair (1528), Maler und Holzschnittzeichner, München, Alte Pinakothek; Konrad Witz (1435), Maler, Heilsspiegelaltar, Basel.

Estrella weibl. → *Estella*.

Estrid weibl., nordische Nebenform von → *Astrid*.

Etel, Etelka weibl., ungarische Kurzform zu *Adela* → *Adelheid*.

Ethel weibl., engl. Kurzform von Namen mit *Ethel-*, z. B. *Ethelinda*.

Etienne männl., frz. Form von → *Stephan*.

Etta weibl. Kurz- und Nebenform von verschiedenen Namen, Nebenform von *Ida, Itta* (Jutta), *Edda*, Kurzform von *Henrietta, Marietta* und dem ungarischen Vornamen → *Etelka*.

Ettina weibl. Vorname, Koseform von stark verkürzten friesischen Namen *Et, Eta, Etta, Etje*, zu *Adal-*, *Edel-*Namen.

Etzel männl. Kurzform von Namen mit *Adal-*, ahd. *Azilo, Azzilo*; war der Name des Hunnenkönigs Attila in der deutschen Heldensage.

Etelka weibl., ungarische Bildung über *Etele* von *Ottilia*; Kurzform *Eta, Ete, Etka, Etta.*

Euchar, Eucharius männl. Vorname, zu griech. *eucharistia* »Dankbarkeit, dankbare Gesinnung«. Der heilige Eucharius war erster Bischof von Trier (2./3. Jh.). K Statue (17. Jh.) im Kirchhof St. Matthias, Trier.

Eugen männl., »der Wohlgeborene«, zu griech. *eu-genes* »edel, wohlgeboren«. Mittelalterlicher Papstname, volkstümlich seit den Türkenfeldzügen des 17. Jh. durch Prinz Eugen von Savoyen.

Engl. *Eugene, Gene*, frz. *Eugène*, ital./span. *Eugenio*, Kurzform bulgarisch/serbokroatisch *Geno*, ungarisch *Jenö.*

Eugenie weibl., auch *Eugenia*, weibl. Formen zu → *Eugen(ius).*

Kurzform bulgarisch/serbokroatisch *Gena*, ungarisch *Génia*, rumänisch *Jeni*, finnisch *Senni.* Die heilige Eugenia, Tochter der heiligen Odilia, Äbtissin von Hohenburg, Elsaß.

Eukene weibl., baskischer Taufname zu → *Eugenie.*

Eulalia, Eulalie weibl. Vorname, zu griech. *eulalos* »wohlredend, beredt«.

Eulogius männl. Vorname, 1. Nebenform von → *Eligius*; 2. zu griech. *eu-logia* »Lob, Ruhm, schöner Ausdruck, Segen«.

Euphemia, Eufemia weibl. Vorname, »die Glückverheißende«, zu griech. *eu-phēmia* »guter Ruf, gute Vorbedeutung«.

Heilige Euphemia, römische Senatorentochter, Märtyrerin (3. Jh.). K Altartafel des Bertold von Nördlingen (1415), Bonn.

Euphrosine, Euphrosyne weibl. Vorname, zu griech. *eu-phrosynē* »Frohsinn, Heiterkeit, Freude (beim Mahl)«; griech. Göttin der Anmut.

Europa weibl., mehrfacher Name von Töchtern in der griech. Mythologie, nach der *Eurōpē*, Tochter des Phönix.

Europa als weibl. Vorname zugelassen, Landgericht München, 26. 8. 1968.

Eusa weibl., baskischer Taufname zu → *Eustachia.*

Eusebia weibl., **Eusebius** männl. Vorname, zu griech. *eu-sebeō* »fromm, gottesfürchtig, Pflichten gegen Gott und Eltern erfüllend«.

Eustach männl., **Eustachia** weibl., zum lat. Vorname *Eustachius*, griech. *eu-stachyos* »mit schönen Ähren, ährenreich«.

Der heilige Eustachius ist einer der 14 Nothelfer (2. Jh.). Märtyrer. K Albrecht Dürers Paumgärtneraltar (1495), München, Alte Pinakothek. Kurzform *Stachus.*

Euthymia weibl., alter griech. Frauenname, zu griech. *eu-thymeo* »guten Muts und heiter sein«.

Eutropia weibl., **Eutropius** männl., zu griech. *eu-tropia* »Gewandtheit, Beweglichkeit, gute Sinnesart«.

Eva weibl., bibl. Name, zu hebr. *chavvah* »Leben, die Lebensspenderin, Mutter aller Lebendigen«.
Nebenform *Eve, Ewa, Ewe*, Kurzform *Ev, Evchen, Evi.*

Evalina, Evaline weibl. → *Evelina.*

Evamaria weibl., Doppelform aus *Eva* und *Maria.*

Evangeline weibl., engl. Vorname, wohl nach Henry Wadsworth Longfellows Gedicht *Evangeline* (1847) abzuleiten von griech. *euaggelion* »(Lohn für) gute Botschaft«.

Evangelist männl., zu griech. *euaggelistes* »eine frohe Botschaft verkünden«.

Evarist männl., »der Wohlgefällige«, zu griech. *eu-aréstōs* »wohlgefällig«.

Eve weibl. Nebenform von → *Eva.*

Eveke weibl., niederdeutsche Kurzform zu → *Eva* oder Namen mit *Ever-, Ewer-.*

Evelin, Evelina, Eveline weibl., heute engl. Herkunft, gehört zu alter westfränkischer, romanisierter Form → *Avelina.*

Evelinde weibl. Doppelform zu *Eva* und *Linde* = Kurzform von *-linde*-Namen, ahd. *lindi* »sanft«.

Evelyn weibl., engl. Form für Eveline; wie → *Evelin* zu → *Avelina* gehörig.

Everdina, *Everdine* weibl. → *Ewerdina.*

Everose weibl. Doppelform aus *Eva* und *Rose, Rosa.*

Evert männl., niederdeutsche Kurzform von → *Eberhard.*

Evi weibl. Kurzform von → *Eva.*

Evita weibl., span. Koseform von → *Eva.*

Ewald männl., alter dt. Vorname, zu ahd. *ewa* »Recht, Gesetz« und *waltan* »walten, herrschen«.
Name zweier Heiliger des 7. Jh., insbesondere eines Kölner Lokalheiligen; der Vorname verbreitete sich erst im 19. Jh. Die heiligen Ewaldi, zwei angelsächsische Brüder, nach ihrer Haarfarbe der weiße und der schwarze Ewald.

Eward, Ewart, Ewert männl., friesische Namen, zu altfriesisch *ewe* »Rechtsgebrauch« und ahd. *wart* »Hüter, Schützer«.

Ewerdina, Ewerdine weibl. Weiterbildung von niederdeutsch *Ewert* = *Eberhard.*

Ezechiel männl., zum bibl. Namen *Hesekiel*, hebr. *jechezeqēl* »stark ist El (Gott)«; Prophetenname.

Ezzo männl., ital. Kurzform von *Adolfo* = *Adolf.*

F...

F...

Fabia weibl., zu lat. → *Fabius*, altrömischer Geschlechtername.

Fabian männl. Vorname, Weiterbildung von → *Fabius*, altrömischer Geschlechtername, frz. *Fabien*, ital. *Fabiano*.
Der heilige Fabian war Papst im 3. Jh.
K Flügelaltar von Hoyer (15. Jh.).

Fabiana, Fabiane weibl. Vornamen, zu → *Fabian*; frz. *Fabienne*.

Fabio männl., ital. Form von lat. → *Fabius*.

Fabiola weibl., Verkleinerungsform von *Fabio*, auch spätrömische Weiterbildung von → *Fabia*, die in Katalanien heimisch wurde.

Fabius männl., ursprünglich lat. Familienname, »aus dem Geschlecht der Fabier«, aus der Stadt Fabiae stammend.

Fabrice männl., frz. Form von → *Fabrizio*.

Fabrizia weibl., **Fabrizio** männl., ital. Formen zu lat. *Fabricius*, Name einer römischen Familie, lat. *faber* »handwerklich, künstlerisch geschickt«.

Falk, Falko männl., alte dt. Vornamen, zu ahd. *falcho* »Falke«.

Falkmar männl. Vorname, zu *Falk-* »Falke« und ahd. *mari* »berühmt«.

Fani weibl., baskische Kurzform, zu span. *Estefania = Stefanie*.

Fanni, Fanny weibl. Kurzform von → *Franziska* und von → *Stephanie*.

Farah weibl., arabischer Vorname, »die Freude«.

Farald, Farold, Farolt männl., **Faralda** weibl., zu ahd. *faran* »fahren, reisen« und *waltan* »walten«.

Farfried männl., zu ahd. *faran* »fahren, reisen« und *fridu* »Friede«.

Farhild, Farhilde weibl. Vorname, zu ahd. *faran* »fahren, reisen« und *hiltja* »Kampf«.

Farmund männl. älter *Faramund*, zu ahd. *fara* »Sippe« und *munt* »Schutz«.

Farold männl. → *Farald*.

Fastrad männl., **Fastrade** weibl., zu ahd. *fasti* »fest« und *rat* »Rat(geber)«.

Fatima, Fatime weibl., ursprünglich arabischer Vorname, nach Fatima, der Tochter des Propheten Mohammed, auch *Fatma*.
Verbreitet als Vorname, jedoch nach dem portugiesischen Dorfnamen *Fatima*, seit der Marienerscheinung von 1917 beliebter Wallfahrtsort.

Fatina weibl., arabischer Vorname, »der Anfang«; erste Sure des Korans.

Fausta weibl., **Faustus** männl., zu lat. *faustus* »günstig = Glück bringend«.
Die heilige Fausta, Märtyrerin (4. Jh.).
K Wandteppich (15. Jh.) Kunstgewerbe-Museum, Köln.

Faustina, Faustine weibl., **Faustino, Faustinus** männl., Verkleinerungsformen von *Fausta, Faustus*.

Fausto männl., ital. Form von lat. *Faustus*.

Fedde, Feddo männl., friesische Kurzform von Namen mit *-frede = friede.*

Federica, *Federiga* weibl., **Federico**, *Federigo* männl., ital. Formen zu *Friedrich* und *Friederike.*

Fedor, *Feodor* männl., eingedeutschte Form von russisch *Fjodor = Theodor.*

Fedora weibl. Nebenform von *Feodora.*

Fee weibl., engl. Kurzform von *Felicia.*

Feike, Feiko männl., **Feie, Feike** weibl., friesische Formen aus der Kindersprache, zu Namen mit *-fred(e) = -friede.*

Felicia, Felizia weibl., ital. Formen zu *Felicitas.*

Felicitas, Felizitas weibl., zu lat. *felicitas* »Glück, Glückseligkeit«.
Die heilige Felicitas; Märtyrerin (2. Jh.).
K Altartafeln (um 1500), Neustift, Tirol.

Felix männl., ursprünglich römischer Beiname wie *Augustus*, zu lat. *felix* »glücklich«.
Name einer Reihe von Heiligen und Papstname im Mittelalter. Frz. *Félix, Félicien*, ital. *Felice*, russisch *Feliks*, ungarisch auch *Bódog.*
K Feix von Fritzlar, Reliquienschrein im Dom zu Fritzlar.

Femke männl., **Femma**, *Femmy* weibl., westfriesische Kurzform zu *Fredemar* → *Friedemar.*

Fenella weibl., engl. Vorname, irisch *Finola*, keltisch *Fionnghuala*, zu *fionn* »weiß« und *ghuala* »Schulter«.

Fenja, Fenka, Fenke, Fenna, Fenne weibl., **Fenno** männl., **Fenneke** männl./weibl., friesische-niederdeutsche-niederländisch und kindersprachliche Formen von Namen mit *-frede = -friede.*

Feodor männl. → *Fedor.*

Feodora weibl., russischer Vorname, weibl. Form von → *Fedor = Theodor.*

Feodosi männl., russische Form von *Theodosius.*

Feodosia weibl., russische Form von *Feodosi = Theodosius.*

Ferdinand männl., romanisierte Form des ahd. Namens *Fridenand*, westgotisch *Fridunanth*, zu germanisch *frithu* »Friede, Schutz« und *nantha* »mutig, kühn«.
Ferdinand kam als beliebter span. Fürstenname *Fernando*, Nebenform *Hernando*, durch die Habsburger nach Deutschland zurück.
Kurzform *Ferdi, Ferdl, Fernand, Nante*; frz. *Fernand, Fernandel, Ferrand*, ital. *Fernando, Ferrante, Nando*, ungarisch *Nándor.*
K Ferdinand I., dt. Kaiser, Grabmal im Dom, Prag; Ferdinand III., dt. Kaiser, Kapuzinergrift, Wien.

Ferdinanda, Ferdinande, Fernanda, Fernande weibl. Formen von → *Ferdinand*; Kurzform *Nanda, Nande.*

Ferdinandine weibl., niederländische Form zu → *Ferdinand.*

Ferdinando, Fernando, *Ferrante* männl., ital. Formen von → *Ferdinand.*

Ferenc männl., ungarische Form von → *Franz.*

Ferfried männl. Nebenform von → *Farfried.*

Ferhild weibl. Nebenform von → *Farhild.*

Fermin männl., **Fermina** weibl., span.-katalanische Vornamen zum Heiligennamen *Fermin* = → *Firmin*.

Fermund männl. Nebenform von → *Farmund*.

Fernand männl., **Fernande** weibl., frz. Formen von → *Ferdinand*.

Fernanda weibl. Vorname, engl., ital., span. Form von → *Ferdinand*.

Fernando männl., ital., span., portugiesische Form von → *Ferdinand*.

Ferry, *Fery* männl., populäre Kurzform in Frankreich von *Frédéric* = *Friedrich*.

Fidel männl. Kurzform von *Fidelis, Fidelius*.

Fidelia weibl., span. Form von → *Fidelio*.

Fidelio männl., ital. Form von → *Fidelius*.

Fidelis männl./weibl., **Fidelius** männl., zu lat. *fidelis* »getreu, ehrlich, zuverlässig«.

Fidelis auch als weibl. Vorname zulässig. Landgericht Hagen, 9. 10. 1956.

Fides weibl. Vorname, zu lat. *fides* »Vertrauen, Zutrauen, Glaube«.

Eine heilige Fides wird im Elsaß und in der Schweiz verehrt als »Sankt Getreu«.

K Reliquien der heiligen Fides in St. Gallen; St. Fides in Schlettstadt, Elsaß.

Fieke weibl., niederdeutsche Kurzform von → *Sophie*.

Fiene weibl., niederdeutsche Kurzform von → *Josefine*.

Fiete männl., niederdeutsche Kurzform von → *Friedrich*.

Fila weibl., alte Kurzform des 8. Jh. zu Namen mit ahd. *filu* »viel«.

Filibert männl., **Filiberta** weibl., alte dt. Vornamen, in Anlehnung an Philipp auch *Philibert*, ahd. *filu* »viel« und *beraht* »glänzend«.

Filippo männl., ital. Form von → *Philipp*, Verkleinerungsform *Filippino*.

Filomela weibl. Vorname → *Philomela*, Kurzform *Filo*.

Filomena weibl. Vorname → *Philomena*.

Fina, Fine weibl. Kurzform von → *Josefine*.

Finetta, Finette weibl. Koseformen von → *Josefine*.

Finia weibl., baskischer Taufname, »die Feine, Zartfühlende«, zu baskisch *fin, fineza* »fein, zärtlich«.

Fiore männl., ital. Vorname = *Florus*, zu *fiore* »Blume«, lat. *floris* »Blume, Blüte«.

Fiorella weibl., ital. Form von → *Florella*; Verkleinerungsform zu → *Fiore*.

Fiorenza weibl., ital. Form von → *Florenze, Florentine*.

Fiorenzo männl., ital. Form von *Florenz* → *Florens*.

Fioretta weibl., ital. Form von → *Floretta*; Verkleinerungsform zu → *Fiore*.

Fiorina weibl., »das Blümchen«, ital. Form von → *Florina*.

Firmin(us) männl., **Firmina** weibl. Adoptivform zu → *Firmus*. Bekannt: span. → *Fermin*. K Statuette des heiligen Firminus am Grabmal Maximilians I. in Innsbruck.

Firmus männl. Vorname, zu lat. *firmus* »fest, beharrlich, standhaft«.

Fita weibl. Kurzform zu *Friederike* und der spanischen Verkleinerungsform → *Josefita*.

Fjodor männl., russische Form von → *Theodor*.

Flavia weibl., »die Blonde«, Form von *Flavius*.

Flavio männl., ital.-span. Form von lat. *Flavius*, »aus der römischen Familie der Flavier«, zu lat. *flavus* »goldblond, goldgelb«.

Fleur weibl., frz. Form für → *Flora*.

Fleurette weibl., frz. Verkleinerungsform für → *Floretta*.

Flodoard männl., alter fränkischer Name, wohl aus fränkisch *Chlōdward*, zu germanisch *hlutha* »laut« und ahd. *wart* »Hüter«.

Flora weibl., Blumenname, zu lat. *Flora*, römische Göttin der Blumen und Blüten; lat. *flos, floris* »Blume, Blüte«.
Zu Ehren der Göttin Flora wurde im alten Rom vom 28. April bis 3. Mai das Frühlingsfest der »Floralia« gefeiert.

Florence weibl., engl. Form von → *Flora, Florens, Florentia*, Kurzform *Flossie*.

Florens männl., älter *Florenz*, zu lat. *florens* »im blühenden Alter stehend«; Heiligenname am Niederrhein und in den Niederlanden.

Florent männl., frz. Form von *Florentius*.

Florentia, Florenzia weibl. Vorname, zu lat. *florens* »im blühenden Alter stehend«.

Florentin, Florentinus männl. Vorname, Weiterbildung von → *Florentius*.

Florentina, Florentine weibl. Vorname, Weiterbildung von → *Florentia*.

Florentius männl. Vorname, zu lat. *florens* »im blühenden Alter stehend, höchst angesehen«.

Florenz männl., dt. Form von → *Florens, Florentius*.

Florenze weibl. Form von *Florenz, Florens*.

Floretta, Florette weibl. Verkleinerungsform von → *Flora*.

Flori männl., oberdeutsche Kurzform von → *Florian*.

Floria weibl. Nebenform von → *Flora*.

Florian, Florianus männl., volkstümlicher deutsche Vorname zu lat. *florere* »blühen, frisch sein, im blühenden Alter, glänzend, in hohem Ansehen sein«. Im Mittelalter als Name des heiligen Florian (4. Jh.) verbreitet, Schutzheiliger von Oberösterreich, Patron gegen Feuersgefahr (Stift St. Florian). **K** Tafeln Albrecht Altdorfers (1520/30), Nürnberg, Germanisches Museum.

Floriana, Floriane, Florianne weibl., ital./frz. Formen zu → *Florian*.

Floribella weibl. Vorname, zu lat. *florens* »blühend, blumenreich« und *bella* »schön«.

Floribert männl. Vorname, aus einem *Flor*-Namen und altem *-bert*-Namen, »blühend, glänzend«.

Florida weibl. Form zu *Floridus* »der Blühende«; niederländisch, span. *Floris*.

Florin männl., **Florina, Florine** weibl. Nebenform von → *Florian*.
Der heilige Florinus, angelsächsischer Pilger im Vintschgau (9. Jh.).
K Hochaltar und Lucius-Schrein in Chur.

Florinda weibl., span. Vorname, zu lat. *florens* »blühend, blumenreich«.

Florus männl., zu lat. *florus* »blühend, schmuck, glänzend«.

Flurin männl. Vorname, rätoromanische Nebenform von → *Florian.*

Focke, Focko, Foke, Fokka, Fokke, Fokko männl./weibl., friesische Kurzform von Namen mit *Folk-, Volk-.*

Folina, Foline, Folinda weibl., ostfriesische Weiterbildung zum Namen mit *Folk-, Volk-.*

Folke männl./weibl., niederdeutsch-ostfriesische männl. Vornamen von Namen mit *Folk-, Volk-*, aber auch ostfriesische weibl. Vornamen *Folke, Volke.*

Folker männl. Nebenform von → *Volker.*

Folkert, Folkhard männl. Nebenform von → *Volkhard.*

Folko männl., ostfriesische Kurzform von Namen mit *Folk-, Volk-.*

Folkwein männl. Nebenform von → *Volkwin.*

Foma männl., russische Form von → *Thomas.*

Fons männl. Kurzform von → *Alfons.*

Fortuna weibl. Vorname, zu lat. *fortuna* »Zufall, Glücksfall«; *Fortuna*, römische Schicksals- oder Glücksgöttin.

Fortunat(us) männl., **Fortunata** weibl. Vorname, zu lat. *fortunatus* »beglückt, glücklich«.

Foster männl., engl.-amerikanischer Vorname, entspricht → *Gaston.*

Framhild weibl., zu ahd. *fram* »vorwärts, fördern« und *hiltja* »Kampf«.

Fran, Frane männl., südslawische Kurzform von *Francisko.*

France weibl., frz. Form von *Franc* »der Franke«.

Frances, *Francis* weibl., engl. Form von → *Franziska*, Verkleinerungsform *Francie, Frankie.*

Francesca, Francisca weibl., »die Französische«, romanische Formen zu → *Franziska.*

Francesco männl., »der Französische«, ital. Ausgangsform von → *Franziskus.* Der Name ist in Italien seit dem 12. Jh. gebräuchlich und bezeichnete ursprünglich den Landsmann, der nach Frankreich reiste.

Francis männl., engl. Form von → *Franz, Franziskus.*

Francine weibl., frz. Verkleinerungsform von *Franc* »der Franke«.

Franciscus männl. → *Franziskus.*

Franco männl., ital. Kurzform von *Francesco.*

François männl., frz. Form von → *Franz, Franziskus.*

Françoise weibl., frz. Form von → *Franziska.*

Franek männl., polnische, slowenische Kurzform von *Franciszek = Franziskus.*

Frank männl., sehr beliebter Vorname, ursprünglich Beiname »der Franke«, aber auch zu *frank* »offen, frei« = »der Freie«.

Franka, *Franca* weibl. Formen zu → *Frank.*

Frankhild, Frankhilde weibl. Neubildung aus *Frank* und *Hilde.*

Franko männl., zu ahd. *franko* »Franke«.

Frankobert, Frankomar, Frankowig, Frankward männl., mit *Frank-* gebildete Namen zu alten Zweitgliedern -bert, -mar, -wig, -ward.

Frans männl., niederländische und schwedische Form von → *Franz*; elsaßlothringische Nebenform von *Frantz.*

Franz männl. Kurzform von → *Franziskus*, sehr beliebter Vorname in Süddeutschland und Österreich, Doppelform *Franz-Josef* und *Franz-Xaver*.
Der Name verbreitete sich nach dem heiligen Franz von Assisi, Stifter des Franziskanerordens, nach dem heiligen Franz von Paula, Stifter des Paulanerordens und durch Franz von Borja, General des Jesuitenordens.

Franzine weibl., für frz. *Francine*, weibl. Form zu → *Franz*.

Franziska weibl. Form von → *Franziskus* seit dem 18. Jh.
Kurzform *Fanny, Franzi, Fränze, Fränzi, Fränzel, Cissi, Ziska*, engl. *Frances*, frz. *Françoise*, ital. *Francesca*, slawische Formen: *Franciska, Františka, Franeka, Franja, Franica, Franika*, ungarisch auch *Fanni, Ferike*.

Franziskus männl., lat. *Franciscus*, zu → *Francesco*, die ital. Ausgangsform; frz. *François*, engl. *Francis*, span./portugiesisch *Francisco*.
Slawische Formen: *Franc, Francisk, Franciszek, František, Fran, Frane, Franek*, ungarisch *Ferenc*. Der Name ist volkstümlich geworden durch den heiligen Franziskus von Assisi, Wanderprediger im 13. Jh., Stifter des Minoritenordens.

Franz-Xaver männl., beliebte süddeutsche Doppelform nach dem heiligen Franz Xaver (*Xaver* arabisch/span. Beiname »der Glänzende«).
Heiliger des Jesuitenordens, vom span. Schloß Javier (Xavier) bei Pamplona herstammend (16 Jh.).
K Standbild Groß-Pöchlarn (1773), in Starnberg.

Frauke weibl., friesischer Vorname, weitere ostfriesische Formen: *Frauwa, Frauwe, Frawa, Frawe* weisen auf westgermanisch *fraw, frau* mit der Nebenbedeutung »fröhlich, flink« hin.

Fraukea, Fraukeline weibl., ostfriesische Weiterbildung von → *Frauke*.

Fred männl., niederdeutsch-friesische Kurzform von *Frederich*; auch Kurzform von *Alfred, Manfred*.

Freda weibl., niederdeutsche, schwedische Kurzform von *Frederika*, engl. von *Winifred*.

Freddi, Freddo männl., niederdeutsche Kurzform von *Frederich, Frederik*, Koseformen zu *Fred*.

Freddy, Fredy männl., aus dem Engl. ins Niederdeutsche übernommene Kurzform von *Frederick* und *Alfred*.

Fredegar männl., niederdeutsche Form von *Friedeger*.

Fredegard weibl., niederdeutsche Form von *Friedegard*.

Fredegund weibl. Nebenform von *Friedegund*.

Frédéric, Frédérick männl., **Frédérique** weibl., frz. Formen von *Friedrich, Friederike*.

Frederich, Frederik männl., niederdeutsch-friesische Formen von → *Friedrich*.

Fredi, Fredo männl. zu *Alfred, Friedrich*.

Fredrik männl., schwedische, auch ostfriesische Form von → *Friedrich*.

Freerik, Freerk, Frerik, Frerk männl., niederdeutsch-friesische Formen von → *Friedrich*.

Freia, Freya weibl., nordische (isländische) Vornamen, Name der altnordischen Göttin Freyja, isländisch *freyja* »Herrin, Herrscherin«.

Freimund, Freimut männl., alte Vornamen zu ahd. *fri* »frei« und *-munt, -mut.*

Frerich männl., niederdeutsche Form von → *Friedrich.*

Fricka, Fricke, Frikke weibl., niederdeutsch-friesische Kurzform von → *Friederike*; schwedisch *Frigga* für *Fredrika.*

Frida weibl., ältere Form von → *Frieda.*

Frido, *Friddo* männl. Kurzform von *Friedrich.*

Fridolin, *Friedolin* männl., oberdeutsche Kurzform von *Friedrich.*

Volkstümlich geworden durch Verehrung des heiligen Fridolin von Säkkingen, Schirmherr von Glarus und des Kantons St. Gallen.

K Fridolinsschrein, Münster in Säckingen.

Fried männl., von Friedrich, auch von anderen Namen mit *Fried-.*

Frieda, älter *Frida*, weibl. Kurzform von Namen mit *Fried-* oder *-friede*; sehr beliebter Modename um 1900; Nebenform *Friede, Friedchen.*

Friedbert, Friedebert männl., zu ahd. *fridu* »Friede« und *beraht* »glänzend«.

Friedburg weibl., zu ahd. *fridu* »Friede« und *burg* »Schutz, Zuflucht«.

Friedebald männl., zu ahd. *fridu* »Friede« und *bald* »kühn«.

Friedeborg, Friedeburg weibl. → *Friedburg.*

Friedegund, Friedgund weibl., zu ahd. *fridu* »Friede« und *gund* »Kampf«.

Friedel° männl./weibl. Kurzform, von weibl. Namen mit *Fried(e)-, -friede*, von männl. Vornamen mit *Fried-* oder *-fried*; auch *Friedl.*

Nur in Verbindung mit einem anderen, eindeutig männl. oder weibl. Vornamen verwenden.

Friedelind weibl. → *Friedlind.*

Friedemann, Friedmann männl., zu ahd. *fridu* »Friede« und *man* »Mann«.

Friedemar, Friedmar männl., zu ahd. *fridu* »Friede« und *mari* »berühmt«.

Friedemund, *Friedmund* männl., zu ahd. *fridu* »Friede« und *munt* »Schutz«.

Friedenand männl., alte dt. Form von → *Ferdinand.*

Frieder männl., alte selbständige Kurzform von *Friedrich*; Grimmsche Märchenfigur.

Friederike weibl. Form von *Friedrich*, die erst im 18. Jh. bekannt wurde.

Kurzform *Fritzi, Frika, Rika, Rike*, niederdeutsch/schwedisch *Frigga*, frz. *Frédérique.*

Volkstümlich durch Goethes Jugendliebe Friederike Brion aus Sesenheim (1752–1813).

K Grab Meissenheim, Kr. Offenburg.

Friedewald männl. → *Friedwald.*

Friedgard, Friedegard weibl., zu ahd. *fridu* »Friede« und *gard* »Hort, Schutz«.

Friedger, *Friedeger* männl., zu ahd. *fridu* »Friede« und *ger* »Speer«.

Friedhard männl., zu ahd. *fridu* »Friede« und *harti* »hart, stark«.

Friedhelm männl., zu ahd. *fridu* »Friede« und *helm* »Helm«.

Friedhild, Friedhilde weibl., zu ahd. *fridu* »Friede« und *hiltja* »Kampf«.

Friedhold männl., neuere Bildung aus Namen mit *Fried-* und *-hold.*

Friedhorst männl., neuere Bildung aus Namen mit *Fried-* und *-horst.*

Friedlieb männl., pietistische Bildung des 18. Jh. oder Umdeutung des alten Vornamens *Friedleib* (ahd. *leiba* »Erbe«).

Friedlind, Friedlinde weibl., auch *Friedelind*, zu ahd. *fridu* »Friede« und *linta* »Lindenholzschild«.

Friedmund, *Friedemund* männl., zu ahd. *fridu* »Friede« und *munt* »Schutz (der Unmündigen)«.

Friedo, Frido männl. Kurzform von Namen mit *Fried-*.

Friedolf männl., zu ahd. *fridu* »Friede« und *wolf* »Wolf«.

Friedrich, Friederich männl., alter dt. Vorname, gotisch *Frithareiks*, ahd. *Fridurich*, zu ahd. *fridu* »Friede« und *rihhi* »Herrschaft« und »mächtig, reich«. Eine der am meisten verbreiteten dt. Vornamen, im Mittelalter durch die Namen der dt. Kaiser Friedrich Barbarossa und Friedrich II. beliebt, in neuerer Zeit durch die Namen der Hohenzollern, insbesondere durch Friedrich den Großen (der auch als der Alte Fritz diesen Namen populär machte); zahlreiche Dichter und Philosophen mit dem Namen Friedrich: Schiller, Hölderlin, Schlegel, Hebbel, Nietzsche, Engels, Ebert, Hegel.

– Friedrich

Kurzform *Fried, Friedel, Frieder, Fritz, Fritze, Fritzel, Fred, Fredo, Fredy, Fiedje, Fiddy*; engl. *Frederick, Fredric*, frz. *Frédéric, Frédérick, Ferry*, ital. *Federico*, dänisch und niederländisch *Frederik*, schwedisch *Fredrik*, span. *Federigo*, polnisch *Fryderyk*, tschechisch *Bedrich*, russisch *Frederik*, ungarisch *Frigyes*.

K Friedrich II., dt. Kaiser, Grabmal im Dom zu Palermo, Friedrich der Große, Sarg in der Burg Hohenzollern bei Hechingen, umgebettet 1991 nach Potsdam.

Friedrun weibl., auch *Friederun, Friderun*, zu ahd. *fridu* »Friede« und *runa* »Geheimnis, Zauber«.

Friedwald, Friedewald männl., zu ahd. *fridu* »Friede« und *waltan* »walten«.

Friedward, Friedeward männl., auch *Friedwart*, zu ahd. *fridu* »Friede« und *wart* »Hüter«.

Frigga, Frigge weibl., niederdeutsche Kurzform von → *Friederike; Frigga* schwedisch für *Fredrika*.

Friso männl., auch *Frieso*, alter dt. Vorname, ursprünglich Beiname »der Friese«.

Frithjof, *Fritjof* männl., zu altnordisch *fridhr* »Friede« und *ioforr* »Fürst«.

Fritz männl., seit etwa 1550 selbständige Kurzform von → *Friedrich*, volkstümlich seit Friedrich der Große zum Alten Fritz geworden war.

Ende des 19. Jh. so häufig, daß der dt. Soldat des 1. Weltkriegs für Engländer und Franzosen zum »Fritz« wurde (gemeint eigtl. das Hohenzollernhaus); die abwertende Bedeutung von »Fritze« in der Umgangssprache hat den Rückgang beschleunigt.

Fritza, Fritzi, Frizzi weibl. Kurzform zu *Friederike*; weibl. Entsprechung zu *Fritz*.

Frodebert männl., zu ahd. *frot, fruot* »klug, weise« und *beraht* »glänzend«.

Frodegard weibl., zu ahd. *frot, fruot* »klug, weise« und *gard* »Hort, Schutz«.

Frodehild, Frodehilde weibl., zu ahd. *frot, fruot* »klug, weise« und *hiltja* »Kampf«.

Frodelinde weibl., zu ahd. *frot, fruot* »klug, weise« und *lind* »sanft, lind, mild«.

Frodemund männl., zu ahd. *frot, fruot* »klug, weise« und *munt* »Schutz«.

Frodewin männl., **Frodewine** weibl., zu ahd. *frot* »klug, weise« und *wini* »Freund«.

Frodina, Frodine weibl. Kurzformen zu einem *Frod*-Namen.

Frogard, Frohild, Frohilde, Frolinde, Fromute weibl. Nebenformen zu Formen mit *Frode-*, an niederhochdeutsch »froh« angelehnt.

Frohmut, Fromut männl., **Frohmute** weibl., pietistische, zu »frohem Mut« umgebildete Vornamen, aus altem dt. *Frodemut*, zu ahd. *frot, fruot* »klug, weise, verständig« und *muot* »Sinn, Geist«.

Frommhold männl., pietistische Umbildung aus älterem *Frommwald*, zu ahd. *fruma* »Nutzen, Vorteil« und *waltan* »walten«.

Fromund männl. Nebenform von *Frodemund*.

Frone, Fronika weibl. Kurzform von → *Veronika*; rätoromanisch *Frona*.

Frosina weibl., schweizerischer Vorname zu *Frode*-Vornamen.

Frowein, Frowin männl., **Frowine** weibl. Nebenform zu *Frodewin*.

Fryderyk männl., **Fryderyka** weibl., polnische Formen von → *Friedrich, Friederike*.

Fulbert männl. Nebenform von *Volbert (Volkbert)*. Wird in England als normannischer Name zu *Filbert, Filibert* gestellt.

Fulberta weibl. Nebenform von → *Volkberta*.

Fulk männl., **Fulke** männl./weibl., **Fulko** männl., ost- und nordfriesische Kurzform von Namen mit *Volk-*. Aus den alten Rufnamen *Fulcher, Folk-her*, engl. auch *Fowke, Fawke*, frz. *Fouchier*.

Fulvia weibl., **Fulvio** männl., ital. Formen zum lat. Namen *Fulvius* »der Rotgelbe«, zu *fulvus* »rotgelb«.

Fulvius, *Fulvian* männl. Vorname lat. Herkunft, »mit rotgelbem Haar«, zu lat. *fulvus* »rotgelb«.

Fumia weibl., rätoromanische Kurzform von → *Euphemia*.

Fürchtegott männl., pietistische Bildung des 18. Jh., Imperativ: »Fürchte Gott!« Als Mädchenname unzulässig, es sei denn, es besteht eine echte Tradition; OLG Hamburg, 26. 9. 1966. Nur weibl. Nachkommen des Dichters Christian Fürchtegott Gellert dürfen aufgrund einer Patenschaft diesen Vornamen führen.

Furio männl., ital. Vorname, zu lat. *furia, furio* »Begeisterung, Verzückung«. Zum Namen der Furie, Rachegöttin; Furia, Name einer altrömischen Familie.

G...

G...

Gabi, Gaby weibl. Kurzform zu *Gabriela, Gabriele, Gabrielle.*

Gabina weibl. Zuname der römischen Göttin *Juno*, nach der Stadt Gabii, östlich von Rom.

Gábor männl., ungarische Form von → *Gabriel.*

Gabriel männl., bibl. Name, zu hebr. *gabri'el* »Mann, Held Gottes«.
Im Mittelalter als Name des Erzengels Gabriel verbreitet. Niederländisch *Gabriel*, ital. *Gabriele, Gabriello, Gabrio*, russisch auch *Gavriil*, ungarisch *Gábor.*

Gabriele° männl./weibl.; **Gabriela, Gabriella, Gabrielle** weibl. Formen zu *Gabriel*; beliebte Modenamen von 1955–1965.
In Deutschland ist nur die weibl. Form *Gabriele* gebräuchlich. Kurzform *Gabi, Gaby, Jella.*

Gaga weibl., russische Kurzform von → *Galina.*

Galdina weibl., **Galdino** männl., ital. Verkleinerungsform zu *Galdo*, dies eine Kurzform von *Gherardo = Gerhard.*

Galina weibl., russischer Vorname, Bedeutung »Ruhe, Stille, Frieden«.

Gala weibl., **Gallus** männl. Vorname lat. Herkunft, »die Gallierin, der Gallier«, aus den römischen Provinzen Galliae (Frankreich/Belgien); ital. *Gallo* männl.
Der heilige Gallus, irischer Missionar der Ostschweiz, gründete 612 eine Einsiedelei, an deren Stelle das Kloster St. Gallen entstand.

Gandolf, *Gandulf* männl., zu altisländisch *gandr* »(Wer)wolf« und ahd. *wolf* »Wolf«.

Gangolf männl., Umkehrung von → *Wolfgang*. Name in Bayern sehr verbreitet; Kurzform *Gangl.*
Märtyrer (8. Jh.), in Deutschland verehrt, Reliquien in Eichstätt und Bamberg.
K Hochaltar St. Gangolf (15. Jh.), Neudenau, Baden.

Ganja weibl., russische Kurzform von → *Galina, Gavrila (= Gabriele).*

Garbert ostfriesisch, **Garbeth, Garbit, Gerbit** westfriesische männl. Formen von → *Gerbert.*

Garbi weibl., baskischer Taufname, zu baskisch *garbi* »rein, klar, glänzend«.

Garbine weibl., friesische Kurzform zu *ger*-Namen, z. B. → *Gerborg.*

Garbrand, Garbrant männl., ostfriesische Vornamen zu → *Gerbrand.*

Gard männl., friesische Kurzform von → *Gerhard.*

Garda, Gardina weibl., friesische Nebenformen zu → *Gerda.*

Garlef männl., ostfriesischer Vorname, zu älterem *Gerleib*, ahd. *ger* »Speer« und *leiba* »Erbe, Hinterlassenschaft«. Nebenform *Garlof.*

Garlieb männl., aus älterem *Gerleib*, angelehnt an »lieb« (siehe → *Garlef*).

Garret, Garriet, Garrit männl., ost- und westfriesische Formen zu → *Gerhard*.

Gaspar, Gaspard männl., frz. Formen, **Gaspare**, *Gasparo* männl., ital. Formen von → *Kaspar*.

Gaston männl., frz. Form des fläm. Heiligennamens St. Gast, *Vaast* oder *Wadast, Waast*, lat. *Vedastus*; engl. *Foster*.
Name des sehr beliebten Volksheiligen Vedast (5./6. Jh.) aus Périgord, der sich stark im frz. Sprachgebiet verbreitete.

Gaudenz männl., beliebter Vorname in der Schweiz, zu lat. *Gaudentius, gaudeo, gaudere*, »sich freuen, fröhlich sein«.

Gea weibl., zum Namen der griech. Göttin *Gäa*, zu griech. *ge* »Erde«.

Geba, Gebba weibl., häufige Kurzform des 8./9. Jh. zu ahd. *geba* »Gabe« oder zu → *Gepa*.

Gebbe männl./weibl., friesische Form von Namen mit *Geb- oder Ger-*.

Gebbert männl., niederdeutsche Form von → *Gebhard*.

Gebbo männl., friesische Kurzform zu Namen mit *Geb-* oder *Ger-*.

Gebhard männl., **Gebharde** weibl., zu ahd. *geba* »Gabe« und *harti*»hart«.
Der heilige Gebhard II., Bischof von Konstanz (10. Jh.), Gründer des Benediktinerklosters Petershausen, wirkte auf die Namengebung der oberen und mittleren Schichten in Süddeutschland ein.

Gebine weibl., ostfriesische Form zu *Geba*.

Gebke, Gebkea weibl., ostfriesische Kurzform zu Namen mit *Geb-*.

Geel, Geelke, Geeltje weibl., westfriesische Kurzform germanischer Namen, zu gotisch *gails* »fröhlich«, ahd. *geil* »übermütig, lustig«.

Geerdina, Geerdruit weibl., ostfriesisch- niederländische Formen zu *ger*-Namen und *Gertrud*.

Geert männl., westfriesische Kurzform von → *Gerhard*.

Geerta, Geertje, Gertje, Geert(s)ke weibl., westfriesische Kurzform von *Gerharde*.

Geeske, Geske, Geska weibl., westfriesische Kurzform zu *Gese, Gesa* aus *Geltrudis = Gertrud*, niederländisch auch zum männl. Vornamen *Gesinus*.

Gefion weibl. Vorname nach der altnordischen Meeresgöttin *Gefjon* »die Gebende, Spenderin«, zu altnordisch *gefa* »geben«.

Gela, Gele weibl. Kurzform von → *Geltrudis*.

Geli weibl. Kurzform von → *Angelika*.

Gelja weibl., russische Kurzform von → *Angelina*.

Geltrudis weibl., alte Form von *Gertrud, Gertraud*.

Gemma weibl., ital.-span. Taufname, zu lat. *gemma* »Edelstein, Kleinod«.

Genest männl., frz. Vorname, aus griech. *génos* »Sprößling, Nachkomme«.

Genviève weibl., frz. Form zu → *Genoveva*.

Genia weibl. Kurzform von *Eugenia*.

Genoveva, Genovefa weibl. Vorname, Name der heiligen Genovefa aus Nanterre, Patronin von Paris, zu gallisch-provenzalisch *gen(o)* »Volk, Leute« und *wefa* »Frau«.

Geo männl., südniederländische Kurzform von → *Georg*.

Georg männl. Vorname griech. Herkunft, »Ackermann, Bauer«, zu griech. *geōrgós* »Landmann«; der Name des heiligen Georg gewann durch die Legende seines Kampfs mit dem Drachen seit der Zeit der Kreuzzüge große Beliebtheit.
Zahlreiche Kurzformen: oberdeutsch *Jörg, Jörgel, Görgel, Gergl, Giergl, Girg, Jerg, Jirg*, niederdeutsch-friesisch *Jürgen, Jürn, Gorg*, rheinisch *Schorsch* – die heute durch *Jörg/Jürgen* wieder sehr beliebt sind; engl. *George* (Schutzheiliger Englands), frz. *Georges*, niederländisch *Georgius, Joris*, dänisch *Jorgen*, schwedisch *Göran, Jöran*, span.-portugiesisch *Jorge*, ital. *Georgio, Giorgio*, polnisch *Jerzy*, russisch *Jurij*, tschechisch *Jiři*, slawisch *Jurek*, ungarisch *György*, arabisch *Omar*.
K Zum heiligen Georg: Altar (1460) im Wallraf-Richartz-Museum, Köln; Hochaltar von Weltenburg (1721).

George, Georges männl., engl. und frz. Formen zu *Georg*.

Georgette weibl., beliebte frz. Verkleinerungsform von *Georgia*.

Georgia weibl. Form von → *Georg*.

Georgina, Georgine weibl. Weiterbildung zu *Georgia*.

Gepa weibl. Kurzform des alten dt. Vornamens *Gerpirga*, zu *Gerba* → *Gerburg*. Name einer Stifterin im Naumburger Dom.

Gepke männl./weibl., **Gepko** männl., ostfriesische Kurzform zu Namen mit *Geb-* oder *Ger-*.

Gera männl., russische Kurzform von *German*.

Gera weibl. Kurzform von Namen mit *Ger-*.

Gerald männl. Nebenform von → *Gerwald*.

Geralde weibl. Form zu *Gerald*.

Geraldine weibl. Weiterbildung zu *Geralde*.

Gérad frz., **Gerard** engl., männl. Vorname zu → *Gerhard*.

Gerarda weibl., bulgarische, niederländische und polnische Form zu *Gerard, Gerhard*.

Gerba weibl. Kurzform zu *Gerberga* → *Gerburg*.

Gerbald männl., zu ahd. *ger* »Speer« und *bald* »kühn«.

Gerbert männl., zu ahd. *ger* »Speer« und *beraht* »glänzend«.

Gerbod(o) männl., zu ahd. *ger* »Speer« und *boto* »Bote, Gebieter«.

Gerbold männl. Nebenform von → *Gerbald*.

Gerbrand männl., zu ahd. *ger* »Speer« und *brand* »Brand, Brennen (durch Schwertstreich)«.

Gerburg weibl., älter *Gerberga, Gerpirga* »die Bergende«, zu ahd. *ger* »Speer« und *burg* »Burg, Zuflucht«.

Gerd, Gert männl. Kurzform von → *Gerhard*.

Gerda weibl., beliebter nordischer Vorname, nach der Jahrhundertwende in Deutschland volkstümlich geworden, zu altnordisch *Gerdhr* »Schützerin«, ahd. *gard* »Schutz«; auch Kurzform von *Gertraud, Gertrud*.

Gerde, Gerdi, Gerdie weibl. Nebenform von *Gerda*.

Gerdina, Gerdken weibl., ost- und westfriesische Kurzform zu *Gerharde*.

Gerdis weibl., schwedische Bildung zu Namen mit *ger* »Speer«. Nebenform *Gardis*.

Gereon, *Gerion* männl., römischer Name griech. Herkunft, zu griech. *gērōn* »Greis«.
Der heilige Gereon, Soldat der Thebaischen Legion, wird als Märtyrer in Köln verehrt.
K Köln: St. Gereon; Dom, Dreikönigsaltar von Stefan Lochner (1440/50).

Gerfried männl., zu ahd. *ger* »Speer« und *fridu* »Friede«.

Gerhard, *Gerhart, Gerard* männl., alter dt. Vorname, ahd. *ger* »Speer« und *harti* »hart«.
Im Nordwesten heimisch und seit alters her verbreitet, gering beeinflußt durch Heiligenname; Name des Adels im Mittelalter, seit dem 19. Jh. wiederbelebt.
Engl. auch *Garret(t), Garrard, Garrit*, frz. *Gérard*, niederländisch auch *Gerardus, Gaard*, ital./span. Gerardo, ital. auch *Gherardo, Gaddo, Galdo*, ungarisch *Gellért*.

Gerharda, Gerharde weibl. Form zu → *Gerhard*.

Gerhardine weibl. Weiterbildung zu *Gerharde*, ital. *Gerardina*.

Gerhild(e) weibl., zu ahd. *ger* »Speer« und *hiltja* »Kampf«.

Geriet, Gerit°, Gerrit° männl./weibl., friesische Kurzform von *Gerhard* und *Geralde*.
Nur in Verbindung mit einem eindeutig männl. oder weibl. Zweitnamen zulässig.

Gerit weibl. Vorname, LG Wiesbaden, 17.7.1962.

Gerke(n) männl./weibl., **Gerko** männl., ost- und westfriesische Kurzform zu *Gerhard, Gerharde*.

Gerlach männl., zu ahd. *ger* »Speer« und *lah*, lateinisch *lachus*, »Einschnitt in den Grenzbaum, Grenzzeichen«; im Mittelalter verbreitet nach dem heiligen Gerlach.

Gerlind, Gerlinde, Gerlindis weibl., zu ahd. *ger* »Speer« und *linta* »Lindenholzschild«. Nebenform *Gerlint*.

Gerlis weibl. Neubildung aus *Ger*-Namen und *Lise*.

Germa weibl. Kurzform friesischer Herkunft, zu *-ma*-Namen wie *Gerkema, Gersema*.

Germain männl., **Germaine** weibl., ursprünglich zu → *Germanus*; später wie *German, Germana* auf die lat. Bedeutung »leiblicher Bruder, leibliche Schwester« bezogen.

German männl., dazu ursprünglich die bjelorussische Form *Herman*, danach allgemein *German* zur lat. Bedeutung »leiblicher Bruder«.

Germanus, *German* männl. Vorname »der Germane«, zu ahd. *ger* »Speer« und *man* »Mann, Mensch«; ursprünglich Beiname, der die Volkszugehörigkeit kennzeichnete; danach lat. Bedeutung → *German, Germana* → *Germain*.
Engl. *German, Jarman, Jerman, Jermyn*, frz. *Germain*, ital. *Germano*,

bjelorussisch, ukrainisch, rumänisch *Herman*, bulgarisch auch *Gero, Germo*.

Germana weibl., zu lat *germana* »leibliche Schwester«; → *Germain*. Engl./frz. *Germaine*, niederländisch *Germina, Germien*, bulgarisch/mazedonisch *Gera*.

Germar männl., zu ahd. *ger* »Speer« und *mari* »berühmt«.

Germo männl. Kurzform von → *Germar*.

Gernhard männl., wohl Neubildung aus »gern« und *-hard* der alten Namenformen.

Gernot männl., zu ahd. *ger* »Speer« und *not* »Bedrängnis, Gefahr«; burgundischer König des Nibelungenliedes, Umkehrung von → *Notker*.

Gero männl. Kurzform von → *Gerhard*.

Gerold männl. Nebenform zu *Gerald* → *Gerwald*.

Gerolda, Gerolde weibl. Formen zu → *Gerold*.

Gerolf, *Gerulf* männl. Nebenform von → *Gerwulf*.

Gerrich, Gerrik männl., niederdeutsche Vornamen, ahd. *ger* »Speer« und *rihhi* »mächtig, reich«.

Gerrit männl., niederländisch-friesische Form von *Gerhard*.

Gerritdina weibl., westfriesisch-niederländische Form von *Gerharde*.

Gerritje weibl., westfriesische Kurzform zu *Gerharde*.

Gersom, Gerson männl., zu hebr. *gērschōm* »Fremdling«.

Gert, Gerd männl. Kurzform von → *Gerhard*. Früher häufiger Vorname im Münsterland.

Gerta, Gerti weibl. Kurzform von *Gertraud, Gertrud*.

Gerthold männl. Neubildung aus *Gert* und *hold* der alten Namenformen.

Gertje(n), Gertke weibl., friesische Kurzform zu *ger*-Namen.

Gertraud(e), Gertraut weibl. Nebenform zu *Gertrud*.

Gertrud(e), Gertrudis weibl., alter dt. Vorname, zu ahd. *ger* »Speer« und *trud* »Kraft, Stärke«; Nebenform *Geltrudis*. Beliebter Heiligenname des Mittelalters, danach wurde die romantische Dichtung seit dem 19. Jh. wieder verbreitet. Bekannt: Gertrude Stein, amerikanische Schriftstellerin (1874–1946); Gertrud von le Fort, Schriftstellerin (1876–1971).

Gervais männl., **Gervais** weibl., engl./frz. Formen des alten dt. Rufnamens → *Gervas*.

Gervas, *Gervasius* männl., älter *Gerwas*, zu ahd. *ger* »Speer« und *wahsan* »heranwachsen«.

Gervasia weibl., latinisierte Form zu → *Gervas*.

Gerwald männl., zu ahd. *ger* »Speer« und *waltan* »walten, herrschen«.

Gerwig männl., zu ahd. *ger* »Speer« und *wig* »Kampf«.

Gerwin männl., **Gerwine** weibl., alte dt. Vornamen, zu ahd. *ger* »Speer« und *wini* »Freund«.

Gerwulf männl., zu ahd. *ger* »Speer« und *wulf* »Wolf«.

Gesa, Gese, Gesche, Gescha weibl., niederdeutsch/friesische Kurzform von → *Gertrud*. Auch: *Gesie, Gesina, Gesine*.

Gessler männl. Kurzform von *Giselher*.

Gevehard männl., niederdeutsche Kurzform von → *Gebhard*.

Ghislain, Gislain männl., **Ghislaine** weibl., frz. Formen zu dem lat. Heiligennamen *St. Gislenus*. St. Chislain (7. Jh.), Apostel des Hennegaues, verbreitet in Frankreich, Belgien, Südholland, weibl. Form in der Schweiz beliebt.

Giacomo männl., ital. Form von → *Jakob*.

Gian männl., in der Schweiz beliebter Kurzname des in Italien meist in Doppelform vorkommenden *Gian = Hans, Johann*.

Gianna weibl., **Gianni** männl., beliebte ital. Formen von → *Johanna, Johann*. *Giannino, Giovannino* männl., ital. Verkleinerungsform = *Hänschen*.

Gideon, Gedeon männl., bibl. Name, hebr. *gideon* »(Baum)Fäller, Krieger«.

Giese oberdeutsch, **Gieseke** niederdeutsche männl. Kurzform zu Namen mit *Gis-, Gisel-*.

Gigi, *Gigio* männl., ital. Verkleinerungsform zu *Luigi = Ludchen (Ludwig)*.

Gil, Gils, Gilles männl., 1. Kurzform von *Ägilius*, ält. Nebenform von → *Ägidius*; 2. friesische Vornamen *Gild-, Gel-, Gis-*; siehe auch → *Gildebert*.

Gila, Gilla weibl., schwedische Kurzform von → *Gisela*.

Gilbert männl., **Gilberte** weibl., **Gilbrecht** männl. Nebenform von *Gisbert, Giselberta*.

Gilda weibl., ital.-span. Kurzform zu → *Gertrud* über die Form → *Geltrudis*.

Gildebert, Gildebrecht männl., zu ahd. *geltan* »zahlen, entrichten« und *beraht* »glänzend«.

Gildo männl. Kurzform von *Gildebert* oder Namen mit *Gild-*.

Gilg, Gilgian männl., beliebte Kurzform von → *Ägidius*.

Gilles männl., beliebte Nebenform von *Ägilius*, ältere Nebenform von → *Ägidius*; engl. *Giles*.

Gillian männl., deutsch-schweizerisch für *Gilgian*, Kurzform von → *Ägidius*; *Gillian* ist auch engl. weibl. Nebenform von *Juliana*.

Gilmar männl. Kurzform von → *Giselmar*.

Gina, Gine weibl. Kurzform von → *Regina, Regine*; im Ital. ist *Gina* auch weibl. Entsprechung zu → *Gino*.

Ginette weibl., frz. Verkleinerungsform von *Geneviève = Genoveva*.

Gino männl., ital. Verkleinerungsform von *Luigi = Ludwig*.

Gion männl., beliebte rätoromanische Form von → *Johann* in der Schweiz.

Giona männl., ital. Form von → *Jonas*; *Gionata* männl., ital. = *Jonathan*.

Giordano männl., in der Schweiz verbreitete ital. Form des alten dt. Vornamens → *Jordan*.

Giorgio männl., ital. Form von → *Georg*.

Giovanna weibl., ital. Form von → *Johanna*.

Giovanni männl., ital. Form von → *Johannes*.

Gisa weibl. Kurzform von → *Gisela* oder von Namen mit *Gis(el)*. Nebenform *Gisla*.

Gisberga, Gisburga, Giselberga, Giselburga weibl. Vornamen zu germanisch *gisa(l)* »Sproß« oder ahd. *gisal* »Geisel« und *bergan* »bergen, schützen«.

Gisbert männl., **Gisberta** weibl., **Giselbert** männl., **Giselberta** weibl., **Giselbrecht** männl., alte dt. Vornamen zu germanisch *gisa(l)* »Sproß«, ahd. *gisal* »Geisel« (etwa: gefangenes Kind adliger Abstammung) und *beraht* »glänzend«.

Gisbrand, Giselbrand männl., zu germanisch *gisa(l)* »Sproß«, ahd. *gisal* »Geisel« und *brand* »Brand, Brennen«.

Gisela weibl., alte selbständige Kurzform zu Namen mit *Gis-*, *Gisel-*, zu germanisch *gisa(l)* »Sproß«, hier »Jungfrau aus edlem Geschlecht«.
Frauenname des dt. Hochadels im Mittelalter, in neuerer Zeit wieder beliebt geworden; auch *Gisele*, Kurzform *Gisa, Gila*; engl.-frz. *Giselle*, frz. *Gisèle*, ital. *Gisella*.
Bekannt: Giselle (1841), Ballett von Adolphe Adam.

Giselberga weibl. Vorname zu germanisch *gisa(l)* »Sproß«, ahd. *gisal* »Geisel« und *bergan* »bergen, schützen«.

Giselheid weibl., zu germanisch *gisa(l)* »Sproß«, ahd. *gisal* »Geisel« und *heit* »Art, Wesen«.

Giselher männl., alter dt. Vorname zu germanisch *gisa(l)* »Sproß«, ahd. *gisal* »Geisel« und *heri* »Heer«.

Giselmar, Gismar männl., auch *Gilmar*, zu germanisch *gisa(l)* »Sproß«, ahd. *gisal* »Geisel« und *mari* »berühmt«.

Giselmund, Gismund, *Gilmund* männl., **Gismunda, Gismunde** weibl., alte dt. Vornamen, zu germanisch *gisa(l)* »Sproß«, ahd. *gisal* »Geisel« und *munt* »Schutz«.

Giseltraud, Giseltrud, Gistraud(e), Gistrud weibl., zu germanisch *gisa(l)* »Sproß«, ahd. *gisal* »Geisel« und *trud* »Kraft, Stärke«.

Gislind(e) weibl., zu germanisch *gisa(l)* »Sproß«, ahd. *gisal* »Geisel« und *linta* »Lindenholzschild«.

Gismar männl. Kurzform von *Giselmar*.

Gismara weibl. Form von *Gismar*.

Gismut männl., zu älterem *Giselmut*, ahd. *gisal* »Geisel« und *muot* »Geist, Sinn«.

Giso männl., alte dt. Kurzform aus Namen mit *Gis-*, *Gisel-*.

Gita, Gitta, Gitte weibl. Kurzform von *Brigitta, Brigitte*.

Giulia, Giuliana weibl., ital. Formen von → *Julia, Juliana*.

Giulio, Giuliano weibl., ital. Formen zu → *Julius, Julian*.

Giuseppe männl., **Giuseppa** weibl., **Giuseppina** weibl., ital. Formen zu → *Josef, Josefa, Josefina*.

Gladys weibl., engl. Vorname, ursprünglich walisisch *Gwladys*, kornisch *Gladusa*, eine Entstellung von → *Claudia*.

Glaubrecht männl. Vorname aus der Zeit des Pietismus (17. Jh.), »glaube recht«.

Glen, Glenn männl., engl. Vorname, ursprünglich Teil eines engl. Herkunftsnamens, *Glen-* auf alte keltische Ortsbezeichnung *glen* »enges, dunkles Tal« bezogen.

Gloria weibl., zu lat. *gloria* »Ruhm, Ehre, Zierde«; Weiterbildung *Gloriana*.

Gobbo männl. Kurzform von Namen mit *God-, Gode-*, wie *Godebert, Gobert*.

Goda, Godela weibl., niederdeutsche Formen zu → *Guda*.

Göde männl., niederdeutsch-friesische Kurzform von Namen mit *Gode-, Göde-* und *Gud-, Güde-*.

Godebert, Gobert männl., **Godeberta, Goberta** weibl., alte dt. Vornamen, zu ahd. *got* »Gott« und *beraht* »glänzend«.

Godela weibl. Weiterbildung von → *Goda*.

Godelewa, Godolewa weibl., niederdeutsche Formen von → *Gottlieb*.

Godelinde, Gotelinde, Gotlinde weibl., alte dt. Vornamen, zu ahd. *got* »Gott« und *lindi* »leicht, lind, mild«.

Godhard, Godehard männl., ältere und niederdeutsche Formen zu → *Gotthard*.

Godo, Gody, Göde niederdeutsch, **Göke** ostfriesisch, **Golo** männl. Kurzform von Namen mit *Gode-* »Gott« wie zu *Goda*, ahd. *guot* »gut«.

Godwin männl., niederdeutsche Form von *Gottwin*.

Golda weibl., 1. angelsächsischer Frauenname, zu angelsächsisch *gold* »die Goldblonde«, friesisch-niederländisch *Goudje*. 2. *Golda, Goldine, Goldchen* jüngere jüdische Koseformen »die Glänzende, Blanke«.

Gombert, Gompert, Gomprecht männl., alte Nebenform von → *Guntbert*.

Gonda weibl. Nebenform von → *Gunda*.

Gönke, Gönna weibl., niederländisch-friesische Kurzform zu Namen mit *-gonde, -gonda*, wie *Adelgonde, Hildegonda*.

Gonsela weibl. Kurzform aus *Hildegonda, Hildegundis*.

Gontard männl., frz. Form von *Gunthard*.

Göntje weibl., nordfriesischer Vorname von Namen mit *-gonde, -gunde*; auch Kurzform *Göndi*.

Göpf männl., deutsch-schweizerische Kurzform für → *Gottfried*.

Gora männl., russische Kurzform von *Georgij = Georg*.

Göran männl., schwedische Nebenform von *Jöran = Jürgen (= Georg)*.

Gorch, Gorg männl., niederdeutsche Formen von → *Georg*; ostfriesisch auch *Görg*.

Görd männl., niederdeutsch-ostfriesische Kurzform von → *Gotthard*.

Gordian, *Gord* männl., lat. Herkunftsname »aus Gordium« Stadt in Phrygien, Kleinasien; bekannt durch den »Gordischen Knoten«.

Gordon männl., engl. Vorname des 19. Jh. Vor 1885 schottischer Familienname, den der Dichter Lord Georg Gordon Byron bereits 1788 bei der Taufe zusätzlich bekommen hat, erst nach dem Heldentod des englischen Generals Gordon Pascha 1885 bei Khartum allgemein Vorname geworden.

Gore(s), Gorjes, Gorres männl. Kurzform von → *Gregor*.

Gorius männl. Kurzform von → *Gregorius*.

Gorm männl., alter dänischer Name, Kurzform von *Guttorm*, zu altnordisch *gudh* »Gott« und *thyrma* »Ehre«.

Görres, *Göres* männl., auch *Göris, Görs*, rheinische Kurzform von *Georg(ius), Gregor(ius)*.

Gosbert männl., *Gos-* zum Namen der Goten und ahd. *beraht* »glänzend«.

Gosina weibl., ostfriesische Kurzform, *Gos-* zum Namen der Goten.

Gosling, Gosman, Gosse männl., ost- und westfriesische Kurzform, *Gos-* zum Namen der Goten.

Gosta weibl. Kurzform von → *Augusta*.

Gösta männl., schwedische Kurzform von älterem *Göstav = Gustav*.

Goswin männl., ostfriesischer Vorname, *Gos-*Name der Goten und ahd. *wini* »Freund«.

Göte, Göthe männl., nordische Vornamen, ursprünglich in der Bedeutung »gotischer Mann«, insbesondere »Westgote«; später auch Kurzform von Namen mit *Göt-*, wie *Götmar, Götulf*.

Gotelinde, Gotlinde weibl. → *Godelinde*.

Gothild weibl. → *Gotthild*.

Gotje weibl., niederdeutsche Kurzform von Namen mit *Got-*.

Götje männl. Kurzform von → *Gottfried*.

Gotmar, Gottmar männl., zu ahd. *got* »Gott« und *mari* »berühmt«.

Gottbert männl., zu ahd. *got* »Gott« und *beraht* »glänzend«.

Gottfried, *Gotfrit* männl., **Gottfriede** weibl., alte dt. Vornamen, zu ahd. *got* »Gott« und *fridu* »Friede«; beliebter Name des Mittelalters in der oberen und mittleren Schicht. Kurzform zu Gottfried: *Fried, Godo, Götz, Götje*; engl. *Godfrey*, niederländisch *Godfried, Gevert, God(e)fridus, Govert*, frz. *Geoffroy, Godefroy*, ital. *Goffredo*.

Gotthard männl., ahd. *got* »Gott« und *harti* »hart«.

Gotthelf, Gotthilf männl., piestistische Neubildung, »dem Gott hilft«.
K Erzähler Jeremias Gotthelf (1797–1854), d. i. Albert Bitzius, Grab Lützelflüh, Kanton Bern.

Gotthelm männl., ahd. *got* »Gott« und *helm* »Helm, Schutz«.

Gotthild(e) weibl., zu ahd. *got* »Gott« und *hiltja* »Kampf«.

Gotthold männl., 1. pietistische Neubildung, die den alten ursprünglichen Vornamen überdeckt, »treu, hold und gütig wie Gott«; 2. alter dt. Vorname, zu → *Gottwald*, ahd. *Godolt*, angelehnt an das Adjektiv »hold«.
Gotthold Ephraim Lessing (1729–1781), Kritiker, Dichter und Philosoph.

Gottlieb männl., 1. pietistische Neubildung, die den alten ursprünglichen Vornamen überdeckt, »der Gott lieb hat«; 2. alter dt. Vorname *Gottleib*, zu ahd. *got* »Gott« und *leip, leiba* »Nachkomme, Hinterlassenschaft«, umgebildet, angelehnt an »lieb«.
Bekannt: Friedrich Gottlieb Klopstock (1724–1803), Dichter.

Gottlob männl., pietistische Neubildung, »der Gott lobt«.

Gottlobine weibl. Form zu *Gottlob*.

Gottschalk männl., alter dt. Vorname, zu ahd. *got* »Gott« und *scalk* »Knecht, Diener«.

Gottwald männl., 1. alter dt. Vorname, dessen ahd. Form *Godolt* im Mittelalter (in Anlehnung an »hold«) zu → *Gotthold* führte; 2. *Gotwald* aus *Gozbald* zu *Godebold*, ahd. *god* »Gott« und *bald* »kühn«.

Gottwert männl., pietistische Neubildung.

Gottwin männl., zu ahd. *got* »Gott« und *wini* »Freund«.
Die zugehörige alte Form *Gozwein* war häufiger Name der oberen und mittleren Schicht im 12. Jh. in Süddeutschland.

Götz männl. Kurzform von → *Gottfried.*
K Reichsritter Götz von Berlichingen, Grabmal im Kreuzgang der Klosterkirche in Schöntal.

Govert männl., niederdeutsch-niederländische Kurzform von → *Gottfried.*

Grace weibl., engl. Form von → *Grazia.*

Gracia weibl., span. und niederländische Form von → *Grazia, Gratia.*

Gralf männl. Nebenform von ostfriesisch *Garrelf.*

Granja weibl., russische Kurzform von *Agrafena.*

Gratian männl. → *Grazian.*

Grazia, *Gratia* weibl. Vorname lat. Herkunft, zu lat. *gratia* »angenehmes Wesen«.

Grazian männl. Vorname, zu lat. *Gratianus, gratia* »angenehmes Wesen, Anmut«.
Engl. *Gratian*, frz. *Gratien*, span. *Graciano*, ital. *Graziano.*

Graziana weibl., **Graziano** männl., ital. Formen zu *Grazian.*

Graziella weibl., ital. Verkleinerungsform von *Grazia.*

Greet, Greetje, Gretje, Grietje weibl., niederdeutsch-friesisch-niederländische Kurzform von → *Margarete*, Koseformen von *Grete.*

Gregor, Gregorius männl. Vorname »der Wachsame«, zu griech. *ergēgoros* »wachsam, rege«.
Im Mittelalter Namen bedeutender Päpste, eine Reihe von Heiligen vom 3.–11. Jh. gaben dem Vornamen weite Verbreitung.
Engl. *Gregory*, frz. *Gregoire*, niederländisch *Gregoor, Joris*, ital./span. *Gregorio*, slawisch *Grigor*, russisch *Grigorij*, Kurzform *Grischa.*

Gregory männl., engl. Form von → *Gregor.*

Gret, Greti, Gretske, Griet weibl. Kurzform von → *Margarete.*

Greta, Grete, Gretchen, Gretel weibl. Kurzform von → *Margarete.*

Gri männl., russische Kurzform von *Grigorij = Gregor.*

Grimbald männl., alter dt. Vorname, zu ahd. *grim* »wild, grimmig« und *bald* »kühn«.

Grimbert männl., alter dt. Vorname, zu ahd. *grim* »wild, grimmig« und *beraht* »glänzend«.

Grimwald männl., alter dt. Vorname, zu ahd. *grim* »grimmig, wild« und *waltan* »walten«; alle *Grim*-Namen jedoch auch zu altnordisch *grima* »Maske«; Nebenform *Grimald.*

Grischa männl., russische Kurzform von *Grigorij = Gregor.*

Griselda, Griseldis weibl., alter dt. Vorname, zu ahd. *gris* »grau« und *helid* »Held«, *hiltja* »Kampf«. Bereits 1348 Gestalt in Boccaccios »Decamerone«, danach von Geoffrey Chaucer (um 1340–1400) entlehnt und in Schottland mit *Grizelda, Grizel, Grizzel* volkstümlich geworden.

Grit, Grita, Gritli, Gritta weibl. Kurzform zu *Margarete*, über *Margarita* und *Margrit* gebildet.

Guda weibl. Kurzform von Namen mit *Gud-* oder *Gund-*, germanisch *guda* »Gott«, *gunda* »Kampf«.

Güde, *Gyde* weibl., nordfriesischer Vorname, zu altnordisch *gudh* »Gott«.

Gudmund männl., nordischer Vorname, zu altnordisch *gudh* »Gott« und *munta* »achtgeben«.

Gudrun weibl., wird als nordischer Vorname zu altnordisch *gudh* »Gott« und *runa* »Geheimnis, Zauber« gestellt.
Heldin des gleichnamigen mittelhochdeutschen Epos.

Gudula weibl., auch *Gudila*, Koseform von → *Guda*.
Im Mittelalter verbreitet durch den Namen der heiligen Gudula, Patronin von Brüssel.

Guglielmo männl., **Guglielmina** weibl., ital. Formen von → *Wilhelm, Wilhelmina*.

Guido männl., romanisierte Form von germanischen Namen mit *Wid-*, z. B. → *Wido, Widukund*, zu ahd. *witu*, angelsächsisch *widu* »Wald«.

Guillaume männl., frz. Form von → *Wilhelm*.

Guillermo männl., span. Form von → *Wilhelm*.

Gulja männl./weibl., russische Kurzform von *Georgij* und *Galina*.

Gullbrand männl., nordischer Vorname, zu altnordisch *gudh* »Gott« und *brand* »Brand, Brennen (durchs Schwert)«.

Gumbert, Gumpert, Gumprecht männl., alte Nebenform von *Guntbert*.
K Der heilige Gumpertus, fränkischer Abt und Bischof (8. Jh.), Stiftskirche St. Gumpert, Ansbach, Glasfenster (um 1500).

Gumbold, *Gumpolt, Gumpel* männ., alte dt. Formen zu → *Gundbald*.

Gun, Gunn weibl., nordische Kurzform von Namen mit *Gunt-, -gund*.

Gunborg weibl., schwedischer Vorname, zu ahd. *gund* »Kampf« und *burg* »Burg, Zuflucht«.

Gunbritt weibl., schwedische Doppelform aus *Gun* und *Brit* (zu Brigitte).

Gunda, Gunde, *Gundela, Gundula* weibl., alte dt. Kurzform von Namen mit *-gunda, -gunde*, zu ahd. *gund* »Kampf«.

Gundalena weibl. Doppelform aus *Gunda* und *Lena*.

Gundbald männl., alter dt. Vorname, zu ahd. *gund* »Kampf« und *bald* »kühn«.

Gundel weibl. Kurzform von Namen mit *Gund-* oder *-gunde*.

Gundela weibl. Nebenform von *Gundula*.

Gundelinde, Guntlinde weibl., zu ahd. *gund* »Kampf« und *linta* »Lindenholzschild«.

Gunder männl., dänische Form von *Gunnar* = *Günther*.

Gundhart männl. Nebenform von *Gunthard*.

Gundhilde weibl. → *Gunthilde*.

Gundo männl. Kurzform von Namen mit *Gund-*.

Gundobald männl., zu ahd. *gund* »Kampf« und *bald* »kühn«.

Gundobert männl., zu ahd. *gund* »Kampf« und *beraht* »glänzend«.

Gundolf männl., zu ahd. *gund* »Kampf« und *wolf* »Wolf«.

Gundomar männl., zu ahd. *gund* »Kampf« und *mari* »berühmt«.

Gundula, Gundela weibl., Weiterbildung von *Gunda* oder von Namen mit *-gund*, ahd. *gund* »Kampf«.

Gunhild, Gunild, Gunilla, Gunnhild weibl., nordische Vornamen, die dem dt. Vornamen *Gunthild* entsprechen.

Gunlinde weibl. Nebenform von *Guntlinde*.

Gunnar männl., auch *Gunnar*, nordische Formen von *Gunther, Günther*.

Gunnert männl., schwedische Neubildung zu *Gundhart* → *Gunthart*.

Guntberga weibl., zu ahd. *gund* »Kampf« und *berga* »Schutz«.

Guntbert männl., **Guntberta** weibl., **Guntbrecht** männl., zu ahd. *gund* »Kampf« und *beraht* »glänzend«.

Gunter, Gunther, Günter, Günther männl., alte dt. Vornamen, zu ahd. *gund* »Kampf« und *heri* »Heer«.
Die ältere Namenform *Gunther* (der Burgunderkönig im Nibelungenlied) wurde durch die neueren umgelauteten Namen *Günter* und *Günther* verdrängt.

Guntfried männl., zu ahd. *gund* »Kampf« und *fridu* »Friede«.

Gunthard männl., zu ahd. *gund* »Kampf« und *harti* »hart«.

Gunthild weibl., zu ahd. *gunnen* »gewähren, gestatten«, *gund* »Kampf« und *hiltja* »Kampf«.

Gunthelm männl., zu ahd. *gund* »Kampf« und *helm* »Helm«.

Guntlind weibl., zu ahd. *gunnen* »gewähren, gestatten« und *linta* »Lindenholzschild«.

Guntmar männl. → *Gundomar*.

Guntrad männl., **Guntrada, Guntrade** weibl., zu ahd. *gund* »Kampf« und *rat* »Ratgeber«.

Guntram männl., zu ahd. *gund* »Kampf« und *hraban* »Rabe«; frz. *Gontran*.

Guntrun weibl., zu ahd. *gund* »Kampf« und *runa* »Geheimnis, Zauber«.

Guntwin männl., zu ahd. *gund* »Kampf« und *wini* »Freund«.

Gurli weibl. Vorname persischer Herkunft, »die Rose«, Gestalt aus 1001 Nacht.

Gus männl. Kurzform von *Gustav*.

Guscha weibl., russische Kurzform aus *Olguscha, Olga*.

Guscha männl., russische Kurzform aus *Serguscha, Sergej = Sergius*.

Gusta, Guste, Gustli, Gustel weibl., von → *Auguste*; **Gustel** männl. Kurzform von → *August, Gustav*.

Gustaf, Gustav männl., aus dem Schwedischen übernommener Vorname, wohl zu altschwedisch *göt* »Gott« und *staf* »Stab, Stütze«.
Schwedisch auch *Gösta*, engl./frz. *Gustave*, ital./span. *Gustavo*, niederländisch *Gustaaf, Gustavus, Gust, Staf*, ukrainisch *Hustav*.

Gustava, Gustave weibl. Formen zu → *Gustav*; Kurzform *Gusta*.

Gustel° männl./weibl. Kurzform, siehe auch → *Gusta*.

Gustinus männl. Kurzform von → *Augustinus*.

Gutja weibl., russische Kurzform von *Augusta*.

Gutrune weibl. Nebenform von *Gudrun*.

Gutta weibl., »die Gute«, jiddisch *Gitel*, im Mittelalter beliebter jüdischer Mädchenname.

Guy männl., frz.-engl. Kurzform von → *Guido*, Heiligenname entspricht → *Vit, Veit, Vitus*.

Gwen, Gwenda weibl. Kurzform von *Gwendolin*.

Gwendolin, Gwendolyn weibl., engl. Vornamen, ursprünglich keltisch *Gwynaeth* »die Weiße, Hellblonde«, zu *gwyn* »weiß«, Name aus alten Sagen, in der Artuslegende verliebte Fee. Kurzform *Gwen, Gwenda*.

Gwer männl., deutsch-schweizerische Kurzform von → *Quirinus*.

Gwindi weibl., georgisch *Gvindi*, »Wir wollen dich«.

György männl., ungarische Form von → *Georg*.

H...

H...

Hadamar männl. → *Hademar*.

Hadburg, Hadburga weibl., zu ahd. *hadu* »Kampf« und *burg* »Schutz, Zuflucht«.

Hadebrand männl., zu ahd. *hadu* »Kampf« und *brand* »Brand, Brennen«.

Hadelind, Hadelinde weibl., alter dt. Vorname, zu ahd. *hadu* »Kampf« und *linta* »Lindenholzschild«.

Hademar männl., alter dt. Vorname, zu ahd. *hadu* »Kampf« und *mari* »berühmt«.

Hademund männl., zu ahd. *hadu* »Kampf« und *munt* »Schutz (der Unmündigen)«.

Hadewin männl., zu ahd. *hadu* »Kampf« und *wini* »Freund«.

Hadmut, Hadmute weibl., zu ahd. *hadu* »Kampf« und *muot* »Geist, Gemüt«.

Hadrian männl. → *Adrian*.

Hadwig, Haduwig weibl., ältere Formen des Vornamens → *Hedwig*.

Hadwin männl. Nebenform von → *Hadewin*.

Hadwine weibl. Form von → *Hadewin*.

Hagen männl. Kurzform von älteren Namen mit *Hagan-*, ahd. *hag* »Einhegung, Hag«.
Name bekannt durch Hagen von Tronje aus dem Nibelungenlied, der Siegfried tötete.

Hai, Haie, Haio, Hajo, Hayo männl., friesische Kurzformen zu *Hagen-* → *Hagen*.

Haike, Haiko männl. → *Heike, Heiko*.

Haimo männl. → *Heimo*.

Haitje weibl., westfriesische Kurzform wie die *Haie*-Formen zu Namen mit *Hag-*.

Hajo männl. Neubildung aus *Hans* und *Joachim*.

Hakon männl., nordischer Vorname, zu → *Hagen* und altnordisch *Hakvinn*, latinisiert *Haquinus*, das 2. Namenglied entspricht ahd. *wini* »Freund«.

Haldo, Haldor männl., nordischer Vorname, altschwedisch *Hallor*, später *Haller*, zu *hall* »Fels, Stein« und *Thor*, der altnordische Donnergott.
Bekannt: Halldór Kiljan Laxness, isländischer Dichter und Nobelpreisträger für Literatur (1955).

Halfred männl., nordischer Vorname, zu *hall* »Fels, Stein« und *fred* »Liebe, Friede«.

Halka weibl., polnischer Vorname, Heldin der volkstümlichen Oper »Halka«, Wilna 1848. Kurzform *Halina, Halenka*.

Hallgard weibl., schwedisch *Hallgerd*, nordischer Name, zu *hall* »Fels, Stein« und *gard* »Hort, Schutz«.

Halvar, Halvor männl., nordischer Vorname, nach Runeninschriften *Hal(l)ward* = *hall* »Fels, Stein« und *vard* = ahd. *wart* »Hüter«.

Hamko, Hamme, Hammo männl., friesische Kurzform von Namen mit *Had(e)-*, zu ahd. *hadu* »Kampf«.

Hanfried, Hannfried männl. Neubildung aus *Johann* und *Friedrich*.

Hanja weibl. Kurzform von → *Johanna*, angelehnt an slawische Namen wie *Anja, Tanja*.

Hanjo männl. Neubildung aus *Hans* und *Joachim* oder *Hans* und *Jochen*.

Hanka weibl., slawische Verkleinerungsform von → *Johanna*.

Hanke männl./weibl., ost- und westfriesische Kurzform von → *Johann, Johanna; Hanke* auch nur männl. niederdeutsche Kurzform von *Johann*.

Hanko männl., niederdeutsche und slawische Kurzform von → *Johann*.

Hanna weibl. Kurzform von → *Johanna*.

Hannah weibl., bibl. Name, zu hebr. *channāh* »die Anmutige, Holdselige«.
Bekannt: Hannah Arendt, dt.-amerikanische Soziologin († New York 1975).

Hanne weibl. Nebenform zu *Hanna*.

Hannedore weibl. Doppelform aus *Hanna* und *Dora*.

Hannele weibl. Verkleinerungsform von → *Hanna*.
Bekannt aus der Literatur: »Hanneles Himmelfahrt« Traumdichtung von Gerhart Hauptmann (1893).

Hannelore weibl., beliebte Doppelform aus *Hanna* und *Lore*.

Hannerose weibl. Doppelform aus *Hanna* und *Rosa*.

Hannes männl., mehr mundartlich gebrauchte Kurzform von → *Johannes*.

Hanni weibl. Kurzform von → *Johanna*.

Hannibal männl. Vorname phönikisch-griech.-lat. Herkunft, karthagischer Männername, zu phönikisch *channi* und *Baal* »Gnade, Huld des Gottes Baal«.
Berühmt war Hannibal, Feldherr im 2. punischen Krieg, Todfeind der Römer. »Baal« (1918/19), Stück von Bertolt Brecht.

Hanno männl., 1. im Altertum karthagischer Männername, Kurzform zu → *Hannibal*, griech. *Annōn*; 2. Kurzform von *Johannes*; 3. wie → *Anno* ahd. Kurzform zu altsächsisch *hano*, altfrz. *hanot* »Hahn«, als der Tagverkünder, mit der Grundbedeutung »der Sänger«.
Bekannt aus der Literatur: Hanno, der letzte der Buddenbrooks in Thomas Manns gleichnamigem Roman über den Verfall einer Familie (1922).

Hans männl., auch *Hanns*, sehr beliebte und stark verbreitete Kurzform seit dem Mittelalter von → *Johannes*.
Kurzform *Hansi, Hansli, Hänsel, Hensel, Heisi, Heiseli, Hänschen*.
Auswahl beliebter Doppelformen:

Hansbernd, Hansbert, Hansdieter, Hansgerd, Hansheinz männl. Doppelform mit *Hans-*, auch gekoppelte Schreibung mit Bindestrich.

Hansi° männl./weibl. Kurzform von *Hans, Johanna*.

Hansine weibl. Weiterbildung von → *Hans*.

Hansjakob, Hansjoachim, Hansjochem, -jochen, Hansjörg, Hansjosef, Hansjürg, -jürgen, Hanskarl, Hansmartin, Hanspeter, Hansrolf männl. Doppelform mit *Hans-*; auch gekoppelte Schreibung mit Bindestrich.

Hanswalter, Hanswerner männl. Doppelform mit *Hans-*.

Harald männl., nordische und engl. Form von → *Harold*.

Haralda weibl. Form zu *Harald*.

Harbert männl., **Harbertje** weibl., ostfriesische Formen zu → *Herbert* und → *Herberta*.

Hard, Harder, Hardi, Hardo, Hardy männl. Kurzform von Namen mit *Hart-, -hard*, z. B. *Hartmann, Hartmut, Gerhard*.

Harding männl., engl. Form des germanischen Namens → *Hardwin*.

Haribert männl., alte Form von → *Herbert*.

Hariolf, *Hariulf* männl., alte dt. Vornamen, »Heerwolf«, zu ahd. *heri* »Heer« und *wolf*, *wulf* »Wolf«.

Hark männl., nordfriesische Kurzform von Namen mit *Har-, Her-*.

Harke männl./weibl., ostfriesisch, **Harke** männl., westfriesisch, **Harko** männl., ostfriesische Kurzform von Namen mit *Har-, Her-*.

Harm, Harman, Harmen männl., **Harmanna, Harmke** weibl., friesische Formen zu → *Hermann, Hermanna*.

Harmenkea, Harmina weibl., ostfriesische Kurzform zu → *Hermanna*.

Haro männl. → *Harro*.

Harold männl., altengl./niederdeutsche Form, zu ahd. *Herwald, Herold, heri* »Heer« und *waltan* »walten, herrschen«.

Harriet weibl., engl. Form für frz. → *Henriette*, in England im 19. Jh. Kurzform *Harry, Hatty*.

Harris männl., friesische Form zu *Harmen* = *Hermann*.

Harro männl., auch *Haro*, Kurzform von Namen mit *Har-, Her-*, z. B. von *Harmen* (Hermann) oder *Harbert* (Herbert).

Harry, *Harri* männl., aus dem Engl. übernommene Nebenform von *Henry* = *Heinrich*.
Der Engländer nennt den Teufel »Old Harry«.

Hartbert männl., zu ahd. *harti* »hart« und *beraht* »glänzend«.

Hart, Harte, Harto männl., friesische Kurzform von Namen mit *Hart-, -hard*.

Hartfried männl., zu ahd. *harti* »hart« und *fridu* »Friede«.

Hartger männl., alter dt. Vorname, zu ahd. *harti* »hart« und *ger* »Speer«.

Hartlef männl., alter niederdeutscher Vorname, zu ahd. *harti* »hart« und *leiba* »Erbe, Hinterlassenschaft« (vgl. → *Detlef*).

Hartlieb männl., alter dt. Vorname, zu ahd. *harti* »hart« und *liob* »lieb« oder ahd. *leiba*.

Hartmann männl., alter dt. Vorname, zu ahd. *harti* »hart« und *man* »Mann, Mensch«.

Hartmut männl., **Hartmute** weibl., alte dt. Vornamen, zu ahd. *harti* »hart« und *muot* »Mut, Eifer, Geist, Sinn«.

Hartmut, Held der mittelalterlichen Gudrunsage; der Vorname ist beliebter als alle anderen *hart*-Namen, Nebenform *Erdmut, Erdmute*; Kurzform *Mutz*.

Hartwig männl., zu ahd. *harti* »hart« und *wig* »Kampf«.

Hartwin männl., zu ahd. *harti* »hart« und *wini* »Freund«.

Haske, Hasko männl., ostfriesische Formen von → *Hasso*.

Hasse männl., 1. Kurzform von Namen mit *Hart-*, insbesondere von → *Hartmann*; 2. schwedische Koseform zu *Hans*.

Hasso männl., alter dt. Vorname, ursprünglich Beiname »der Hesse«, zu ahd. *hassi* »Hessen«, der sich mit der Kurzform *Hasso* (zu Hart-) kreuzte; war Adelsname.

Hate, Hato, Hatte, Hatto männl., friesische Kurzform mit *Had(e)*, zu ahd. *hadu* »Kampf«.

Haubert männl., rheinische Nebenform zu → *Hubert*.

Haug männl., oberdeutsche Form von ahd. *Huc* → *Hug(o)* und Namen mit *Hug-*.

Hauk, Hauke männl./weibl., friesische Kurzform von Namen mit *Hug-*, ahd. *hugu* »Geist, Verstand, Sinn«, z. B. von *Hugbald*.

Hauke männl. Vorname, nach OLG Oldenburg vom 29. 4. 1968.

Heda, Hedda weibl., nordische Kurzform → *Hedwig*.

Bekannt aus der Literatur: Hedda Gabler (1890). Schauspiel des norwegischen Dichters Henrik Ibsen.

Hede, Hedi, Hedy weibl. Kurzform von *Hedwig*.

Hedwig weibl., älter *Hadwig, Haduwig*, alter dt. Vorname, zu ahd. *hadu* »Streit« und *wig* »Krieg, Kampf«.

Als Heiligenname im Mittelalter verbreitet durch Verehrung der heiligen Hedwig, Herzogin und Patronin von Schlesien. Hedwig war im frühen Mittelalter auch ein Männername.

Kurzform *Hedi, Hedel, Hedda*; frz. *Edwige*, niederländisch *Hadewig, Hedwigis*, ital. *Edwige*, schwedisch *Hedvig*, polnisch *Jadwiga*.

Heibert männl. Nebenform von → *Heidbert*.

Heida, Heide weibl. Kurzform von *Adelheid*. Die weibliche Doppelform bzw. Neubildungen mit *Heide-* lehnen sich mißverstandenerweise an das Wort »Heide« an.

Heidbald männl., zu ahd. *heitar* »klar, hell« und *bald* »kühn«.

Heidbert, Heidbrecht männl., alte dt. Vornamen, zu ahd. *heitar* »klar, hell« und *beraht* »glänzend«.

Heidegard weibl. Neubildung aus der Kurzform → *Heide* und dem 2. Teil eines *gard*-Namens, z. B. *Irmgard*.

Heidegret weibl. Neubildung aus der Kurzform → *Heide* und *Grete* (Margarete).

Heidelinde weibl. Neubildung aus den Kurzformen → *Heide* und *Linda* oder aus *Adelheid* und *Herlinde*.

Bekannt: Heidelinde Weis, österreichische Filmschauspielerin.

Heidelore weibl. Doppelform aus → *Heide* und *Lore*.

Heidemarie weibl., beliebte Neubildung aus der Kurzform → *Heide* und *Maria*.

Heider männl., alte selbständige Form von → *Heiderich*; dazu der altnordische Riesenname *Heidhr*, altschwedisch *Heidher*.

Heiderich, Heidrich männl., alte dt. Vornamen, älter auch *Haidrich*, altnordisch *Heidhrekr*, zu altnordisch *heidhr* »Ehre, Ansehen«, ahd. *heit* »Art, Wesen« und *rihhi* »mächtig, reich«.

Heiderose weibl. Neubildung aus den Kurzformen → *Heide* und *Rosa*.

Heidewig weibl., ostfriesisch **Heidewich, Heidewicke** weibl. Vornamen, zu altfriesisch *hed(e)*, altniederfränkisch *heide* »Ehre, Ansehen« und ahd. *wig* »Kampf«.

Heidi weibl., sehr beliebte Kurz- und Koseform von → *Adelheid*.
Der Name verbreitete sich auch durch das Jugendbuch »Heidi« von Johanna Spyri (1881).

Heidina weibl., ostfriesische Kurzform von Namen mit *Heid-, -heid*.

Heidje weibl. Nebenform von *Haitje* oder Kurzform von *Adelheid*.

Heidrich männl. → *Heiderich*.

Heidrun weibl., zu ahd. *heit* »Art und Wesen, Gestalt« und *runa* »Geheimnis, Zauber«.

Heidwig weibl. → *Heidewig*.

Heie, Heio, Heye, Heyje männl., friesische Kurzformen zu *Hagan-* → *Hagen*, zu Namen mit *Hag* = Einhegung.

Heike weibl., **Heiko** männl., beliebte niederdeutsch-ostfriesische Kurzformen zu *Heinrike* und *Heinrich*, männl. ostfriesische Nebenform *Heike* selten. Geschlechtsneutraler Vorname *Heike* in Verbindung mit anderen männl./ weibl. Vornamen eintragungsfähig. OLG Oldenburg, 16.8.1974; OLG Stuttgart, 6.5.1982.

Heikea weibl., ostfriesische Nebenform zu → *Heike*.

Heila, *Haila, Heile* weibl. Kurzform von Namen mit *Heil-*.

Heilburg weibl., zu ahd. *heil* »gesund, unversehrt« und *burg* »Schutz, Zuflucht«.

Heile weibl., **Heilo** männl., friesische Kurzform von Namen mit *Heil-*.

Heilgard weibl., zu ahd. *heil* »gesund, unversehrt« und *gard* »Hort, Schutz«.

Heilka, Heilke weibl., **Heilko** männl., ostfriesische Kurzform von Namen mit *Heil-*.

Heilmar männl., zu ahd. *heil* »gesund, unversehrt« und *mari* »berühmt«.

Heilmut männl., zu ahd. *heil* »gesund« und *muot* »Geist, Sinn, Gemüt«.

Heilo männl. Kurzform von Namen mit *Heil-*.

Heiltraud, Heiltrud weibl., alte dt. Vornamen, zu ahd. *heil* »gesund, unversehrt« und *trud* »Kraft, Stärke«.

Heilwig weibl., zu ahd. *heil* »gesund, unversehrt« und *wig* »Kampf«.

Heim männl., **Heima** weibl. Kurzform von Namen mit *Heim-*.

Heimberga weibl., zu ahd. *heima* »Heim, Wohnung« und *bergan* »schützen«.

Heimbert, Heimbrecht männl., alte dt. Vornamen, zu ahd. *heima* »Heim, Wohnung« und *beraht* »glänzend«. Kurzform *Hemken*.

Heimburg, Heimburga weibl., zu ahd. *heima* »Heim, Wohnung« und *burg* »Schutz, Zuflucht«.

Heimeran männl., auch *Heimeram*, latinisiert *Emeram*, alte dt. Vornamen, zu ahd. *heima* »Heim, Wohnung« und *hraban* »Rabe« (in der Bedeutung »schnell, stürmisch«).

Heimerich, Heimrich männl., zu ahd. *heima* »Heim« und *rihhi* »mächtig, reich«.

Heimfried männl., zu ahd. *heima* »Heim, Wohnung« und *fridu* »Schutz, Friede«.

Heimito männl. Weiterbildung von → *Heimo*. Bekannt: Heimito von Doderer.

Heimke weibl., ostfriesische Form zu Namen mit *Heim-*.

Heimlinde weibl. Neubildung zu »Heim« und »Linde«, auch zu *Linda*.

Heimo männl., westfriesische Form von Namen mit *Heim-*.

Heimrad männl., alter dt. Vorname, zu ahd. *heima* »Heim, Wohnung« und *rat* »Ratgeber«; bayr. Kurzform *Haind, Haindl, Haindel*, aber auch auf *Heinrich* bezogen.

Heimtraud, Heimtrud(e) weibl., alter dt. Vorname, zu ahd. *heima* »Heim, Wohnung« und *trud* »sicher, traut«.

Hein männl., niederdeutsche Kurzform von → *Heinrich*.
Das Hüllwort »Freund Hein« für den Tod findet sich bereits 1650 auf einem Flugblatt und wurde durch Matthias Claudius literarisch bekannt, doch ist *Hein* schon mittelalterliche Übername für den Teufel (auch → *Heinz*); volkstümlich ist Hein verkürzte wie vertrauliche Form für alte Tod-Übernahmen, so dialektisch mit dem niederdeutschen »knökern Hinrik« oder mit dem deutsch-schweizerischen »Beinheirech«, beide auf das heute nicht mehr übliche Beinhaus bezogen. (Nach Jacob Grimm und Lutz Röhrich.)

Heina weibl., alte Kurzform zu → *Heinrich*.

Heinar männl. Kurzform von → *Heinrich*.
Bekannt: die Schriftsteller Heinar Kipphardt, Heinar Schilling.

Heine, Heiner männl. Kurzform von → *Heinrich*.
Heine als Rufname im Bauerntum seit dem Mittelalter verbreitet; landschaftliche Übernahme für die Alt-Darmstädter ist der »Darmstädter Heiner«.

Heinfried männl., zu ahd. *hagan* »Gehege, Schutz« und *fridu* »Friede«.

Heinhard männl., zu ahd. *hagan* »Gehege, Schutz« und *harti* »hart, stark«.

Heini männl. Kurzform, jedoch mehr familiärer Rufname von *Heinrich*.
Umgangssprachlich abgewertet, auch in der Schweiz, dem Vornamen Heini entspricht dort der → *Heiri*. »So ein Heini«, »Waldheini«, für ungeschickten, einfältigen Menschen.

Heinke° männl./weibl., **Heinko, Heino** männl., ostfriesisch-niederdeutsche Kurzform zu → *Heinrich*.

Heinrich männl., sehr verbreiteter und beliebter alter dt. Vorname von Kaisern und Königen im Mittelalter, besonders in der Form *Hainreich* häufigster männl. Name im 12./13. Jh., ursprünglich sächsisch, aus *Heimerich* oder dem ahd. *Haganrich* entstanden, zu ahd. *hag* »Einfriedung« und *rihhi* »mächtig, reich«.

Den Vorbildern eines dt. Fürstennamens im Mittelalter, Kaiser Heinrich I., der Vogler, Heinrich II., der Heilige, Heinrich III., Heinrich IV. (Gang nach Canossa), Heinrich V., Heinrich VI., Heinrich der Löwe, folgten zahlreiche dt. Dichter und Gelehrte des Namens Heinrich. Die Redewendung »Hinz und Kunz« für »jedermann« (siehe auch → *Konrad*) läßt die volkstümliche Verbreitung des Namens erkennen.

Kurzform *Hein, Heiner, Heini, Heinke, Heinz, Hinz, Hinrich, Hinnerk, Harry, Henner, Henneke, Henke, Henning, Heise, Heiko, Heino, Hendrik;* engl. *Henry, Harry*, frz. *Henri*, ital. *Enrico, Arrigo*, niederländisch, dänisch *Hendrik*, schwedisch, norwegisch, ungarisch *Henrik*, polnisch *Henryk*, tschechisch *Jindřich*, russisch *Genrich*.

K Heinrich II., dt. Kaiser, Heiliger, Grab von Tilman Riemenschneider im Bamberger Dom; Heinrich III., IV., V., deutscher Kaiser und Könige, Gräber im Dom zu Speyer; Heinrich VI., dt. Kaiser, Grabmal im Dom zu Palermo.

K Heinrich Heine (1797–1856), dt. Dichter, Montmartre-Friedhof, Paris.

Henriette weibl. Nebenform von → *Henriette*, in Anlehnung an *Heinrike*.

Heinrike weibl., niederdeutsche Form zu → *Heinrich*.

Heinkje weibl., **Heintje** männl., niederdeutsch-westfriesische Verkleinerungsform zu *Heinrike* bzw. zu *Heinrich*.

Heinz männl., alte beliebte Kurzform von → *Heinrich*.

Im Mittelalter steht *Heinz* synonym für den Teufel. Luther gebraucht deshalb Heinz häufig als Hüllwort gegen einzelne Fürsten und Bischöfe in seinen Flugschriften.

Das breite Bauerntum übernimmt die Namen *Heinz, Heiri* im oberdeutschen, *Heine* mehr im fränkischen und niederländischen Raum. Volksmund und Mundarten kennen viele derbe Spottformen und Appelativa von Heinz; unbeschadet dessen ist der Name auch heute noch sehr beliebt.

Heinzkarl, Heinzpeter männl. Doppelform mit *Heinz-*.

Heio männl. → *Haio, Hajo*.

Heiri männl., deutsch-schweizerische Kurzform von → *Heinrich*.

Rufname, der im Volksmund der Elsässer und Schweizer durch derben Humor erheblich gelitten hat: vom »Post-Heiri« bis »Zürich-Heiri« – »Hans oder Heiri, 's isch glich«.

Hektor männl., lat. *Hector*, griech. Name.

Bekannt durch Hektor, griech *Ektōr* »der Erhalter, Schirmer«, des Priamos Sohn, der tapferste der trojanischen Helden, von Achilles getötet; ital. *Ettore*, frz. *Hector*.

Helen weibl., engl. Form von → *Helena*.

Helena, Helene weibl., »die Glänzende, Wärmende«, zu griech. *elenē, eilē* »Sonnen(strahlen), Sonnenwärme, Fackelglanz«.

Kurzform *Lena, Lene*, auch *Hella*; engl. *Helen, Ellen, frz. Hélène, ital. Elena*, schwedisch *Elin*, ungarisch *Ilona*.

Helfgott männl., pietistische Neubildung durch Umkehren von → *Gotthelf*.

Helfrich, *Helferich* männl., zu ahd. *helfa* »Hilfe« und *rihhi* »mächtig, reich«.

Helfried männl. Nebenform von *Helmfried.*

Helga weibl., nordischer Vorname, zu schwedisch *hel*, ahd. *heil* »gesund, heil, unversehrt«.
Die Nebenform *Helge* sollte wegen des männl. Vornamens *Helge* nur zusammen mit einem eindeutig weibl. Vornamen gegeben werden.

Helgard weibl., nordische Form zu → *Heilgard.*

Helge, Helgi männl., nordischer Vorname, zu schwedisch *hel* »gesund, heil, unversehrt«.
Auch als Nebenform von → *Helga.*

Helgo männl. Nebenform des männl. Vornamens *Helge.*

Heli weibl. Kurzform von → *Helene.*

Heliane weibl. Koseform von *Helene.*

Helke weibl., ostfriesisch, **Helke** männl., westfriesisch, **Helko** männl., niederdeutsche Kurzform von Namen mit *Hel-, Heil-, Heli, Hil-.*

Hella weibl., auch **Hela, Hele, Helle, Helli**, Kurzform von → *Helene* oder *Helga.*

Hellfried männl. → *Helfried.*

Hellward, *Hellwardt* männl. Nebenform von → *Helmward.*

Helm männl. Kurzform von Namen mit *Helm-* oder *-helm.*

Helma weibl., auch *Hilma*, Kurzform von Namen mit *Helm-* oder *-helma.*

Helmar männl. Vorname, jüngere Nebenform von → *Heilmar.*

Helmbald, Helmbold männl., zu ahd. *helm* »Helm, Schutz« und *bald* »kühn«.

Helmbert, Helmbrecht männl., alte dt. Vornamen, zu ahd. *helm* »Helm« und *beraht* »glänzend«.
Bekannt aus der Literatur: die mittelhochdeutsche Verserzählung »Meier Helmbrecht« von Werner dem Gartenaere (13. Jh.).

Helmburg weibl., zu ahd. *helm* »Helm« und *burg* »Schutz, Zuflucht«.

Helmer männl. Vorname zu *Heilmar* oder *Helmher*, ahd. *helm* »Helm« und *heri* »Heer«.

Helmfried männl., zu ahd. *helm* »Helm« und *fridu* »Friede«.

Helmgard weibl., zu ahd. *helm* »Helm« und *gard* »Gehege, Hort, Schutz«.

Helmgerd männl. Neubildung aus *Helm*-Namen *(Helmut)* und und *-gerd, Gerhard.*

Helmina, Helmine weibl. Kurzform von → *Wilhelmina.*

Helmke° männl./weibl., niederdeutsche Verkleinerungsform von Namen mit *Helm-* oder *-helm*, z. B. *Helmut, Helmtraud, Wilhelm, Wilhelmina.*

Helmko, Helmo männl., niederdeutsche Kurzform von Namen mit *Helm-.*

Helmold männl., alter dt. Vorname, zu ahd. *helm* »Helm, Schutz« und *waltan* »walten, herrschen«.

Helmtraud, Helmtrud weibl., alte dt. Vornamen, zu ahd. *helm* »Helm« und *trud* »Kraft, Stärke«.

Helmut männl. Vorname, wohl Nebenform von → *Heilmut* oder von *Hildemut* (älter *Hildimod*, verkürzt *Helmeth*), danach ahd. zu *heil* »gesund, unversehrt« oder *hiltja* »Kampf« und *muot* »Geist, Eifer, Kraft, Mut, Sinn«.

Name erst seit dem 19. Jh. allgemein verbreitet, gefördert durch den Namen Helmuth Graf von Moltkes; um 1900 noch auserwählter »vornehmer« Name, auch für Romanhelden, in Berlin bis in die 30er Jahre Modename, gilt er heute wieder als moderner Name.

Bekannt: die beiden Politiker Helmut Schmidt und Helmut Kohl. Andere Schreibweisen: *Hellmut, Helmuth, Hellmuth*, Kurzform *Helmke*.

Helmward männl., zu ahd. *helm* »Helm« und *wart* »Hüter, Schützer«.

Heloise weibl. Vorname, frz. *Héloise*, aus ahd. *Helewidis*, zu ahd. *heil* »gesund, unversehrt« und *wit* »weit, groß«.

Der Name kam über die Normannen in der altengl. Form *Helewise* nach England und wurde dort im 18. Jh., nachdem Rousseau die unglückliche Liebe von *Abaelard* und *Héloise* novelliert hatte (1761), in der latinisierten Form *Eloisa* bekannt.

Helwig, Hellwig männl., gehört zu ahd. *Helmwig, helm* »Helm, Schutz« und *wig* »Kampf«.

Hemke, Hemken männl. Vorname, niederdeutsch-friesisch, westfälische Verkleinerungsform eines *Heim*-Namens → *Heimrich, Heimbert*.

Hemma weibl. Nebenform von → *Emma*.

Die heilige Hemma von Gurk (10./11. Jh.) gründete die Benediktinerinnenklöster Gurk (nördlich Klagenfurt) und Admont im Ennstal, Patronin der Augenkranken und für eine glückliche Entbindung.

K Grab in Gurk, Darstellung als Frau mit Kopftuch.

Hemmo männl., friesische Kurzform von Namen mit *Heim-*, auch zu *Hemmert, Heimbert, Hermann*.

Hendrik männl., niederdeutsch-niederländische Nebenform von → *Henrik* = *Heinrich*, auch *Hendrikus, Hinderk, Hindrik*.

Hendrika, Hendrike, Hendrikje weibl., niederdeutsch-niederländische Nebenform von *Henrike*, auch *Hendrina, Hindrikje, Hinderkje*.

Henk(e), Henne, Henneke, Hennig, Henning, Henno männl., niederdeutsche Kurzform von *Henrik* = *Heinrich*, aber auch *Johannes*.

Henne, Henno männl. Kurzform von *Johannes* und *Heinrich*.

Henner männl. Kurzform von → *Heinrich*.

Hennes männl., rheinische Kurzform von → *Johannes*.

Henni, Henny, Hennie weibl. Kurzform von *Henriette*, niederdeutsch-niederländisch auch von *Henrike*.

Hennig männl., auch *Henning*, niederdeutsche Kurzform von *Johannes* und *Heinrich*.

Henri männl., frz. Form, **Henry** männl., engl. Form, **Henrik, Hinrik** männl., niederdeutsche Formen, **Henryk** männl., polnische Form von → *Heinrich*; niederdeutsch auch *Hinnerk, Hinnerich*.

Henrietta, Henriette weibl., frz. Verkleinerungsform zu *Henri*; Kurzform *Henni, Hennie, Henny, Jette, Jettchen*; engl. *Harriet*.

Henrika, Henrike weibl. Formen des niederdeutschen Vornamens → *Henrik*; auch *Hinrika*; Kurzform *Henni, Hennie, Henny, Rieke, Rika*.

Hera weibl. Vorname, Name der griech. Göttin *Ēra*, Juno der Römer.

Herald männl. Nebenform von → *Herwald*.

Herbald männl., zu ahd. *heri* »Heer« und *bald* »kühn«.

Herbert männl., älter auch **Heribert**, alter dt. Vorname, zu ahd. *heri* »Heer« und *beraht* »glänzend, prächtig«.
Im Mittelalter im Rheinland verbreitet durch den Namen des heiligen Heribert (10./11. Jh.), Erzbischof von Köln; seit 1900 nahm der Vorname zu und blieb bis heute beliebt. Nebenform *Herbort*, frz. *Aribert*.

Herberta weibl. Form von → *Herbert*.

Herbrand männl., zu ahd. *heri* »Heer« und *brant* »Feuerbrand (durch Waffe)«.

Herdis weibl., nordischer Vorname, isländischer Herkunft, zu altnordisch *herr* »Heer« und *dis* »heidnische Schutzgöttin«, entspricht angelsächsisch *ides* »vornehme Frau«.

Herdina weibl. Vorname, »verschönte« Koseform von Namen mit *Har-, Her-*.

Herfried männl. Vorname, zu ahd. *heri* »Heer« und *fridu* »Friede«.

Hergard weibl., alter dt. Vorname, zu ahd. *heri* »Heer« und *gard* »Hort, Schutz«.

Heribert männl. Vorname, ältere Form von → *Herbert*.
Der heilige Heribert (10./11. Jh.), Grafensohn, Erzbischof von Köln.
K Reliquienschrein St. Heribert, Köln-Deutz (12. Jh.).

Herke, Herko männl., niederdeutsch-friesische Kurzform von Namen mit *Her-, Har-*.

Herlind, Herlindis weibl. Vorname, zu ahd. *heri* »Heer« und *linta* »Lindenholzschild«.

Herlof, *Herluf* männl., zu ahd. *heri* »Heer« und *wolf* »Wolf«.

Herma weibl. Kurzform von → *Hermanna, Hermina*.

Hermann männl., alter dt. Vorname, zu ahd. *heri* »Heer« und *man* »Mann«, also »Heeresmann, Krieger«.
Der im Nordwesten heimische Name war besonders im Norden und Westen des Reichs vom 12. bis 15. Jh. beliebt und stark verbreitet; die 18 Heiligennamen Hermann bis 1300 haben nur bedingt die Namengebung beeinflußt. Die irrtümliche Zuordnung des geschichtlichen *Arminius* (der 9 n. Chr. die Römer im Teutoburger Wald schlug) zu einem »Hermann der Cherusker«, gab dem Namen seit dem 18. Jh. und nach dem Bau des »Hermannsdenkmals« bei Detmold im 19. Jh. starken Auftrieb.
Kurzform *Herm, Hermo, Herms, Hermes, Harris, Harro*. Fries. *Harm, Harman, Harmen, Harme, Hare, Haro, Harre, Hemme, Hemmo*, engl. *Herman*, frz. *Armand*, ital. *Ermanno, Erminio*, ital./span. auch *Armando*, südslawisch *Herman*, russ. *German*, ungarisch *Armand*.

Hermanna, Hermanne weibl. Form zu → *Hermann*.
Ostfriesisch *Hermina, Hermke, Hermtje*; engl. *Hermina*, frz. *Armande, Armandine*, ital. *Erminia*, bulgarisch *Chermina*, südslawisch, westslawisch und ungarisch *Hermina*, russisch *Germina, Ermina*; Kurzform *Herma*.

Hermengilde, Hermgild weibl. Vorname zu *Ermin-, Irmin-*, Name des Stammgottes der germanischen Herminonen (Irminonen) und ahd. *gelt* »Zahlung, Opfer«.

Hermes, Herms männl. Kurzform zu → *Hermann*.

Hermes männl. Vorname griechischer Herkunft, zu *hermeneuein* »sprechen, auslegen«.
In der griech. Mythologie der listige und schnelle Götterbote; Beschützer des Handels und der Reisenden, der römische *Merkur*.

Hermi, Hermia, Herminia weibl. Ableitungen von → *Hermine*, zu *Hermanna*.

Hermien weibl., niederländisch, **Hermin** männl. Nebenform zu *Hermine* und *Hermen/Hermann*.

Hermina weibl. friesische, slawische, schwedische und ungarische Form von → *Hermanna*.

Hermine weibl. Nebenform sowohl von *Hermanna* wie zu *Erm-* und *Irm-*Namen.

Hermintrud weibl. Nebenform von *Irmintrud*.

Hermione weibl. Form von → *Hermes*.

Hermo männl. Kurzform zu → *Hermann*.

Herneid weibl., engl. Form zu den männl. engl. Vornamen *Herne*, auch *Hern, Herndon*, mittelengl. von *Heron* »Reiher«.
Auch alter engl. Familienname des 13. Jh., zu *Ahern*, keltischen Ursprungs, Name eines sagenhaften Jägers, der noch heute angeblich den Windsorforst durchstreift.

Herold männl. Nebenform von → *Herwald*.

Herrad männl., **Herrade** weibl., alte dt. Vornamen, zu ahd. *heri* »Heer« und *rat* »Ratgeber«.

Herta, Hertha weibl. Vornamen, entstanden aus einer irrtümlichen Lesart des Namens *Nerthus* bei *Tacitus, Germania*, der diese germanische Göttin als *Mutter Erde* bezeichnete; Nerthus entspricht dem altnordischen Fruchtbarkeitsgott *Njördr*.

Hertrud weibl. Vorname, zu ahd. *heri* »Heer« und *trud* »Kraft, Stärke«.

Hertwig männl. Nebenform von → *Hartwig*.

Hertwiga weibl. Form zu *Hertwig*.

Herwald männl., zu ahd. *heri* »Heer« und *waltan* »walten, herrschen«.

Herward männl., zu ahd. *heri* »Heer« und *wart* »Hüter, Schützer«.

Herwig männl., **Herwiga** weibl., zu ahd. *heri* »Heer« und *wig* »Kampf«.

Herwin männl., zu ahd. *heri* »Heer« und *wini* »Freund«; ältere Form von → *Erwin*.

Herzeleide, Herzeloide weibl. Vornamen, eine literarische Gestalt in Wolfram von Eschenbachs »Parzival« (13. Jh.).

Hesso männl. Nebenform von → *Hasso*.

Hester weibl., engl. Form von → *Esther*.

Heta, Hete, Hetta, Hetti, Hetty weibl. Kurzform von → *Hedwig*.

Hias männl., bayrische Kurzform von → *Matthias*.

Hidda weibl., friesische Kurzform von *Hildiberga*, zu ahd. *hiltja* »Kampf« und *bergan* »bergen, schützen«.

Hidde° männl./weibl., **Hiddo** männl., einstämmige Verkürzung von Namen mit *Hild-*.

Hieronymus männl. Vorname griech. Herkunft, zu griech. *ierós* »heilig« und *ónoma* »Name«. Der heilige Hieronymus, Kirchenlehrer, Übersetzer der Vulgata, K von Albrecht Dürer dargestellt als »Hieronymus im Gehäuse« (1511/14), war namengebend im Mittelalter.
Auch *Jeronimus, Geronimus, Grommes, Gromer*, slawisch-ostdeutsch *Jaronim, Jarolim*; engl. *Hierom(e), Gerome, Jerom*, frz. *Jérôme*, ital. *Geronimo, Girolamo*, span. *Jeronimo*.

Hilarius, Hilar männl. Vorname lat. Herkunft, zu lat. *hilaris* »heiter, fröhlich«. Im Mittelalter wurde der heilige Hilarius, Bischof von Poitiers, verehrt; frz. *Hilaire*.

Hilaria weibl., »die Heitere«, zu → *Hilarius*. K Die heilige Hilaria, königliche Mutter der heiligen Afra, Märtyrerin (3. Jh.), Tafelbild Hans Holbeins d. Ä. (1490) in Eichstätt, Bischöfl. Hauskapelle.

Hilbert, Hilpert, Hilbrecht männl. Nebenform von → *Hildebert, Hildebrecht*.

Hildburg weibl., alter dt. Vorname, zu ahd. *hiltja* »Kampf« und *burg* »Schutz, Zuflucht«.

Hilde weibl., auch *Hilda*, alter dt. Vorname, ursprüngliche Kurzform von Namen mit *Hild-* oder *-hild*, ahd. *hiltja* »Kampf«. Schon im Mittelalter selbständiger häufiger Frauenname, verbreitet durch Verehrung der heiligen Hildegard von Bingen. Seit 1900 erneut verbreitet, heute zurückgehend.

Hildebald männl., zu ahd. *hiltja* »Kampf« und *bald* »kühn«.

Hildebert, Hildebrecht männl., **Hildeberta** weibl., alte dt. Vornamen, zu ahd. *hiltja* »Kampf« und *beraht* »glänzend«.

Hildebrand männl., alter dt. Vorname, zu ahd. *hiltja* »Kampf« und *brand, brant* »Feuerbrand durch Waffe«.
Namenvorbild war *Hildebrand*, der im Hildebrandslied besungene Waffenmeister Dietrichs von Bern, Lieblingsgestalt der dt. Heldensagen.

Hildefons männl., auch *Ildefons*, zu ahd. *hiltja* »Kampf« und *funs* »eifrig, bereit«. Der latinisierte Name des heiligen Ildefonsus, Erzbischof von Toledo, wurde bekannt durch den Maria-Laacher Abt Ildefons Herwegen.

Hildegard weibl., alter dt. Vorname, zu ahd. *hiltja* »Kampf« und *gard* »Gehege, Hort, Schutz«. Besonders namenverbreitend durch die Verehrung der heiligen Hildegard von Bingen (12. Jh.), Hiltgart Sibylla, Prophetissa, eine außergewöhnliche Frau und Mystikerin des Mittelalters; der Name wurde seit dem 19. Jh. neu verbreitet durch die romantische Helden- und Ritterdichtung althochdeutscher Zeit.

Hildeger, Hildger männl., alter dt. Vorname, zu ahd. *hiltja* »Kampf« und *ger* »Speer«.

Hildegund, Hildegunde, *Hillegonde* weibl., alte dt. Vornamen, zu ahd. *hiltja* »Kampf« und *gund* »Krieg, Kampf«.

Hildemar männl., zu ahd. *hiltja* »Kampf« und *mari* »berühmt«.
Hildemut weibl., zu ahd. *hiltja* »Kampf« und *muot* »Geist, Sinn, Gemüt«.
Hilderich männl., zu ahd. *hiltja* »Kampf« und *rihhi* »mächtig, reich«.
Hildeward männl., zu ahd. *hiltja* »Kampf« und *wart* »Hüter, Schützer«.
Hildewin männl., zu ahd. *hiltja* »Kampf« und *wini* »Freund«.
Hilding männl., nordischer Vorname aus der Frithjofssage (um 1300), altisländisch *hildingr* zu altnordisch *hildr* »Kampf«.
Hildolf männl., zu ahd. *hiltja* »Kampf« und *wolf* »Wolf«.
Hildrun weibl., zu ahd. *hiltja* »Kampf« und *runa* »Geheimnis, Zauber«.
Hilga weibl. Nebenform zu → *Helga*.
Hilger männl., verkürzte Form von → *Hildeger*.
Hilja weibl., »die Ruhige, Stille« zu finnisch *hiljaa* »ruhig, still«.
Hilka, Hilke, Hilkea weibl., friesische Kurzform von Namen mit *Hilde-*; *Hilke* westfriesisch auch männl. Vorname.
Hilla weibl., **Hille** männl./weibl., **Hilleke** weibl., niederdeutsch-friesische Formen von Namen mit *Hild-*.
Hilma weibl. Nebenform von *Helma*.
Hilmar männl. Kurzform von → *Hildemar*; gilt als neuzeitlicher Name.
Hilpert männl. Nebenform von → *Hilbert*.
Hiltje, Hiltke männl./weibl., friesische Kurzform von Namen mit *Hild-*.
Hiltraud, Hildtrud, Hiltrude weibl., alte dt. Vornamen, zu ahd. *hiltja* »Kampf« und *trud* »Kraft, Stärke«.
Hiltrun weibl. Nebenform von *Hildrun*.
Hiltwin männl., alter dt. Vorname, zu ahd. *hiltja* »Kampf« und *wini* »Freund«.
Hinderk, Hinnerk männl., niederdeutsch-friesische Formen von → *Heinrich*.
Hinderika, Hindrika, Hinka, Hinrika weibl., ostfriesische Formen zu *Henrike*.
Hinrich, Hinrik männl., niederdeutsche Formen von → *Heinrich*.
Hinz männl. Vorname, der mehr als eine Nebenform von → *Heinz*, Kurzform von → *Hinrich, Heinrich* war: die Redensart von *»Hinz und Kunz« (= Heinrich* und *Konrad)* war seit dem Mittelalter geläufig. Sie war im 15. Jh. spöttischer, geringschätziger Ausdruck geworden, weil damit »jedermann, jeder x-beliebige« und damit die große gemeine Masse des Volkes gemeint war – denn die Menge der Heinriche und Konrade mitsamt ihrer vielen Kurzformen, darunter Hinz und Kunz, war inzwischen so angewachsen, daß »(fast) jedermann« diese Namen trug.
Hiob männl., bibl. Name *Job*, zu hebr. *'ijjōb* »der Angefeindete«. *Hiob* ist die Form der griech. Bibelübersetzung der Lutherzeit, *Job* die der Vulgata, der älteren lat. Bibelübersetzung; entsprechend wurde die ältere häufigere Form *Job* oft mit dem Namen des heiligen → *Jodokus* vermischt, während *Hiob* nach der Reformation keine besondere Verbreitung erreichte.
Hippe, Hippo männl., ostfriesische Kurzform von Namen mit *Hild-b-*, z. B. *Hildebert*.
Hippolyt(us) männl. Vorname griech. *Hippólytos*, zu *ippos* »Pferd« und *lytēr* »Schlichter, Befreier«.

Hiska weibl., **Hiske** männl./weibl., **Hissa** weibl., **Hisse** männl./weibl., ost- und westfriesische, verkürzte Formen zu Namen mit *Hild-*.

Hjalmar männl., nordischer Vorname, altisländisch *Hjalmarr, hjalmr* »Helm« und *herr* »Heer«.

Hoimar männl., niederdeutsch-friesische Herkunft, altsächsisch *Hoier* = *Hoger* führt zu ahd. *hugu* »Sinn, Verstand« und *mari* »berühmt«.
Bekannt: der Naturwissenschaftler Professor Hoimar von Ditfurth.

Holda weibl. Nebenform von → *Hulda*.

Holdine weibl. Weiterbildung von *Holda*.

Holdo männl. Kurzform von Namen mit *-hold*.

Holger männl., nordisch (schwedisch-dänischer) Vorname, altschwedisch *Holmger*, altisländisch *Holmgeirr*, zu *holmi, holmr* »Insel-(bewohner)« und *ger* »Speer«. Holger Danske, der dänische Nationalheld, machte den Namen in Dänemark populär, der von dort nach Deutschland kam.

Holk weibl., **Holke** männl., **Holkje** weibl., westfriesische Formen von Namen mit *Hold-, Huld-*.

Holle weibl. Nebenform von *Holda*. Die Märchengestalt der Frau *Holle* in den Märchen der Brüder Grimm. *Holda, Hollefrau*, überwacht mit der Schar der Holden, Hollen oder Huldren im Volksglauben die Häuslichkeit als freundliches oder strafendes Wesen.

Holm männl., **Holma** weibl., nordischer Vorname in der Bedeutung »Inselbewohner«, Kurzform zu schwedisch *Holmger* → *Holger*.

Honorius männl., lat. Vorname, frz. *Honoré*, lat. *honoris* »Ehre, Ansehen, Achtung«.

Horant männl. Vorname, nach dem Spielmann in der Gudrunsage, zu ahd. *hoh, haoh* »hoch« und *rant* »Schild« = »hoher Schild, sicherer Schutz«.

Horatio männl., ital./engl. Form zu lat. *Horatius*, »aus der altrömischen Patrizierfamilie der Horatier«; engl./frz. *Horace*; weibl. Form *Horatia*.
Bedeutung vielleicht nach Horaz' eigenem Zitat: *amicus omnium horarum* »der zu allen Stunden zum Umgang taugt«; bekannte der römische Dichter Horaz, lat. Quintus Horatius Flaccus (65–8 v. Chr.).

Horst männl., beliebter Vorname der neueren Zeit, der auf einen häufig vorkommenden rheinisch-westfälischen Ritternamen *Horst, von der Horst, zur Horst* des 12./13. Jh. zurückgeht. Ursprünglich mittelhochdeutsch/niederdeutsch *horst, hurst* »Gesträuch, Hecke, Dickicht, Nest der Raubvögel«, später auch für Ritterburg, hochgelegene Wohnung in der Bedeutung »Felsennest«. *Horst* war noch um 1890 ein ausgesprochener Adelsname, nach 1900 zunehmende Verbreitung im Bürgertum.

Horstmar, Horstwin männl., Anlehnung an → *Horst*, ursprünglich wohl *Horscmar, Horscwin*, zu ahd. *horsc* »eifrig, lebhaft, kampflustig« und *mari* »berümt« bzw. *wini* »Freund«.

Hortense, Hortensia weibl. Vornamen lat. *Hortensius*, »aus der altrömischen Familie der Hortensier«, *hortensis* »den Garten betreffend«; heute Blumenname *Hortensie*.

Hosea männl., bibl. Name des Propheten Hosea, zu hebr. *hoschea* »Errettung, Befreiung (durch Gott)«.

Howard männl., engl.-amerikanischer Vorname, entspricht → *Hubert.*

Hubert, Hubertus männl., alter dt. Vorname, verkürzt aus älterem *Hugbert, Hugubert.* Verbreitet durch Verehrung des heiligen Hubertus, Bischof von Lüttich (8. Jh.), Apostel der Ardennen. Erst das 15. Jh. machte ihn als *St. Hubertus* zum Patron der Jäger und Forstleute; Hubertustag: 3. November. K Tafelbild (Lochner, 1450) in München, Alte Pinakothek.

Huberta weibl. Form von → *Hubert*; *Hubertina, Hubertine* Weiterbildung.

Hubrecht männl. Nebenform von → *Hubert.*

Hugbald, Hubald männl. Vornamen, zu ahd. *hugu* »Gedanke, Geist« und *bald* »kühn«; älter *Hugwald*, zu ahd. *waltan* »walten, herrschen«.

Hugbert männl., alter dt. Vorname, zu ahd. *hugu* »Gedanke, Geist« und *beraht* »glänzend«; heutige Form → *Hubert.*

Hugdietrich männl. Doppelform *Hugo* und *Dietrich*, Heldengestalt (Wolfdietrich-Epos).

Hugo männl., alte dt., vor allem fränkische, selbständig gewordene Kurzform von Namen mit *Hug-*, z. B. von *Hugbald* oder *Hugbert*, zu ahd. *hugu* »Gedanke, Geist, Sinn, Verstand«. Name im Mittelalter weit verbreitet, im 14. Jh. in der Form *Haug* (Hauk) ausschließlich in der mittleren und unteren Schicht, erst seit der romantischen Dichtung nach 1800 erneut gebräuchlich; engl. *Hugh, Hughes*, frz. *Hugues*, ital. *Ugo, Ugone, Ugolino.* Bekannt: Hugo von Hofmannsthal, österreichischer Dichter (1874–1929).

Hugues männl., **Huguette** weibl., in der Schweiz verbreitete frz. Formen von → *Hugo.*

Hulda, Holda weibl., zu ahd. *holda* »weiblicher Geist«; siehe auch → *Holle.*

Huldreich männl., älter *Huldrich*, umgedeutete oberdeutsche Form von *Uldricus = Ulrich.*
Durch den Namen des Schweizer Reformators Huldrych Zwingli bekannt.

Humbert, Humbrecht männl., **Humberta** weibl., alte dt. Vornamen, ursprünglich *Hunberht*, zu ahd. *huni* »Tierjunges, junger Bär« und *beraht* »glänzend«. Der heilige Humbert, Benediktinerkloster Burbach bei Fritzlar.

Humfried, Hunfried männl., alter dt. Vorname, zu ahd. *huni* »Tierjunges, junger Bär« und *fridu* »Friede«.

Hune, Hunno, Huno männl., verkürzte germanische Namen mit *Hun-*, wurden zu mittelhochdeutsch *Hiune* = »Hunne, Ungar« gezogen, gehörten jedoch zu ahd. *huni* »Tierjunges, junger Bär«.

Hunold männl., alter dt. Vorname, zu ahd. *huni* »Tierjunges« und *waltan* »walten«.

Huschke männl., eingedeutschte tschechische Kurzform von → *Johannes.*

Hyazint(h), auch *Hyacinth* männl., Vorname griech. Herkunft: *Hyakinthos*, ein Jüngling, der nach der Mythologie in eine Hyazinthe verwandelt wurde.

T...

I...

Ib weibl. Kurzform von *Isabel.*

Iba weibl., **Ibbe, Ibbo** männl., **Ibe, Ibo** männl., ostfriesische Kurzform zu → *Ivo.*

Ibrahim männl., arabische Form von → *Abraham.*

Ida weibl., westfränkische Kurzform zu *Idisburga*, ahd. *idis, itis* »Jungfrau, Frau«.
Name verschiedener Heiliger, auch Kurzform für den Namen der heiligen *Iduberga*, Patronin der schwangeren Frauen (Ida-Gürtel); Name um 1900 beliebt; engl. *Ead, Eed*, frz. *Ida, Ide.*

Idis weibl. Nebenform von → *Ida.*

Iduna weibl., nordischer Vorname, auch *Idhun*, der altnordischen Göttin der Jugend, der Unsterblichkeit.

Ignatia weibl. Form zu → *Ignatius.*

Ignatius, *Egnatius* männl., zu lat. *ignis* »Feuer«, *igneus* »feurig, glühend«.
Verbreitet durch Verehrung des heiligen Ignatius von Loyola (14./15. Jh.), Gründer des Jesuitenordens; besonders in Süddeutschland, Kurzform *Ignaz.*

Ignaz männl. Kurzform von → *Ignatius.*

Igor männl., russischer Vorname altnordischen Ursprungs = *Ingvarr*, schwedisch *Ingvar* → *Ingwar.*
Bekannt: 1. Igor Feodorowitsch Strawinsky, russischer Komponist (1882 bis 1971). 2. Die einzige erhaltene, ursprünglich in Versen verfaßte weltliche Dichtung der altrussischen Literatur ist das »Igorlied« aus dem 12. Jahrhundert.

Ika männl., russische Kurzform von *Igor = Ingvar.*

Ildefons männl. Nebenform von → *Hildefons.*

Ildiko, Ildico weibl. Vorname, der besonders in Ungarn verbreitet ist, alte germanische Verkleinerungsform von Namen mit *Hild-, -hild*, insbesondere von → *Kriemhild.*
Ildikó war 1967 nach Maria der beliebteste weibliche Vorname in Ungarn. Kurzform *Ilda, Ildi, Ildike, Ildóka.* Als Mädchenname anerkannt. Landgericht Verden, 1966.

Ileana weibl., eingedeutscht *Ileane, Ilene*, rumänische Form von *Helena.*

Ilg männl. Nebenform von → *Ägidius.*

Ilga weibl. Nebenform zu → *Hilga, Helga.*

Iliana, Iliane weibl. Vorname zu → *Juliana.*

Ilja, Ilija männl., russische Formen von → *Elias.*

Iljana, *Ilana, Ilina* weibl., südslawische Formen zu *Elias.*

Ilka weibl., ungarische Kurzform aus → *Ilonka.*

Iloca weibl., georgischer Vorname, »Sie hat gebetet«.
Ilona weibl., ungarische Form von → *Helena*.
Ilonka, *Ilu, Iluska, Inka* weibl., ungarische Koseformen von *Ilona*, zu → *Helena*.
Ilsabe, Ilsabeth weibl. Kurzform von → *Elisabeth*.
Ilse weibl., auch *Ilsa*, selbständige Kurzform von → *Elisabeth*.
Ilsebill weibl. Doppelform aus *Ilse* und *Sybille*.
Ilsegard weibl. Neubildung, Doppelform aus *Ilse* und *Irmgard* oder anderen *gard*-Namen.
Ilske weibl., niederdeutsche Verkleinerungsform von → *Ilse*.
Imelda weibl., katalanische Nebenform von → *Irmhild*.
Imke weibl., ostfriesische Kurzform von *Imma* bzw. von *Irm*-Namen, ahd. *irmin* »groß«.
Imma weibl. Nebenform von → *Emma*; auch Kurzform von Namen mit *Irm-*, wie z. B. *Irmgard*; siehe auch → *Imme*.
Immanuel männl., bibl. Name, zu hebr. *immānu'el* »Gott (ist) mit uns«, griech.-lat. *Emanuel*.
Imme weibl., beliebte Namenform, die landschaftlich zur *Imme*, der fleißigen Biene gestellt wird; war ursprünglich Kurzform von Namen mit *Irm-*.
Immo, Imo männl., ostfriesische Kurzform von alten dt. Namen mit *Irm(en)-*.
Imogen weibl., engl. Vorname in Shakespeares Stück »Cymbeline«.
Soll aus einem Setzfehler entstanden sein, ursprünglich *Innogen*, zu lat. *innocens* »unschuldig«; möglich auch aus altirisch *ingen* »Tochter, Mädchen«.
Imre männl., ungarische Form von → *Emmerich*.
Ina weibl. Kurzform von zahlreichen weibl. Vornamen, die auf *-ina* enden.
Indira weibl., indischer Vorname; bekannt durch die ehemalige indische Ministerpräsidentin Indira Gandhi.
Indra weibl., neuerer Vorname, auch im Niederländischen; obwohl *Indra* die männl. Form eines altindischen Heldengottes ist, Übernahme der ital. Vornamen *Indro*, männl., *Indra*, weibl.; zu altindisch (aus dem Sanskrit) *indh* »flammen, funkeln« oder *indisch* »bezwingen«; ein zweiter, eindeutig weibl. Vorname ist erforderlich.
Ineke weibl., niederländisch-friesische Koseform von *Ina*.
Ineke männl., ostfriesische, **Inken** weibl., nordfriesische Kurzformen von Namen mit *Agin-, Egin-*.
Ines weibl. Vorname, nach der span. Form *Inés* übernommen, zu → *Agnes*.
Inga weibl., schwedische Kurzform von *Ing*-Namen → *Ingeborg*.
Ingbert männl. → *Ingobert*.
Inge weibl., beliebte Kurzform von → *Ingeborg*.
Ingeborg, *Ingeburg* weibl., nordischer Vorname, älter *Ingiborgh*, zu altnordisch *Ingvio* (germanischer Stammesgott der Ingwäonen) und *borg* »Schutz, Hilfe«.
Bekannt: Ingeborg Bachmann, österreichische Lyrikerin (1926–1973).
Ingegerd weibl., alter nordischer *gard*-Name.

Ingegund, Ingehild weibl. Vorname, zu ahd. *Ingi, Ingwio* (germanischer Stammesgott) und *gund, hiltja* »Kampf«.

Ingela weibl. Koseform von → *Inge.*

Ingelene weibl. Doppelform aus *Inge* und *Lene*, einer Kurzform von *Magdalene.*

Ingelies weibl. Doppelform aus *Inge* und *Liese.*

Ingelore weibl. Doppelform aus *Inge* und *Lore.*

Ingelotte weibl. Doppelform aus *Inge* und *Lotte.*

Ingemar, Ingmar männl., schwedische Formen von → *Ingomar.* Nebenform *Ingamar.*
Bekannt: der schwedische Filmregisseur Ingmar Bergman (* 1918).

Ingemaren weibl. Doppelform aus *Inge* und dänisch *Maren* (→ *Marina*).

Ingemarie weibl. Doppelform aus *Inge* und *Marie.*

Inger weibl., schwedische Kurzform von *Ingermund* und *Ingerid* → *Ingrid*; auch unter den ostfriesischen Vornamen. Nur *weibl.* Vorname!

Ingerose weibl. Doppelform aus *Inge* und *Rose.*

Ingetraud, Ingetrud weibl. Doppelform aus *Inge* und *Traude, Trude.*

Inghild, Ingild weibl. Nebenform zu → *Ingehild.*

Ingo männl., alte selbständige Kurzform von Namen mit *Ingo-.*
Bekannt durch Gustav Freytags Romanfolge »Die Ahnen«.

Ingobald männl., zu ahd. *Ingi, Ingwio* (germanischer Stammesgott) und *bald* »kühn«.

Ingobert männl., zu ahd. *Ingi, Ingwio* (germanischer Stammesgott) und *beraht* »glänzend«.

Ingold männl. Nebenform von älterem *Ingwald*, zu ahd. *Ingi, Ingwio* (germanischer Stammesgott) und *waltan* »walten, herrschen«.

Ingolf männl., zu ahd. *Ingi, Ingwio* (germanischer Stammesgott) und *wolf* »Wolf«.

Ingomar männl., alter nordischer und dt. Vorname, zu altisländisch *Yngvi*, ahd. *Ingi, Ingwio* (germanischer Stammesgott) und *mari* »berühmt«.

Ingraban, Ingram männl., alte dt. Vornamen, zu ahd. *Ingi, Ingwio* (germanischer Stammesgott) und *hraban* »Rabe«.

Ingrid weibl., nordischer Vorname, älter *Ingifridh*, zu altnodrisch *Ingvio* (germanischer Stammesgott) und *fridhr* »schön«; siehe auch → *Ingeborg.*
Bekannt: Ingrid Bergman, schwedische Schauspielerin (1915–1982).

Ingrun weibl. Neubildung aus *Inge* und alten *run*-Namen, wie *Gudrun, Hildrun.*

Ingvar männl., nordischer Vorname, altnordisch *Ingvarr*, zu ahd. *Ingwio* (germanischer Stammesgott) und *heri* »Heer«; Kurzform *Ingve*, russisch *Igor.*
Bekannt: Igor Strawinsky, russischer Komponist (1882–1971).

Ingwald männl., zu ahd. *Ingi, Ingwio* (germanischer Stammesgott) und *waltan* »walten«.

Ingwar, Ingwer männl., friesische Formen zu → *Ingvar.*

Ingward männl., zu ahd. *Ingi, Ingwio* (germanischer Stammesgott) und *wart* »Hüter«.

Ingwin männl., zu ahd. *Ingi, Ingwio* (germanischer Stammesgott) und *wini* »Freund«.

Inja weibl. Neubildung aus *Ingeborg* und *Jakob* (vgl. W. Seibicke).

Inka, Inken weibl., **Inko** männl., friesische Kurzform zu Namen mit *Ing-*.

Innozentia, Innocentia weibl. Form zu → *Innozenz*; Bedeutung »die Unschuldige«; Kurzform *Senz, Zenz*.

Innozenz männl., lat. *Innocentius, innocens* »tugendhaft, unschuldig«; Name von mehreren Päpsten; ital. *Innocente*.

Insa, Inse, Inska, Inske weibl., friesische Kurzform von Namen mit *Ing-*.

Inula weibl. Vorname griech.-lat. Herkunft.
Ursprünglich Pflanzenname von den in Deutschland heimischen gelbrötlichen Korbblütlern; Weiden-Alant, *Inula salinica*; Wiesen-Alant, *Inula britannica*.

Ira weibl. Kurzform von → *Irina* oder *Irene*.

Iram männl., hebr. Vorname, Bedeutung »wachsam«.

Ireen weibl. Nebenform von → *Irene*.

Irenäus, Ireneus männl. Vorname, griech. Ursprungs in der Bedeutung »der Friedliche«, zu griech. *eirēnē* »Frieden«; wenig geläufige männl. Form von *Irene*; frz. *Irénée*.
Bekannt: der Naturwissenschaftler Professor Irenäus Eibl-Eibesfeld (* Wien 1928).

Irene weibl. Vorname griech. Ursprungs, »die Friedliche«, zu griech. *eirēnē* »Frieden«.
Die griechische Friedensgöttin Eirene gehört zu den Horen, die den Menschen gutgesinnten Göttinnen; neugriechisch *Irini*, slawisch *Irena, Irina*, frz. *Irène*; männl. frz. Form *Irénée*, Heiligenname, 2. Jh.

Irina, Irena weibl., slawische Formen von *Irene*.
Irina unter den beliebtesten Mädchennamen in Leningrad und Moskau.

Iring männl., älter *Irinc*, zu *Irmin*-Namen; oberdeutsch *Iring* ist mehrdeutig.
Der Name des Markgrafen *Iring* im Nibelungenlied entspricht der mittelalterlichen Form *Eyring* (heute noch Familienname!). Bekannt: Professor Iring Fetscher (* Marbach 1922).

Iris weibl. Vorname griech. Herkunft, zu griech. *eirein* »anzeigen, ankündigen«.
Iris, die Götterbotin der griech. Mythologie, wurde im Regenbogen gesehen, daher der Begriff *Iris* =Regenbogen(haut); der Vorname selbst wird heute auf Iris, die Schwertlilie, bezogen.

Irka weibl., polnische Verkleinerungsform von → *Irene*.

Irma weibl., alter dt. Name des 8. Jh., weibl. Form von → *Irmo*; auch Kurzform von Namen mit *Irm(en)*, z. B. *Irmgard*.

Irmberga, Irmburg, Irmenburg weibl. Vornamen, *Irm(en)-* wie bei → *Irmo* bzw. zu ahd. *irmin* »allumfassend, gewaltig« und *burg, bergan* »Schutz, Zuflucht«.

Irmbert männl., zu ahd. *irmin* »allumfassend« und *beraht* »glänzend«.

Irmela weibl. Koseform zu → *Irma*.

Irmelies weibl. Doppelform aus *Irma* und *Lies(e)*; auch *Irmelis.*

Irmelin weibl. Koseform von *Irma.*

Irmene, Irmina, Irmine weibl., häufige westfränkische Kurzform zu *Irm(en)-* Namen.

Irmfried männl., alter dt. Vorname, *Irm(en)* wie bei *Irmo* bzw. zu ahd. *irmin* »allumfassend, groß« und *fridu* »Friede«.

Irmgard, Irmengard, Irmingard weibl., alte dt. Vornamen, zu ahd. *irmin* »allumfassend, groß« und *gard* »Hort, Schutz«.

Name verbreitet durch Verehrung der heiligen Irmgard von Süchteln (Köln), danach durch die romantische Dichtung seit dem 19. Jh. erneut aufgekommen, beliebt bis in die heutige Zeit. **K** Irmingard, Äbtissin, Selige, bayrische Nationalheilige, Tochter Ludwigs des Deutschen, wird vor allem verehrt in der Klosterkirche St. Maria, Frauenchiemsee.

Irmhild, Irminhild weibl., alte dt. Vornamen, *Irm(en)-* wie bei *Irmo*, zu ahd. *irmin* »allumfassend« und *hiltja* »Kampf«.

Irmlind weibl., alter dt. Vorname, *Irm(en)-* wie bei *Irmo* bzw. zu ahd. *irmin* »allumfassend« und *lindis* »lind, mild, sanft«.

Irmo, Irmio männl., alte dt. Vornamen von Namen, die mit *Irm(en)-*, Irmin- auf den germanischen Stamm der *Herminonen* (Irminonen) bzw. auf den Stammesgott dieses Volkes hinweisen, bedeutungsverwandt mit ahd. *irmin* »Erde, Welt, allumfassend, groß, gewaltig«.

Irmtraud, Irmentraud, Irmtrud, Irmentrud weibl., alte dt. Vornamen, zu ahd. *irmin* »allumfassend, groß« (→ *Irmo*) und *trud* »Kraft, Stärke«.

Irving, Irwin männl. Nebenform des engl. Vornamens *Irvin*, dort zu → *Erwin* gezogen.

Isa weibl. Kurzform von *Isabel, Isabella*, von *Elisa, Louisa, Isadora* oder zu ahd. Namen mit *Is(en)-*, z. B. *Isolde, Isberga.*

Isā ist auch die arabische Namenform für Jesus.

Isaak männl., bibl. Name, zu hebr. *jissechāq* »er (Gott) wird lachen«.

Isabe weibl. Kurzform von → *Isabella*; Nebenform von → *Ilsabe.*

Isabel weibl., span. Form von *Elisabeth* oder von hebr. *Jesebel, Isebel = 'izebel* »nicht einheimisch, die Unberührte«. Nebenform *Isobel.*

Isabella weibl., span.-ital. Weiterbildung von *Isabel = Elisabeth*; weitere span. Kurzform zu *Isabel: Bela, Belisa, Belilla.*

Isabelle weibl., entspricht der frz. Form von *Isabella*, auch *Isabeau.*

Isadora weibl. Nebenform von → *Isidora.*

Bekannt: Isadora Duncan, amerikanische Tänzerin, Wegbereiterin des modernen Ausdruckstanzes (1878–1927).

Isberga, Isburga weibl. Vorname, zu ahd. *isan* »Eisen« und *bergan, burg* »Schutz, Zuflucht«.

Isbert, Isenbert männl., alter dt. Vorname, zu ahd. *isan* »Eisen« und *beraht* »glänzend«.

Isfried, Isenfried männl., alter dt. Vorname, zu ahd. *isan* »Eisen« und *fridu* »Friede«.

Isgard weibl., alter dt. Vorname, zu ahd. *isan* »Eisen« und *gard* »Hort, Schutz«.

Isger, Isenger männl. Vorname, zu ahd. *isan* »Eisen« und *ger* »Speer«.

Ishilde weibl. Vorname, zu ahd. *isan* »Eisen« und *hiltja* »Kampf«.

Isidor männl., **Isidora** weibl. Vorname griech. Herkunft, zu griech. *isidōrōs* »Geschenk der Göttin Isis« (ägyptische Göttin der Fruchtbarkeit).
Neben dem Namen des span. Bauernheiligen Isidor (K Rott am Inn, 1770) war auch der des älteren Märtyrers Isidor von Chios namenverbreitend.

Iska weibl., friesische Kurzform von Namen mit *Is-*, ahd. *isan* »Eisen«.

Ismael männl., bibl. Name, zu hebr. *jischmā'el* »Gott hört« oder »erhört«; Sohn Abrahams, Stammvater der Ismaeliter.

Ismar männl. Vorname, zu ahd. *isan* »Eisen« und *mari* »berühmt«.

Iso männl. Kurzform von alten dt. Namen mit *Is(en)-*, zu ahd. *isan* »Eisen«.

Isolde weibl. Kurzform, zum altniederfränkischen Frauennamen *Ansoaldis* gezogen, zu germanisch *ans* »Gott« und ahd. *waltan* »walten«.
Bekannt durch die mittelalterliche Sage von »Tristan und Isolde«, die von Richard Wagner in einer Oper nacherzählt wird; altfrz. *Iseult* weist jedoch auf *Isen-* = ahd. *isan* »Eisen« hin.

Istraud, Isentraud, Isentrud weibl., alte dt. Vornamen, zu ahd. *isan* »Eisen« und *trud* »Kraft, Stärke«.

István männl., ungarische Form von → *Stephan*.

Ita, Ite weibl., schweizerische Kurzform von → *Jutta*.

Itta, Itte weibl. Nebenform von → *Ida*.

Ivan, Iwan männl., **Ivana, Iwana** weibl., slawische Formen von → *Johannes*.

Ivanka, Iwanka weibl. Koseformen von *Ivana*.

Ivar, Iwar männl., nordischer Vorname, Nebenformen von *Ingvar*.

Iver männl., schwedische Form von *Ivar*, auch Nebenform von schottisch → *Ivor*.

Ives, Ive, Ivon männl., frz. Nebenform von → *Yves, Yvon*.

Ivett, Ivette weibl., frz. zu → *Yvette*.

Ivo männl., alter engl. wie ostfriesischer Vorname, gehört wie *Ive, Yvo* wohl zu ahd. *iwa*, germanisch *ihwō* »Eibe«. Kurzform → *Iwan*.
Bekannt: Ivo Andric, serbokroatischer Schriftsteller und Nobelpreisträger (1892–1975).

Ivonne weibl., zu → *Yvonne*, weibl., frz. Form von *Yvon*, zu alten westgermanischen Namen wie ostfriesisch → *Ivo, Ive, Yvo*, ahd. *iwa*, germanisch *ihwō* »Eibe«.

Ivor männl., schottisch/walisischer Vorname, ursprünglich *Ifor*, wie *Iver* zu *Ivar* → *Ingvar* gezogen.

Iwan männl., alter russischer und westfälischer Vorname.
Der heilige Iwan (10. Jh.) lebte als Einsiedler zwischen Prag und Karlstein, über seinem Grab wurde ein Benediktinerkloster errichtet. *Iwan* westfälischer Rittername des 13. Jh.

Iwe, Iwo männl., friesische Kurzform → *Ivo*.

J...

J...

Jachen männl., eine rätoromanische Form von → *Joachim.*

Jacinta, Jacintha weibl. Form von *Hyazinth.*

Jack männl., beliebte engl. Kurzform von → *Johannes*, nicht von *Jakob.*
Vielleicht durch die flämischen Wollweber mit den niederländischen Formen *Janekin, Jankin* im 15. Jh. nach England eingedrungen; weitere Kurzform *Jacky*; jedoch ist *Jackie, Jacky* auch weibl. Form über *Jacqueline* zu *Jakob.*

Jackie, Jacky weibl., engl.-amerikanische Verkleinerungsform von *Jacqueline*, aber auch zu *Jacinta.*

Jacob männl. → *Jakob.*

Jacqueline, Jacquelin weibl. Form zu frz. *Jacques* = *Jakob*; amerikanische Verkleinerungsform *Jackie, Jacky.*

Jaccques männl., frz. Form von → *Jakob.*
Bekannt: Jean Jacques Rousseau, französischer Philosoph (1712–1778).

Jacquetta weibl. Verkleinerungsform zu → *Jacques.*

Jadwiga weibl., polnische Form von → *Hedwig.*

Jago, Jaime weibl., span. Formen von *Jakob.*
Jago – Gegenspieler von Othello in Shakespeares gleichnamigem Drama.

Jakob männl., bibl. Name, zu hebr. *ja'aqob* »Fersenhalter, Überlister«.
Vom 9. bis 14. Jh. kommt der Name des alttestamentl. Sohnes Isaak vor, seit dem Spätmittelalter ist es der Apostelname *Jakobus*, der sich in der christlichen Welt verbreitete.
Engl. *James, Jim, Jimmy*, frz. *Jacques*, ital. *Giacomo, Giacobbe* (in der Bibel), span. *Jago, Jaime, Diego*, polnisch und tschechisch *Jakub*, Kurzform *Kuba*, russisch *Jakov*, jiddisch *Jainkew.*

Jakoba, Jakobea, Jakobina, Jakobine weibl. Formen zu → *Jakob.*

Jama weibl. Neubildung aus *Jakob* und *Maria* (nach W. Seibicke).

James, Jam männl., engl. Form von → *Jakob*, aus spätlateinisch *Jacomus.*

Jan, Janne, Janns, Jannich männl., friesisch *Janning, Jannis* männl., niederdeutsche Formen von → *Johann.*
Bekannt: Jan van Eyck, niederländischer Maler (um 1390–1441).

Jana weibl., süd- und westslawische Form zu *Johanna.*

Jane weibl., engl. Form zu → *John.* Verkleinerungsform *Janet, Jonet.*

Janek männl., polnische Kurzform von → *Johann.*

Janet weibl., engl. Verkleinerungsform von → *Jane.*

Janett, Janette weibl., beliebte eingedeutschte Formen von → *Jeannette* (*Schanett* nur als Rufname!).

Janfried männl. Neubildung aus *Jan* und Namen mit *-fried.*

Janika weibl., bulgarische Verkleinerungsform von *Jana = Johanna*.

Janina, Janine weibl., beliebte ital. Kurzform zu → *Johanna*. Nebenform *Janna, Jannina*.

Janick, Jannick, Janique, *Jannic* weibl., in der Schweiz verbreitete weibl. Vornamen, verkürzt aus *Jeannique*, zu frz. *Jeanne = Johanna*.

Janis männl., litauische Form von → *Johannes*.

Janita weibl., west-südslawische Kurzform von *Jana = Johanna*.

Janka weibl., bjelorussische, bulgarische und ungarische Form von → *Johanna*.

Janko männl., west-/südslawische und ungarische *(Jankó)* Form von *Johann*.

Janna, Janne, Janny weibl., 1. friesisch-niederländische Kurzform zu → *Jan*; *Janne* auch von *Marianne*; 2. bibl. Name *Janna*, griech. *jannai*, »Gott ruht«, weibl. Kurzform zu → *Johannes*.

Jannes männl., bibl. Name, griech. *jannēs* »Verführer«.
In der Bibel ein Widersacher Mose, wohl ägyptischer Zauberer.

Jannes, Jannis männl., niederländisch-friesische Formen von → *Johannes*.

Jannet(t)a, Jannetje, Jannken weibl., ostfriesische Kurzform von *Johanna*; *Jannette* auch verkürzte Form von *Jeannette*.

Jannik männl., dänische Koseform von *Jan = Johann*; nordfriesisch *Jannich*.

Jannina weibl. Nebenform von → *Janina*.

Janning männl., niederdeutsche Kurzform von *Johann*.

Janno männl., **Jano** weibl., slowakische, ungarische Kurzform von *Johann*.

János männl., eingedeutscht *Janosch*, ungarische Form von *Johannes*.
Bekannt: Janosch, deutscher Kinderbuchillustrator, Maler und Erzähler.

Janpeter männl. Doppelform aus *Jan* und *Peter*.

Jantina, Jantine weibl., west-/südslawische Kurzform von *Jana = Johanna*.

Jarka männl., russische Kurzform von *Jaroslaw*.

Jarl männl., alter nordischer Name, zu altisländisch *iarl*, engl. *earl* »Freier, Edler«.

Jarla weibl., schwedische Form zum nordischen Vornamen *Jarl*.

Jarmila weibl. Form zu dem tschechischen Namen *Jar(o)mil* aus → *Jaromir(a)*.

Jaro männl. Kurzform von → *Jaromir, Jaroslaw; Jarosch* männl. Kurzform von *Jaroslaw*.

Jaromir männl., slawischer Vorname, zu russisch *járyi* »ernst, streng« und *mir* »Friede«.

Jaroslaw männl., slawischer Vorname, zu russisch *járyi* »ernst, streng« und *sláva* »Ruhm«. Kurzform *Jarka*.

Jarste weibl., ostfriesische Kurzform von Namen mit *Ger-*, z. B. *Gerlinde, Gertrud*.

Jascha männl., russische Kurzform von *Jakov = Jakob*.

Jasmin, Jasmina, Jasmine weibl. Vorname nach der Zierpflanze persischer Herkunft, lat. *Jasminum*, persisch *jāsāmin*.
Als weibl. Vorname zugelassen, Amtsgericht Nürnberg, 10. 12. 1956.

Jasper männl., niederdeutsche, friesische, niederländische und engl. Form von → *Kaspar*; friesisch auch *Jaspar, Jaspert*, dänisch *Jesper*.

Javier männl., span. zu → *Xaver.*

Jean männl., 1. frz. Form von *Johann*, beliebter rheinisch-pfälzischer Vorname; 2. *Jean* weibl., engl. Form von *Johanna* (→ *Jane*).
Bekannt: Jean-Baptiste Poquelin, gen. Molière, französischer Komödiendichter und Schauspieler (1622–1673).

Jean-Bernard, Jean-Christophe, Jean-Claude, Jean-Daniel, Jean-Michel, Jean-Pierre männl., beliebte Doppelformen mit *Jean = Johann.*
Jean-Marie als männl. Vorname zugelassen; OLG Hamm, 29. 7. 1988.

Jeanne weibl., frz. Form von *Johanna.*
Bekannt: Jeanne d'Arc, französische Nationalheldin (Johanna von Orléans, um 1410–1431) – ihre Geschichte wurde zum bedeutenden Thema der Weltliteratur (vgl. William Shakespeare, Friedrich Schiller, George Bernard Shaw, Bertolt Brecht, Jean Anouilh).

Jeannette weibl., frz. Verkleinerungsform von *Jeanne.*

Jeannine weibl., frz. Weiterbildung von *Jeanne.*

Jeff männl., engl. Kurzform von *Jeffrey, Geoffrey = Gottfried.*

Jefta männl. → *Jephtha.*

Jehanne weibl., **Jehannes** männl., friesische Nebenform zu *Johannes.*

Jekaterina weibl., russischer Vorname → *Katharina.*

Jeldrich, Jeldrick, Jelderk männl., ostfriesische Formen zu *Adalrich.*

Jelena weibl., russische Form von → *Helene.*

Jelenka weibl., russische Koseform von *Jelena.*

Jelger männl., westfriesisch von *Adalger.*

Jelisaweta weibl., russische Form von → *Elisabeth.*

Jelka weibl., wie *Ilka, Ilona* ungarische Kurzform von → *Helena.*

Jelke, Jelle, Jelte, Jelto männl., westfriesisch, **Jelia, Jellina, Jelken** weibl., **Jelske** männl./weibl., **Jelte** männl./weibl., ostfriesische Kurzform zu Namen mit *Geld-, Jeld-.*

Jella weibl., friesische Kurzform zu → *Gabriele.*

Jendrich, Jendrick, Jendrik männl., slawische Formen zu → *Heinrich.*

Jenni, Jenny weibl. Kurzform von *Johanna*; die schweizerische (ungarische) Kurzform *Jenni* ist männl. Entsprechung zu → *Eugen.*

Jennifer weibl., engl., ursprünglich keltischer Name, zu *Genevieve, Guinevere,* keltisch *gwyn* »weiß«, oder »die Weiße« → *Gwendolin.*

Jenö männl., ungarische Form für → *Eugen.*

Jens männl., aus dem Nordfriesischen und Dänischen übernommene Kurzform von *Johannes.*

Jephtha, Jefta männl., bibl. Name, zu hebr. *jiphtāch* »Gott öffnet, möge öffnen«.

Jeremias männl., bibl. Name zu hebr. *jirmjāhū* »(den) Gott erhöht«.

Jerome männl., engl., **Jérôme** männl., frz. Vorname von → *Hieronymus.*

Jeronimo, Jeronimus männl. Nebenform von → *Hieronymus*; schweizerische Kurzform *Jero.*

Jerra weibl., **Jerre** männl., nordfriesische Kurzform von *Gertrud* und *Erik.*

Jerrit männl., ostfriesische Form zu → *Gerhard*.

Jerry männl., engl. Kurzform zu *Jeremy* → *Jeremias*.

Jervis männl., engl. Form von → *Gervas*.

Jerzy männl., polnische Form von → *Jürgen*.

Jesko männl., slawische Kurzform von *Jaromir* und *Jaroslaw*.

Jesper männl., dänische Form von → *Jasper*.

Jessica, Jessika weibl., engl. Vorname, zum bibl. Namen *Jiska*, hebr. *jiskāh* »Gott schaut«; im Schwedischen ist *Jessika* Kurzform von *Johanna*.

Jessie, Jessy weibl., schottische Kurzform von → *Janet*, auch von *Jessica*; Kurzform *Jess*.

Jesus männl., hebr. Name, wie *Jeschua* »Heilbringer, Retter, Erlöser«, Kurzform von *Jehoschua* »der Herr ist Heil, Hilfe, Rettung«.
Im Spanischen zulässig, im Deutschen nicht erlaubt. Laut Urteil des Amtsgerichts Bielefeld vom 30. 9. 1963 unzulässig.

Jetta, Jette weibl. Kurzform von → *Henriette*.

Jill männl., engl. Kurzform von *Gillian* = *Juliane*.

Jim, Jimmy männl., engl. Kurzform von → *James*.

Jindra weibl., tschechische Form von *Jindřich*.

Jindřich männl., tschechische Form von → *Heinrich*.

Jiři männl., tschechische Form von → *Georg*.

Jirko männl., (besser als die ursprüngliche Form *Jirka*), tschechische Kurzform für *Jiři* = *Georg*.

Jitka weibl., beliebte tschechische Kurzform von *Judita* = *Judith*.

Jo männl. Kurzform zu *Johann*, weibl. zu *Johanna*.

Joachim, Jochim, Jochem, Jochen männl., **Joachime** weibl. Vorname zu den bibl. Namen *Jojakim, Jojakin*, zu hebr. *jehōjāqim* »Jehova richtet auf«.
Bekannt: Joachim Ringelnatz, dt. Schriftsteller und Kabarettist (1883 bis 1934).

Joan weibl., engl. Form von *Johanna*.

Joana weibl., baskische Form zu *Johanna*.

Job männl. Nebenform von *Hiob*.
Der bibl. Dulder *Job* des Heiligenkalenders war im Mittelalter Leprosenpatron, zugleich wurde des heiligen *Jodokus* unter dem Namen → *Jobst* gedacht.

Jobst männl. Kurzform für den heiligen → *Jodokus*, auch *St. Jost, St. Jobst* genannt.
Das ihm zugedachte Siechenpatronat des *Job* (Hiob) führte über die volkstümliche Form *Jost* zu der Namenkreuzung *Jobst*.
K Jobst von Mähren, dt. König, Grabmal in der Thomaskirche zu Brünn.

Jocelyne, Joceline weibl., beliebte Vornamen in der Schweiz, entstanden aus frz. *Josselin*, weibl. Form zu altfrz. *Josse* = *Jodokus, Jobst, Jos*.

Jochem, Jochen männl., volkstümliche Kurzform von → *Joachim*.

Jockel, Jocki, Jocky, Joggi männl., oberdeutsch-schweizerische Kurzform von → *Jakob*.

Joder männl., oberdeutsch-schweizerische Kurzform von → *Theodor*.

Jodokus männl. Vorname keltischen Ursprungs, zu bretonisch *jud* »Kampf« = »Kämpfer, Krieger«; seit dem 9. Jh. durch den bretonischen Heiligennamen Jodokus in Deutschland verbreitet; früheste Formen haben bereits sekundäres t, in dem *Jos* zu *Jost* wird.

Der heilige Jodokus wurde im Mittelalter sehr verehrt, galt als Patron der Pilger und Schiffer, aber auch der Siechenhäuser und Pestkranken, daher Verquickung von *Job* und *Jost* zu *Jobst*; engl. *Joyce, Jocey, Jossy*, frz. *Josse*

K Stettener Altar (1488), Stuttgart, Landesmuseum; Altar in der Schloßkirche zu Winnenden.

Joe männl., engl. Kurzform von → *Joseph*.

Joel männl., bibl. Name, zu hebr. *jo'ēl* »Jehova ist Gott«; in der frz. Schreibung *Joël* beliebter Schweizer Vorname.

Joëlle weibl., beliebte weibl. Form von *Joël* in der Schweiz.

Johan männl., nordische und friesische Form von *Johann(es)*.

Johann männl., kürzere Namensform von → *Johannes*.

Seit dem Mittelalter sehr häufiger Taufname, meistens mit zweitem Namen verbunden; bezogen auf *Johann Baptist* = Johannes der Täufer; ital. *Giambattista*.

Bekannt: Johann Strauß, Wiener Hofballdirektor und Komponist (1804–1845). Johann Gottfried Herder, dt. Philosoph, Theologe und Dichter (1744–1803). Johann Wolfgang von Goethe, Dichter (1749 bis 1832). Johannes Brahms, dt. Komponist (1833–1897).

K Johann Sebastian Bach, Komponist (1685–1750), Grabmal in der Thomaskirche zu Leipzig.

Johanna, Johanne weibl. Formen von *Johann(es)*; griech. *Jōanna* oder *Jōanan* »die Gottbegnadete«; zu hebr. *jochanan* → *Johannes*. Vgl. frz. → *Jeanne*. Kurzform *Hanna, Hanne, Hannele, Hanni, Jane, Janine, Jeanne, Jeannette, Jo, Jopie, Nanne, Netta, Nettchen*; engl. *Jane, Janet, Jenny, Jessie, Joan*, schottisch *Jean*, frz. *Jeanne, Jeannette*, rheinisch *Schanett*, dänisch *Jensine, Jonna*, schwedisch *Hanna*, polnisch *Janina, Joanna*, tschechisch *Jana, Ivana*, russisch *Ivanna*, serbokroatisch *Ivanka, Jovanka*, ital. *Giovanna, Gianna*, span. *Juana, Juanita*, ungarisch *Janka*.

Johannes männl., bibl. Name griech.-hebr. Ursprungs, griech. *Johanes*, zu hebr. *jochanan* »der Herr ist gnädig, gütig«.

Die Beliebtheit des Namens geht auf den asketischen Bußprediger Johannes der Täufer und auf Johannes den Evangelisten zurück, die mit ihren Namenstagen ziemlich genau an der Sonnenwende des Sommers und Winters das Kalenderjahr halbieren. Bereits im 12. Jh. seit der Zeit der Kreuzzüge häufig, erreicht der Name im 15./16. Jh. seinen Höhepunkt, insbesondere im oberdeutschen Raum mit der Kurzform *Hans*, um bis in die Neuzeit führender Vorname bei Doppelformen zu bleiben. Johannistage waren Abgabe-, Zahlungs- und Huldigungstage, der 24. Juni außerdem Festtag der Buchdrucker.

Kurzform *Hannes, Hanke, Hans, Heiseli, Hennes, Jahn, Jan, Jann, Jaus, Jens, Jo, John, Johnny*, engl. *John, Jack*, schottisch *Ian*, walisisch *Evan*, irisch *Sean*, frz. *Jean*, rheinisch *Schan*, dänisch *Jens, Iven, Evan*, schwedisch *Johan, Jan, Hans, Hasse*, polnisch, tschechisch *Jan, Hanus*, russisch *Ivan, Iwan*, ital. *Giovanni, Gian, Gianni*, span. *Juan*, ungarisch *János*, litauisch *Ansat, Jonas*, finnisch *Juhani, Jukka, Jussi*.

Johannetta, Johannette, Johannine weibl. Weiterbildung zu → *Johanna*.

Johanno männl. Weiterbildung von → *Johann* in Anlehnung an slawische Formen.

John männl., alte niederdeutsch-nordfriesische und engl. Kurzform von *Johann* → *Johannes*.

Johnny, Jonni, Jonny männl., beliebt gewordene engl. Kurzform von *John* = *Johann*.

Joke männl./weibl., ostfriesische Form von → *Johann, Johanna*.

Jokim männl., hebr. Kurzform zu → *Joachim*.

Jolan weibl., ungarische Kurzform von → *Jolanda*.

Jolanda, Jolande, Jolantha, Jolanthe weibl. Vorname griech.-lat. Herkunft, zu griech. *io(n)* »Veilchen« und *(l)ánthos* »Blüte«, lat. *Violante*, angelehnt an altfranzösisch *Iolente*, mittelfranzösisch *Yolande*.

Jon männl., beliebte Kurzform von *Johann, Jonas*.

Jonas männl., griech. Form des bibl. Namens *Jona*, zu hebr. *jōnāh* »Taube«.
Wegen der eindrucksvollen biblischen Geschichte des Propheten Jonas mit dem Walfisch früher – und auch heute wieder – gern gewählter Name; engl. auch *Jonah, Jones*, ital. *Giona*; litauisch *Jonas* entspricht meist *Johannes*.
K Glasfenster (1120) im Augsburger Dom.

Jonathan männl., bibl. Name, zu hebr. *jehōnāthān* »Gott ist Geber, Gottesgabe«; frz. auch *Jonathas*, slawisch *J(o)anafan*.

Jöran männl., schwedische Nebenform von → *Göran*.

Jordan männl., alter dt. Vorname germanischer Herkunft, älter *Jornandes*, zu altnordisch *jordh* »Erde« und germanisch *nantha* »wagemutig, kühn«.
Unter Einfluß der Kreuzzüge mit dem palästinensischen Flußnamen *Jordan* in Verbindung gebracht; niederländisch *Jordaan*, frz. *Jourdain*, ital. *Giordano*.

Jordana weibl., span. Form zu → *Jordan*.

Jordis, Jördis weibl. Vorname zu dem nordischen Namen *Hjördis*, zu isländisch *hjörr* »Schwert« und *dis* »Göttin«.

Jorg, Jörg männl., beliebte alte oberdeutsche Kurzform von → *Georg*.

Jorge männl., span. Form von → *Georg*.
Bekannt: Jorge Luis Borges, argentinischer Dichter.

Jörgen männl., dänische Form von niederdeutsch *Jürgen*.

Jorid weibl., nordischer Vorname, nach Runeninschriften *Iofridhr*, isländisch *ior* »Roß« und *fridhr* »schön«.

Jorina, Jorine weibl., ostfriesische Formen zu → *Gregorius*.

Jorinde weibl. Verkleinerungsform zu *Jorin, Jore*, alte regionale Formen in der Normandie zu → *Georg*, spätlat. *Georius*.

Bekannt: das Grimmsche Märchen »Jorinde und Joringel«, 1777 von Goethe bearbeitet.

Jorinna weibl., neuere Nebenform zu *Jorina*.

Joris, Jooris männl., ostfriesische Formen von → *Gregorius* oder *Georgius*.

Jorit, Jorrit männl., westfriesische Formen von → *Eberhard*; *Jorritje* weibl., westfriesische Verkleinerungsform von *Eberharde*.

Jork, Jorke männl., westfriesische Kurzform von Namen mit *Eber-, Ever-*.

Jork männl., ostdt., usprünglich slawische Form von *Georg*, siehe → *Yorck*.

Jorma männl., finnische Kurzform von *Jeroma* = *Jeremias*.

Jorn, Jorne, Jürn männl., westfriesische Formen von *Eberwin*.

Jörn männl., niederdeutsche Form von *Jürgen* = *Georg*.

Jörna weibl. Form zu *Jörn*.

Jos männl., alte dt. selbständige Kurzform, im Mittelalter verbreitet durch den Namen von *St. Jos, Jost*, dem heiligen → *Jodokus*.

Joscha 1., männl., nach der ungarischen Kurzform *Józsa* zu *Josef* und *Josua*. 2. weibl., nach der ungarischen Kurzform *Józsa* zu *Josefa* und *Josefina*.

José männl., **Josée** weibl., beliebte frz. Vornamen in der Schweiz von → *Josef*; nur die männl. Form ist span. Herkunft.

José – Geliebter der Carmen in der gleichnamigen Oper (1875) von Georges Bizet.

Josef, Joseph männl., bibl. Name, zu hebr. *jōsēph* »Gott gebe Vermehrung«, verbreitet durch den Namen des heiligen Joseph, Mann der Maria.

Kurzform *Beppo, Josel, Jupp, Pepi, Peppi, Sepp, Sepperl, Seppli, Sipp*; engl. *Joseph, Jose, Jo*, frz. *José, Joseph, Josèphe*, ital. *Giuseppe, Beppe*, span. *José*, südslawisch *Josip*, russisch *Iosif, Osip*, polnisch *Józef*, persisch *Jussuf*, jiddische Kurzform *Jossel*.

Josefa, Josepha weibl., bibl. Name, weibl. Form von → *Josef*, zu hebr. *josiphjāh* »der Herr vermehrt«; *Josefina, Josephina, Josefine, Josephine* weibl. Weiterbildung von *Josefa*.

Kurzform *Joska, Juschu, Sefa, Sefchen, Sefferl, Böppi, Peppi, Pepita*; frz. *Joséphine*, ital. *Giuseppa*.

Josefina, Josefita, Josenita weibl., spanische Verkleinerungsform von *Josefa*.

Josette weibl., frz. Verkleinerungsform zu *Joséphine*.

Josi weibl. Kurzform von *Josefine, Josiane*.

Josiane, Josianne weibl., frz. Kurzform von *Joséphine*.

Josias männl., bibl. Name *Josia*, zu hebr. *jōschijjāhū* »(den) der Herr heilt«.

Josina, Jozina weibl., niederländische Formen zu *Josephina*.

Jossel männl., volkstümliche jiddische Kurzform zu → *Joseph*.

Jost männl., alte selbständige Kurzform wie → *Jos*.

Im Mittelalter verbreitet durch den Namen von *St. Jost*, altfranzösisch *Josse*, Nebenform des heiligen → *Jodokus*; engl. männl./weibl. Form *Joyce*.

Josta weibl. Form zu → *Jost.*

Josua männl., bibl. Name, zu hebr. *jehōschūa* »der Herr hilft«.

Jovan männl., serbokroatische, slowenische Form von *Johann.*

Jovanka weibl., serbokroatische, slowenische Form von *Johanna.*

Jovita, Jowita weibl., südslawische Kurzform von *Johanna.*

Jovita, Joyvita weibl., engl. Vorname, »Freude am Leben« (nach Wells).

Joy weibl., alter engl. Vorname *Joia, Joye,* zu mittelengl. *ioye,* altfranzösisch *joye* »Freude«.
Als dt. Vorname zugelassen (Amtsgericht Hamburg, 18.4.1968).

Ju weibl., russische Kurzform von *Julija.*

Juan männl., **Juana** weibl., span. Formen von → *Johann, Johanna.*
Bekannt: Juan de la Cruz, spanischer Mystiker, Kirchenlehrer und Dichter (1542–1591).

Juanita weibl., span. Koseform von *Juana = Johanna.*

Jucunda, Jukunda weibl., lat. Vorname, zu lat. *iucundus* »anziehend, liebenswürdig«, oder »die Angenehme«; ital. *Gioconda.*

Judas männl., bibl. Name, griech. Form von *Juda,* hebr. *jehūdāh* »der gelobt oder berühmt ist; Bekenner«.
Wegen Judas Ischariot, dem Verräter des Gottessohnes, wurde der Name immer unter den christl. Taufnamen gemieden, obwohl man den heldenhaften Judas Makkabäus im Mittelalter sehr bewunderte, dessen Name hin und wieder namenbildend wurde (1976 als Vorname in Siegen).

Judenta, Judintha weibl., alte Formen von → *Judith.*

Judica, Judika weibl., alter Taufzeitname, zu lat. *judica* »richte«, bezogen auf den 5. Fastensonntag.

Judith, Juditha weibl., bibl. Name, zu hebr. *jehudith* »Gepriesene, Bekennerin, Jüdin, Frau aus Jehud«; engl. Kurzform *Judy,* russisch *Judif.*
Die *Judith* aus dem apokryphischen Buch »Judith« im A.T. vermischte sich in ihrer Bedeutung bereits im frühen Mittelalter mit einem altnordischen Namen → *Jutta* zu Judita (12. Jh.); rätoromanisch *Juditta.*

Jula, Jule weibl. Kurzform von → *Julia.*

Jules männl., frz. Form von → *Julius.*
Jules Verne, französischer Schriftsteller (1828–1905). »Jules et Jim« Kultfilm aus den sechziger Jahren von François Truffaut.

Julia, Julie weibl. Formen lat. Ursprungs von → *Julius, Julia,* Nationalheilige der Insel Korsika.
»Romeo und Julia«, berühmte Tragödie von William Shakespeare. In der Weltliteratur und der Musik vielfach zum Thema gemacht und bearbeitet, u.a. von G. Keller »Romeo und Julia auf dem Dorfe«. In der Musik: Tschaikowsky, Berlioz, Prokofiev.
Kurzform *Lili, Lilli*; engl. auch *July, Gill, Jill,* ital. *Giulia,* ungarisch *Juliska.*

Julian, Julianus männl., altrömischer Name, »aus dem Geschlecht der Julier«, zu → *Julius.*

Kurzform *Jul*; engl. *Julian, Gilian, Jill*, frz. *Julien*, ital. *Giuliano*, span. *Julián*, baskisch *Illan*.

Juliana, Juliane weibl. Form zu *Julian, Julianus*.

Name verschiedener Heiliger, als Fürstinnenname seit dem 16. Jh. üblich, danach in England sehr populär.

Kurzform *Liane*; engl. *Juliana, Gilian, Gillian*, frz. *Julienne*, ital. *Giuliana*, slawisch *Julianka*, ungarisch *Julianna*.

Julianna, Julianne weibl., ungarische Form von Juliana; Weiterbildung von *Juliana* in Anlehnung an *Anna*.

Julien männl., **Julienne** weibl., frz. Form von → *Julian, Juliane*.

Juliet weibl., engl., **Juliette**, frz. Verkleinerungsform zu *Julia, Julie*; dazu bulgarisch *Julita*, russischer übernommener Vorname *Julitta*.

Bekannt: Juliette Greco, französische Chansonsängerin (geb. 1927).

Julika, Julischka weibl. Form von ungarisch *Julka, Juliska* = *Julia*.

Julitta weibl., alter Vorname lat. Herkunft, Weiterbildung von *Julia*; span. *Julita*.

Julius männl., altrömischer Name, »aus dem Geschlecht der Julier«.

Die Verbreitung des Namens seit der Renaissancezeit geht weniger auf die 51 Heiligennamen zurück, sondern vielmehr auf die Verehrung von *Julius Cäsar*.

Kurzform *Jul, Jülg, Julg*; engl. *Julius, Giles*, frz. *Jules*, span.-portugiesisch *Julio*, ital. *Giulio, Guglio, Luglio*, ungarisch *Gyula*.

Julja weibl., russische Kurzform von *Julija*.

Junia weibl. Taufzeitname »im Juni geboren«; engl. *June* (wie *April, Aprilette, May)*, schwedisch *Juni, Junia*.

Juno weibl. Vorname, römische Schutzgöttin.

Jupp männl., beliebte rheinische Kurzform von → *Josef*.

Jurena weibl., westslawischer Vorname, zu slowakisch *Jurina* = *Georgina*.

Jürg, Jürgen männl., niederdeutsche Kurzform von → *Georg*.

Juri männl., slawische Form von → *Georg*.

Juri zugelassen vom Landgericht Münster 1965. In Japan bedeutet *Juri* »kleine Lilie«.

Bekannt: Juri Alexejewitsch Gagarin, Kosmonaut, umkreiste als erster Mensch die Erde in einer Raumkapsel (1934–1968).

Jurica, Jurina weibl., westslawische Formen zu *Juri* = *Georg*.

Jürke, Jürn männl. Kurzform von *Jürgen* = *Georg*; *Jürn, Jurn, Jorn* sind auch friesische Formen zu *Eberwin*.

Just männl. Kurzform von → *Justus*.

Justa weibl., span. Form zu → *Justus*.

Justin, Justinus männl., **Justina, Justine** weibl. Weiterbildungen von → *Justus*.

K Der heilige Justinus (5. Jh.), Hochgrab (14. Jh.) in der Ägidius-Kirche in Heiligenstadt; zwei heilige Justinas, Märtyrerinnen (3. Jh.).

Justinian, Justinianus männl. Weiterbildungen von *Justinus*.

Justus männl. Vorname lat. Ursprungs, zu lat. *justus* »gerecht, rechtmäßig«.

Humanist. Namenbildung des 16. Jh. durch Rückgriff auf lat. Namen. Bekannt: der Chemiker Justus Liebig (1803–1873). Justus Frantz, Pianist und Orchesterdirigent.

Jutta, *Juta; Jutte, Jütte, Juthe* weibl. Vornamen.

Ursprünglich ein altnordischer Name, zu den ahd. Namen *Jiute, Jut, Jot* = *Jutta* = die Jüdin, aus dem Volk der Jüten (Dänemark), Verkleinerungsform *Jiutel, Jiutelin*; dazu der im Dänischen sehr populäre Name *Jytte*. Seit dem 9./10. Jh. vermengte sich *Jutta* mit dem hebräisch-christlichen Namen → *Judith* zu *Judita* (12. Jh.). Alte Kurzform *Itta, Idita*.

K…

K...

Kai, Kaie, Kay männl., älter *Kaye*, ist durch Kontraktion von *Kaimbe, Keimbe*, Nebenform des nordfriesischen Namens *Kamp, Kampe*, entstanden. Zu altsächsisch *kamp*, ahd. *kamph* »Kampf, Streit«.
Nur als männl. Vorname anerkannt, Landgericht München I, 1961. In allen Schreibvarianten als alleiniger Jungenname zulässig, OLG Düsseldorf, 24. 1. 1979; OLG Celle, 8. 1. 1988.

Kai weibl. Vorname, schwedisch *Kaj, Kaja*, ursprüngliche Koseform (wie *Kaija*) verkürzt aus *Kajsa*, Kurzform von *Karin* = schwedische Form von *Katharina*.
Als weibl. Vorname in Frankfurt/Main 1978 gestattet.

Kaja weibl., schwedische Kurzform von *Kajsa*, eine Koseform zu → *Karin* = *Katharina*.

Kajetan männl., lat. Herkunftsname *Cajetan* »Mann aus der Stadt Gaëta«.
Der heilige Cajetan von Thiene gründete den Theatinerorden (15./16. Jh.).
K Statue im Kloster Reisach, Inn (1785). Theatinerkirche in München.

Kajetane weibl. Form zu → *Kajetan*.

Kalle männl., schwedische Kurzform von → *Karl*.

Kalman männl. Vorname, zu ungarisch *Kálmán*, entspricht → *Koloman*.

Kamill, Kamillo männl., **Kamilla** weibl. Vorname etruskisch-römischer Herkunft, zu lat. *camillus, camilla* »ehrbar, edel, aus unbescholtener Ehe, frei geboren«.

Kandida weibl. Vorname → *Candida*.

Kara weibl., engl. Nebenform zu → *Cara*.

Karda weibl. Kurzform von → *Rikarda*.

Kareen, Karen weibl. Nebenform von → *Karin*.

Karel männl., niederländische, tschechische Form von → *Karl*.

Karena weibl. Weiterbildung von *Karen*.

Karia weibl., baskische Kurzform zum Heiligennamen *Santakara*; → *Kara, Cara*.

Karianne, Carianne weibl., niederländische Doppelform aus *Katharina* und *Johanna* oder *Anna*.

Karin weibl., beliebter nordischer Vorname, Kurzform von → *Katharina*; norwegisch auch *Kari*; dänisch *Karen*, irisch *Kareen*.

Karina, Karine weibl. Weiterbildung von *Karin*; auch zu ital. → *Carina*.

Karl männl., auch *Carl*, alter dt. Vorname, ursprünglich Beiname, zu ahd. *kar(a)l* »Mann, Ehemann«, mittelniederdeutsch *kerle* »freier Mann, grober Kerl«.

Kaiser- und Königsname des Mittelalters, danach als Heiligenname verbreitet, seit dem 19. Jh. durch die romantische Dichtung beliebter und häufiger Name, insbesondere als Doppelform mit anderen Vornamen.

Engl., frz. *Charles*, ital. *Carlo*, span. *Carlos*, polnisch *Karol*, tschechisch/niederländisch *Karel*, rumänisch *Carol*, ungarisch *Károly*.

K Karl der Große, dt. Kaiser, Dom zu Aachen; Karl III., der Dicke, dt. Kaiser, Grab auf der Insel Reichenau; Karl IV., dt. Kaiser, Veitsdom Prag; Karl V., dt. Kaiser, Escorial bei Madrid; Karl VI., dt. Kaiser, Kapuzinergruft, Wien; Karl VII., dt. Kaiser, Theatiner-Hofkirche, München.

Karla weibl. Form von → *Karl*.

Karlfred, Karlfried männl. Neubildung aus *Karl* und Namen mit *-fred, -fried*.

Karlheinz männl., beliebte Doppelform aus *Karl* und *Heinz*.

Karline, Karlina weibl. Nebenform von → *Karoline*.

Karlludwig männl., beliebte Doppelform aus *Karl* und *Ludwig*.

Karlmann männl. Folgename für Sohn eines → *Karl*.

Karol männl., polnische, slowakische Form von *Karl*.

Karola weibl., deutsche Schreibweise von → *Carola*; latinisierte Form von → *Karla*.

Karolin, Karolina, Karoline weibl., dt. Weiterbildung von *Carola, Karola*.

Károly männl., ungarische Form von → *Karl*.

Karsta, *Carsta* weibl., niederdeutsche Form von → *Christa*.

Karsten männl., niederdeutsche Form von → *Christian*.

Karstine weibl., niederdeutsche Form von *Christine*.

Kasimir männl., slawischer Vorname, zu slawisch *kaza* »verkünden, zeigen« und *mir* »Friede«.

Polnischer Fürstenname, verbreitet durch Verehrung des heiligen Kasimir, Schutzpatron Polens.

Bekannt: Kasimir Edschmid, dt. Schriftsteller (1890–1966).

Kaspar, *Caspar* männl. Vorname persischer Herkunft, zu persisch *kansban*, älter *gazbar* »Schatzmeister«, Name des Mohren unter den heiligen Drei Königen des N. T.

Der Kasper, Mohr der Dreikönigsspiele (seit 1300) wurde zur lustigen Figur im späteren Kasperletheater; als bäuerlicher Vorname bis in die Neuzeit verbreitet.

Engl. *Caspar, Jasper*, frz. *Gaspar, Gaspard*, ital. *Gaspare, Gasparo*, dänisch *Jesper*.

Bekannt: 1. Caspar David Friedrich, dt. Maler und Graphiker (1774 bis 1840). 2. Kaspar Hauser, Findelkind unbekannter Herkunft, (1833 ermordet), dessen Schicksal sich in zahlreichen literarischen Bearbeitungen widerspiegelt (vgl. u. a. Hugo von Hofmannsthal).

Kassandra weibl. Vorname, zu griech. *Kassándra*, Tochter des Priamos und unglückliche Prophetin.

Kassandra warnte vergebens die Trojaner vor dem Hereinbringen des hölzernen Pferdes in die Stadt Troja, daher die »Kassandrarufe« = Warnungen, die nicht erhört werden.

Kastor, *Castor* männl. Vorname griech. Herkunft, *Kástōr*, Sohn des Königs Tyndareos (eigtl. Zeus) und der Leda.

Kata, Katalin weibl., südslawische und ungarische Kurzform von → *Katharina.*

Kate, Käte weibl. → *Kathe, Käthe.*

Kateline weibl., engl. Form zu *Kathleen.*

Katharina, Katharine, Katarina, Katherina, Katerina, Kathrin, Katrin weibl. Vorname griech. Herkunft, zum griech. Frauennamen *Aikaterinē*, angelehnt an *katharos* »rein, sauber«.

Bereits im Mittelalter durch den Namen mehrerer Heiliger verbreitet, insbesondere durch die heilige Katharina von Alexandria, Patronin der Philosophen, und die heilige Katharina von Siena, Patronin Italiens. Name vieler Fürstinnen, berühmt war vor allem die Zarin Katharina die Große (1729–1796); neben Anna und Elisabeth sehr häufig in den Kirchenbüchern. Heute wieder zunehmend beliebter Name.

Kurzform *Kate, Käthe, Kati, Katinka, Katina, Katja, Katrin, Karin, Karen, Ina, Nina, Netti, Tinka.* Engl. *Catherine, Kathleen*, frz. *Catherine*, ital. *Caterina, Rina*, span. *Catalina*, bulgarisch, russisch *Katerina, Ekaterina, Jekaterina, Kata*, niederländisch *Katrijn*, polnisch *Katarzyna*, tschechisch *Kateřina*, schwedisch *Karin, Karina, Karna*, norwegisch, dänisch *Karen, Kari, Karna*, ungarisch *Katalin, Kata, Katinka.*

Kathe, Käthe, Käthchen weibl. Kurzform von → *Katharina.*

Das »Käthchen von Heilbronn oder die Feuerprobe«. Ein großes historisches Ritterschauspiel von Heinrich von Kleist. Die »ganze Legende vom Käthchen« fand der Dichter auf einem gedruckten Flugblatt, das er auf einem Jahrmarkt gekauft hatte.

K Käthe Kollwitz, Malerin und Bildhauerin, (1867–1945), Grabmal auf dem Zentralfriedhof in Berlin-Friedrichsfelde.

Käthemie weibl. Koseform aus *Käthe* und der niederdeutschen Kurzform *Mie = Maria.*

Kathi, Käthi, Käthy weibl. Koseformen von → *Katharina.*

Kathinka, Katinka weibl., russische Kurzform von *Jekaterina = Katharina.*

Kathleen, *Cathleen* weibl., engl.-irische Formen von → *Katharina.*

Kathrin, Katrin weibl., beliebte moderne Nebenform von *Katharina.*

Kati weibl. → *Kathi.*

Katia, auch **Kadia, Katina** weibl., slawische und ungarische Koseformen zu → *Katharina.*

Katja, Katjana, Katjuscha weibl., russische Kurz- und Koseformen zu *Katharina.*

Katka weibl., slowenische und ungarische Kurzform von *Katharina.*

Katrein, Kathrein weibl. Nebenform von *Katharina.*

Katrin, Kathrin weibl., beliebte moderne Nebenform von → *Katharina.*

Katy, Katya weibl. Kurzform von *Katharina.*

Kay° männl./weibl. Nebenform von → *Kai*; im Niederländischen Kurzform von *Catharina, Cornelius.*
Kay-Nicola weibl. Vorname nach AG Aachen, 25.8.1969.

Kea weibl., ostfriesische Kurzform von Namen, die auf *-ke, -kea* enden.
Eigentlich nur die fremde latinisierte *-ea, -kea*-Endung einheimischer ostfriesischer Namen – wie *Alke(a), Frauke(a), Heike(a).*

Kees männl., niederländische Kurzform von *Cornelius.*

Kelke, Keiken weibl., nordfriesische Kurzform, aus der Kindersprache von *Gertrud.*

Keirut männl., zum altpreußischen Namen *Kayroth* (um 1400), Kurzform *Kayr,* zu litauisch *kairis* »Linkshand«.
Mit dem Zweitnamen *Uwe* zugelassen (LG Bielefeld, 1987).

Keith männl., engl. Vorname, ursprünglich ein schottischer Örtlichkeits- und Familienname für »Wind, zugige Stelle«.

Kenneth männl., engl. Vorname keltischer Herkunft, Bedeutung etwa »tüchtig, flink«; Kurzform *Ken.*

Kene, Kenne, Keno männl., west- und ostfriesisch, einstämmig verkürzte germanische Namen aus *Kuni-*, zu *Kuno, Kunibert.*

Kermit männl., angloamerikanisch, früher irischer Vorname keltischen Ursprungs, Nebenform von *Diarmid,* keltisch *Diarmaid* »freier Mann«.

Kerry männl., engl.-irischer Vorname keltischen Ursprungs, »der Finstere«.

Kersta, Kersti weibl., mundartlich, schwedische Formen von → *Kerstin.*

Kersten männl., niederdeutsche Form von → *Christian.*

Kerstin, Kerstina, Kerstine, älter *Kirstin* weibl., neuschwedisch zu *Kristina.*
Kerstin weibl. Vorname, LG Koblenz, 25.2.1972.

Ketty weibl., engl. Kurzform von *Katharina.*

Kevin männl., engl.-irischer Vorname, altirisch *Coemgen* »anmutig, hübsch von Geburt«.
Seit 1991 ist *Kevin* als »ein Vorname der Einheit« in Hamburg und im Osten Berlins unter den beliebtesten Namen.

Kilian männl., irisch-schottischer Vorname keltischer Herkunft, *Ceallach* »Kampf, Krieg«.
Der heilige Kilian, irischer Missionar, im 7. Jh. in Franken bekannt unter dem Namen *Killena* (= lat. *ecclesiasticus* »von der Kirche, Kirchenmann«), wurde Bischof und Lokalheiliger von Würzburg.
K Münnerstädter Altar von Veit Stoß (1504); Büsten (1500) von Tilman Riemenschneider, Neumünsterkirche in Würzburg.

Kim° männl./weibl., älterer männl. engl.-irischer Vorname, verkürzt aus *Kimball,* wohl keltischen Unsprungs in der Bedeutung »Kriegsanführer«.
In den USA auch weibl. Vorname; *Kim* ist nur in Verbindung mit einem anderen, eindeutig männl. oder weibl. Vornamen zu verwenden.

Kim männl., bulgarische, mazedonische und nordische Kurzform von *Joakim* = *Joachim.*

Kira weibl. Vorname, russische Form von → *Kyra.*

Kirsten, Kirstin weibl., dänisch-schwedische Formen von → *Christine*.
Kirsten weibl. Vorname, LG Essen, 25.5.1961; *Kirstin* nur noch als weibl. Vorname zulässig, LG Koblenz, 21.2.1972.

Kirsti weibl., mundartlich, schwedische Form von *Kirstin* = *Christine*; schottisch *Kirsty*.

Kitty weibl., engl. Kurzform von → *Katharina*.

Klaas, *Claas* männl. Kurzform von → *Nikolaus*.

Klara, *Clara* weibl. Vorname, zu lat. *clarus* »glänzend, hervorragend, berühmt«.
Der Name der heiligen Klara (12./13. Jh.) fand nach der Heiligsprechung 1255 mit dem Klarissen- oder Franziskanerorden in Deutschland weite Verbreitung; engl. *Clare, Claire*, frz. *Claire*.
Bekannt: Clara Schumann, geb. Wieck, dt. Pianistin (1819–1896).

Kläre weibl., eingedeutschte Schreibweise für frz. *Claire* = *Klara*.
Bekannt: Claire Waldorff, Berliner Kabarettistin (1884–1957).

Klarina, Klarine, Clarina, Clarine weibl. Weiterbildung von *Klara, Clara*.

Klarinda, Klarinde, Clarinda, Clarinde weibl. Weiterbildung von *Klara, Clara*.

Klarissa weibl. → *Clarissa*. Weiterbildung von *Klara, Clara*.

Klas männl. → *Klaas*.

Klaudia weibl. → *Claudia*.

Klaudine, *Klaudinette* weibl. Weiterbildung und Verkleinerungsform von → *Claudia*.

Klaudius männl. → *Claudius*.

Klaus, *Claus* männl. Vorname, seit dem Mittelalter selbständige Kurzform von → *Nikolaus*, aber erst in jüngster Zeit als moderner Vorname sehr beliebt geworden.
Älter sind »Bruder Klaus«, der heilige Nikolaus v. d. Flühe, der große und kleine Klaus in Märchen und Sagen, die Seeräubergestalt von Klaus Störtebeker. Bekannt: Schriftsteller Klaus Mann, Professor Klaus Mehnert, Schauspieler Claus Biederstaedt, Claus v. Amsberg, niederländischer Prinzgemahl.

Klausdieter, Klausjürgen männl. Doppelform aus *Klaus* und *Dieter, Klaus* und *Jürgen*.

Klea weibl., griech. Kurzform zu Namen mit *Klea-, Kleo-*, griech. *kleō* »Ruhm, bekannt, berühmt machen«.

Klematis weibl. Vorname → *Clematis*.

Klemens, Clemens, Klemenz männl. Vorname, zu lat. *clemens* »gütiger, sanftmütiger, nachsichtiger Charakter«.
Name zahlreicher Päpste des Mittelalters, darunter der heilige Klemens von Rom, Presbyter und erster Papst (1. Jh.), bedeutend auch der griech. Kirchenlehrer Klemens von Alexandria.
K San Clemente, Rom; Klemens II., Bischof, Papst, Grab im Dom in Bamberg.

Klement, Kliment männl., tschechische Formen von → *Klemens*.

Klemente, Klementia, Klementina, Klementine weibl. Formen von → *Klemens*; zu → *Clementia*.

Klemenz männl. Nebenform zu → *Klemens*.

Klenja weibl., russische Kurzform von → *Kleopatra*.

Kleopatra weibl. Vorname griech. Herkunft.

Zum männl. griech. Namen *Kleopatros, kleō* »Ruhm, bekannt, berühmt machen«, *kleiō* »rühmen, preisen« und *pros patros* »von seiten des Vaters«. Bekannt: Kleopatra, ägyptische Königin (69–30 v. Chr.). Ihr Schicksal wurde u. a. von Shakespeare, Corneille und Shaw neu erzählt, aber auch in der Musik wurde sie Hauptgestalt verschiedener Dichtungen, so u. a. auch in einem Werk von Händel.

Kleopha, Kleophea weibl. Formen zum männl. griech. Namen *Kleophas*.

Aus *Kleophantos*, griech. *kleō* »Ruhm, bekannt, berühmt machen« und *phantos, phainō* »ans Licht bringen«.

Klepa, Klera weibl., russische Kurzform von → *Kleopatra*.

Klescha weibl., russische Kurzform von → *Kleopatra*.

Klivia weibl. → *Clivia*.

Klodewig, Klodwig männl., altfränkischer Name, älter → *Chlodwig*; neuere bekannte Form ist → *Ludwig*; zu ahd. *hlut* »laut, berühmt« und *wig* »Kampf, Krieg«.

Klorinde, *Clorinda* weibl., älter *Chlorinde*, zu griech. *Chloris* wie → *Chloe* »die Junge«, zu griech. *chloris* »hellgrün, frisch, jung, der junge Keim«.

Klothar männl. Vorname, zu der altfränkischen Form *Clothar = Lothar*.

Klothilde, Klotilde weibl., alter fränkischer Vorname, westfränkisch *Clotichilda*, zu ahd. *hlut* »laut, berühmt« und *hiltja* »Kampf«.

Knut männl., nordischer Vorname, zu ahd. *chnuz* »freimütig, keck«; dänisch *Knud*.

Bekannt: Knut Hamsun, norwegischer Schriftsteller (1859–1952).

Köbes männl., rheinische Kurzform von → *Jakob*.

Kolbert, frz. *Colbert* männl., zu altflämischen Namen *Koelbert, Colobert*, angelsächsisch *Colbeorht, col* »quellen« und ahd. *beraht* »glänzend«.

Kolja, Kolinka männl., russische Kurzform von *Nikolaj = Nikolaus*.

Kolman, Koloman männl., irisch *Colman, Colm*, zu lat. *columba* »die Taube«; ungarisch *Kálmán*.

Der heilige Koloman war irischer Palästinapilger, Märtyrer in Stockerau bei Wien, 1012 ermordet;

K Grab im Kloster Melk, Niederösterreich, der Hauptstätte seiner Verehrung.

Kolomba, Kolumba weibl. Vorname, frz. *Colombe*, lat. *columba* »die Taube«.

Die heilige Kolumba, Märtyrerin des 3. Jh. in Rom.

K Altartafel, Meister des Bartholomäusaltars, Köln, Wallraf-R.-Museum.

Kolumban männl., die männl. Entsprechung zu → *Kolumba*.

Namenverbreitung durch zwei Heilige. Der heilige Kolumban d. Ä. (Kolumkill), 6. Jh., ist der Apostel Irlands; der heilige Kolumban d. J. aus Irland (6. Jh.) kam mit St. Gallus in die Schweiz.

Kolumbana, Kolumbine, *Columbine* weibl. Weiterbildung von → *Kolomba*.

Konkordia weibl. → *Concordia*.

Konni, Konny, *Conny* männl. Kurzform von → *Konrad, Constantin, Konstantin*.

Konrad, *Conrad* männl., älter *Chunrat*, dt. Vorname, sehr verbreiteter und beliebter Name von Kaisern und Königen des Mittelalters, auch der einiger Heiliger; häufigster männl. dt. Name des 14. Jh., volkstümlich unter den Bauern.

Die aufständischen Bauern des Mittelalters nannten sich appellativ »Armer Konrad«, damit die Masse des Volkes (der vielen Konrade) bezeichnend. Auch die Redensart »Hinz und Kunz« (= Konrad) erinnert an die große Verbreitung des Namens *Konrad*, ahd. *Kuonrat*, zu *kuoni* »kühn, tapfer« und *rat* »Ratgeber« = kühner Ratgeber.

Kurzform *Cuno, Kuno, Kunz, Kurt*, niederdeutsch *Cord, Kord*, dänisch *Kort*, neuere Kurzform *Conny, Konny*, engl. *Con, Connie*, finnisch *Konni*, niederländisch *Koenraad, Conradus*, ital. *Corrado*, span. *Conrado*, russisch *Kondrat*.

K Konrad I., dt. König, Grab im Dom zu Fulda; Konrad II., dt. Kaiser, Dom zu Speyer; Konrad III., dt. König, Hohenstaufer, Grab im Dom zu Bamberg.

Bekannt: Konrad Lorenz, Verhaltensforscher (1903–1989).

Konrade weibl. Form von → *Konrad*.

Konradin, *Conradin* männl. Verkleinerungsform von → *Konrad*.

Fürstenname im Mittelalter; Herzog Konradin von Schwaben, Sohn Konrads IV., wurde als letzter Staufer mit 16 Jahren 1268 in Neapel enthauptet, weil er sein sizialinisches Erbe antreten wollte.

Konradine weibl. Form von → *Konradin*.

Konstantin, *Constantin* männl. Vorname, lat. *Constantinus* »der Standhafte«, zu lat. *constans* »beständig, standhaft«.

Im Mittelalter durch den Namen Kaiser Konstantins des Großen verbreitet. Name einiger Heiliger, griech. Fürstenname, gegenwärtig Exkönig Konstantin II.

Engl. *Constantine*, frz. *Constantin*, romanisch *Constantino*, ital. *Costantino, Costante*, südslawisch *Kostadin, Kosta*, ungarisch *Szilárd*.

Konstantine weibl. Form von → *Konstantin*, lat. *Constantina*.

Kostanze, *Constanze* weibl. Vorname lat. Herkunft, zu lat. *constans* »beharrlich, beständig, standhaft«. Kurzform *Stanzi, Stanzl*.

Name mehrerer Heiligen, im Mittelalter Fürstinnenname, Konstanze, Ehefrau des späteren dt. Kaisers Heinrich VI., Mutter Friedrichs II.

K Grabmal der dt. Kaiserin Konstanze im Dom zu Palermo.

Engl./frz. *Constance*, ital. *Constanza*.

Konz weibl. Nebenform von *Kunz*, Kurzform von → *Konrad*.

Kora, *Cora* weibl., 1. zum griech. Namen *Korē*, griech. *korē* »Mädchen,

Tochter«, Weiterbildung → *Korinna*; 2. Kurzform von *Cordelia, Cordula*; niederländisch auch von *Cornelia*.

Korbinian, *Corbinian* männl. Vorname, wird als ahd. *Korwin* belebt = altfranzösisch *Corbin*, zum lat. Namen *Corvinus, corvus* »Rabe«, *corvinus* »kleiner Rabe«.

Der heilige Corbinian aus Melun/Seine (ursprünglich *Corbin*, zu frz. *corbeau* »Rabe«) wirkte als Missionar in Bayern, war erster Bischof und Patron von Freising, deshalb die Verbreitung des Namens überwiegend in Süddeutschland. Kurzform *Kurberl, Kurwel, Kurwe*.

K Tafel des Hochaltars von Weihenstephan (1483), München, Alte Pinakothek.

Kord, Kurd männl. Kurzform, *Kort* dänische Kurzform von → *Konrad*.

Kordelia weibl. → *Cordelia*.

Kordia weibl. Vorname, Kurzform von → *Konkordia*.

Kordula weibl. → *Cordula*.

Korinna, Korinne, *Corinna* weibl. Vorname griech. Ursprungs, Weiterbildung des griech.Namens → *Kora, Korē*, zu griech. *korē* »Mädchen, Tochter«.

Kornel männl. Kurzform von → *Kornelius*; niederländisch *Corneel, Korneel*.

Kornelia weibl. → *Cornelia*.

Kornelius männl. → *Cornelius*.

Der heilige Kornelius, Papst aus der römischen Familie der Cornelier (3. Jh.), Patron der ehemaligen Abteikirche Kornelimünster.

K Reliquienbüste dort im Kirchenschatz (1355/85).

Korona weibl. → *Corona*.

Kosima weibl., **Kosimo** männl. → *Cosima, Cosimo*.

Kosmas weibl. → *Cosmas*.

Kosta männl., südslawische Kurzform von *Konstantin*.

Kostja, Kotja weibl., südslawische und russische Kurzform von → *Konstantin*.

Kraft, *Krafto* männl., alter dt. Vorname, ursprünglich Beiname, zu ahd. *kraft* »Kraft, Macht«.

Als Vorname im Mittelalter bei Rittern und Adligen beliebt, beim Volk keine große Verbreitung, heute überwiegend Familienname.

Kreszentia, Kreszenz weibl., »die Wachsende«, zu lat. *crescentia* »Wachstum, Aufblühen, Zunehmen«.

Kriemhilde, Krimhilde weibl., alter dt. Vorname, älter *Grimhilde* zu ahd. *grima* »Maske, Gespenst«, altnordisch *grima* »Maske« und ahd. *hiltja* »Kampf«.

Name der Kriemhild aus dem Nibelungenlied, verbreitet nach Wiederentdeckung und Veröffentlichung dieses deutschen Epos.

Krishna, Krischna weibl. Vorname indischer Herkunft, Bedeutung im altindischen Sanskrit »der Schwarze«.

Der indische Gott Krischna gilt als Inkarnation Wischnus.

Krispin, Krispinus männl. → *Crispin, Crispinus*.

Krista weibl., neuere Form von → *Christa*, in Anlehnung an nordische Formen.

Krister männl., alter schwedischer Vorname zu *Kristian* = *Christian*.

Kristian männl., nordische Form von → *Christian*. Bezeichnete ursprünglich den zum Christentum Bekehrten.

Kristiane, Kristin weibl., nordische Formen von → *Christiane* und *Christine*. *Kristin* sollte für Christian nicht verwandt werden, weil er weibl. Vorname ist (LG Hildesheim, 11.6.1965).

Kristina, Kristine weibl., übernommene nordische Formen, schwedisch *Kristina*. Runeninschrift um 1100 *Kristin*, Bezeichnung für diejenige Frau, die sich zum Christentum bekehrte. Schwedischer Modename von 1940 an.

Kristof männl., nordische Form für → *Christoph*.

Kühnemund männl. Neubildung nach pietistischem Vorbild in Anlehnung an *Kunimund*, ahd. *kunni* »Sippe« und *munt* »Schutz (der Unmündigen)«.

Kunibald männl., alter dt. Vorname, zu ahd. *kunni* »Geschlecht, Sippe« und *bald* »kühn«.

Kunibert männl., alter dt. Vorname, zu ahd. *kunni* »Sippe« und *beraht* »glänzend«.

Heiligenname des Mittelalters, heute als »Ritter Kunibert« abwertender Ausdruck für die mittelalterliche Rittergestalt, ähnlich der des span. Hidalgo Don Quichotte.

Kunigunde alter weibl. Vorname, zu ahd. *kunni* »Sippe« und *gund* »Kampf«; sehr beliebter Fürstinnen-und Heiligenname des Mittelalters. Kurzform *Gundel, Kuni, Kunza*, niederdeutsch *Konne*.

Bauernregel zum Namenstag der heiligen Kunigunde (3. März): »An Kunigund' kommt die Wärm von unt'«.

K Kunigunde, dt. Kaiserin (11. Jh.), Heilige, Grabmal im Bamberger Dom von Tilman Riemenschneider.

Kuno männl. Kurzform von → *Konrad* und von Namen mit *Kuni-*; friesisch *Keno*.

Kunz männl., selbständiger Vorname, Kurzform von → *Konrad*.

Im Zusammenhang mit der Redensart »Hinz und Kunz« vgl. → *Hinz*.

Kurt männl., auch *Curt, Curd*, selbständige alte Kurzform von → *Konrad*.

Seit dem Namenvorkommen *Konrad/Kurt* in der romantischen Dichtung des 19. Jh. wieder volkstümlich geworden, auch heute noch unter den beliebtesten Namen.

Kurtmartin männl. Doppelform aus *Kurt* und *Martin*.

Kyra weibl., auch *Kira, Khira*, Vorname griech. Herkunft, Verkürzung des dorischen Frauennamens *Kyrana*, Nebenform von *Kyrēnē* »Frau aus der *Kyrenaika*«.

Kyrill männl. Vorname griech. Herkunft, zu *Kyrillos*, später altgriech. Männername; → *Cyrill, Cyrillus*.

Kyrilla weibl. Vorname griech. Herkunft, zu *Kyrillē*, altgriech. Frauenname.

L...

L...

Lada weibl., süd- und westslawische Kurzform von *Ladislava*, zu → *Ladislaus*.

Ladewig männl., niederdeutsch-ostfriesische Form von → *Ludwig*.

Ladina, Ladinka weibl., südslawische Koseformen von *Ladislava*, weibl. Form von *Ladislaus*.

Ladislaus männl. Vorname zu der latinisierten Form *Wladislaus*, slawisch *Vladislav*, zu slawisch *vladi* »Herrschaft, Macht« und *slava* »Ruhm«. Heiligenname des Königs Ladislaus I. von Ungarn und Kroatien.

Lado männl., südslawische Kurzform von → *Ladislaus*.

Laila weibl., engl. auch *Leila, Leilah*; 1. in England uspründlich persischer Name aus einer Erzählung »Leilah und Mejnoun«, Bedeutung »die Dunkle, Dunkelhaarige«.
Danach bekannt geworden durch den literarischen Namen in Byrons »The Giaour« (Der Ungläubige, 1813);
2. *Laila* finnisch/lappischer Name, umgebildet ais *Aila*, vermutlich eine finnische Form für *Helga*.

Lajos männl., ungarische Form von → *Ludwig*.

Lala weibl., slawische Kurzform von *Ladislava* = weibl. Form von *Ladislaus*.

Lale weibl., skandinavische Kurzform für *Laura*; auch zu *Eulalie*.
Die Sängerin Elisabeth-Charlotte Helene Eulalia Bunterberg, verehelichte Liselotte Wilke/Beul war bekannt unter dem Namen Lale Andersen (1911–1972). **K** Dünenfriedhof auf Langeoog.

Lambert, Lampert, Lambrecht, Lamprecht männl., **Lamberta** weibl., alte dt. Vornamen, zu ahd. *lant* »Land« und *beraht* »glänzend«.
Durch Verehrung des heiligen Lambertus, Bischofs von Maastricht, wurde der Name durch flämischen Einfluß in den Niederlanden, besonders in Westfalen verbreitet. **K** St.-Lamberti-Kirche in Coesfeld.

Lana weibl. Kurzform von slawischen Namen, die auf *-lana* enden, z. B. *Jolana, Svetlana*.

Lancelot, Lanzelot männl., altenglischer Vorname.
Sagengestalt aus der Tafelrunde des Königs Artus, wurde in England ein typischer Bauernname; Bedeutung unsicher; *Lanzo* zu ahd. *lant* »Land«.

Landelin männl., **Landeline** weibl., alte dt. Vornamen, Weiterbildung zu ahd. Namen mit *Land-*.

Landerich, Landrich männl., alter dt. Vorname, zu ahd. *lant* »Land« und *rihhi* »reich, mächtig«.

Landewin, Landwin, Lantwin, Landuin männl., alte dt. Vornamen, zu ahd. *lant* »Land« und *wini* »Freund«.

Landfried männl., alter dt. Vorname, zu ahd. *lant* »Land« und *fridu* »Friede«.

Lando männl. Kurzform von *Landolt.*

Landolf, Landulf männl., alte dt. Vornamen, zu ahd. *lant* »Land« und *wolf* »Wolf«.

Landolt männl., alter dt. Vorname, besonders im alemannischen Raum, zu ahd. *lant* »Land« und *waltan* »walten, herrschen«.

Lanzelot männl. Vorname → *Lancelot.*

Lara weibl., ital. Kurzform von *Larisa*; slawische Kurzform von *Laura.*

Larissa weibl., altgriech. Name *Larissa.*
Tochter des Pelasgerfürsten Piasos, nach der gleichnamigen Stadt benannt, also Herkunftsname »Frau aus Larissa«.

Larry männl., engl. Kurzform von *Lawrence.*

Lars männl., schwedische Kurzform von *Laurentius.*

Laslo männl. Vorname, eindeutschend für ungarisch *László = Ladislaus.*

Lasse männl., schwedische Koseform für *Lars.*

Lätizia weibl. Vorname lat. Herkunft, zu lat. *laetitia* »Freude, Fröhlichkeit«.

Laura weibl., ital. Form von *Laurentia.*

Laure weibl., frz. Form von → *Laurentia.*

Laurence, Lawrence männl., engl. Formen von → *Laurentius.*
Sir Lawrence Olivier, britischer Schauspieler und Regisseur (geb. 1907).

Laurens männl., schwedische Form von *Laurentius*; Kurzform *Lars, Lasse.*

Laurent männl., frz. Form von *Laurentius.*

Laurentia weibl. Form von → *Laurentius.*
Engl. *Laureen, Lauren, Laurena*, frz. *Laurence*, ital. *Lorenza*, niederländisch *Laurentia, Laureina*, norwegisch *Larsina, Laurense, Laurine*, ungarisch *Laurencia*; neuere Kurzform *Lenza.* Sehr beliebt: *Laura.*

Laurentius männl. Vorname, lat. Herkunftsname »der aus Laurentum (Stadt in Latium) Stammende«, angelehnt an lat. *laurea* »Lorbeerkranz, Lorbeerzweig«.
Name des heiligen Laurentius, Märtyrer in Rom (3. Jh.), Schutzherr der Ungarnschlacht auf dem Lechfeld (955), seitdem sehr verehrt und unter den Namen *Laurenz, Lorenz, Lenz* in Deutschland als Tauf- und Familienname verbreitet.
K Reliquien in der Basilika San Lorenzo fuori le mura, Rom.
Kurzform *Lenz, Renz*, schweizerisch *Lori(s), Enz, Enzeli*; engl. *Laurence, Lawrence*, frz. *Laurent*, ital. *Lorenzo, Renzo, Rienzo*, niederländisch *Laurens*, dänisch *Laurids*, schwedisch *Laurens, Lars*, norwegisch *Lavrans, Lars, Lauri*, russisch *Lavrentj*, ungarisch *Lörinc.*

Laurenz männl. Vorname, eindeutschend für → *Laurentius*; Kurzform *Lenz.*

Lauretta, Laurette weibl. Vorname, ital. und frz. Verkleinerungsform von *Laura.*

Lauri männl., finnische und norwegische Kurzform von → *Laurentius.*

Laurids, Laurits männl., dänische Form von → *Laurentius.*

Laurin männl., **Laurine** weibl. Vorname zu dem tirolischen Namen *Laurin.*
Zwergenkönig in der Heldendichtung der Dietrichsage; gehört zum ahd.

übernommenen Adjektiv *laurin* »vom Lorbeerbaum (stammend)« und in gleicher Bedeutung zu lat. *laurus* »Lorbeer«.

Lauritz männl. Vorname, eindeutschend für dänisch *Laurids = Laurentius.*

Laux männl. Kurzform von → *Lukas.*

Lavina, Lavinia weibl. Vorname, lat. Herkunftsname »Frau aus der Stadt Lavinium«. In der römischen Mythologie ist Lavinia Tochter von Latinus, König von Latium.

Lazar, Lazarus männl., bibl. Name, zu griech. *lazaros*, hebr. *eleasar* »Gott ist Helfer«, »Gotthilf«; frz. *Lazare.*

Lea weibl., bibl. Name, zu hebr. *lēʾāh* »die sich vergeblich abmüht« oder in anderer Bedeutung »Wildkuh«; auch *Lee.*

Leandra weibl. Form zu → *Leander.*

Leander männl. Vorname, griech. *Léandros*, zu griech. *laós*, attisch *leōs* »Leute, Volk« und *anēr*, gen. *andrós* »Mann«.
Bekannt durch die griechische Sage von Hero und Leander.

Leberecht, Lebrecht männl., pietistische Bildung des 18. Jh.
Bekannt: Gebhard Leberecht Blücher, der »Marschall Vorwärts« der Freiheitskriege; Heinrich Seidels Roman »Leberecht Hühnchen«.

Leda weibl. Vorname, Gestalt der griech. Mythologie; die Geliebte des Zeus.

Lei männl./weibl., rheinische Kurzform von → *Adelheid*, → *Leo* und *Leonhard.*

Leif männl., nordischer Vorname, Kurzform von alten *-leif*-Namen, zu ahd. *leiba* »Erbe« (→ *Detlef*). Koseform *Leffe.*

Leik männl. Vorname, norwegische Kurzform von Namen mit *-leik*, wie *Godleik, Joleik.*

Leila weibl., engl. Vorname »die Dunkelhaarige«, zu → *Laila.*

Lelia weibl. Vorname, 1. *Lelia, Leliane* zu niederländisch *lelie*, lat. *lilium* »Lilie«; 2. *Lelia* ital. weibl. Form von *Lelio*, zu griech. *lálos* »gesprächig«, auch zu *Laelia*, männl. *Laelius*, eine altrömische Familie.
Bereits im Jahre 863 als Frauenname im Codex dipl. fuldensis. »Lelia« heißt ein früher autobiographischer Roman von George Sand (1833).

Lelio männl., ital. Vorname → *Lelia.*

Lena, Lene, Leni, Lenke weibl., niederdeutsche Kurzform von *Helene* und *Magdalene.*

Lenard, Lenhard männl. Nebenform von → *Leonhard*; niederdeutsch, schwedisch *Lennart.*

Lenka weibl., slowakische Kurzform von *Magdalena.*

Lenz männl. Kurzform von *Lorenz, Laurentius.*
»Lenz« – Novellenfragment über den Dichter des Sturm und Drang von Georg Büchner (1813–1837).

Lenza weibl. Kurzform zu → *Laurentia.*

Leo, Leon männl. Kurzform von → *Leonhard.*

Leokadia, Leokadie weibl., auch *Leocadia*, um 1900 gebrauchter Vorname, *Leo* zu »Löwe«, *-kadia* slawisch und ungarische Koseform von → *Katharina.*

Leona weibl. Form zu → *Leo, Leon.*

Leonard männl., **Leonarda** weibl., **Leonardo** männl. Formen von → *Leonhard, Leonharda.*

Leone männl., ital. Form von → *Leo.*

Leonhard männl. Vorname, »der Löwenstarke«, zu lat. *leo* »Löwe« und ahd. *harti* »hart«.

Name eines altfränkischen Volksheiligen, des heiligen Leonhard von Noblac bei Limoges (6. Jh.); nach Erhebung seiner Reliquien im 11. Jh. verehrt und der Name in Süddeutschland, der Schweiz, Österreich und Böhmen weit verbreitet, insbesondere unter dem Namen → *Lienhard.* Patron der Landleute, Stallheiliger, Schützer der Pferde. Kurzform *Leo, Leon, Lenard, Leonz, Lienhard*; engl. *Leonard, Len, Lenny*, frz. *Léonard*, ital. *Leonardo, Lionardo*, schwedisch auch *Lennart.*

Leonharda weibl. Form von → *Leonhard.*

Leoni, Leonia, Leonie weibl. Formen zu → *Leo, Leon.*

Leonid männl., häufiger russischer Vorname, entspricht dem altgriech. Namen *Leōnidas*, zu griech. *léōn* »Löwe«.

Leonida weibl., slawische Form zu → *Leonid.*

Leonie, Leonille weibl., frz. Formen zu *Leo, Leon, Leonilda.*

Leonilda weibl. Vorname, wohl aus dt.-lat. *leo(n)* »Löwe« und *hiltja* »Kampf«, in Anlehnung an → *Leonida.*

Leonore weibl. Vorname des 18. Jh., verkürzt aus → *Eleonore*; Operngestalt in Beethovens »Fidelio«; Nebenform *Lenore.*

Leontine weibl., lat. *Leontina* »Frau aus der Stadt Leontini« (Sizilien).

Leopold, Leupolt männl., alter dt. Vorname, ahd. *Luitbald, liut* »Volk, Leute« und *bald* »kühn«.

Verbreitet durch dynastische Einwirkung des Namens auf Adel und Patriziat, danach durch Verehrung des 1485 heilig gesprochenen Leopold, Markgrafen von Österreich, Gründer von Burg und Stiftskirche Klosterneuburg und des Zisterzienserklosters Heiligenkreuz, Landespatron von Österreich, seit 1663; in Süddeutschland und in Bayern volkstümlicher Name geworden, auch durch Luitpold; belgischer Königsname.

Andere Formen: *Lebold, Leupold, Lippold*; Kurzform *Pold, Poldi, Polt(l), Polde*; frz. *Léopold*, ital. *Leopoldo, Poldo.*

K Leopold I., Leopold II., dt. Kaiser, Kapuzinergruft, Wien.

Leopolda, Leopolde weibl. Form zu → *Leopold.*

Leopoldine weibl. Weiterbildung von *Leopolde.*

Leslie° männl./weibl. Vorname, ursprünglich schottischer Familienname, aus einem Ortsnamen in Aberdeenshire entstanden. Vorname seit Ende des 19. Jh., *Leslie* ist männl. Vorname, wurde aber zu verschiedenen Zeiten auch Mädchen gegeben; die einwandfreie weibl. Form ist *Lesley.*

Lester männl., engl. Vorname, ursprünglich Familienname, der aus dem Ortsnamen Leicester hervorgegangen sein soll. Protagonist in Friedrich Schillers Trauerspiel »Maria Stuart«. Uraufführung im Weimarer Hoftheater am 14. 6. 1800.

Letizia, auch *Letitia* weibl. → *Lätizia*.

Let, Letta, Letje, Letteke, Lettie, Letty weibl. Kurzform von *Aletta, Alette* = *Adelheid*.

Leupman männl., älter *Luipman*, alter oberdeutscher Vorname, zu ahd. *liub, liob* »lieb« und *man* »Mann«.

Leutfried männl., **Leutgard(e)** weibl., **Leuthold, Leutwein, Leutwin** männl. Nebenformen zu → *Luit*-Namen.

Levi männl., bibl. Name, zu hebr. *levi* »anhänglich, zugetan (dem Bund)«.

Lew männl., auch *Lev*, russische Form von → *Leo*.

Levin männl., auch *Lewin*, niederdeutsche Form von *Liebwin*. Dazu die männl., ost- und nordfriesische Kurzform *Leve(n), Lewe*.

Lewis männl., engl. Form von → *Ludwig*.

Lex männl., Lexa weibl. Kurzform von *Alexander, Alexandra*.

Li weibl. Kurzform von → *Elisabeth* oder anderen weibl. Vornamen mit *-li, Li-* oder *Lie-*.

Lia weibl. Kurzform von *Julia* oder anderen weiblichen Vornamen mit *-lia*.

Liane, *Liana* weibl. Kurzform von *Juliane*; literarische Gestalt in Jean Pauls Roman »Titan«, erschien 1800–1803 in vier Bänden.

Libeth weibl. Kurzform von → *Elisabeth*.

Liborius männl. Vorname lat. Herkunft, zu lat. *libo, libare*, griech. *leibō* »einem Gott opfern oder solchem heiligen«.
Kurzform *Bories, Borris, Börries*.
Bekannt durch den Namen des heiligen Liborius (4. Jh.), Bischof von Le Mans, dessen Reliquien nach Paderborn gebracht wurden.

Libusa, Libussa weibl. Vorname slawischer Herkunft, tschechische Bedeutung »das Liebchen«. Name einer sagenhaften böhmischen Königin, als Gründerin von Prag bezeichnet.

Lida weibl. Kurzform von → *Adelheid* und → *Ludmilla*.

Liddi, Liddy weibl. Kurzform von *Lydia*.

Lidia weibl., ital. Form zu → *Lydia*.

Lidwina weibl. Vorname, niederländisch auch *Lidewei*, tschechisch *Lidvina*, Name einer altslawischen Göttin; zu ahd. *liut* wie slawisch *ljud* »Volk« und *wini* »Freund«, frz. *Lidwine*.

Liebert, Liebrecht männl., alte dt. Vornamen, zu ahd. *liob* »lieb« und *beraht* »glänzend«.

Liebfried männl., alter dt. Vorname, zu ahd. *liob* »lieb« und *fridu* »Friede«.

Liebgard weibl., alter dt. Vorname, zu ahd. *liob* »lieb« und *gard* »Hort, Schutz«.

Liebhard, Liebhart männl., alter dt. Vorname, zu ahd. *liob* »lieb« und *harti* »hart«.

Liebhild weibl., alter dt. Vorname, zu ahd. *liob* »lieb« und *hiltja* »Kampf«.

Liebtraud, Liebetraud, *Liebtrud* weibl., alte dt. Vornamen, zu ahd. *liob* »lieb« und *trud* »Kraft, Stärke«.

Liebwald männl., alter dt. Vorname, zu ahd. *liob* »lieb« und *waltan* »walten, herrschen«.

Liebward männl., alter dt. Vorname, zu ahd. *liob* »lieb« und *wart* »Hüter, Schützer«.

Liebwin männl., alter dt. Vorname, zu ahd. *liob* »lieb« und *wini* »Freund«.

Lienhard, Lienhart männl., alte oberdeutsche und schweizerische Nebenform von → *Leonhard*.
Sehr beliebter Vorname im späten Mittelalter, zunehmend durch die Verehrung des heiligen Leonhard von Noblac bei Limoges (6. Jh.).

Lies, Lis, Liesa, Lisa, Liesbeth, Liese, Lise, Lisbeth weibl. Kurzform von → *Elisabeth*.

Liesel weibl., oberdeutsch auch *Liesl*, Kurzform von → *Elisabeth*.

Lieselotte weibl. Nebenform von → *Liselotte*.

Lil, Lili → *Lill, Lilli*.

Lilian weibl., engl. Weiterbildung von *Lilly*.

Liliane, *Liliana* weibl., dt. und ital. Form zum engl. Vornamen *Lilian*.

Lilith weibl., bibl. Name einer babylonischen Nachtgottheit (Sturmdämon), nach hebr. *lilith* »die Nächtliche«.

Lill, Lilli, Lilly weibl. Kurzform, Lallformen der Kindersprache von → *Elisabeth*.

Lilo weibl. Kurzform von *Liselotte, Lieselotte*.

Lina, Line weibl. Kurzform von Namen wie *Karoline, Pauline* und anderen.

Linda weibl. Kurzform von Namen mit *-lind(a)*.

Linde weibl. Kurzform von Namen mit *linde*, angelehnt an den Baumnamen »Linde«.

Lindgard weibl., alter dt. Vorname, zu ahd. *lind(i)* »weich, lind, zart, mild« und *gard* »Einhegung, Hort, Schutz«.

Linette weibl., frz. Verkleinerungsform von → *Lina*.

Linnart männl., schwedische Nebenform von *Lennart*, zu → *Leonhard*.

Linus männl. Vorname, 1. zum altgriechischen Personennamen *Linos*, griech. *ailinos* »Klagegesang«, 2. Kurzform von *Paulinus, Marzellinus* u. a.

Lioba, Liuba, Leoba weibl., latinisierte Formen des Namens der angelsächsischen Äbtissin *Leobgid, Liobgytha* in Tauberbischofsheim († 782); aus ahd. *liob* »lieb« und altenglisch *gyth(a)* »Kampf«.

Lion männl., **Lionne** weibl., frz. Vornamen, alte volkstümliche Formen von frz. *Léon*.
Bekannt: Lion Feuchtwanger, dt. Schriftsteller (1884–1958).

Lionel [la:enel] männl., frz. und engl. Verkleinerungsform von *Lion*, eine alte populäre Form von ital. *Lionelo*, zu lat. *leo* »Löwe«.
Bekannt: Lionel Hampton, amerikanischer Jazzmusiker (geb. 1913).

Lipa weibl., russische Kurzform von *Olimpiada* = → *Olympia*.

Lis, Lise weibl. Kurzform von → *Elisabeth*; engl. *Liz*, ital. *Lisia*, schwedisch *Liska*.

Lisa, Lisabeth weibl. Kurzform von → *Elisabeth*.

Lisanne weibl. Neubildung aus *Lis(e)* und *Anna*; engl. *Lizanne*.

Lisbeth, Liesbeth, Lisebeth weibl. Kurzform von → *Elisabeth*.

Liselotte, *Lieselotte* weibl. alte Doppelform von *Elisabeth* und *Charlotte*.

Bekannt ist die populäre »Liselotte von der Pfalz« (1652–1722), eigentlich Elisabeth Charlotte, Gemahlin des Herzogs Philipp von Orleans, Schwägerin Ludwigs XIV.

Lisenka weibl., slawische Kurzform von → *Elisabeth*.

Lisette weibl., frz. Verkleinerungsform von *Lise*.

Lisia weibl., ital. Weiterbildung von *Lisa*.

Lisiane weibl., frz. Vorname, Weiterbildung von *Lise*, zu *Elisabeth*.

Liska weibl., ältere schwedische Nebenform von *Lisken*, eine Verkleinerungsform von *Elisabeth*.

Lissa, Lisse, Lissi, Lissy weibl. Kurz- und Koseformen von → *Elisabeth*.

Litthard männl. Vorname, zu oberdeutsch *Luithard*, ahd. *liut* »Volk« und *harti* »hart«.

Liv weibl., nordischer Vorname, zu altisländisch *hlif* »Wehr, Schutz«, angelehnt an schwed. *liv* »Leben«.
Bekannt: die schwedische Schauspielerin Liv Ullmann.

Livia weibl., ital. Form von → *Livius*.

Livio männl., ital. Form von → *Livius*.

Livius männl., wie *Livia* lat. Herkunft, »aus dem römischen Geschlecht der Livier«.

Lizzi, Lizzy weibl., engl. Kurzform von *Elisabeth* oder *Alice*.

Loana weibl. Weiterbildung von → *Lona*.

Lobgott männl. Vorname, pietistische Bildung des 18. Jahrhunderts.

Lodewik männl., niederdeutsche/niederländische Form von → *Ludwig*.

Lois, Loisl männl. Kurzform von → *Alois*.

Loisa weibl. Kurzform von *Aloisia*.

Lola weibl., span. Kurzform, Lallform von → *Dolores* und *Carlota* (→ *Charlotte*).
Koseformen: *Loli, Lolika, Lolita, Lolli, Lollika, Lolo(ka)*.

Lolita weibl. Verkleinerungsform von → *Lola*. Bekannt durch den Roman »Lolita« (1955) von Vladimir Nabokov († 1977), frz. *Lolitte*.

Lona, Lone weibl. Kurzform von *Leona* und *Apollonia*.

Longin, *Longinus* männl. Vorname lat. Herkunft, römischer Beiname (Übername) der Familie Cassia, zu lat. *longus* »lang, von großer Länge«.

Longina weibl. Vorname lat. Herkunft, wie bei → *Longin*.

Loni, Lonni weibl. Kurzform von *Leonie* und *Apollonia*.

Lora weibl., 1. südslawische Nebenform von *Laura*; 2. russische Kurzform von *Larisa*, → *Larissa*.

Lorda weibl., baskischer Taufname »die Wallfahrerin (nach Lourdes)«.

Lore weibl., volkstümliche Kurzform von *Eleonore*.

Loredana weibl., ital. Vorname, zu lat. *laurea* »Lorbeerkranz, Lorbeerzweig«.

Lorella weibl. Vorname, Weiterbildung zu *Laura*.

Loremarie weibl. Doppelform aus *Lore* und *Marie*.

Lorena, Lorene weibl., englisch-amerikanische Nebenform von *Laurena* = *Laurentia*.

Lorenz männl., eindeutschend für *Laurenz* = *Laurentius*; Kurzform *Lenz*.

Lorenza weibl., ital. Vorname, zu *Laurentia*, Koseform *Lorenzina*.

Lorenzo männl., ital./span. Form von → *Laurentius*; Kurzform *Renzo, Rienzo*.

Loretta, Lorette weibl., ital.-frz. Nebenform zu → *Lauretta, Laurette*, beeinflußt durch Notre-Dame-de-Lorette, Verehrung der heiligen Jungfrau, und Wallfahrtsort Loreto (Italien).

Loretto männl., neuerer Vorname, angelehnt an → *Loretta*, an den Wallfahrtsort Loreto (Italien).

Lorina weibl. Kurzform von → *Laurentia*.

Loris° männl., ital./schweizerische Kurzform von *Lorenz = Laurentius*.

Loris° weibl., ital./schweizerische Kurzform von *Lorenza = Laurentia*.

Lorita, Loritta weibl. Nebenform zu *Loretta*.

Lorna weibl., amerikanischer Vorname nach dem Roman »Lorna Doone« (1869) von R. D. Blackmore.

Lothar männl., alter dt. Vorname, ahd. *Hlothar, Chlothar*, zu ahd. *hlut* »laut, berühmt« und *heri* »Heer«.
Ein fränkischer Adelsname, Kaiser- und Königsnamen, Lothar I., Lothar II., dazu Lothringen = Lotharingen; nach 1900 wieder modern, Name ist auch heute noch beliebt. **K** Lothar I., fränkischer Kaiser, Benediktinerkirche Prüm (Eifel); Lothar III., dt. König und Kaiser, Abteikirche in Königslutter.

Lotte weibl. Kurzform von → *Charlotte*.
Im 19. Jh. wie Anfang dieses Jahrhunderts beliebt, gefördert durch »Goethes Lotte« (= Charlotte Buff), literarisch in »Leiden des jungen Werther«, und Thomas Manns Roman »Lotte in Weimar«.

Lotti weibl. Koseform von → *Lotte*.

Lou weibl. Kurzform von → *Louise*; *Lou(i)* männl., auch Kurzform von → *Louis*.

Louis männl., frz. Form von → *Ludwig*, aus älterem *Clovis = Chlodwig*.
Name frz. Könige des 14., 15. und 16. Jahrhunderts. Noch im 19. Jh. in Deutschland häufig für *Ludwig* gebraucht, heute wegen abwertender umgangssprachlicher Form *Loui, Louis* »Zuhälter«, gemieden. Bekannt: Louis Daniel (genannt »Satchmo«) Armstrong, amerikanischer Jazztrompeter und -sänger (1900–1971).

Louise, *Lowis, Lowise* weibl., frz. und mundartlich eindeutschende Formen von → *Louis*; siehe auch → *Lowisa*.

Loulou weibl., auch *Lulu*, kindersprachl. Herkunft, Verdoppelung von → *Lou*.

Lovis, Lowis männl., niederdeutsche Formen von niederdeutsch *Lodewik = Ludwig*. Bekannt: Lovis Corinth, dt. Maler und Graphiker.

Lowik männl., niederländische Form von → *Ludwig*.

Lowisa, Lowise weibl., niederdeutsche Formen von → *Louise*, zugleich Anlehnung an die männl. Form → *Lovis, Lowis*.

Lu° männl./weibl. Kurzform von männl. Vornamen mit *Lud-* und bei weibl. Vornamen von *Luise*.

Lubbe westfriesisch, **Lübe, Lübbo** männl., **Lübba, Lübbe** weibl., ostfriesische Kurzform von Namen mit *Luit-*.

Luc, Luca, Luce männl., romanische Kurzform zu *Luca*, → *Lukas*. Bekannt: Lucas Cranach d. Ä., Maler und Kupferstecher (1472–1553).

Luc weibl. Kurzform zum engl. Vornamen → *Lucy*.

Luca, Luce weibl. Kurzform zu *Lucia, Lucie; Luca, Luci* auch zu *Lucrezia*.

Lucette weibl., frz. Verkleinerungsform von *Luce, Lucia*.

Luch männl., alte oberdeutsche Form des Evangelistennamens → *Lukas*.

Lucia, Lucie weibl. Form zu → *Lucius*, Kurzform *Luca, Luc, Luce, Lucy*.

Lucian(us) männl. Vorname, Weiterbildung von → *Lucius*; irisch *Lucan*.

Luciana, Luciane weibl. Formen zu *Lucianus*.

Luciano männl., ital. Form zu *Lucianus*.

Lucie, Luzie weibl. → *Lucia*.

Lucien männl., frz. Form zu *Lucianus*.

Lucienne weibl., frz. Form zu *Lucien*.

Lucilla, Lucille weibl. Verkleinerungsform von *Lucia*.

Lucinde weibl. Weiterbildung zu → *Lucia*. Bekannt in der Literatur: Friedrich von Schlegel, befreundet mit Schleiermacher, Fichte, Tieck und Novalis, nannte seinen 1799 erschienenen autobiographischen Roman »Lucinde«.

Lucio männl., ital. Form von → *Lucius*.

Lucius, Luzius männl. Vornamen lat. Herkunft wie lat. *Lucinus* »beim Licht des anbrechenden Tages geboren«. Im Mittelalter Papst- und Heiligenname, der in Deutschland kaum Verbreitung fand.

Lücke, Lucke weibl., ostfriesische Kurzform zu Namen mit *Luit-*.

Lucrezia weibl., **Lucrezio** männl. → *Lukrezia*.

Lucy weibl., engl. Form von *Lucia*.

Ludbert männl. Nebenform von → *Luitbert*.

Lude, Lüde, Ludeke, Lüdeke, Luideke männl., niederdeutsch-friesische Kurzformen zu Namen mit *Luit-*, ebenso von → *Ludwig*.

Lüder männl. Vorname, niederdeutsche Form, zu dem Namen *Luit-hari* = *Luither*.

Ludgardis weibl. Nebenform von → *Luitgard*.

Ludger männl., **Ludgera** weibl., alte dt. Vornamen, Nebenformen zu → *Luitger*. In Westfalen verbreitet durch die Verehrung des heiligen Ludger, erster Bischof von Münster.

Ludmilla weibl. Vorname slawischer Herkunft, zu russisch *ljud* »Volk« und *milyj* »lieb, angenehm«. Die Verehrung der hl. Ludmilla, Landespatronin Böhmens, wirkte namenbildend über die Grenzen Böhmens und Polens hinaus.

Ludo männl. Kurzform von Namen mit *Lud-*.

Ludolf männl. Nebenform von *Luitolf*. Name des Stammherrn der sächsischen Ludolfinger, auch des heiligen Ludolf, Bischof von Ratzeburg.

Ludolfa weibl. Form zu → *Ludolf*; **Ludolfine** weibl. Weiterbildung zu *Ludolfa*.

Ludvig männl. Vorname, rätoromanische und schwedische Form von → *Ludwig*.

Ludvika, Ludwika, Ludowika weibl. slawische Formen zu *Ludwiga*; ital. *Lodovica, Ludovica*; latinisiert *Ludowica*.

Ludwig, älter *Ludewig* männl., alter dt. Vorname, ursprünglich fränkisch *Chlodwig*, zu ahd. *hlut* »laut, berühmt« und *wig* »Kampf«.
Als Name dt. und frz. Könige und dt. Kaiser in ganz Deutschland und in Europa verbreitet. Im 19. Jh. beliebt durch zahlreiche Namensträger. Kurzform *Lu, Ludchen, Lude, Ludi, Luggi, Lutz*, bayrisch *Wickl, Wigg, Wiggerl*; niederdeutsch *Ladewig, Lovis, Lowis, Lodewik, Lüder, Lüdeke*; engl. *Lewis*, frz. *Louis*, ital. *Lodovico, Ludovico, Luigi*, rätoromanisch *Ludivic, Ludvic, Ludvig, Luis*, niederländisch *Lodewik, Lowik*, schwedisch *Ludvig*, span.-portugiesisch *Luis, Luiz*, slawisch *Ludvik, Ludwik*, ungarisch *Lajos*. Der Name ist heute noch gut verbreitet, geht aber zurück.
K Ludwig IV., dt. König und Kaiser, Ludwig III., König von Bayern, Frauenkirche, München.

Ludwiga weibl. Form zu → *Ludwig*.

Ludwina weibl., andere Form zu *Lidwina*.

Luggi männl., schweizerische-österreichische Kurzform von → *Ludwig*, angelehnt an *Luigi*.

Luick männl., **Luicke** männl./weibl., ostfriesische Kurzform zu Namen mit *Luit-*.

Luidolf männl. Nebenform von → *Luitolf*.

Luigi männl., ital. Form von → *Ludwig*.

Luis männl., span. und rätoromanische Form von → *Ludwig*; eindeutschend für Louis. Bekannt: der Schriftsteller, Bergsteiger und Südtiroler Luis Trenker.

Luisa weibl., ital., span. und rätoromanische Form von *Louisa, Luise*.

Luise weibl., dt. Form von *Louise*. Beliebter Name nach der Königin Luise von Preußen (18./19. Jh.). K Mausoleum im Schloßpark in Charlottenburg.
Bekannt: Luise Rinser, Schriftstellerin (geb. 1911).

Luisella, Luiselle weibl., romanische Verkleinerungsform von *Luisa*.

Luitbald männl., alter dt. Vorname, oberdeutsch *luit*, ahd. *liut* »Volk« und *bald* »kühn«.

Luitberga, Luitburga weibl., alte dt. Vornamen, zu oberdeutsch *luit*, ahd. *liut* »Volk« und *berga* »Schutz, Zuflucht«.

Luitbert, Luitbrecht männl., alte dt. Vornamen, zu oberdeutsch *luit*, ahd. *liut* »Volk« und *beraht* »glänzend«.

Luitbrand, *Luitprand* männl., alter dt. Vorname *Luitbrant*, zu oberdeutsch *luit*, ahd. *liut* »Volk« und *brant* »Brand, Brennen«.

Luitfried männl., **Luitfriede** weibl., alte dt. Vornamen, zu ahd. *liut* »Volk« und *fridu* »Friede«.

Luitgard, *Lutgard* weibl., alte dt. Vornamen, zu oberdeutsch *luit*, ahd. *liut* »Volk« und *gard* »Gehege, Hort, Schutz«.

Luitger männl., alter dt. Vorname, zu oberdeutsch *luit*, ahd. *liut* »Volk« und *ger* »Speer«; populär wurde der Heiligenname → *Ludger*.

Luitgunde weibl. Vorname, zu oberdeutsch *luit*, ahd. *liut* »Volk« und *gund* »Kampf«.

Luithard männl. Vorname, zu oberdeutsch *luit*, ahd. *liut* »Volk« und *harti* »hart«.

Luither männl. Vorname, zu oberdeutsch *luit*, ahd. *liut* »Volk« und *heri* »Heer«.

Luithilde weibl. Vorname, zu oberdeutsch *luit*, ahd. *liut* »Volk« und *hiltja* »Kampf«.

Luithold männl., zu älterem *Luitwalt*, ahd. *liut* »Volk« und *waltan* »walten«.

Luitolf, Luidolf männl., alte dt. Vornamen, zu oberdeutsch *luit*, ahd. *liut* »Volk« und *wolf* »Wolf«.

Luitpold männl. Nebenform von *Luitbald*.

Luitprecht männl. → *Luitbert, Luitbrecht*.

Luitwin männl., **Luitwine** weibl., alte dt. Vornamen, zu ahd. *liut* »Volk« und *wini* »Freund«.

Luiz männl., span. Form von → *Ludwig*.

Luk, Luke männl., westfriesische verkürzte Namenformen zu *Ludeke* = *Luidke*.

Lükardis weibl. Nebenform von → *Luitgard*.

Lukas, Lucas männl. Vorname lat. Herkunft. Name des Evangelisten Lukas, der als Heiliger verehrt wurde, er war Arzt und Gefährte des Apostels Paulus, starb als Märtyrer und stammte seinem Namen nach aus Lucania, einer Landschaft in Unteritalien. Der Name verbreitete sich mehr im oberdeutschen Raum. Kurzformen *Luc, Luch, Luckel, Laux, Lux*.

Lukrezia, Lucretia weibl., ursprünglich Tochter aus der altrömischen Familie *Lucrecia*, ital. *Lucrezia*.
Bekannt ist Lucrezia Borgia, Tochter Papst Alexander VI., die Dichter und Gelehrte an ihren Hof zog. Sie wurde Protagonistin zahlreicher Dichtungen, so bei Petrarca, Dante, Boccaccio, H. Sachs und Shakespeare, auch häufiges Bildmotiv seit der Renaissance (Lucas Cranach d. Ä.).

Lulu weibl. Lallform der Kindersprache von Namen mit *Lu-*, wie *Lucia, Luise*.
Bekannt aus der Literatur: »Lulu«, Drama von Frank Wedekind.

Luitje, Lütge, Lütje, Lütjen männl., friesische Kurzform von Namen mit *Luit-*.

Lutmar, Lutmer, Lütmer, Lüttmer männl., friesische Kurzform von *Luitmar*, zu ahd. *liut* »Volk« und *mari* »berühmt«.

Lutwin männl., **Lutwine** weibl. Nebenform von → *Luitwin, Luitwine*.

Lutz männl. Kurzform von → *Ludwig*.

Lux männl. Kurzform von → *Lukas*.

Luzia, Luzian, Luzie, Luzius eindeutschende Schreibungen von → *Lucia, Lucie, Lucian, Lucius*.

Luzinde weibl. → *Lucinde*.

Lydia weibl. Vorname griech. Ursprungs, »die aus Lydien Stammende«; span. auch *Lidia*.

Lyse weibl., alter griech. Frauenname, zu griech. *lysē* »Befreiung, Rettung«.

Lysander männl., griech. *Lys-andros* »der Freigelassene«, zu griech. *lysis* »Freilassung« und *andros* »Mann«.

Lysiane, Lysianne weibl., frz. Vornamen, Nebenformen zu *Lisiane*, angelehnt an Lisanne *(Lise* und *Anne)*; engl. *Lizanne*.

M…

M...

Mabel, Mabella weibl., engl. Vornamen, zu älterem *Amabel*, lat. *amabilis* »liebenswürdig«.

Mada weibl., irische Form zu → *Maud.*

Madalena, Maddalena weibl., ital. Formen von → *Magdalena.*

Madeleine weibl., frz. Form von → *Magdalene.*

Madge weibl., engl. Kurzform von *Margaret.*

Madina weibl. Kurzform von *Magdalena.*

K »Madina« Inschrift über einer Frauengestalt auf einem neu entdeckten Fresko in einem alten Turm im Unterland, Tirol, daneben den heiligen Virgilius (8. Jh.), Apostel Kärntens, zeigend.

Madlen, Madlene weibl. Vornamen, Kurzformen von → *Magdalene*; auch dt. Form von frz. *Madeleine.*

Mady weibl., engl. Kurzform von → *Magdalene.*

Mae weibl., engl. Kurzform von *Mary, May.*

Mafalda weibl. Vorname, in Italien gebraucht neben *Matelda, Matilda = Mathilde.*

Frauenname im Fürstenhaus von Savoyen, danach auch im italienischen Volk; Name ursprünglich aus Portugal übernommen; entspricht frz. *Mahaut, Mahault.*

Mag, Magga, Maggie, Maggy weibl., engl. Kurzformen zu *Margarete.*

Magali weibl. Kurzform zu frz. *Magelone.*

Magda weibl. Kurzform von → *Magdalena.*

Magdalen weibl., engl. Form von → *Magdalene.*

Magdalene, Magdalena weibl., bibl. Name, bei Luther übersetzte griech. Form *Magdalēnē*, 1. »die aus Magdala = Magada stammt« (am See Genezareth, Geburtsort der Maria), 2. »die Erhöhte, Erhabene«.

Jüngerin Jesu, die am Ostermorgen sein leeres Grab entdeckte. Seit der Reformation kam der Name häufiger vor, heute zurückgegangen. Kurzform *Lena, Lene, Lenchen, Leli* (schweizerisch), *Madlen, Magda*; engl. *Magdalen, Madeline, Mady, Maddy, Maudlin, Maudin, Maud*, frz. *Madeleine, Madlon*, ital. *Maddalena, Madelena*, norwegisch auch *Magdelone, Madel, Magli, Malene*, span. *Madelena*, schwedisch auch *Malin, Lena, Lona*, slawisch *Madlenka, Lenka*, russisch auch *Magdelina, Madelina*, ungarisch auch *Magdolna, Aléna.*

Magdali, Magel weibl. Kurzform von → *Magdalene.*

Magelone weibl. Vorname, frz. *Magalonne*, dänisch-norwegisch *Magdelone*, slowenisch *Makalonca*, Nebenform von → *Magdalene.*

Sagenhafte Heldin eines dt. Volksbuches (1457), »Die schöne Magelone«, in fast alle europäische Sprachen übersetzt, von Hans Sachs dramatisiert, von Schwab, Simrock, Tieck erneut bearbeitet. In der Musik: die Magelonelieder von Johannes Brahms (op. 33).

Maggie weibl., engl. Kurzform von → *Margaret.*

Magna weibl. Vorname, nordisch weibl. Form von → *Magnus*; auch Nebenform von *Magnhild*, eine nordische Form von → *Mathilde.*

Magnar männl., norwegische Neubildung nach dem traditionellen norwegischen Namen → *Magnus*, Anlehnung an → *Ragnar.*

Magnolia weibl., lat. »Blumenname«.

Magnus männl. Vorname, ursprünglich Beiname »der Große«, zu lat. *magnus* »groß (an Geist, Mut, Ansehen)«. In Anlehnung an *Carolus Magnus*, lat. Name Karls des Großen, Name mehrerer skandinavischer Könige, danach als Vorname nach Deutschland gekommen.

Mai, Maie, Maje weibl., ost- und nordfriesische Kurzform von → *Maria*, wohl an den Monatsnamen Mai angelehnt, → *Maja.*

Maia weibl. Kurzform von → *Maria*, auch Taufzeitname »die im Mai Geborene«, → *Maja.*

Maible weibl., irische Form zu → *Mabel.*

Maidie weibl., engl. Kurzform von → *Margaret*, in Nordamerika gebräuchlich.

Maik, Meik männl. Ausspracheformen für engl. → *Mike = Michael*, die nicht eintragungsfähig sind!

Maika weibl., russische Kurzform von → *Maria.*

Maika, Maike, Maiken, Meika, Meike weibl., niederdeutsch-friesische Kurzform von → *Maria.*

Mailin weibl., irische Form von → *Magdalene.*

Mainart, Maint männl., ostfriesische Kurzform von → *Meinhard.*

Maio, Meio männl., einstämmige Kurzform von germanischen Namen mit *magan, megin* »Kraft, Macht«, z. B. *Meinald.*

Maite, Maitane weibl., baskische Formen zu → *Amada* »die Liebenswürdige«.

Maj weibl., schwedischer Vorname, verkürzt aus älterem *Maja*, zu *Maria*, wie engl. *May* zu *Mary*; die Doppelform *Maj-Britt* geht aus *Maria* und *Britta (= Brigitt)* hervor.

Maja weibl. Vorname, nach der altrömischen Göttin des Wachstums *Maja, Majesta* (danach der Monat Mai), griech. *Maia*, ist durch die gleichlautende Kurzform zu *Maria* überlagert worden.
Name früher auch verbreitet durch Waldemar Bonsels gern gelesenes Buch »Die Biene Maja« (1912).

Malaika, Maleika weibl., zu arabisch *malāi'ka* »die Engel«; kann auch aus *mal'ak* die Verkleinerungsform »Engelchen« sein.

Malberta weibl. Kurzform von *Amalberta.*

Malanka, Malenka weibl., slawische Kurzform von → *Melanie.*

Male weibl. Kurzform von → *Amalie* und *Malwine.*

Malen, Malena, Malene weibl., baskische und nordische Kurzformen von → *Magdalena.*

Malfriede weibl., alter dt. Vorname, zu ahd. *mahal* »Gerichtsstätte« und *fridu* »Friede«.

Mali weibl. Kurzform von *Amalie*, schwedisch auch von *Madelin* = *Magdalena*.

Malin weibl., alte schwedische Kurzform von *Madelin, zu Magdalena*.

Malika weibl., ungarische Kurzform von *Malwin(e)*.

Malina, Maline weibl., engl. Koseformen von *Madeline* = *Magdalene*.

Malinda, Malinde weibl., altenglische Vornamen »die Vornehme, Edle«, Kurzform *Lindy*.

Malte männl., dänisch, auch in Schweden verbreiteter Vorname dt. Herkunft, Kurzform von *Helmold*, ahd. *Helmoald*.

Malve, Malwe weibl. Kurzform von → *Malwine*; katalanisch *Malva* zu lat. *malva* »Malvengewächs« gezogen.

Malvida, Malwida weibl. Vorname, wohl Weiterbildung von → *Malwina, Malvina*.

Malwina, Malwine, Malvina, Malvine weibl., 1. zu *Madalwina*, ahd. *mahal* »Gerichtsstätte« und *wini* »Freund«; 2. Anlehnung von *Malvina, Malvida* an den Namen der Malvengewächse; *Malvina* in James Macphersons Ossian-Gesängen (1765).

Manata weibl., georgischer Vorname, »Sie hat mich angestrahlt«.

Manda, Mandi weibl. Kurzform von → *Amanda*.

Mandus männl. Kurzform von → *Amandus*.

Mandy weibl., engl. Kurzform von → *Amanda*.

Manfred männl. Vorname, Nebenform des alten dt. Vornamens → *Manfried*. Durch Byrons Drama »Manfred« (dt. 1835) wurde der Name des Stauferkönigs Manfred von Sizilien (13. Jh.) in Erinnerung gerufen, aber erst in diesem Jahrhundert bei uns beliebt.

Manfreda weibl. Form von → *Manfred*.

Manfried männl., zu ahd. *man* »Mann« und *fridu* »Friede«.

Manhard, Manhart männl. Vorname, zu ahd. *man* »Mann« und *harti* »hart«.

Manja weibl., slawische Kurzform von → *Maria*; auch *Mania*; Weiterbildung *Manjana*.

Mano männl., südslawische und ungarische Kurzform von *Emanuel; Manolo* männl., span. Verkleinerungsform.

Manon weibl., frz. Koseform von → *Maria*.
Bekannt durch die Opern »Manon« von Massenet (1884) und durch »Manon Lescaut« von Auber und Puccini (1893), später Schlager.

Manuel männl. Kurzform und span. Form von → *Emanuel*.

Manuela, Manuella weibl., ital./span. Form zu → *Manuel* und Kurzform zu → *Emanuela*. Beliebter Modename.

Mara weibl., 1. bibl. Name, zu hebr. *mārāh* »bitter, betrübt«, engl. *Marah*; 2. zu syrisch *mara* »Frau«; 3. Kurzform von → *Maralda*; 4. span.-katalanisch *Mara* weibl. Form zu *Maro/Mario*.

Maralda weibl. Vorname von *Marhold, Marwald*, zu ahd. *marah* »Pferd« und *waltan* »walten, herrschen«.

Marbert männl., alter dt. Vorname, zu ahd. *marah* »Pferd« und *beraht* »glänzend«.

Marbod männl., alter dt. Vorname, zu ahd. *marah* »Pferd« und *boto* »Bote«.

Marc männl., 1. Nebenform des sehr beliebten Vornamens → *Mark*; 2. frz. Form von → *Markus*.

Marcel männl., frz. Form des lat. Namens *Marcellus* → *Marzellus*.

Marcelin männl., **Marceline, Marcelle** weibl. Weiterbildung des frz. Vornamens *Marcel*.

Marcia weibl., engl. Form zu *Marcius*.

Marco männl., ital. und span. Form von → *Markus*; katalanisch *Marc*.

Marcus männl., lat. Form von → *Markus*, zugleich beliebte Nebenform dieses Namens.
Bekannt: Marcus Aurelus Antonius (121–180 n. Chr.), römischer Kaiser seit 161 n. Chr.

Mare weibl., volkstümliche nordische Form für → *Maria*.

Mareen weibl. Nebenform von *Maren, Marene*.

Marei, Mareile, Mareili, Mareike weibl. Koseformen von → *Maria*.

Marek männl., slawische Form von → *Markus*.

Maren männl., baskische Form zu → *Marian*.

Maren weibl., dänische Form von → *Marina*.

Marene weibl., eindeutschende Form von *Maren*.

Maret, Mareta, Marete weibl., ursprünglich estnische und lettische Kurzform von → *Margarete*.

Marfa weibl., russische Form von → *Martha*.

Marga weibl. Kurzform von → *Margarete*.

Margalita weibl., russische Form von *Margarete*.

Margaret weibl., engl. und niederländische Form von → *Margarete*.
Kurzform *Margery, Magdy, Magde, Maggie, Maidie, Mae, May, Meg, Marget, Mer, Meta, Peg, Peggy*.

Margareta, Margarete, Margarethe weibl. Vornamen griech.-lat. Herkunft, »die Perle«, zu lat. *margarita*, aus griech. *margaritēs* »Perle«.
Name der heiligen Margareta aus der ersten Zeit des Christentums. Im Mittelalter Name vieler Fürstinnen. Später im Volk sehr verbreitet, daher »Hans und Grete«, im 19. Jh. durch die Literatur mitverbreitet, um 1900 beliebtester weiblicher Modename, auch in heutiger Zeit noch beliebt, insbesondere durch die Kurz- und Nebenformen sowie Doppelformen.
Kurzform *Grete, Gesche, Gitta, Gritt, Griet, Gritta, Margret, Marga, Margit, Margot, Meta, Metta, Gretel, Gredel, Greten, Gretchen, Gretli, Reda, Reta, Rita*; engl. *Margaret, Marjorie, Maggie, Meg*, frz. *Marguérite*, ital. *Margherita*, niederländisch *Margaret, Margriet*, span./russisch *Margarita*, ungarisch *Margit(a)*.
Bekannt: »Margarethe« – Oper von Charles Gounod (1818–1893).

Margarita, Margaritha weibl. Vornamen, auch bulgarische, russische und spanische Form von → *Margarete*.

Margaritta weibl., rätoromanische Form von → *Margarete*.

Margherita weibl., ital. Form von → *Margarete*.

Margit, Margita weibl. Kurzform von → *Margarete*.

Margitta weibl., rätoromanische Kurzform zu ital. *Marghitta*, → *Margherita*.

Margone weibl. Nebenform zu *Margot, Margotine*.

Margot weibl. Kurzform frz. Ursprungs zu → *Margarete*.

Margret, Margreth, Margrit weibl., verkürzte Formen von → *Margarete*.

Marguérite weibl., frz. Form von → *Margarete*.

Marguna weibl., georgischer Vorname, »Er (Gott) hat sie mir zugeteilt«.

Marhold männl., alter Vorname, zu ahd. *marah* »Pferd« und *waltan* »walten, herrschen«.

Maria weibl., bibl. Name, griech. und lat. Form von hebr. *Mirjam* »Bitterkeit, Betrübnis«, aber auch »widerstrebendes Wesen, widerspenstig«.

Der Name der Mutter Jesu wurde aus frommer Scheu im Mittelalter als Taufname gemieden, erst seit der Reformation fand er, insbesondere durch die jüngere Form *Marie* weite Verbreitung; seit dem 18. Jahrhundert ist Maria auch als männlicher Zweitname gebräuchlich; heute ist der Name durch eine große Zahl von Kurz- und Koseformen sowie Doppelvornamen nach wie vor weit verbreitet.

Kurzform *Marei, Mareili, Marieli, Marike(n), Mariechen, Maja, Meieli, Mia, Mieke, Mieze, Mimi, Mirl, Mirzl, Mizzi, Ria*; engl. *Mary*, frz. *Marie, Marion, Manon*, ital. *Maria, Mariella, Marietta, Marita*, span. auch *Marica, Marihuela*, irisch *Maire, Maureen*, niederländisch auch *Maaike, Marieke, Maryse*, USA *Mami, Marilyn*, dänisch *Maren, Mie*, schwedisch *Marika*, russisch *Marija, Marja, Maika, Mascha, Maschinka, Meri*, polnisch *Marya*, ungarisch auch *Mari, Maris, Mariska, Marka*.

K Maria, Krönung von Michael Pacher, Pfarrkirche von Gries, Südtirol.

Mariam weibl., ältere griech./hebr. Form für *Maria* in der Septuaginta.

Marian männl. Kurzform zu lat. *Marianus*, den *Marius* betreffend; baskisch *Maren*.

Mariana, Mariane weibl., 1. Weiterbildung von *Maria*; 2. weibl. Form von *Marianus*, zu *Marius*, altrömische Familie.

Marianka weibl., slawische Kurzform von *Maria*.

Marianne, *Marianna* weibl., alter frz. Vorname, der wohl ursprünglich auf hebr. *Mariamne* bezogen und später als Doppelform aus *Maria* und *Anna* gesehen wurde.

In Deutschland ist der Name in neuerer Zeit sehr beliebt geworden. In Frankreich wurde eine Marie-Anne der Pariser Barrikadenkämpfe von 1848 zum Symbol für Freiheit, Gleichheit, Brüderlichkeit, daher der Übername »Marianne« für die République Française.

Marie weibl., die jüngere Nebenform von → *Maria*.

Die ursprünglich protestantische Form wurde seit dem 16. Jh. zum sehr gebräuchlichen Namen; volkstümlich und stark verbreitet, hat er durch bedeutende Frauen seine hohe Wertschätzung behalten.

Marie-Antoinette weibl., frz. Doppelform aus *Marie* und *Antoinette*.
Verbunden mit dem Namen der Tochter der Kaiserin Maria Theresia und Franz I.; die Gemahlin Ludwigs XVI. wurde, während der Französischen Revolution, nach dem König hingerichtet (1793).

Mariechen weibl., alte volkstümliche Verkleinerungsform von → *Marie*.

Marieke weibl., niederdeutsche Verkleinerungsform von → *Marie*.

Mariele, Marile weibl. Koseformen von → *Marie*.

Marielene weibl. Doppelform aus *Marie* und *Lene*.

Marielies, Marieliese weibl. Doppelformen aus *Marie* und *Lies(e)*.

Mariella weibl., ital. Verkleinerungsform von *Maria*.

Marielle weibl., frz. Verkleinerungsform von → *Marie*.

Marielore, Marieluise, Marierose, Marietheres weibl., beliebte Doppelform zum Namen *Marie*.

Marietta weibl., italienische Verkleinerungsform und Koseform von *Maria* = *Mariechen*.

Mariette weibl., frz. Verkleinerungsform von → *Marie*.

Marija weibl., russische Form von → *Maria*.

Marika weibl., ungarische Kurzform von → *Maria*.

Marilen, Marilena weibl., Fügung von *Maria* und *Magdalena*.

Marilis, Marilisa weibl. Doppelform aus *Maria* und *Lis(e), Lisa*.

Marilyn, Marilyne weibl., angloamerikanische Fügung aus *Maria/Mary* und *Lyn, Lynn*, ehemaliger engl. Familienname keltischen Ursprungs.

Marin männl., **Marina, Marine** weibl., frz. Formen zu → *Marinus*.

Marinella ital., **Marinette** frz., weibl. Kose- und Verkleinerungsform zu → *Marina*.

Marino männl., ital. Form von → *Marinus*.

Marinus männl., niederländischer Vorname lat. Herkunft, lat. *marinus* »zum Meer gehörend«.
Name mehrerer Heiliger, von denen einer der Republik *San Marino* den Namen gegeben hat.

Mario männl., aus dem Italienischen übernommene Form von → *Marius*; span. Nebenform *Maris, Maro*.

Mariola, Mariolina weibl., **Mariolino** männl., aber auch weibl. und männl. Kose- und Verkleinerungsformen, die von → *Mario* ausgehen.

Marion weibl., alte frz. Verkleinerungsform zu → *Maria, Marie*.

Mariona, Marionna, Marionne weibl. Weiterbildung von → *Marion*.

Maris, Marisa, Marise, Madrisa weibl., ital. und schweizerische Koseformen von → *Maria*, niederländisch *Maryse*, ungarisch *Mariska, Marischka*.

Marit weibl., schwedische mundartliche und nordländische Form von → *Margit*.

Marita weibl., span. Koseform von *Maria*.

Marius männl. Vorname lat. Herkunft, zur altrömischen Familie der Marier gehörend, lat. *mari* »zum Meer«; daraus die beliebte ital. Form → *Mario*.

Marja weibl., slawische Form von → *Maria*.

Marjorie, Marjory weibl., engl. Nebenform von → *Margaret*.

Mark männl., engl., dänische, niederländische und russische Form von → *Markus*, die in Deutschland sehr beliebt geworden ist; auch Kurzform und Ableitung von dt. Namen mit *Mark-*; andere Schreibung *Marc*.

Marke, Marko männl. Kurzform alter dt. Namen mit Mark-, wie *Markhart, Markwart*.

Zu nennen ist: König Marke aus der Tristansage (Richard Wagner).

Marketta weibl., finnische Form von → *Margarete*; Kurzform *Reeta*.

Markhart, *Marchart, Markert* männl., alte dt. Vornamen, zu ahd. *marcha* »Grenze« und *harti* »hart«.

Marko männl., vorwiegend südslawische Form von → *Markus*, die auch in Deutschland beliebt geworden ist; auch eindeutschend über ital. *Marco* = *Markus*.

Markolf männl., alter dt. Vorname, zu ahd. *marcha* »Grenzmark« und *wolf* »Wolf«.

Markus männl. Vorname lat. Herkunft, altrömischer Name *Marcus*, »Sohn des Mars«, zum Namen des römischen Kriegsgottes.

Im Mittelalter verbreitet durch den Namen des Evangelisten Markus, in den folgenden Jahrhunderten in jüdischen Familien gebräuchlich; heute sehr beliebter Vorname, insbesondere in der Schweiz.

Kurzform *Mark, Marke, Marx*; engl. *Mark*, frz. *Marc*, ital./span. *Marco*, polnisch *Marek*, südslawisch *Marko*.

K Evangelist Markus, Wandgemälde im Kloster Marienberg oberhalb Burgeis, Südtirol.

Markward, Markwart männl., alter dt. Vorname, zu ahd. *marcha* »Grenzmark« und *wart* »Hüter, Schützer«. Kurzform *Mark, Mack*.

Ein heiliger Marquardus war Bischof von Hildesheim. Kurzform *Mark, Mack*.

Marleen, Marlen, Marlene weibl. Doppelform aus *Maria* und *Lene*.

Unvergessen ist unter den Soldaten beider Seiten des 2. Weltkrieges das Lied »Lili Marlen« der Sängerin Lale Anderson († 1972).

Bekannt: Marlene Dietrich, Filmschauspielerin (1901–1992).

Marlies, Marlis, Marliese, Marlise weibl. Doppelform aus *Maria* und *Lies, Lise*, Kurzform von *Elisabeth*.

Marlitt weibl. Doppelform aus *Marlene* und *Melitta*.

Marlo, Marlon männl., engl.-ital. Kurzform zu den engl. Vornamen *Marlow* oder → *Merlin*.

Marquard männl. Nebenform von → *Markward*.

Marret weibl., nordfriesische Kurzform von → *Margarete*.

Mart, Marte männl. Kurzform von → *Martin*.

Marte weibl. Nebenform von *Martha* und *Martina*.

Marten männl., niederdeutsch-friesische Form von *Martin*.

Märten, Märtgen, Märtin männl. Nebenform von → *Martin*.

Martha, Marta weibl., bibl. Name, griech. *martha* »Herrin, Lehrerin«, auch zu hebr. *mārāh* »bitter, betrübt«.

Nach der Reformation verbreitet, beliebt im 19. Jahrhundert, vielleicht auch Einfluß von Friedrich von Flotows Oper »Martha«.

Marthe weibl. Nebenform von → *Martha.*

Martial männl. Vorname lat. Herkunft, *Martialis* »zum Mars gehörig«, Name für Eigenpriester des römischen Kriegsgottes Mars; ital. *Marziale.*

Martin männl. Vorname lat. Herkunft, *Martinus*, zu lat. *Mars, Martis* »Kriegsgott, Kriegsglück, Tapferkeit«.
Der Name des heiligen Martin (aus Ungarn, 4. Jh.), Bischof von Tours und Schutzheiliger der Franken, wurde durch die Legende der Mantelteilung mit einem Bettler im Mittelalter volkstümlich; seit der Reformation durch den Namen Martin Luthers weiterverbreitet, auch wiederholt Name von Päpsten; seit den 60er Jahren wieder neu aufgekommen und sehr verbreitet. Nebenform und Kurzform: *Martl, Märte, Mertel, Mirtel, Merten, Mertin, Marti, Martili*; engl./frz. *Martin*, ital./span. *Martino*, niederländisch *Martinus, Marten*, schwedisch *Marten*, dänisch auch *Morten*, polnisch *Marcin*, russisch *Martin*, ungarisch *Mártoni.*

Martina weibl. Form von → *Martin*; in neuerer Zeit wie die männl. Form *Martin* beliebt geworden.

Martine weibl., frz. Form von → *Martin.*

Martino männl., ital. Form von → *Martin.*

Martinus männl. Vorname, lat. Form von → *Martin*, im Niederländischen die überwiegend röm.-kath. Form, sonst *Maarten, Maartinus, Maart.*

Martje weibl., friesische Form von → *Martha*, niederländische Kurzform von → *Martina.*

Marula, Maruschka, Marusja weibl., slawische Formen von → *Maria.*

Marvin, Marwin, Mervin männl., engl. Vornamen, zu angelsächsisch *Maerwine*, zu ahd. *mari* »berühmt« und *wini* »Freund«.

Marx männl. Kurzform von → *Markus.*

Mary weibl., engl. Form von → *Maria.*

Marylin, Maryline weibl. Nebenform des engl. Vornamens → *Marilyn*. Bekannt: die amerikanische Filmschauspielerin Marilyn Monroe (1926–1962), in den fünfziger Jahren verh. mit dem Dramatiker Arthur Miller.

Marylise weibl. Vorname, Fügung von engl. *Mary* und *Lise*, *Lise* Kurzform von *Elisabeth.*

Marylou weibl. Fügung von engl. *Mary* und *Louise.*

Maryse weibl., frz. Nebenform zu → *Marise.*

Maryvonne weibl., schweizerische Doppelform aus *Marie* und *Yvonne.*

Marzell, Marzellus, *Marcellus* männl. Vorname, einst Beiname der Familie der plebejischen Claudier.

Marzella, *Marcella* weibl. Formen lat. Herkunft zu *Marzellus.*

Marzellina, Marzelline weibl. Weiterbildung von → *Marzella.*

Marzellinus männl. Vorname, Adoptivform von → *Marzellus.*

Marzia weibl., **Marzio** männl., ital. Kurzform zum lat. Namen *Martianus*, Adoptivform zu *Martius, Martinus.*

Mascha, Maschinka weibl., russische Koseformen von *Marija* = *Maria*.
Masetto, Masino männl., ital. Verkleinerungsform von → *Thomas*.
Maso männl., ital. Kurzform von *Tommaso* = *Thomas*.
Massimo männl., ital. Form von lat. *Maximus* »der Größte«, auch Kurzform von *Massimiliano* = *Maximilian*.
Mathew männl., engl. Form von → *Matthias*.
Mathias männl. Nebenform von → *Matthias* in falscher Schreibweise.
Mathieu männl., frz. Form von → *Matthias*.
Mathilde, Mathilda, Matilde weibl., alter dt. Vorname, wie → *Mechthild* zu ahd. *maht* »Macht, Kraft« und *hiltja* »Kampf«.
Im Mittelalter verbreitet durch den Namen der heiligen Mathilde, Gemahlin Kaiser Heinrichs I., Mutter Ottos des Großen; nach 1800 Modename, neu aufgekommen durch die romantische Dichtung, heute selten.
Mathis männl., niederdeutsche Form von → *Matthias*.
Matiena weibl., baskische Form zu *Matai* = *Matthäus*.
Mats, *Mads*, männl., schwedische Kurzform zu *Matthias*.
Mattäus männl., ökumenische Schreibung von *Matthäus*.
Mattea weibl., **Matteo** männl., ital. Formen zu → *Matthäus*.
Matthäa weibl. Form zu → *Matthäus*.
Matthäus männl. Nebenform von → *Matthias, Mattäus* (ökumenische Form), bibl. neutestamentlicher Name, griech. *maththaios* »Gabe des Herrn, Gottesgeschenk«.
Der Name des Evangelisten Matthäus ist neben Matthias verbreitet, auch in vielen Kurz- und Koseformen. Der mittelalterliche Name *Matheis* galt oft für beide Namen, er läßt sich nur durch die Taufzeit und den Namenstag unterscheiden: der *Sommer-Matheis* ist *Matthäus* (21.9.), der *Winter-Matheis* ist Matthias (24.2.). Die falsche Schreibung Mathäus sollte vermieden werden, weil *t* neben *th* bestehen bleibt.
Matthias männl., auch *Mattias* (ökumenische Form), bibl. neutestamentlicher Name, griech. *maththias* »Gabe, Geschenk Gottes«, als Apostelname im Mittelalter verbreitet; Nebenform ist → *Matthäus*.
Die falsche Schreibung *Mathias* sollte vermieden werden, weil *t* neben *th* bestehen bleibt.
Mattia männl., ital. Form zu → *Matthias*; selten in der Schweiz als weibl. Form.
Mattias männl., ökumenische Schreibung von → *Matthias*.
Maud, Maude weibl., engl. Form von → *Mathilde*.
Maura weibl., 1. romanischer Vorname, zu lat. *maura* »die Mohrin, die Maurische«, weibl. Entsprechung zu → *Mauro*; 2. irische Form zu → *Maria*.
Maureen weibl., engl. Vorname, irisch *Mairin*, Verkleinerungsform von *Marie*, zu *Mary* = *Maria*.
Maurice männl., frz. Form von → *Moritz*.
Bekannt: Maurice Chevalier, französischer Chansonsänger (1888–1972).
Mauricette weibl., frz. Verkleinerungsform zu *Maurice*.
Maurilia, Maurina weibl., ital. Vornamen, Weiterbildung von → *Maura*.

Mauritius männl., lat. Name, »der Mohr«, der Maure aus der römischen Provinz Mauritania, Mauretania.
In der christlichen Legende war der heilige Mauritius der Anführer des afrikanischen Teils der Thebaischen Legion (2./3. Jh.) in der Schweiz, er starb den Märtyrertod.

Mauriz männl. Nebenform zu *Moritz*.

Maurizia weibl., ital. Form von lat. *Mauritius = Moritz*.

Marizio männl., ital. Form von lat. *Mauritius = Moritz*.

Mauro männl., romanischer (ital.) Vorname, zu lat. *maurus* »der Mohr, der Maurische«.

Maurus männl., lat. Name, »der Mohr«, der Maure, Mauretanier, aus der römischen Provinz Mauretania.

Max männl. Kurzform von → *Maximilian*.
Bekannt: Max Weber, Soziologe (1864–1920); Max Frisch, humanistischer Schriftsteller und Friedenspreisträger des deutschen Buchhandels.

Maxence männl., frz. Vorname, zu lat. *Maxentius*, römischer Beiname »der Große, Erhabene«.

Maxi weibl. Kurzform von → *Maximiliane*.

Maxilie weibl. Kurzform von *Maximilienne*.

Maxim männl. Kurzform zu lat. → *Maximus*.

Maxime männl., frz. Form von lat. *Maximus* »der Größte«.

Maximilian männl. Vorname lat. Herkunft, aus ursprünglich römischen Beinamen und Ehrentiteln, lat. *maximus, maximianus* »der Größte, Älteste, Erhabenste«.
Name dreier Heiliger, von denen der heilige Maximilian von Cellia (Cilli, Steiermark, 3. Jh.) Apostel im Ostalpenraum und Oberösterreich wurde. **K** Statue in St. Stephan, Wien; durch Kaiser Maximilian I. († 1519, **K** Kaisermonument, Hofkirche, Innsbruck) wurde der Name in Österreich und Bayern beliebter Vorname, seit dem 19. Jahrhundert gewann die Kurzform *Max* Vorrang. **K** Maximilian II., dt. Kaiser, Veitsdom zu Prag.

Maximiliane weibl. Form von → *Maximilian*; frz. *Maximilienne*.

Maximin männl. Vorname, zu lat. *maximinus, maximus* »der Größte«.

Maximus männl. Vorname, zu lat. *maximus* »der Größte«; frz. *Maxime*, ital. *Massimo*.

May weibl., engl. Kurzform von *Mary*.

Maya weibl. Nebenform von → *Maja*.

Mechthild, Mechthilde, Mechthild weibl., alter dt. Vorname, der im Mittelalter sehr beliebt war und später den verwandten Namen → *Mathilde* verdrängte, zu ahd. *maht* »Macht« und *hiltja* »Kampf«.
Die volkstümliche Kurzform *Metze*, zunächst Bezeichnung für »Mädchen«, wurde später abwertend für »Dirne, Hure« gebraucht; auch heutiger Familienname.

Medard, Medardus männl. Vorname, latinisiert aus germanischem Namen *Mathhard*, zu ahd. *maht* »Macht, Kraft« und *harti* »hart«.

Medea weibl., griech.-lat. Herkunft, zu griech. *médō(n)* »walten, herrschen«.

Meieli weibl., schweizerische Kurzform von → *Maria*.

Meier, Meir männl., jüdischer Vorname, zu hebr. *meir* »der Leuchtende«, z. B. Meier Hirsch, Meierbeer. Bekannt: Giacomo Meyerbeer, eigentlich Jakob Liebmann Meyer Beer, Komponist und Hauptvertreter der französischen großen Oper (1791–1864).

Meik, Meiko männl., wie *Maik* alte niederdeutsche Kurzform von Namen mit *Mein-*.

Meika, Meike weibl. → *Maika*.

Meina weibl., ostfriesische Kurzform von Namen mit *Mein-*, insbesondere von → *Meinharde*.

Meinald männl., auch *Meinold, Meinhold*, alte dt. Vornamen, zu ahd. *magan, megin* »Kraft, Macht« und *walten* »walten«.

Meinard männl., **Meinarde** weibl. Nebenform von *Meinhard, Meinharde*.

Meinberga weibl. Vorname, zu ahd. *magan, megin* »Kraft, Macht« und *bergan* »bergen, schützen«.

Meinbod männl. Vorname, zu ahd. *magan, megin* »Kraft, Macht« und *boto* »Bote«.

Meinburg(a) weibl. Vorname, zu ahd. *magan, megin* »Kraft, Macht« und *burg* »Schutz, Zuflucht«.

Meindert, Meine, Meiner, Meinert männl., friesische Kurzform von → *Meinhard*.

Meinfried männl., alter dt. Vorname, zu ahd. *magan, megin* »Kraft, Macht« und *fridu* »Friede«.

Meinhard männl., **Meinharde, Meinarde** weibl., alte dt. Vornamen, zu ahd. *magan, megin* »Kraft, Macht« und *harti* »hart«.

Meinhild, Meinhilde weibl., alter dt. Vorname, zu ahd. *magan, megin* »Kraft, Macht« und *hiltja* »Kampf«.

Meinhold, Meinold männl., **Meinholde** weibl., alte dt. Nebenformen zu → *Meinald*.

Meino männl., ostfriesische Kurzform von Namen mit *Mein-*, z. B. *Meinhold, Meinolf*.

Meinolf, Meinulf männl., alte dt. Vornamen, zu ahd. *magan, megin* »Kraft, Macht« und *wolf, wulf* »Wolf«.

Meinrad männl., alter dt. Vorname, zu ahd. *magan, megin* »Kraft, Macht« und *rat* »Ratgeber«.

Aus der Einsiedelklause des heiligen Meinrad (9. Jh.) ging die Abtei Einsiedeln hervor; der Name ist heute noch in der Schweiz verbreitet.

Meinrade weibl. Form von *Meinrad*.

Meinulf männl. → *Meinolf*.

Meinwald männl., alter dt. Vorname, zu ahd. *magan, megin* »Kraft, Macht« und *waltan* »walten, herrschen«.

Meinward männl., alter dt. Vorname, zu ahd. *magan, megin* »Kraft, Macht« und *wart* »Hüter, Schützer«.

Mela, Melana, Melanka, Menka weibl., südslawische Kurz- und Koseformen von → *Melanie.*

Melanie, Melania weibl. Vorname griech.-lat. Herkunft, »die Dunkle, Schwarze«, zu lat. *melania* »die Schwärze«.

Melcher männl., alte Nebenform von → *Melchior.*

Melchior männl. Vorname griech.-hebr. Herkunft, zu griech. *melchi*, hebr. *melech*, Kurzform von *elimelech* und *or* (Licht) »Gott ist König (des Lichts)«; volkstümlicher Name eines der Heiligen Drei Könige.

Melf männl., ost- und nordfriesische Kurzform zu altem *Megin-*, auch *Mein-*Namen.

Melia weibl., span. Kurzform von → *Amelia.*

Melina weibl. Vorname griech.-lat. Herkunft, zu lat. *melina* »Frau der Insel Melos«.

Melinda weibl. Vorname romanischer Herkunft, zu lat. *mellinia* »Honigtrank, Süßigkeit«.

Meline, *Melina* weibl. Kurzform von *Emmeline*; im Frz. ist *Meline* Kurzform von *Ameline.*

Melisande weibl., alter dt. Vorname, wie *Melisanda* aus *Malasintha*, zu dem gotischen Namen *Amalaswintha.*

Melissa weibl. Nebenform von → *Melitta*, bereits älter griech. *mélissa* »Biene«.

Melitta weibl. Vorname »die Bienenfleißige«, zu griech.-lat. *melitta* »Biene«.

Melk männl. Kurzform von → *Melchior.*

Melse, Melsene weibl., niederdeutsch-friesische Kurzform zu den alten Vornamen → *Melisande* und → *Melusine*, die auf *Malasintha* = *Amalaswintha* zurückgehen.

Melusine weibl., alter dt. Vorname, der über *Melesina* neben → *Melisande* und *Melisenda* auf *Malasintha* zurückgeht, ursprüngliche Form *Amalaswintha.*

Melvin männl., engl. Vorname, zu angelsächsisch *Maelwine* »Schwertfreund«; Kurzform *Mel.*

Mena, Menna weibl., wie → *Meina*, ostfriesische Kurzform von Namen mit *Mein-.*

Menard(us) männl., ostfriesische Form von → *Meinhard.*

Mendel männl. Kurzform von → *Immanuel.*

Mendl männl., jiddisch, zum biblischen Namen *Menachem*, hebr. *m'náchejm* »Tröster«.

Menno, Meno, Menold, Menolt männl., friesische Kurzform von → *Meinold, Meinhold.*

Der Friese Menno Simons (1496–1561) gründete die besonders in den USA verbreitete Religionsgemeinschaft der Mennoniten.

Mense, Menso männl., **Mensje, Menske, Menste** weibl. Kurzform zu ostfriesischen Namen mit *Mein-.*

Meo männl., ital. Kurzform von *Bartolomeo.*

Mercedes weibl., span. Vorname, der anstelle von *Maria* gebraucht wird.

Ursprünglich Name des Marienfestes *Maria de Mercede redemptionis captivorum* »Maria von der Gnade der Gefangenenerlösung« (24. Sept.). Wie *Dolores* und *Pilar* »stellvertretender« Name für *Maria*, deren Taufname früher aus religiöser Scheu gemieden wurde.

Meret weibl., schweizerische Kurzform von → *Emerentia, Emerita.*

Merit weibl., schwedische Nebenform zu *Märit*, aus *Märta* = *Margareta.*

Merita weibl. Kurzform von → *Emerita*, in der Schweiz heimisch.

Merle, Merline weibl., engl.-amerikanische Vornamen, zu frz. *merle*, lat. *merula* »Amsel«.

Merlin, Marlin männl., engl. Vornamen zu mittelengl. *merlion*, mittelfrz. *emerillon* »der Falke«.

Merlin – Zauberer und Wahrsager aus der Artusliteratur, Ratgeber des König Artus.

Merlind, Merlinde weibl. Vornamen, zu ahd. *mari* »groß, berühmt« und *linta* »(Schutz durch) Lindenholzschild«.

Merret weibl., nordfriesisch, **Merta** weibl., dänisch-schwedische Kurzform von → *Margarete.*

Merten männl., rheinisch-niederländische Form von *Martin.*

Merve weibl., engl. Vorname zu männl. Form *Mervyn, Merv*, angelsächsisch *Maerwine*, ahd. *mari* »berühmt« und *wini* »Freund«.

Meta, Mete, Metje weibl. Kurzform von → *Margarete.*

Methodius männl., griech.-lat. Vorname, zu griech. *méth-odos* »(Weg der) Untersuchung, vernünftiges Überdenken«; bulgarische Kurzform *Meto, Metodi.*

Metta, Mette, Metteke weibl., niederdeutsch-ostfriesische Kurzform von → *Mechthild.*

Mi, Mia, My weibl. Kurzform von *Maria, Marie, My* von engl. *Mary, Molly.*

Micaela weibl., ital./span. Form von → *Michaela.*

Micha männl. Vorname, bibl. Name, zu hebr. *mikhāh* »wer ist gleich Gott?«; Kurzform von hebr. *Michaja*, nicht von *Michael*!

Michael männl., sehr beliebter Vorname hebr. Herkunft, nach der bibl. Gestalt des Erzengels Michael, zu hebr. *mikhā'ēl* »wer ist wie Gott?«

Im Mittelalter verbreitet durch die biblische Geschichte, nach der Michael mit seinen Engeln den Teufel besiegt; danach Schutzpatron des alten Deutschen Reiches (um 1900 übertragen auf die »Germania«, die »Wacht am Rhein«, Niederwalddenkmal). Die volkstümliche Nebenform von Michael (29. Sept.: Michaelistag) wurde seit dem Mittelalter der Name → *Michel.*

Engl. *Michael*, frz. *Michel*, ital. *Michele*, niederländisch *Michael, Michel, Michiel*, dänisch/schwedisch *Mikael*, Mickel, slawisch *Michal, Michail*, span./portugiesisch *Miguel*, ungarisch *Mihály*, jiddisch *Mechel, Michel.*

Michaela weibl., sehr beliebte weibl. Form von → *Michael.*

Engl./frz. *Michelle, Micheline*, ital. *Micaela, Michala*, niederländisch *Michaela*, dänisch *Mikala*, schwedisch *Michaela*, slawisch *Mihala, Mihaela, Michalina*, spanisch *Miguela*, ungarisch *Mihaéla.*

Michail männl., russische Form von → *Michael.*

Michal männl., bibl. Name, hebr. Kurzform von → *Michael*, zu hebr. *mikhal* »Vollkommenheit, Vollständigkeit«.

Michalina weibl., russische Weiterbildung von → *Michaela.*

Michaline weibl. Weiterbildung von → *Michaela.*

Michel männl., alter dt. Vorname von → *Michael*; *Michel* [Aussprache: mischä'l] frz. Form von → *Michael.* Seit der Reformationzeit ist der »teutsche Michel« Spottname für den gutmütigen, aber unbeholfenen und einfältigen Deutschen. In der Neuzeit aus eben diesem Grund wenig gebräuchlich.

Michela weibl., ital. Form von → *Michaela.*

Michele männl., ital. Form von → *Michael.*

Micheline weibl., engl./frz. *Form von* → *Michaela.*

Michelle, Michèle weibl., frz. Formen von → *Michaela.*

Michiel männl., niederländische Form von → *Michael.*

Mickel männl., schwedische Form von → *Michael.*

Mie weibl. Kurzform von Marie, auch von → *Annemie, Bettemie (Elisabeth* und *Maria).*

Mieke weibl., niederdeutsche Koseform von → *Marie.*

Mieze weibl., niederdeutsche Koseform von → *Marie.*

Mignon, Mignet weibl., frz. Vornamen indogermanischer Herkunft, zu ahd. *minn(e)on* »lieben«, frz. *mignon* »niedlich, zierlich«.

Miguel männl., span./portugiesische Form von → *Michael.*

Mihály männl., ungarische Form von → *Michael.*

Mikael männl., schwedisch-norwegische Form von → *Michael*; schwedische Kurzform sind *Micke, Mickel*; norwegisch auch *Mikal, Mikel.*

Mike männl., [gesprochen: *maik*], sehr beliebte engl. Form von *Michael.*
Mike männl. Vorname, als *Meik* nicht eintragungsfähig. LG Lübeck, 17.4.1967.

Miklas, Mikola, Mikolas, Mikulas männl., slawische Formen von → *Nikolaus.*

Miklós männl., ungarische Form von → *Nikolaus.*

Mila weibl., slawische Kurzform von → *Ludmilla.*

Milan männl. Kurzform der slawischen Vornamen *Miloslaw, Miroslaw.*

Milana weibl. Form von → *Milan.*

Milburg weibl. Nebenform von → *Mildburg.*

Milda weibl. Kurzform von Namen mit *Mil-, Mild-* wie *Mil(d)burg.*

Mildburg weibl., alter dt. Vorname, zu ahd. *milti*, altsächsisch *mildi* »freundlich, freigebig« und *burg* »Zuflucht, Schutz«.

Mildred weibl., engl. Vorname, antengl. *Mildthryth*, entspricht → *Miltraud, Miltrud*, zu altsächsisch *mildi* »freundlich, freigebig« und *trud* »Kraft, Stärke«. Durch die heilige Mildtryth (7. Jh.) wurde der Name im Mittelalter in England verbreitet, aber erst erneut im 19. Jh. populär. Bekannt: Mildred Scheel, verstorbene Gattin des ehemaligen Bundespräsidenten Walter Scheel.

Mile weibl. Kurzform von → *Emilie*.

Milena weibl., slawische Weiterbildung von → *Mila*.

Milka weibl., südslawischer Vorname, zu *Ljudmila*.

Milko männl., slawische Kurzform von → *Miloslaw*.

Milla, Milli, Milly weibl. Kurzform von *Camilla, Ludmilla*.

Milli, Milly weibl. Kurzform von *Emilie*, engl. *Emily*.

Milo, Milko männl., slawische Kurzform von *Miloslaw, Miroslaw*; auch Kurzform von *Emil, Kamillo*; ital. Kurzform von *Emilio, Camillo*.

Miloslaw männl., slawischer Vorname, »der Ruhmliebende«, zu russisch *milyj* »lieb, angenehm« und *slava* »Ruhm«.

Miltraud, Miltrud weibl., alte dt. Vornamen, zu altsächsisch *mildi* »freundlich, freigebig« und *trud* »Kraft, Stärke«; engl. Form → *Mildred*.

Milva, Milvia weibl., ital. Vornamen, zu lat. *milvus* »Taubenfalke«.

Mimi weibl., aus der Kindersprache von *Emilie, Marie, Mina, Mineke, Wilhelmine*. Mimi = Opernfigur aus »La Bohème« von Giacomo Puccini.

Mina, Mine weibl. Kurzform zu *Wilhelmine, Hermine*.

Mineke weibl., niederdeutsch/niederländische Form von *Mina* (zu *Wilhelmina, Hermina*); daraus die kindersprachlich »moderne« Form: *Mimi*.

Minerva weibl. Vorname griech.-lat. Herkunft, *Minerva* »die Kluge«, zu griech. *ménos*, lat. *mens* »Denken, Geist«.

Minerva, die Tochter Jupiters, war ursprünglich sabinische Göttin des Handwerks und wurde früh auf dem Quirinal verehrt, danach der griechischen Göttin Athena gleichgesetzt als Göttin der Weisheit.

Minette weibl., frz. Verkleinerungsform von *Guillermine, Guillemette = Wilhelmine*.

Mingo männl., populäre span. Kurzform von → *Domingo = Dominikus*.

Minika weibl. Kurzform von → *Domenika*.

Minja männl., russische Kurzform von → *Michail*.

Minja weibl. Kurzform von *Wilhelmina*.

Minka weibl., polnische Kurzform von *Minna*.

Minna weibl., selbständige Kurzform von *Wilhelmina*.

Sehr beliebter Vorname im 18. und 19. Jh., volkstümlich durch Lessings »Minna von Barnhelm«; im 19. Jh. abgewertet als »Dienstmädchenname«; umgangssprachlich die »grüne Minna«, Gefangenentransporter.

Minne weibl. Nebenform von → *Minna*.

Minnegard, *Mingard* weibl., dt. Vorname, zu ahd. *minnja* »Zuneigung, Liebe« und *gard* »Hort, Schutz«.

Minni, Minnie (engl.) weibl. Koseformen von → *Minna*.

Mino männl., ital. Kurzform von *Giacomino (Jakob)* oder *Guglielmino (Wilhelm)*.

Mira weibl. Kurzform von → *Mirabella, Miranda, Palmira* und *Mirella*.

Mirabell, Mirabella weibl., »die Wunderschöne«, ital. Vorname, zu ital. *mirabile* »bewundernswert« und *bello* »schön«; engl. *Mirabel*.

Miranda, Mirande weibl., engl. Vorname, lat. Herkunft, zu lat. *mirandus*

»wunderbar, bewundernswert«. Lange Zeit in England in Mode, literarische Gestalt bei William Shakespeare in »The Tempest«.

Mireille weibl., frz. Vorname aus ital. → *Mirella*. Beliebter Name in Frankreich und der Schweiz, der seit dem Gedicht »Mireille« des provenzalischen Dichters Frédèric Mistral im 19. Jh. verbreitet wurde; seltener *Mirielle*. Bekannt ist die frz. Sängerin Mireille Mathieu.

Mirek männl. Verkleinerungsform der slaw. Vornamen *Jaromir* oder *Miroslaw*.

Mirella weibl., ital. Nebenform von *Mirabella*.

Mireta, Miretta weibl., ital. Verkleinerungsform von *Mira*.

Miriam, Mirjam *Myriam, Myrjam* weibl., aramäisch-hebräische Formen zu → *Maria*, hebr. *mirjām* »die Widerspenstige, Ungezähmte«.

Mirjana weibl., südslawische Form zum männl. Vornamen *Mirjan*.

Mirka weibl., tschechisch gebrauchte weibl. Form von → *Mirko*.

Mirko männl. Kurzform von slawisch → *Miroslaw*.

Mirl weibl., bayrische Kurzform von *Maria*.

Miroslaw männl., slawischer Vorname, zu russisch *mir* »Friede« und *slava* »Ruhm«.

Mischa männl., russische Kurzform zu → *Michail*.

Mitja, Mitko, Mito männl., slawische Kurzformen von *Dimitar, Dmitrij* = *Demetrius*.

Mitzi, Mizzi, Mizzy weibl., oberdeutsche Koseformen von → *Maria*.

Moana weibl. Vorname auf Hawaii, tahitisch »Unendlichkeit der Meere, Ozean«. 1980 vom Standesamt Starnberg anerkannt.

Modest männl., **Modesta, Modeste** weibl., romanischer Vorname zu lat. *modestus* »bescheiden, sanftmütig, gelassen«. Mehrere Heiligennamen, der heilige Modestus, Apostel in Kärnten (8. Jh.); ital. *Modesto*.
Bekannt: Modest Petrow. Mussorsky, russischer Komponist (1839–1881).

Molly weibl., engl. Koseform von → *Mary*.

Mombert, *Mombrecht* männl., alter dt. Vorname, zu germanisch *muni* »Geist, Gedanke« und ahd. *beraht* »glänzend«.

Momo weibl. Vorname nach der Titelfigur des gleichnamigen Märchenromans von Michael Ende. Eintragungsfähig, BayObLG, 10.7.1980.

Momme, Mommo männl., friesische Vornamen, zu alten dt. Vornamen *Mombert, Munibert*.

Mona weibl., 1. Kurzform von → *Monika*; 2. Kurzform von *Madonna* (Jungfrau Maria); 3. irischer Vorname, zu irisch *muadh* »edel«.
Der Name »Mona Lisa« von Leonardo da Vinci ist verkürzt aus Madonna, so daß Mona hier eigentlich »Frau« Lisa bedeutet.

Moni weibl. Kurzform von → *Monika*.

Monika, *Moncia* weibl. Vorname lat./griech. Herkunft, weibl. Form des altgriech. Mannsnamens *Monikos, Monichos*, zu griech. *monachós* »einzeln, allein lebend; Mönch, Einsiedler«. Im Mittelalter verbreitet durch den Namen der heiligen Monika. In Deutschland erst in neuerer Zeit volkstümlich, auch durch Schlager und Romanhefte; durch Nico Dostals Ope-

rette »Monika« verbreitet; in der Schweiz der seit 25 Jahren beliebteste weibl. Vorname, in Deutschland seit einem Jahrzehnt rückläufig.
Kurzform *Mona, Moni*, engl., niederländisch, ital. *Monica*, frz. *Monique*.

Monique weibl., frz. Form von *Monika*.

Monja weibl., amerikanische Kurzform, vermutlich zu griech. *àrmonia* »Harmonie, Einklang«. Weibl. Vorname, LG Hagen, 2. 2. 1971.

Monja weibl. Kurzform aus russisch *Matronja* oder *Salomonja*.
Vom Landgericht Hagen zugelassen, 2. 2. 1971.

Monna weibl., ital. Kurzform von *Madonna*. Die Form »Madonna« wird selbst als Vorname nicht gebraucht und steht für die heilige Jungfrau Maria.

Monty männl. Kurzform des engl. Vornamens *Montague*, ursprünglich Familienname frz. Herkunft (vgl. Shakespeares Drama »Romeo und Julia«).

Morena weibl., **Moreno** männl., ital. Vorname zu romanisch *morinus* »dunkel, schwarz«.

Morgan männl., engl. Vorname keltischer Herkunft, *Morien*, irisch *Muirgen*, zu *mor, muir* »die See«, »auf See geboren«.

Moritz männl., früher auch *Moriz*, Vorname lat. Herkunft, *Mauritus*, Weiterbildung von lat. *maurus* »Mohr«, Bewohner von Mauretanien.
Im Mittelalter verbreitet durch Verehrung des heiligen Mauritius, Anführer und Märtyrer in der Thebaischen Legion (in der Schweiz), danach auch als Fürstename. Der eingedeutschte Name wurde im 19. Jh. volkstümlich durch die illustrierte Geschichte »Max und Moritz« von Wilhelm Busch.
Engl. *Maurice, Morris*, frz. *Maurice*, niederländisch *Mauritius, Maurits*, ital. *Maurizio*, ungarisch *Moric*.

Morris männl., engl. Form von *Moritz*.

Morten männl., dänisch/norwegische Form von → *Martin*.

Mortimer männl., engl. Vorname, ursprünglich wohl Herkunftsname nach der Ortsbez. Mortemer in der Normandie.

Moses männl., bibl. Name zu hebr. *moscheh*, ein ägyptisches Lehnwort, umschreibend: 1. »aus dem Wasser gezogen«, 2. ägypt. »Kind« – nach der Geschichte im 2. Buch Mose. Moses, Schöpfer der Jahvereligion, befreite das Volk Israel aus ägyptischer Gefangenschaft.

Motja weibl., russische Kurzform von *Matrena*.

Munibert männl., zu germanisch *muni* »Geist, Gedanke« und *beraht* »glänzend«.

Munja männl./weibl., russische Kurzform von *Emmanuil, Marija, Emilija*.

Mura weibl., russische Kurzform von *Marija*.

Muriel, Meriel weibl., engl. Vorname keltischer Herkunft, irisch *Muirgheal*, zu *muir* »die See« und *geal* »hell, glänzend, strahlend«.

Myrta, Myrtha, Myrthe weibl. Vornamen, ein Pflanzenname griech.-lat. Herkunft. Hier in der Bedeutung »mit Myrten geschmückt, kastanienbraun«; zu lat. *myrtus*, griech. *myrtós* »die Myrte«. Im Altertum der Aphrodite heilig, seit dem 16. Jahrhundert dient sie in Deutschland als Brautschmuck.

N...

N...

Nabor männl. Vorname hebr. Herkunft, »Prophet des Lichts«.
Der heilige Nabor, römischer Legionär, Mailand, 4. Jahrhundert.

Nada weibl., südslawische Kurzform zum slawischen Vornamen *Nadežda* = *Nadjeschda*.

Nadia weibl., romanische, niederländische Nebenform zu *Nadja* bzw. Kurzform von *Nadjeschda* »Hoffnung«; auch *Nadya*.

Nadine, Nadina weibl., engl. und niederländische Form von slawisch *Nadežda* = *Nadjeschda*; »Hoffnung«.
Nadin nicht zulässig. Landgericht Essen, 18. 12. 1979.

Nadinka weibl., ungarisch, **Nadja** weibl., russische Kurzform zu *Nadežda* = *Nadjeschda*.

Nadja, Nadjeschda weibl., russischer Vorname, *Nadežda* »Hoffnung«.
Kurzform *Nada, Nadja*; engl. *Hope, Nadine*, frz. *Nadia, Nadine, Espérance*, dänisch *Esperance*, niederländisch *Nadia, Nadine*, ital. *Nadia, Speranza*, span. *Esperanze*, ungarisch *Nadinka*.

Naemi, Naomi, Noeme, Noemi weibl., bibl. Name hebr. Herkunft, zu *Naama* »die Liebliche«; → *Noeme*.
Naemi, Noomi, engl., niederländisch *Naomi*, schwedisch *Naemi, Naima, Naimi*, älter *Naema; Naemi* weibl., nordfriesischer Vorname; in Deutschland ist vorwiegend → *Noeme, Noemi* gebräuchlich.

Nahum, Naum männl., bibl. Name, zu hebr. *nachum* »trostreich, Tröster (ist Gott)«.
Einer der zwölf kleinen Propheten des Alten Testaments.

Nana, Nane weibl., frz. Kurzform von → *Anna*.

Nancy weibl., engl. Kurzform von → *Anne*.

Nanda weibl. Kurzform von → *Ferdinanda*.

Nandolf männl., alter dt. Vorname, germanisch *nantha* »wagemutig, kühn« und *wolf* »Wolf«.

Nanetta weibl. Nebenform von *Nannette*.

Nanina weibl., rätoromanische, kindersprachliche Lallform im Engadin zu *Annina* = Koseform von *Anna*; auch *Nanine*.

Nanja weibl., russische Kurzform von *Anastasija*.

Nanna weibl., 1. nordischer Vorname, in der nordischen Göttersage ist Nanna die Frau des Gottes Balder; 2. kindersprachliche Koseform für *Amanda, Anna, Johanna*; 3. Verkleinerungsform zu *Marianna*, oberdeutsch *Nanni*. Namenbildung auch durch ital. Wiegenlied *»ninna, ninna, ninna ...«*; zu altitalienisch *ninna* »Mädchen«, sizilianisch *nanna* »Großmutter«, toskanisch *nanna* »Wiege«.

Nanne weibl., kindersprachliche Lallform von → *Anna, Marianne.*

Nannette, Nanette weibl., frz. Verkleinerungsform von → *Anna.*

Nanni weibl., oberdeutsche Koseform von → *Nanne*; ital. *Nanni* entspricht *Hannele.*
Literarische Figur in Gerhart Hauptmanns Drama »Hanneles Himmelfahrt« (Uraufführung: Berlin, 14. 11. 1893 unter dem Titel *Hannele*).

Nanno männl., ostfriesische Kurzform von germanischen Namen mit *Nant-*, zu germanisch *nantha* »wagemutig, kühn«.

Nanon weibl., frz. Kurzform zu → *Anna*, engl. *Nannon.*

Nante männl., niederdeutsch-friesische Kurzform von *Fridunant*, die alte Form von → *Ferdinand.*

Nantje weibl., friesische weibl. Entsprechung zu → *Nante*, Kurzform von *Fridunant.*

Nantwig männl., alter dt. Vorname, germanisch *nantha* »wagemutig, kühn« und *wig* »Kampf«.

Nantwin männl., alter dt. Vorname, germanisch *nantha* »wagemutig« und *wini* »Freund«.

Naomi weibl. → *Naemi.*

Narziß männl., in sich selbst verliebter griechischer Jüngling, der in die Blume Narkissos = Narzisse verwandelt wurde (griechische Mythologie).

Nastasja weibl., russische Kurzform von → *Anastasija.*

Nat männl., engl. Kurzform von → *Nathanael.*

Nata, Nate weibl. Kurzform von *Renata, Renate*; *Nata* auch zu russisch *Natalija.*

Natalia, Natalie weibl. Vorname lat. Herkunft, zu lat. *dies natalis* »Tag der Geburt (Christi)«, an Weihnachten geboren.

Natalina weibl. Weiterbildung von → *Natalia.*

Natalija weibl., russische Form von *Natalia.*

Natascha weibl., russische Koseform von → *Natalija.*

Nathan männl., bibl. Name eines Propheten, zu hebr. *nāthān* »Er (Gott) hat (ihn) gegeben«.

Nathanael männl., bibl. Name, zu hebr. *nethanae'ēl, nathanaēl* »(den) Gott gibt (oder gab)«.

Ned männl., engl. Kurzform von → *Edward.*

Neel, Neele männl./weibl., **Neela, Neelke, Neeltje** weibl., alte friesische Kurzform von *Cornelius* und *Cornelia.*

Nehemia männl., bibl. Name, zu hebr. *nechemejāh* »getröstet hat der Herr«. Statthalter in Jerusalem, erneuerte nach der babylonischen Gefangenschaft der Juden das jüdische Gemeindeleben.

Neidhard, Neithard, Nithard männl., alte dt. Vornamen, zu ahd. *nid* »Kampfeszorn, wilder Eifer« und *harti* »hart«.

Nelda weibl. Kurzform von *Thusnelda.*

Nele, Nela, Nelia, Nella weibl. Kurzform von → *Cornelia.*

Nelli, Nelly weibl. Kurzform von *Cornelia*, auch von *Elli, Helene, Eleonore*; im Engl. *Nell, Nelly*, Kurzform von *Ellen, Eleanor, Helen.*

Nelson männl., engl. Vorname »Neil's Sohn«, *Neil* zu irisch *Nial*, altirisch *niadh* »Kämpfer«.

Nepomuk männl. Vorname nach dem heiligen Nepomuk (14. Jh.), Kurzform *Muk, Muki.*
Eigentlich sein Herkunftsname: Johannes von Nepomuk (= Pomuk, Ort in Böhmen); da er gefoltert und in der Moldau ertränkt wurde, häufig als Brückenheiliger verehrt; Landespatron von Böhmen.

Nestor männl., zu griech. *nesteros* »der Fastende«.
Griechischer König von Pylos, ältester der Anführer vor Troja; der *Nestor*, alter weiser Ratgeber.

Neta, Nete weibl., schwedisch/dänische Kurzform von → *Agneta.*

Netta, Nette, Netti, Netty weibl. Kurzform von *Jeannette, Annette, Antoinette.*

Nic männl., rätoromanische Kurzform von → *Nikolaus.*

Niccoló männl., engl. Form von → *Nikolaus.*
Bekannt: Niccolo Paganini, italienischer Violinvirtuose, genannt der Teufelsgeiger (1782–1840).

Nicholas männl., engl. Form von → *Nikolaus.*

Nick, Nicki männl. Kurzform von → *Nikolaus.*

Nicla weibl., ital. Form zum männl. Vornamen → *Nicola.*

Niclo männl., rätoromanische Kurzform zu → *Nikolaus.*

Nico männl., rätoromanische Kurzform zur männl. Form → *Nicola*; Kurzform zu *Nicodemo.*

Nicodemo männl., rätoromanische Form von → *Nikodemus.*
Nicodemus – Gestalt im N. T., pharisäischer Schriftgelehrter, der angeblich Jesus verteidigte und begrub.

Nicol, Nikol männl. Kurzform von → *Nikolaus.*
Männl. Vorname, AG Bielefeld, 10.5.1967.

Nicola° männl./weibl., ital./rätoromanische Form von *Nikolaus*; häufiger männl. Name in der Schweiz.
Die weibl. Form *Nicola* ist nicht zu empfehlen, weil sie im Ital. bereits durch die gleichlautende männl. Form belegt ist (→ *Nikola*). Nach LG Mainz, 2.9.1982, ist *Nicola* männl. Vorname.

Nicolai männl. Nebenform von → *Nikolai.*

Nicolas, Nicholas männl., engl. Formen von → *Nikolaus.*

Nicole, Nikole weibl., sehr beliebter weibl. Vorname frz. Ursprungs, zu *Nicolas.*

Nicoletta weibl., ital. Verkleinerungsform von → *Nicla.*

Nicolette weibl., frz. Verkleinerungsform von → *Nicole.*

Niculaus männl., rätoromanische Form von → *Nikolaus*; Kurzform *Niclo, Niculin.*

Nidger männl. Vorname, zu ahd. *nid* »feindliche Gesinnung, Mißgunst« und *ger* »Speer«.

Niels männl., Kurzform zu → *Cornelius*; dänische Form für → *Nils.*

Nies, Nis männl. Kurzform von → *Dionysius.*

Nik männl., russische Kurzform von → *Nikolai.*

Nike weibl. Kurzform griech. Herkunft, zu griech. *nikē* »der Sieg« in der Schlacht, im Wettkampf, beim Gericht, Name der Siegesgöttin, Beiname der Athene.

Nikita männl., russische Koseform von → *Nikolai.*

Niklas niederdeutsch, **Niklaus** männl. Nebenform von → *Nikolaus.*

Niko männl. Kurzform von → *Nikolaus.*

Nikodemus männl., bibl. Name griech. Herkunft, *Nikódēmos*, zu griech. *nikē* »Sieg« und *dēmos* »Volk«.

Nikola weibl., eindeutschend für → *Nicola*; nicht zu empfehlen, da → *Nicola* männl. Vorname ist.

Nikolai, *Nikolaj* männl., russische Form von → *Nikolaus.*

Nikolas männl. Nebenform zu → *Nikolaus.*

Nikoline, *Nicoline* weibl. Weiterbildung von *Nicola.*

Nikolaus männl. Vorname griech. Herkunft, *Nikólaos*, zu griech. *nikē* »Sieg« und *lāós* »Volksmenge, Volk«.

Name des heiligen Nikolaus, im 4. Jh. Bischof von Myra (Lykien, Kleinasien), ursprünglich in der griech.-orthodoxen Kirche verehrt, wurde er, nach Translation seiner Reliquien nach Bari (1087), seit dem 12. Jh. der volkstümlichste Heilige in Deutschland, Kinderbeschenker, Patron der Seeleute, Fischer, Kaufleute und der Schüler; gefeiert (6. Dez.) durch viele Volksbräuche. Allerdings hat sich dieses Kultbild des heiligen Nikolaus durch die mittelalterliche Legende schon früh verquickt mit der Gestalt des Abtes Nikolaus von Sion in Lykien († 564).

Heilige, Päpste und russische Zaren führten den Namen Nikolaus; seit dem 14. Jh. ist der Name des Volksheiligen in allen Schichten gleich stark vertreten. In der Folge haben die Nebenformen, die Kurz- und Koseformen, die mundartlichen und landschaftlichen Varianten durch die Jahrhunderte einschließlich Familiennamenbildungen die stattliche Zahl von 480 erreicht, und diese Nikolaus-Bescherung nur im deutschen Sprachraum! Der »Hauptname« *Nikolaus* hat seit dem 18. Jh. seine Beliebtheit an seine dt. und fremdsprachlichen Folgeformen abgegeben, unter denen *Klaus* und *Nicole* die Spitze hielten.

Auswahl der Kurzform: *Klas, Klaas, Klaus, Nick, Nickel, Nikol, Niklas, Niels, Nigg*; engl. *Nicholas*, frz. *Nicolas*, ital. *Niccoló, Nicola*, niederländisch *Nicolaas*, dänisch *Niels*, schwedisch *Nils*, russisch *Nikolaj*, tschechisch *Mikoláš*, polnisch *Mikolaj*, ungarisch *Miklós.*

Nils männl., schwedische Kurzform von → *Nikolaus*; *Nighils, Niels* (dänische Form); *Nels* ist mundartlich, *Nisse* Koseform von *Nils.*

Alle großen und kleinen Kinder kennen und lieben die Geschichte des kleinen Nils Holgersson von der schwedischen Dichterin Selma Lagerlöf.

Nina, Nine weibl. Kurzform von → *Annina, Antonina* und Namenendungen auf *-nina*; romanisch auch Verkleinerungsform → *Nanna.*

Ninette, Ninetta weibl., frz./ital. Verkleinerungsform von → *Nina.*

Ninja weibl. Kurzform nach der span./portugiesischen Form *Niña* = *Nina*.

Nino männl., ital. Verkleinerungsform von *Giovanni*, entspricht *Hänschen*.

Ninon weibl., frz. Variante von → *Nina*.

Nis, *Nies* männl. Kurzform von *Dionysius*.

Nisse männl., dänische/schwedische Koseform von → *Nils* = *Nikolaus*.

Nita weibl., dänische/schwedische Kurzform von *Anita, Benita* und anderer *-ita*-Namen.

Nivard männl., fränkischer Heiligenname des 7. Jahrhunderts.

Nives weibl., **Niwes** männl., ital./schweizerische Vornamen, zu romanisch *nive* »Schnee«, *nives* »die Schneeweiße«.

Noah männl., bibl. Name, zu hebr. *noach* »Ruhebringer«.

Im A. T. der aus der Sintflut in seiner Arche gerettete Fromme, Vater von Sem, Ham und Japhet, Gründer neuer Volksstämme.

Noël männl., frz. Vorname, altfrz. *Nouel*, zu lat. *natalis, dies natalis* »Geburtstag Christi« (→ *Natalia*). Ursprünglich war also *Noël* in Frankreich ein Taufzeitname für den an Weihnachten Geborenen, danach über den *Bonhomme Noël*, den »Weihnachtsmann«, heute Bezeichnung für das Weihnachtsfest in Frankreich allgemein.

Noëlle weibl., frz. Form von → *Noël*.

Noeme, Noemi weibl., auch *Naemi, Naomi*, bibl. Namen hebr. Herkunft, *Naemi, Noomi*, zu hebr. *no'omi* »die Liebliche, Holde, Freundliche«.

Nolda weibl. Kurzform von → *Arnolde*.

Nolde, Nolte männl., niederdeutsche Kurzform von → *Arnold*.

Name des expressionistischen Malers Emil Nolde; eigtl. Emil Hansen (1867–1956).

Nolik männl., russische Kurzform von *Anatolij*.

Nona weibl., engl., schwedischer und spanischer Vorname lat. Herkunft, nach *Nona*, einer der drei Parzen, römische Geburtsgöttinnen.

Nonfried männl. Vorname, Neubildung aus alten friesischen *Non(n)*-Namen, germanisch *nantha* »wagemutig, kühn« und *-fried*.

Nonna weibl., schwedische Kurzform von *Eleonora* und *Yvonne*; auch *Nonny*.

Nonna, Nonneke weibl., **Nonne, Nonno** männl., ostfriesische Kurzform zu Namen mit *Nant-*, germanisch *nantha* »wagemutig, kühn«.

Nora weibl. Kurzform von → *Eleonora*.

Ibsens Drama »Nora« gilt noch heute als Aufruf zur Frauenemanzipation.

Norbert männl., alter dt. Vorname, zu ahd. *nord* »Norden« und *beraht* »glänzend«; »der im Norden Berühmte«, »der rauhe Mann (aus dem Norden)«. Der heilige Norbertus von Xanten (11./12. Jh.) war Stifter des Prämonstratenserordens und Erzbischof von Magdeburg. Nebenform *Nordbert*.

Norberta weibl. Form zu → *Norbert*.

Nordrun weibl. Vorname, Bildung aus *Nord* = Norden, Anlehnung an *-run*-Namen, ahd. *runa* »Geheimnis, Zauber«.

Nordwin männl. Vorname, zu ahd. *nord* »Norden« und *wini* »Freund«.

Noreen weibl., irische Verkleinerungsform von → *Nora*.

Norfried männl. Vorname, zu ahd. *nord* »Norden« und *fridu* »Friede«.

Norgard weibl. Vorname, zu ahd. *nord* »Norden« und *gard* »Gehege, Hort, Schutz«.

Norhild, Norhilde weibl. Vorname, zu ahd. *nord* »Norden« und *hiltja* »Kampf«.

Norina weibl., ital. Weiterbildung von → *Nora*.

Norma weibl., engl. Vorname lat. Herkunft, zu lat. *norma* »(göttliches) Gebot, Regel«.

Norman männl., auch *Normann*, engl.-amerikanischer Vorname, »Mann aus dem Norden«, ahd. *nord*, schwedisch *norr* »Norden« und *man* »Mann«, der *Normanne*.

Norwin männl. Vorname, zu ahd. *nord* »Norden« und *wini* »Freund«.

Notburg, Notburga weibl., dt. Vorname, zu ahd. *not* »Bedrängnis« und *burg* »Schutz«.
Bekannt durch die heilige Notburga von Rattenberg, Tirol, Patronin der Dienstmägde.

Notker männl., alter dt. Vorname, zu ahd. *not* »Bedrängnis, Zwang, Gefahr« und *ger* »Speer«; Umkehrung von → *Gernot*.
Bekannt sind die hervorragenden Dichter und Sprachlehrer Notker Balbulus (der Stammler) und Notker III. Labeo (der Großlippige), die im 9. und 10. Jh. die Klosterschule St. Gallen berühmt machten.

Nunzia weibl. Kurzform von *Annunziata*.

Nuria weibl., span. Vorname, zu *Nuestra Señora de Nuria*, einem Muttergottesbild in Nuria, Gerona. Fest: 8. September.
Wie *Dolores, Mercedes, Pilares* ein Vorname stellvertretend für *Maria*, deren Name aus ehrfürchtiger Scheu gemieden wurde.

O...

O...

Obba weibl., **Obbe, Obbo** männl., friesische Kurzform von Namen mit *Od-b-*, z. B. *Odbrecht*.

Oberon männl., frz. Vorname, altfranzösisch *Auberon*, aus *Alberon*, Nebenform von → *Alberich*.

Oberon 1. König der Elfen, Gemahl der Feenkönigin Titania (vgl. Shakespeare); 2. einer der fünf Uranusmonde.

Oceana weibl. Vorname (1875 auf einem Überseedampfer geboren) → *Ozeana*.

Octavia, *Oktavia* weibl. Vorname lat. Herkunft, weibl. Form von *Octavius* »aus der römischen Familie der Octavier«.

Auch Name der Schwester des Kaisers Augustus (um 70–11 v. Chr.).

Oda weibl., auch *Ota*, → *Uta*, weibl. Formen zu → *Odo, Otto, Udo*.

Die heilige Oda war Stammutter der Ludolfinger, sie starb im Alter von 107 Jahren.

K Prachtschrein aus dem 13. Jahrhundert in der Kirche von Amay, Belgien.

Odalinde weibl., alter dt. Vorname, zu ahd. *ot* »Besitz« und *linta* »Lindenholzschild«.

Ode, Odo männl., ostfriesische Kurzform zu Namen mit *Od-*, zu ahd. *ot, od* »Besitz«.

Odette weibl., frz. Verkleinerungsform von → *Odile*.

Odila, Otila weibl. Verkleinerungsform zu → *Oda*, latinisiert *Odilia*, zu → *Ottilie*.

Odilberta weibl. → *Otberta*.

Odilberga weibl., alter dt. Vorname, zu ahd. *ot* »Besitz, Habe« und *bergan* »bergen, schützen«; neuere Form: *Otberga*.

Odile weibl., frz. Form des alten dt. Namens → *Odilie* = *Ottilie*.

Odilgard weibl., alter dt. Vorname, zu ahd. *ot* »Besitz« und *gard* »Hort, Schutz«.

Odilie, *Odilia* weibl., alter dt. Vorname, latinisierte Form von ahd. *Odila, Otila*, zu *Oda*.

Die Verehrung der heiligen Odilia, Äbtissin des Klosters Odilienberg (die Hohenburg in den Vogesen) hat zur Verbreitung des Namens in Deutschland und Frankreich beigetragen; frz. blieb die ältere Form → *Odile*, während bei uns die Form → *Ottilie* gebräuchlich wurde.

Odilo männl., alter dt. Vorname, Verkleinerungsform von → *Odo*.

Odilo, Abt von Cluny (10./11. Jahrhundert), hatte großen kirchenpolitischen Einfluß.

Odin männl. Vorname, identisch mit dem nordgermanischen Gott *Odin* = *Wotan*.

Odine weibl. Weiterbildung von → *Oda*.

Odo männl., alter dt. Vorname, Kurzform von Namen mit *Od-* »Erbgut«.

Odomar, *Odemar* männl. Nebenform von → *Otmar*.

Oktavia weibl. → *Octavia*.

Oktavian männl., lat. *Octanvianus*, Adoptivform von *Octavius*, römische Familie der Octavier.

Olaf männl., nordischer Vorname, norwegisch *Olaf*, altschwedisch *Olof*, dänisch/nordfriesisch *Oluf*.
Alter norwegischer Königsname, altisländisch *Olafr*, altnordisch *Oleifr, Anleifr*, zu altnordisch *ano* »Ahne, Vorvater« und *leifr*, ahd. *leiba* »Erbe«.

Oldwig männl. Nebenform von *Adalwig*, zu ahd. *ald* »bewährt« und *wig* »Kampf«.

Ole männl., niederdeutsche Kurzform von Namen mit *Od-* oder *Ul-*, altsächsisch *odhil* »Besitz«, ahd. *adal* »edel«; auch dänische Kurzform von *Olaf*.

Oleander männl. Vorname, Blumenname nach dem immergrünen Strauch des Oleanders, dt. auch Rosenlorbeer.
Männl. Vorname, AG Stuttgart, 15.9.1983.

Olegmännl., russischer Vorname, altnordischen Ursprungs, → *Helge*; russische Kurzform *Oležek, Oležka*.

Olf männl. Kurzform von Namen mit *-wolf*.

Olfert männl., ostfriesische Kurzform von → *Wolfhart*.

Olga weibl., russischer Vorname.
Geht auf den nordischen Vornamen *Helga* zurück, der durch die Waräger (schwedisch Wikinger) nach Rußland gelangte, dort sprachlich umgebildet. Die heilige Olga (9./10. Jh.), Großfürstin von Kiew; die russische Märchengestalt *Olga Zarewna* entspricht unserem »Schneewittchen«. Olga zählt heute zu den beliebtesten Namen in Moskau und Leningrad.

Olinde weibl. Nebenform von → *Odalinde*.

Oliva weibl., ital. Form von → *Olivia*.

Olive weibl., frz. Form von → *Olivia*.

Oliver, Olivier männl., beliebter Vorname altfranzösischen Ursprungs, frz. *Olivier*; amerikanische Kurzform *Ollie*.
Der altfranzösische *Olivier* des Rolandliedes (1011), zu altfranzösisch *olif*, »Olivenzweig«, *olivier* »Olivenbaum«, kam als *Oliverus* 1086 nach England und verdrängte dort ähnliche Namen wie altnordisch *Oleifr* (zu → *Olaf*). Historische Namen: *Olivier*, Freund und Waffengefährte Rolands; *Olivier*, Begleiter Karls des Großen.

Olivia weibl. Vorname lat. Herkunft, zu lat. *oliva* »Ölbaum, Olive«, dessen Zweige uraltes Symbol für den Frieden sind.
Kurzform *Livy*; engl. *Olive, Olivet, Olivia*.

Oliviero männl., ital. Form von → *Oliver*.

Olla, Olli(e) weibl. Koseformen von *Olga, Olivia*.

Olof männl., schwedische Form von → *Olaf*.
Bekannt: Olaf Palme, schwedischer Ministerpräsident (1987 ermordet).

Olofa, Olova, Oluva weibl., schwedische Formen von *Olof*.

Oltman männl., friesischer Vorname, zu ahd. *ald* »bewährt« und *man* »Mann«.

Oluf männl., dänische Form von → *Olaf*.

Olympia weibl., **Olympus** männl. Vorname griech. Herkunft, zu griech. *Olympias* »eine Olympiade«.

In 2. Bedeutung eine Muse auf dem Berg Olympus; die Mutter Alexanders des Großen hieß *Olympias*; ital./span. *Olimpia* weibl., *Olimpio* männl.

Omke, Omko, Omme, Ommeke, Ommo männl., friesische Kurzform von Namen mit *Od-, Od-m*, z. B. *Odmar, Otmar*.

Ona, Oneka weibl., baskische Vornamen, »die Gute, mit Glück und Vermögen Gesegnete«, zu baskisch *on* »gut, wohl, glücklich«. Verkleinerungsform *Olleta*.

Onna ist auch rätoromanische Form; *Onna, Onne* sind ost- und nordfriesische weibl. Vornamen.

Oona weibl., engl. → *Una*, ein alter irischer Name, aus Oonagh (ungeklärt).

Ophelia weibl. Vorname griech. Herkunft, zu griech. *ōphéleia* »Hilfe, Beistand«.

Bekannt ist die literarische Gestalt *Ophelia* in Shakespeares »Hamlet«.

Orane weibl., frz. Form von *Orania, Urania*.

Orania weibl. Vorname, Nebenform von *Urania, Uranie*, griech.-lat. Herkunft, zu griech. *Ourania* »die Himmlische«, eine der neun Musen.

Engl. *Oriana*, frz. *Orane*.

Orell männl., schweizerische Form von *Aurelius*.

Orella weibl., baskischer Taufname zu → *Aurelia*.

Orla weibl., alte Kurzform von → *Orsola*.

Orlando männl., ital. Form von → *Roland*.

Bekannt: Orlando di Lasso, niederländischer Komponist am bayrischen Fürstenhof in München (16. Jahrhundert).

Ornella weibl., ital. Vorname, zu ital. *ornello* »Blüten- oder Manna-Esche«.

Orseline, Orsina, Orsine weibl. Nebenform ital. Herkunft zu → *Ursula*.

Orsola weibl., alte ital. Nebenform von → *Ursula*.

Ortensia weibl., rätoromanische Form von → *Hortensia*.

Ortfried männl., alter dt. Vorname, zu ahd. *ort* »Spitze« und *fridu* »Friede«.

Ortger männl., alter dt. Vorname, zu ahd. *ort* »Spitze (der Waffe)« und *ger* »Speer«.

Orthea, Orthia weibl., ostmitteldeutsche und hessische Kurzform von *Dorothea*; Nebenform *Ortha, Orte*, → *Urte*.

Orthild, Orthilde weibl., alter dt. Vorname, zu ahd. *ort* »Spitze« und *hiltja* »Kampf«.

Ortlieb männl., alter dt. Vorname, zu ahd. *ort* »Spitze (der Waffe)« und *leiba* »Erbe«.

Ortlind, Ortlinde weibl., alter dt. Vorname, zu ahd. *ort* »Spitze (der Waffe)« und *linta* »Lindenholzschild«.

Ortnit männl., alter dt. Vorname, zu ahd. *ort* »Spitze« und *nid* »Kampfeszorn«.

Ortolf, Ortulf männl., alter dt. Vorname, zu ahd. *ort* »Spitze« und *wolf, wulf* »Wolf«.

Ortolt männl. Nebenform von → *Ortwalt.*

Ortraud, Ortrud weibl., alte dt. Vornamen, zu ahd. *ort* »Spitze (der Waffe)« und *trud* »Kraft, Stärke«.

Ortrun weibl., alter dt. Vorname, zu ahd. *ort* »Spitze (der Waffe)« und *runa* »Zauber, Geheimnis«.

Ortulf männl. → *Ortolf.*

Ortwald, *Ortold* männl., alte dt. Vornamen, zu ahd. *ort* »Spitze (der Waffe)« und *waltan* »walten, herrschen«.

Ortwein, Ortwin männl., alte dt. Vornamen, zu ahd. *ort* »Spitze (der Waffe)« und *wini* »Freund«; Name in dt. Heldensagen.

Osane weibl., baskischer Vorname »die Hilfebringende, Heilende«, zu baskisch *osa, oso* »gesund, heil«.

Osbert männl. Nebenform von *Ansbert*, zu germanisch *ans* »Gott« und *beraht* »glänzend«.

Osberta weibl. Form von → *Osbert.*

Oscar männl. Nebenform von → *Oskar.*

Oskar, *Oscar* männl. = *Ansgar*, ein aus den Ossian-Epen des Schotten Macpherson (1760/63) übernommener Name, entspricht altenglisch *Osgar*, ahd. *Ansgar*, germanisch *ans* »Gott« und *ger* »Speer«.
Von Napoleon als Taufname vorgeschlagen, wurde *Oskar* beliebter schwedischer Königsname im 19. Jahrhundert, von Schweden aus verbreitete er sich in alle Welt.

Osmar männl., alter dt. Vorname, zu germanisch *ans* »Ase, Gott« und ahd. *mari* »berühmt«.

Osmund männl., **Osmunde** weibl., alte dt. Vornamen, zu germanisch *ans* »Ase, Gott« und ahd. *munt* »Schutz (der Unmündigen)«.

Ossi, Ossy männl. Kurzform von Namen mit *Os-*, z. B. *Oskar, Oswald.*

Ossip männl., russische Form von → *Josef.*

Ostara weibl., engl. *Easter*, angelsächsisch *Eastre* »Göttin des neuen Frühlingslichts«.
Der Taufzeitname wurde ehemals Mädchen gegeben, die in der Osterzeit geboren wurden.

Osterhild weibl., alter dt. Vorname, ahd. *Ostarhilt, ostar* »nach Osten, Frühlingslicht (der Sonne)« und *hiltja* »Kampf«.

Osterlind weibl., alter dt. Vorname, zu ahd. *ostar* »nach Osten, Frühlingslicht« und *linta* »Lindenholzschild«.

Oswald männl., angelsächsisch-niederdeutsche Form des ahd. *Answalt*, angelsächsisch *Osveald*, zu germanisch *ans* »Ase, Gott« und *waltan* »walten«.
Heiliger der Schottenmission in Süddeutschland und den Alpenländern; der spätmittelalterliche Dichter und Minnesänger Oswald von Wolkenstein (um 1377–1445) stammt aus dem Pustertal und hatte maßgeblich Anteil am Kampf des Tiroler Adels gegen Friedrich mit der leeren Tasche.

Oswalda, Oswalde weibl. Formen zu → *Oswald.*

Oswin männl., **Oswine** weibl., alte dt. Vornamen, zu germanisch *ans* »Gott« und *wini* »Freund«.

Ota weibl. Nebenform von → *Oda.*

Ota männl., tschechische Nebenform von → *Otto.*

Otberga weibl. Vorname → *Odilberga.*

Otbert männl., **Otberta** weibl., älter die Formen mit *Odil-, Odal-*, zu ahd. *ot* »Besitz« und *beraht* »glänzend«.

Otburg, Otburga weibl., alte dt. Vornamen, zu ahd. *ot* »Besitz« und *burg* »Schutz«.

Otfried männl., **Otfriede** weibl., alte dt. Vornamen, zu ahd. *ot* »Besitz« und *fridu* »Friede«.

Otger männl., alter dt. Vorname, zu ahd. *ot* »Besitz« und *ger* »Speer«.

Otgund, Otgunde weibl., alter dt. Vorname, zu ahd. *ot* »Besitz« und *gund* »Kampf«.

Othild, Othilde weibl., alter dt. Vorname, zu ahd. *ot* »Besitz« und *hiltja* »Kampf«.

Otker männl., alter dt. Vorname, zu ahd. *ot* »Besitz« und *ger* »Speer«.

Otlinde, Ottlinde weibl., alte dt. Vornamen, zu ahd. *ot* »Besitz« und *linta* »Lindenholzschild« (zum Schutz des Besitzes).

Otmar, Ottmar männl., alte dt. Vornamen, zu ahd. *ot* »Besitz« und *mari* »berühmt«. Nebenform *Othmar, Othmer.*

Otmund männl., alter dt. Vorname, zu ahd. *ot* »Besitz« und *munt* »Schutz (der Unmündigen)«.

Ott männl. Kurzform von Namen mit *Ot-, Ott-*, häufig im alemannischen Raum.

Otte männl. Kurzform von Namen mit *Ot-, Ott*; schwedische Form von → *Otto.*

Ottegebe, Ottogebe weibl. Vornamen, zu ahd. *ot* »Besitz« und *geba* »Gabe, Geschenk«.

Ottfried männl. Nebenform von → *Otfried.*

Ottheinrich männl. Doppelform aus *Otto* und *Heinrich*; Ottheinrich, Kurfürst von der Pfalz (16. Jahrhundert).

Ottheinz männl. Kurzform zu *Ottheinrich.*

Otthermann männl. Doppelform aus *Otto* und *Hermann.*

Otti weibl. Kurzform von → *Ottilie.*

Ottilie, Ottilia weibl. Vornamen, aus der latinisierten Form *Odilia, Odilie* entstanden, zu ahd. *ot* »Besitz, Habe« (siehe auch → *Oda*).

Die blindgeborene heilige Odilia, Ottilia (8. Jh.) wurde sehend, sie wird auf Kloster Odilienberg in den Vogesen verehrt.

K Stuttgart, Württembergisches Landesmuseum (1390); Arlesheim, Dom (15. Jh.); Karlsruhe, Kunsthalle (1520).

Ottmar männl. → *Otmar.*

Otto männl., alter dt. Vorname, selbständig gewordene Kurzform wie bei *Ode, Odo, Udo, Utto*, bereits im Jahre 788 belegt.

Aus alten *Ot*-Namen, wie *Otold, Othold, Otolf, Otoloh*, auch gedoppeltes t zur alten Kurzform *Odo*; zu ahd. *ot* »Besitz«; engl. *Odo*, frz. *Othon*, ital. *Ottone, Oddo, Otto*.

Name dt. Kaiser (Otto I., der Große, 10. Jh.), Herzöge und Grafen, durch den heiligen Otto von Bamberg (11./12. Jh.), Apostel der Pommern weiterverbreitet. Ende des 19. Jh. zeitweilig in Berlin unter den zwölf beliebtesten Namen; nach 1900 Rückgang, in Berlin »durch Herbert ersetzt« (Sohn Otto von Bismarcks).

Ottokar männl., alter dt. Vorname, *Odowakar*, zu ahd. *ot* »Besitz» und *wakar* »munter, wachsam, wacker«.

Odoaker, Odowakar, ein germanischer Heerführer aus dem Stamm der Skiren (5. Jh.), nach mehreren Siegen von Theoderich ermordet. – König Ottokar II. von Böhmen (13. Jh.).

Ottomar männl. → *Otmar*.

Otwald männl., zu ahd. *ot* »Besitz« und *waltan* »walten, herrschen«.

Otward männl., zu ahd. *ot* »Besitz« und *wart* »Hüter«.

Otwin männl., **Otwine** weibl., alte dt. Vornamen, zu ahd. *ot* »Besitz« und *wini* »Freund«; *Otwin* entspricht dem engl. → *Edwin*.

Ouwe, Owe männl., nordfriesische Formen von → *Uwe*.

Ozeana weibl. Vorname, Neubildung zu »Ozean«, → *Oceana*.

P Q…

P...

Paale, Pals männl., westfriesische Kurzform von → *Paul.*

Paavo männl., finnische Form von → *Paul.*

Pablo männl., span. Form von → *Paulus.*

Paddy männl., engl., aus der Kindersprache abgeleitet von → *Patrick.*

Padma weibl.

Pako männl., baskische Kurzform zu span. *Paco*, beides beliebte Kurzformen zu → Francisco.

Pál männl., ungarische Form von → *Paul.*

Palle männl., friesische Kurzform zu → *Baldo*; alte schwedische Kurzform von *Paul*, jünger *Pål.*

Palmira weibl., **Palmiro** männl., ital. Vorname, geprägt zu Ehren des kirchlichen Festtags Palmarum, dem Palmsonntag.

Paloma weibl., span. Vorname, zu *paloma* »die Taube«, Verkleinerungsform *Palomina*, galizische Kurzform *Pomba.*

Pamela weibl., engl. Vorname griech. Herkunft, wohl zu griech. *pam-mélas* »ganz dunkel, schwarz«, dazu *Pamelina.*

Weibliche Gestalt in Philip Sidneys Roman »Arcadia« (1590), seit 1742 durch S. Richardsons Roman »Pamela oder Die belohnte Tugend« bekannt. 1977 Romantitel »Pamela« von Clare Darcy.

Pamina weibl., Opernname griech. Herkunft mit vermutlich folgender Bedeutung: Tochter der Königin der Nacht in Mozarts Oper »Die Zauberflöte« (1791), zu griech. *pám-mēnis* »Vollmondnacht«, *pám-mēnos* »durch alle Monde, das ganze Jahr hindurch«.

Pancha weibl., span., aus der Kindersprache abgeleitet von *Francisca.*

Pancho männl., span., aus der Kindersprache abgeleitet von *Francisco.*

Pandora weibl. Vorname griech. Herkunft, zu griech. *pan* »ganz« und *doron* »Gabe, Geschenk«.

Im Jahre 1810 erschien Goethes Festspiel »Pandora«, das Fragment blieb. Die Büchse seiner Pandora enthält nichts Unheilvolles, sondern »muntere Luftgeburten« als lockender Zauber des Schönen.

Panja weibl., russische Kurzform von verschiedenen Namen mit *-nja*-Suffix-Bildung.

Pankratius, Pankraz männl. Vorname griech. Herkunft, zu griech. *pag-kratēs* »allmächtig, allgewaltig, allbesiegend«.

Name verbreitet durch Verehrung des heiligen Pankratius, nach der Bauernregel zählt er mit → *Servatius* und → *Bonifatius* zu den »Eisheiligen«. Die Idylle »Pankraz, der Hirtenbub« von Hans Brandenburg erschien 1924 und erzählt vom Leben im oberbayerischen Landkreis Schongau.

Gottfried Kellers Novelle von »Pankraz, dem Schmoller« (1856) macht den nachromantischen Weltschmerz und die praktische Humanität in Familie und Gesellschaft zum Thema.

Pankrazia weibl. Form von → *Pankrazius*.

Pantaleon männl. Vorname griech. Herkunft, zu griech. *panta* »ganz und gar« wie ein *léon* »Löwe«.

Paola weibl., **Paolo** männl., ital. Formen von → *Paul, Paula; Paolina, Paolino*.

Pär männl., schwedische Form von → *Peter*.

Paridam männl., engl. Vorname, ursprünglich Beiname *Paride* (um 1150), *Paridis* (1203) = »the Parisian«, »aus Paris stammend«.
Angelehnt an → *Paris*, populäre frz. Form von St. Patricius, St. Patrick; Namenkreuzung von *Paris, Paridis* mit dem gleichlautenden griech. Namen, → *Paris*; ital. *Paride*.

Paris männl., alter frz. Vorname, populärer Taufname zu *St. Patricius*, engl. *St. Patrick*. Kreuzte sich mit dem alten griech. Namen *Páris, Páridos*; in der griech. Mythologie Sohn des trojanischen Königs Priamos.

Parzival, *Parsifal, Parsival* männl. Name eines Sagenhelden aus der Artussage. Engl. *Percival*, altfrz. *Percevale*, zu *perce-val* »durchbreche (im Kampf) das Tal«. Literarisch von Wolfram von Eschenbach und Chrétien de Troyes gestaltet, danach Bühnenweihefestspiel in drei Akten (Uraufführung: Bayreuth 26.7.1882) von Richard Wagner.

Pascal männl., frz.-engl. Form des lat. Namens *Paschalis* »der zum Osterfest Gehörige« oder »der Österliche«.
Bekannter als der heilige Paschalis Baylon (16. Jh.) ist der Familienname des französischen Religionsphilosophen und Mathematikers Blaise Pascal (1623–1662).

Pascale weibl., frz. Form zu → *Pascal*.

Pascha männl., russische Kurzform von *Pavel* = *Paul*.

Paschalis männl., lat. Form zu → *Pascal*.

Pat männl., engl. Kurzform von → *Patrick*.

Pat weibl. Kurzform von → *Patrizia*, engl. *Patricia, Patrice*.

Patric männl., romanische Kurzform von lat. *Patricius*.

Patrice° männl./weibl., frz./engl. Form von lat. *Patricius/Patricia*.

Patricia, Patricius → *Patrizia, Patrizius*; engl. Kurzform *Pat, Patsy, Patty*.

Patrick männl., irisch-engl. Vorname, lat. *Patricius* »von hohem, uraltem römischen Adel«. Der Apostel von Irland, ursprünglich Sucat, übernahm den Namen *Patrick*, der sich vom 12. Jh. an in Irland, Schottland und Nordengland mit Nebenformen ausbreitete; neuerdings ist der Vorname auch bei uns beliebt geworden. Nebenform sind *Patric, Patrico, Patrik, Pat*; frz. Kurzform *Paris*.

Patrik männl. Nebenform von → *Patrick*.

Patrizia, *Patricia* weibl. Form von → *Patrizius*.
Der Name wird heute gerne gewählt im Hinblick auf die Bedeutung »Patrizier«. Kurzform *Pat*.

Patrizius, *Patricius* männl. Vorname, zu lat. *patricius* »Patrizier« = die ältesten und ansehnlichsten römischen Familien.
Engl. *Patrick, Pat*, frz. *Patrice*, ital. *Patrizio*.

Patsy, Patty weibl., engl. Koseformen von → *Patricia*.

Paul männl. Vorname lat. Herkunft, *Paulus* »der Kleine«, ursprünglich ein römischer Beiname, zu lat. *pau(l)us* »klein«.
Nach dem Apostel *Paulus* (vorher *Saul* »der Erbetene«) nannten sich Heilige und Päpste. Seit dem Mittelalter, insbesondere der Reformation, breitete sich der Name in Deutschland aus; um 1900 war er unter den zwölf verbreitetsten Namen; heute sehr zurückgegangen.
Engl./frz. *Paul*, ital. *Paolo*, niederländisch *Paulus*, dänisch *Poul*, span. *Pablo*, slawisch *Pavel, Pawel*, finnisch *Paavo*, ungarisch Pál.

Paula weibl. Form zu → *Paul*.
Name mehrerer Märtyrerinnen, darunter auch die heilige Paula, Rom (4./5. Jh.); noch um 1900 beliebter Name, inzwischen zurückgegangen, aber noch gut verbreitet durch die ältere und mittlere Generation.
Engl. *Paula*, frz. *Paula, Paule, Paulette*, ital. *Paola*, span. *Paula*, slawisch *Pavla, Pola*.

Paulette weibl., frz. Verkleinerungsform des weibl. Vornamens *Paule* → *Paula*; auch *Pauletta*.

Paulin männl., **Pauline** weibl. Weiterbildung zu → *Paul, Paula*.
Im 19. Jh. beliebter Name, heute nur noch gering verbreitet; ital. *Paolina*.
Von Pierre Jean Jouve erschien 1925 der Roman »Paulina 1880«.

Paulinus männl., ältere Adoptivform von → *Paulus*; rätoromanische Kurzform *Polin*.

Paulus männl., lat. Form zu → *Paul*.
Die »Paulus-Briefe«, Dreizehn Schriften des N. T., wurden vermutlich erst um 80 n. Chr. verfaßt.

Pawel männl., russische Form von → *Paul*.

Peco männl. Kurzform zu *Peter* und *Josef*.

Peder männl., dänische und rätoromanische Form von → *Peter*.

Pedro männl., span. Form von → *Peter*.

Peeke männl., **Peekje** weibl., ost- und westfriesische Formen zu → *Peter, Petra*.

Peer männl., nordischer Vorname für *Peter*.
Henrik Ibsens dramatische Dichtung »Peer Gynt« (1867), Bühnenmusik von Edvard Grieg (1874); »Peer Gynt«, Oper von Werner Egk (1938).

Peer, Peet männl., **Peetje** weibl., ost- und westfriesische Kurzform zu *Peter* und *Petra*.

Peggy weibl., engl. Lallname aus der Kindersprache von → *Margaret*.

Peider männl. Nebenform von *Peter* im Engadin.

Peko männl., friesische Form von → *Peter*.

Pelagia weibl. Form zu *Pelagius*, griech. Herkunft, *pélagos* »die offene See«.
Die Verslegende »Pelagius« der Dichterin und Nonne Roswitha von Gandersheim entstand um 959 n. Chr.

Pelle männl., schwedischer Lallname von *Per, Peter.*
Mit dem Arbeiterroman »Pelle der Eroberer« gelang dem dänischen Schriftsteller Martin Andersen Nexø zwischen 1906 und 1910 der internationale Durchbruch.

Penny weibl., engl. Kurzform von *Penelope.*

Pepa weibl., span. Lallname von → *Josefa.*

Pepablo männl., span. volkstümliche Fügung für *Pedro Pablo = Peter* und *Paul.* Fest 29. Juni.

Pepe männl., span. Lallname aus der Kindersprache von *José = Josef; Pepito, Pepillo* Verkleinerungsform von *Pepe.*

Pepino männl., span. Form von → *Pipin.*

Pepita, Pepeta weibl., span. Lallname aus der Kindersprache von → *Josefa.*

Peppina weibl., rätoromanische Koseform von → *Josefina.*

Peppe, Peppo männl., ital. Lallname von *Giuseppe = Josef.*

Per männl., schwedische Form von → *Peter.*

Percy männl., engl. Vorname, Kurzform zu *Percival,* altfrz. *Percevale* = → *Parzival.*

Perdita weibl., engl. Vorname, eigentlich »die Verlorene«, zu lat. *perditus, perdita* »verloren«.

Peregrin, *Peregrinus* männl., **Peregrina** weibl., engl. Vorname lat. Herkunft, lat. *peregrinus* »Fremdling, Reisender«.
Später auch »Pilger«, auf den heiligen Peregrinus (7. Jh.) bezogen, Kurzform *Perry* männl./weibl.; engl., männl. Form *Peregrine, Pel.*

Perez männl., span. Form von → *Peter.*

Perikles männl. Vorname griech. Herkunft.
Nach dem berühmten Athener Staatsmann *Periklēs* († 429 v. Chr.), zu griech. *peri-klytós* »hochberühmt, herrlich«.

Pernetta weibl. Nebenform von → *Petronilla.*

Pernilla, Pernille weibl., dänisch-schwedische Form von älterem Vornamen → *Petronella.*

Perino männl., ital. Verkleinerungsform von → *Pero.*

Peronella weibl., ital. Vorname = *Petronella.*

Perry° männl./weibl., engl. Kurzform von *Peregrine, Peregrina.*

Peter, *Petrus* männl. Vorname griech.-lat. Herkunft, zu griech. *pétra, pétros* »Fels(block), Stein, Felssitz«, entspricht aramäisch *kepha(s)* »Fels«.
Name des Hauptapostels Petrus, eigentlich Simon, Petrus ist lediglich Beiname (N. T., Johannes-Evangelium 1,42). Petrus starb als erster Bischof von Rom den Märtyrertod.
Die große Beliebtheit des Namens seit dem 14. Jh. zeigt sich in überaus zahlreichen landschaftlichen Kurz- und Koseformen und in vielen volkstümlichen Redensarten, Petrus ist »Wetterregent« und zugleich »Himmelspförtner«. In der Schweiz lag *Peter* in den letzten fünfundzwanzig Jahren (nach *Daniel*) an zweiter Stelle, auch im übrigen deutschsprachigen Raum ist der Name noch heute sehr beliebt.

1904 fand in London die Uraufführung des Schauspiels »Peter Pan« von Barrie statt; im selben Jahr erschien Hesses Erzählung »Peter Camenzind« – in der Tradition vieler literarischer Peter-Vorgänger, wie z. B. dem »Peter Schlehmihl« (1814) von Chamisso.

Auswahl der Kurzformen: *Pet(e), Pit, Pitt, Pier, Petz, Pitz, Per;* engl. *Peter*, frz. *Pierre*, ital. *Pietro, Piero*, span. *Pedro*, niederländisch *Petrus, Pieter*, dänisch *Peder*, schwedisch *Per*, rätoromanisch *Peder, Peider, Pieder*, russisch *Petr, Pjotr*, polnisch *Piotr*, bulgarisch *Petar*, ungarisch *Petrō*, slawische Kurzform *Pes*.

Peterke, Petje, Petke weibl., ostfriesische Kurzform zu → *Petra*.

Petra weibl. Form von → *Peter*; heute sehr beliebter Vorname. Frz. Verkleinerungsform *Perette, Pierrette, Pierrine*, ital. *Piera, Pierina*.

Petrina, Petrine weibl. Vorname, aus dem älteren Vornamen *Peterine*.

Petrissa, Petrisse weibl. Form zu → *Petrus*.

Petronella, Petronilla weibl., ital. Verkleinerungsform von lat. *Petronia, Petronius*; Heiligenname.

Petronelle, Petronille weibl., frz. Formen zu *Petronella*, von *Petronia*.

Petronia weibl. Form zu griech.-lat. *Petronius*, griech. *pétros* »Fels, Stein«.

Petronilla weibl. Nebenform von → *Petronella*.

Petrus männl., lat. Name für den Apostel *Simon* mit Beinamen *Petrus*.

Sohn des *Jona*, Bruder des *Andreas*, Fischer in Kapernaum am See Genezareth, griech. *Petros* »Fels« entspricht dem aramäischen Beinamen Kephas »Fels«; siehe auch → *Peter*.

Jünger Jesu, erster Bischof und Oberhaupt der Christenheit, gestorben als Märtyrer unter Nero; Name von Heiligen und Päpsten.

Petula weibl. Vorname lat. Herkunft, zu lat. *petulans* »mutwillig, ausgelassen«.

Peye männl., westfriesische Kurzform von → *Paul*.

Phil männl., engl. Kurzform von *Philip*, → *Philipp*.

Phila weibl. Kurzform zu *Philomela, Philomena*, griech. *philai* »lieben, liebkosen, liebreich behandeln, küssen«.

Philhard männl., Fügung aus *Philipp* und *Gerhard*.

Philine weibl. Vorname griech. Herkunft, zu griech. *philai, philéon* »lieben, liebreich behandeln, liebkosen, küssen«.

Philip männl., engl. Form von → *Philipp*.

Philipp männl. Vorname griech. Herkunft, lat. *Philippus*, griech. *Phil-ippos* »Pferdefreund« zu *philos* »Freund, Liebhaber« und *ippos* »Pferd«.

Im Abendland als Name des Apostels Philippus verbreitet, vom Spätmittelalter an in Deutschland häufiger Name, Auftrieb seit der Humanistenzeit, volkstümlich durch den Namen des Landgrafen Philipp des Großmütigen von Hessen (16. Jh.). Kurzform *Lipp, Lips, Fips*; engl. *Philip, Phil*, frz. *Philippe*, ital. *Filippo*, Kurzform *Lippo*, span. *Felipe*, slawisch *Filip*, ungarisch *Fülöp, Filko*.

Philippa weibl. Form von → *Philipp*; ital. *Filippa*, span. *Felipa*, slawisch *Filipa*.

Philippe männl., frz. Form von → *Philipp*.

Philippine weibl. Form von → *Philipp*.

Philo männl. Kurzform, »Freund«, zu griech. *philos* »lieb, freundlich«.
Bekannt aus der Literatur: Philoktet, Tragödie des Sophokles (409 v. Chr.).

Philomela, Philomele weibl., alter griech. Name *Philomēlē* »Freundin des Gesangs«, zu griech. *philos* »Freund, Liebhaber« und *mélos* »Gesang«.

Philomena, Philomene weibl., auch *Philumena*, zu griech. *philéon, philein* »lieben, liebkosen« und *oumós, emós* »mir bestimmt«.

Phöbe weibl. Vorname griech. Herkunft, *Phoibē* »die Strahlende«.
Beiname der Artemis als Mondgöttin, Schwester des Phöbus (Beiname Apollos).

Phyllis weibl., griech. Vorname. In der griechischen Mythologie Geliebte des Demophoon, die sich tötete, weil er ausblieb, und die dann in einen Mandelbaum verwandelt wurde. Name verwandt mit griech. *phyllás* »Belaubung, Blätterhaufen«.

Pia weibl. Form von → *Pius*, zu lat. *pia, pius* »fromm, gottesfürchtig, tugendhaft«.

Piata weibl. Weiterbildung von *Pia*, zu lat. *pius* »fromm, gottesfürchtig, tugendhaft«.

Pidder männl., nordfriesische Form von → *Peter*.

Pieder männl. Nebenform von *Peter* in Obwalden, rätoromanische Schweiz.

Pier männl., **Pierke, Pierkje, Piertje** weibl., westfriesische Kurzform zu → *Peter* und *Petra*.

Pier männl., ital. und niederländische Nebenform von *Peter*.

Piera weibl., ital. Form von *Piero* = *Peter*.

Pierangela weibl., ital. Fügung aus *Piera* und *Angela*.

Piero männl., ital. Form von → *Peter*.

Pierre männl., frz. Form von → *Peter*. Der Roman »Pierre et Jean« von Maupassant erschien 1887/88 als Fortsetzungsgeschichte in »La Nouvelle Revue«.

Pierrette weibl., frz. Verkleinerungsform zu *Pierre*.
Auch zu »Pierrette« gibt es eine literarische Entsprechung: Der gleichnamige Roman von Honoré de Balzac erschien 1840.

Piet, Pieter männl., niederländische Formen von *Peter*.

Pieterke, Pietje weibl., ostfriesische Koseformen von → *Petra*.

Pietro männl., ital. Form von → *Peter*.

Pike männl., westfriesische Kurzform von *Pieterke*.

Pikka weibl., lappländische Kurzform für → *Birgitta*.

Pilar weibl., span. Vorname, zu *pilar* »Pfeiler«.
Ursprünglicher Beiname von *Maria del Pilar*, volkstümlich *Pilarica* »Muttergottes auf dem Pfeiler« (Kirche in Saragossa). Patronin von Spanien. Der Vorname steht wie bei *Dolores* und *Mercedes* stellvertretend für *Maria*, deren Name aus ehrfürchtiger Scheu gemieden wurde. Span. Marienfest am 12. Oktober.

Pim männl., niederländische Lallform aus der Kindersprache von *Willem, Wim* = *Wilhelm*.

Pinkas, Pinkus männl., zum bibl. Namen *Pinchas*, jiddisch *Pinchoss*, hebr. *pincháss* »wie Erz tönend« oder »Sprachrohr«.

Pippa weibl., ital. Kurzform von *Philippa*.
Bekannt: »Pippa passes«, Drama von Robert Browning (1841). »Und Pippa tanzt«, Drama und Glashüttenmärchen von Gerhart Hauptmann (1906).

Pippo männl., ital. Lallname aus *Filippo = Philipp*.

Pirkko weibl., finn. Vorname, zu *Birgitta*.

Piroschka, Piroska weibl., ungarischer Vorname, aus dem lat. Namen → *Prisca*, danach zu *Piriska, Piroska* geworden.
Bekannt geworden durch Hugo Hartungs Buch »Ich denke oft an Piroschka« (1954) und dem Film »Piroschka« mit Liselotte Pulver.

Pitschen männl. Kurzform von *Burkard* im Engadin, entspricht dem oberdeutschen *Bitsch*.

Pitt, Pit männl., engl. Kurzform von → *Peter*.

Pitter männl., rheinische Form von → *Peter*.

Pius männl. Vorname lat. Herkunft, zu lat. *pius* »fromm, gottesfürchtig, tugendhaft«.
Name vieler Päpste: so Pius II. (vorher E. S. Piccolomini, 1405–1464), humanistisch gebildeter Dichter und Gelehrter, der sich auf dem Basler Konzil für kirchliche Reformen einsetzte; Pius IV. (vorher: A. Medici, 1499–1569); Pius VII. (vorher: B. G. Chiaramonti, 1740–1823), krönte 1804 in Paris Napoleon zum Kaiser.

Pjotr männl., russische Form von → *Peter*.

Placida weibl. Form von → *Placidus*.

Placidus männl., lat. Vorname, zu lat. *placide* »sanft, ruhig, still, friedsam«.
Bekannt: Placido Domingo, spanischer Tenor.

Pol, Pole männl., niederdeutsche Formen von → *Paul; Pol* = Paul auch rätoromanische Form.
Bekannt aus der Literatur: »Pole Poppenspäler«, eine Erzählung von Theodor Storm (1875). *Pol, Polet, Polin* rätoromanische Formen; *Pol* auch Kurzform von *Appollonius*, *Leopold*.

Poldi männl./weibl. Kurzform von → *Leopold* und *Leopoldine*.

Polly weibl., engl. Lallname aus der Kindersprache zu *Mary*.
Auch Kurzform zu *Apollonia*.

Polyxenia weibl., griech. *Polyxenē*. Aus der griech. Mythologie bekannt ist *Polyxenia*, Tochter des Priamos und der Hekabe, Geliebte des Achilles, zu griech. *poly-xenos* »sehr gastfrei, gastlich aufnehmend«. Adelsname in Deutschland im 17./18. Jh. Kurzform *Xenia*.

Popke männl./weibl., ostfriesisch, *Popke* männl., nordfriesisch, **Popko, Poppe, Poppeke, Poppo** männl., friesischer Lallname durch Bilabialisierung von einstämmig verkürzten germanischen Namen mit *Folk-* oder *Bod-* entstanden, z. B. aus *Folkmar, Folkert, Bodẹbert*.

Pontian männl. Vorname, zu lat. Beinamen *Pontus, Pontanus* »der Mann an der Brücke«, lat. *pons* »Brücke«.

Pretiosa, *Preziosa* weibl. Vorname, zu lat. *pretiosus* »kostbar, von hohem Wert«.

Primia weibl. Taufname »die Angesehenste, Vornehmste«, zu einem landschaftlich geprägten Heiligennamen im Baskenland.

Primus männl., lat. Vorname, zu *primus* 1. »der Erste der Zeit und Ordnung nach«; 2. »der Vorderste«; 3. »der Erste dem Rang nach, der Vornehmste«.

Prisca weibl., zu lat. *priscus* »nach alter Art, streng, ernsthaft«.

Priscilla weibl. Weiterbildung von → *Prisca*, tschechisch *Priska*, ungarisch *Piroska* = *Piroschka*; ungarische Kurzform *Cilla, Cilli(ke), Piri(ke), Pirka*.

Priska weibl., tschechischer Vorname, entspricht dem ungarischen Vornamen *Piroska* = *Piroschka* und der lat. Ausgangsform → *Prisca*.

Prosper, Prosperus männl. Vornamen, zu lat. *prosperus* »glücklich, erwünscht«. Bekannt: Prosper Mérimée, franz. Dichter (1803–1870).

Prudentia weibl. Vorname, zu lat. *prudentia* »Klugheit, Vorsicht, Einsicht«.

Pulcheria weibl. Vorname, zu lat. *pulchra* »schön, der Gestalt und dem Ansehen nach«.

Q...

Quint, Quintus männl., römischer Vorname, der gemeinhin im Altertum (nach dem Erst- oder Zweitnamen) abgekürzt Q. geschrieben wurde, Zählname, zu lat. *quintus* »der Fünfte«.

Quintin, Quintinus männl. Weiterbildung von → *Quintus*; frz. *Quentin*.

Quirin, Quirinus männl. Vorname, lat. *Quirinus*, »der Kriegsmächtige, Kriegerische«. Bayrisch *Kürin*, elsässische Kurzform *Küri*.
Name für den vergötterten *Romulus populus Quirini*, mit Remus *gemini Quirini* (die Zwillinge des Quirinals); daher auch die Römer »urbs Quirini«; seit dem Mittelalter am Niederrhein verbreitet durch den heiligen Quirinus von Neuß; frz. *Corin*.

R…

R...

Raban, latinisiert *Rabanus*, ahd. *Hraban* männl. Kurzform, zu ahd. *hraban* »Rabe«.

Rabea, Rabia weibl. Vorname arabischen Ursprungs, zu arabisch *rabi, rebi* »Frühling oder Erntezeit«.

Rachel weibl., bibl. Name → *Rahel.*

Rachele, Rachelle weibl., ital. Formen von → *Rahel.*

Rada weibl. Kurzform von Namen mit Rade-.

Radegund, Radegunde weibl. Vorname, zu ahd. *rat* »Ratgeber« und *gund* »Kampf«.

Radek männl., slawische Kurzform zu *Radovan, Radoslaw*, → *Radomil, Radomir.*

Radka weibl., slawische Form von → *Radek.*

Radmilla weibl. Form zum slawischen Vornamen *Radomila*, weibl. Form von → *Radomil.*

Radolf, Radulf männl. Vorname, zu ahd. *rat* »Ratgeber« und *wolf, wulf* »Wolf«.

Radomil männl., **Radomila** weibl., slawischer Vorname, zu *rad* »froh« und *milyj* »lieb, angenehm«.

Rafael, Raffael männl. → *Raphael.* Bekannt: Raffaelo Santi, italienischer Maler und Baumeister des Vatikan (1483–1520).

Rafaela, Raffaela weibl. → *Raphaela.*

Ragna weibl., nordische Kurzform von Namen mit *Ragin*, besonders von → *Ragnhild.*

Ragnar männl., nordische Form von → *Rainer.*

Ragnhild weibl., nordische Form → *Reinhild.*

Rahel weibl., bibl. Name, zu hebr. *rāchēl* »Mutterschaft, Schaf, Lamm«. Rahel ist im A. T. die Frau Jakobs und die Mutter von Joseph und Benjamin. Bekannt: Rahel Levin (1771–1833), verheiratet mit Varnhagen von Ense; sie führte einen literarischen Salon in Berlin und empfing dort die Brüder Humboldt, Schlegel, Tieck, Achim von Arnim, Brentano, Fichte, Schleiermacher, Heine u. a.

Raika weibl., entspricht der bulgarischen Verkleinerungsform *Rajka* »Paradiesvogel« zu → *Raja*, bulgarisch *raj* »Paradies«.

Raimar männl. → *Reimar.*

Raimo weibl. Nebenform von *Reimo.*

Raimond männl. Nebenform von → *Raimund.*

Raimund männl., **Raimunde** weibl., auch *Reimund* männl., *Reimunde* weibl., zu ahd. *Raginmund, ragin, regin* »Rat, Beschluß« und *munt* »Schutz«.

Rainald, *Reinald* männl. Nebenform von *Reinold* zu → *Reinwald.*

Rainald von Dassel, Erzbischof von Köln, war Reichskanzler Kaiser Friedrich Barbarossas im 12. Jahrhundert.

Rainer, *Reiner* männl., alter dt. Vorname *Raginhari*, zu ahd. *ragin* »Rat, Beschluß« und *heri* »Heer«; heute sehr beliebter Vorname; frz. *Rainier, Régnier*. Bekannt: Rainer Werner Faßbinder, Regisseur der sechziger Jahre. K Rainer (René) Maria Rilke (1875–1926), österreichischer Dichter, Grab Raron, Kanton Wallis.

Rainier männl., frz. Form von → *Rainer*.

Raja weibl., slawischer Vorname, zu russisch *raj* »Paradies«; siehe unter → *Raika*.

Ralf, Ralph männl., verkürzte engl. Form von *Radolf, Radulf*.
Bekannt: Ralf Dahrendorf, Soziologe und Politiker.

Rambald männl., zu ahd. *hraban* »Rabe« und *bald* »kühn«. Nebenform *Rambold, Rambo*.

Rambert männl., zu ahd. *hraban* »Rabe« und *beraht* »glänzend«.

Rambod männl., zu ahd. *hraban* »Rabe« und *boto* »Bote, Gebieter«.

Ramón männl., span. Form von *Raimund*.

Ramona weibl., span. Form von → *Ramón*.

Randal männl., engl. Form von *Randulf, Randolf*, → *Randolph*.

Randi weibl., nordische Kurzform, älter *Ragndi(d)*, zu → *Ragnhild* = *Reinhild*.

Rando männl. Kurzform von Namen mit *Rand-*, zu ahd. *rant* »Schild(rand)«.

Randolf, Randulf männl., zu ahd. *rant* »Schild« und *wolf, wulf* »Wolf«.

Randolph männl., engl. Vorname, altengl. *Randwulf*, entspricht dt. → *Randolf*.

Randwig männl., zu ahd. *rant* »Schild« und *wig* »Kampf« ältere Form *Rantwig*.

Ranjo männl. Vorname, Phantasiename, → *Ranko* angenähert.

Ranka weibl. Form von → *Ranko*.

Ranko männl., slowenisch, neuerer Vorname zu slowenisch *rany, rano, ranni* »frühzeitig, frühauf, morgens früh«.

Rantwig männl., zu ahd. *rant* »Schild« und *wig* »Kampf«.

Raoul [raul] männl., frz. zu → *Radolf*.

Raphael männl., bibl. Name, zu hebr. *rāphā'el* »Gott heilt«.
Erzengel im apokryphen Buch Henoch; frz. *Raphael*, ital. *Raffaele, Raffaelo*. Einer der berühmtesten ital. Maler und Baumeister ist Raffaello Santi (1483–1520). Er entwarf im Auftrag des Vatikan die Wandteppiche für die Sixtinische Kapelle und schuf berühmte Madonnenbilder.

Raphaela weibl., **Raphaele** männl., Form von *Raphael*; ital. *Raffaele, Raffaela*.

Rappert männl. Nebenform von → *Ratbert*.

Rappo, Rappold, Rappolt männl., oberdeutsche Formen zu *Ratbald*, niederdeutsch *Rabbold*.

Rasmus männl. Kurzform von → *Erasmus*.

Rasso männl. Kurzform zu *Rat*-Namen.

Ratbald männl., zu ahd. *rat* »Ratgeber und *bald* »kühn«.

Ratbert männl., **Ratberta** weibl., alte dt. Vornamen, zu ahd. *rat* »Ratgeber« und *beraht* »glänzend«.

Ratbod männl., älter *Ratpot, Rapoto*, zu ahd. *rat* »Ratgeber« und *boto* »Bote«.

Ratbold männl. Nebenform von → *Ratbald.*
Ratburg, Ratburga weibl., zu ahd. *rat* »Ratgeber« und *burg* »Schutz«.
Ratfried männl., zu ahd. *rat* »Ratgeber« und *fridu* »Friede«.
Ratgard weibl., zu ahd. *rat* »Ratgeber« und *gard* »Gehege, Hort, Schutz«.
Ratger männl., zu ahd. *rat* »Ratgeber« und *ger* »Speer«.
Rathard männl., alter dt. Vorname, zu ahd. *rat* »Ratgeber« und *harti* »hart«.
Rathild, Rathilde weibl., zu ahd. *rat* »Ratgeber« und *hiltja* »Kampf«.
Rathold männl., älter *Ratwald*, zu ahd. *rat* »Ratgeber« und *waltan* »walten«.
Ratmar männl., zu ahd. *rat* »Ratgeber« und *mari* »berühmt«.
Rato, Ratilo männl. Kurzform zu *Rat*-Namen.
Räto männl., rätoromanischer Vorname, → *Rätus.*
Rätus männl. Vorname, bezeichnet den Bewohner von Raetia, Rhaetia oder Rhetia, geschichtlich die Landschaft zwischen Donau, Rhein und Lech.
Ratward männl., zu ahd. *rat* »Ratgeber« und *wart* »Hüter«.
Raul männl., span. Form von → *Radolf.*
Raunhild weibl. Nebenform von → *Runhild.*
Raute weibl. Kurzform von *Rautgunde*, angelehnt an den Namen der Rautengewächse, die vor allem in den trockenen Böden Italiens und Südosteuropas gedeihen.
Rautgunde weibl., alter dt. Vorname, zu ahd. *rat, raut* »Ratgeber« und *gund* »Kampf«.
Ray männl., engl. Kurzform von → *Raymond.*
Bekannt: Ray Charles, amerikanischer Jazzsänger.
Raya weibl. Kurzform von *Raymonde.*
Raymond männl., **Raymonde** weibl., frz. Formen von *Raimund, Raimunde.*
Rea weibl. Vorname griech. Herkunft.
Name aus der griech. Mythologie, ionisch *Reiē*, Tochter des Uranus und der Gäa, Mutter des Zeus, → *Rhea.*
Rebekka, *Rebecca* weibl., bibl. Name, zu hebr. *ribeqāh* »die Bestrickende, Fesselnde«, jiddisch *Riwke.*
Im A. T. ist Rebekka die Frau Isaaks und Mutter von Esau und Jakob.
Recha weibl., bibl. Name, Nebenform von *Reka. Recha* – Bekannt aus der Literatur als Nathans angenommene Tochter in Lessings dramatischem Gedicht »Nathan der Weise« (1779).
Redelf männl., ostfriesischer Vorname, zu → *Radolf.*
Redlef, *Redelef, Redleff* männl., ostfriesische Vornamen zu *Rad-, Red-*, ahd. *rat* »Ratgeber« und *(lef) leiba* »Erbe«.
Redward, Redwart, *Reduard* männl., ostfriesisch, *Redwert* nordfriesisch → *Ratward.*
Reela, Rela, Rele weibl., ost- und nordfriesische Kurzform aus *Reila*, zu → *Regelinde* oder Kreuzung mit den männl. Vornamen *Reelef, Relef* oder → *Redlef.*
Reelef, Reeleff, Reelf männl., ostfriesische Vornamen, zu → *Radolf* oder zu → *Redlef.*

Reemde weibl., **Reemet, Reemt**, *Rembt, Rempt, Remt* männl., ost- und westfriesische Vornamen aus *Remmet, Rembod* = → *Reimbold.*

Regelinde, Reglinde, Reglindis weibl. Vornamen, zu ahd. *ragin, regin* »Rat« und *lindi* »nachgiebig, empfänglich«.

Regina, Regine weibl., beliebter Vorname, zu lat. *regina* »Königin«.
Damit ist ursprünglich nach christlicher Bedeutung Maria als Himmelskönigin gemeint; Name mehrerer Heiligen: Kurzform *Gina, Ina, Rega.*

Reginald männl. Vorname, verkürzt zu → *Reinald.*

Regis männl. Kurzform von → *Remigius.*

Regiswinde, Regiswinda weibl., älter *Raginsvinda*, zu ahd. *ragin, regin* »Rat, Beschluß« und *swinde* »stark, geschwind«.

Regnerus männl., latinisierte Form von *Reginar*; dt. → *Rainer, Reiner.*

Régnier männl., frz. Form von → *Rainer.*

Regula weibl. Form zum lat. Beinamen *Regulus*, lat. *regula* »Regel, Richtschnur« = spätlateinisch »nach den Regeln des Glaubens leben«. Kurzform *Regele.*
Die heilige Regula und der heilige Felix, Märtyrer und Patrone von Zürich (um 300); K Steinrelief aus dem 12. Jahrhundert am Großmünster in Zürich.

Reichard männl. Nebenform von → *Richard.*

Reichwein männl. → *Richwin.*

Reilinde weibl. Nebenform von → *Regelinde.*

Reimar, Raimar, Raimer, Reimer männl., **Reimara** weibl., alte dt. Vornamen zu *Raginmar*, ahd. *ragin, regin* »Rat, Beschluß« und *mari* »berühmt«.

Reimbert männl., auch *Reimbrecht*, zu ahd. *ragin, regin* »Rat, Beschluß« und *beraht* »glänzend«.

Reimbod männl., zu ahd. *ragin, regin* »Rat, Beschluß« und *boto* »Bote«.

Reimbrecht männl. Nebenform von *Reimbert.*

Reimer männl., niederdeutsch-friesische Nebenform von → *Reimar.*

Reimert männl., niederdeutsche Form von → *Reimbert.*

Reimo männl. Kurzform von Namen mit *Reim-.*

Reimund männl., **Reimunde** weibl. Nebenform von → *Raimund, Raimunde.*

Reimut männl., **Reimute** weibl., zu ahd. *ragin, regin* »Rat, Beschluß« und *muot* »Geist, Gesinnung«.

Reina, Reine weibl. Nebenform von → *Regina*; ostfriesische Kurzform von Namen mit *Rein-.*

Reinald männl., **Reinalde** weibl., zu ahd. *Raginald. Raginwald, Reginald* → *Reinold, Reinhold*; frz. Entsprechung *Renaud, Renault*, ital. *Rinaldo.*

Reinar männl. Nebenform zu *Reiner, Rainer.*

Reinbert männl., **Reinberta** weibl. Nebenform zu → *Reimbert.*

Reinburg, Reinburga weibl., zu ahd. *ragin, regin* »Rat« und *burg* »Schutz«.

Reineke männl., **Reineke°** männl./weibl., ost- und westfriesische Vornamen zu Namen mit *Rein-.*

Reiner männl. → *Rainer.*

Reinfried männl., **Reinfriede** weibl., zu ahd. *ragin, regin* »Rat, Beschluß« und *fridu* »Friede«.

Reingard weibl., zu ahd. *ragin, regin* »Rat, Beschluß« und *gard* »Hort, Schutz«.

Reinhard, *Reinhart* männl., alter dt. Vorname, zu ahd. *Raginhard, ragin, regin* »Rat, Beschluß« und *harti* »hart, stark«.

Reinharda, Reinharde, Reinhardine weibl. Formen zu → *Reinhard.*

Reinhild, Reinhilde weibl., zu ahd. *Raginhilt, ragin, regin* »Rat, Beschluß« und *hiltja* »Kampf«.

Die heilige Reinhild wurde 680 von den Friesen ermordet.

Reinhold männl., **Reinholde** weibl., neuere Bildungen zu → *Reinold*, an »hold« angelehnt; frz. *Renaud.*

Reinka weibl., **Reinke, Reinko** männl., ostfriesische Kurzform von *Reinharda, Reinhard.*

Reinmar männl., zu ahd. *ragin, regin* »Rat, Beschluß« und *mari* »berühmt«.

Reinmund männl. Nebenform von *Reimund.*

Reinold männl., **Reinolde**, *Reinolda* weibl., alte dt. Vornamen, aus ahd. *Raginald, ragin, regin* »Rat, Beschluß« und *waltan* »walten, herrschen«.

Durch Verehrung des heiligen Reinoldus, Schutzpatron von Dortmund, verbunden mit der Sage der vier Haimonskinder (erschienen 1604 mit der kölnischen »Historie van Sent Reinolt), wurde der Name Reinold (Reinhold) volkstümlich.

K Statue aus dem 15. Jahrhundert in der Reinoldikirche in Dortmund.

Reinske, Reint, Reintje männl./weibl., ost- und westfriesische Kurzform von Namen mit *Rein-.*

Reintraud, Reintrud weibl., zu ahd. *ragin, regin* »Rat« und *trud* »Kraft, Stärke«.

Reinulf männl., zu ahd. *ragin, regin* »Rat, Beschluß« und *wolf, wulf* »Wolf«.

Reinwald männl., zu *Reginald, Raginwald*, ahd. *ragin, regin* »Rat, Beschluß« und *waltan* »walten, herrschen«.

Reinward männl., zu ahd. *ragin, regin* »Rat, Beschluß« und *wart* »Hüter«.

Reitz männl. Kurzform zu → *Heinrich.*

Reja weibl., russische Kurzform zu *Awreja* »die Goldene«, lat. *aurea* »golden«.

Rejane weibl., russischer Vorname, kann Weiterbildung zu *Reja* sein.

Reka weibl., **Reke** männl., friesische Kurzform, *Red*-Vornamen.

Reka weibl., bibl. Name, zu hebr. *rekhab* »weich, zart«.

Relef, Releff, Relf männl., wie → *Reelef* zu → *Radolf.*

Relke weibl., ostfriesische Kurzform → *Roelke.*

Rella weibl., ungarische Kurzform von → *Aurelia.*

Rema weibl., russische Kurzform von *Revmira.*

Rembert männl. Nebenform von → *Reimbert.*

Remigius männl. Vorname in der Bedeutung »der Ruderer, Ruderknecht«, zu lat. *remigo* »rudern«. Der heilige Remigius (6. Jh.), Missionar der Franken, Bischof von Reims; K Statue: Weiler bei Rottenburg (Neckar) und in Lappach (Oberbayern). Frz. Kurzform *Remi, Remy.*

Remke, Remko männl., ost- und westfriesische Kurzform von *Reinmar, Reimer.*

Remmert männl., ost- und westfriesische Form von → *Reimbert*.

Remo männl., ital. Vorname, zu lat. → *Remus*, der Sage nach einer der Gründer Roms, Zwillingsbruder des *Romulus* und Sohn des Mars und der Rhea Silvia.

Remus männl., alter lat. Name, der Sage nach Zwillingsbruder des *Romulus*, von diesem im Streit erschlagen; lat. *remus* »Ruder«.

Rena weibl., 1. ost- und westfriesische Kurzform von Namen mit *Rein-*; 2. Kurzform von → *Irena, Renata* und *Verena*.

Renard männl., frz. Form von → *Reinhard*.

Renate, *Renata* weibl. Vorname in der Bedeutung »die Wiedergeborene«, zu lat. *renatus* »wiedergeboren«.
Beliebter und häufiger Vorname der letzten fünfundzwanzig Jahre in der Schweiz. Kurzform *Rena, Reni, Rene, Nata, Nate, Nati*; frz. *Renée*.

Renato männl., ital. Form von → *Renatus*; frz. *René*.

Renatus männl. Vorname »der Wiedergeborene«, zu lat. *renatus* »wiedergeboren«; ital. *Renato*, frz. *René*.

Renaud männl., frz. Form von → *Reginald*.

Renault männl., frz. Nebenform zu → *Renaud*.

Rendel weibl., alte niederdeutsche Kurzform von → *Reinhild*.
Name der edlen (nichtkanonisierten) heiligen Reinhild, Reinheldis, genannt *Sünte Rendel* (niederdeutsch Sünte = Sankt); K ihre Grabplatte aus dem 12. Jahrhundert in der Kirche zu Riesenbeck, Kreis Tecklenburg.

Rendert männl., alte friesische Kurzform von → *Reinhard*.

René männl., frz. Form von → *Renatus*; sehr beliebter Vorname in Frankreich und in der Schweiz.

Renée weibl., frz. Form entspricht → *Renate*.

Renette weibl. Verkleinerungsform von *Renée*.

Reni weibl. Kurzform von → *Irene, Renate*.

Renja° männl./weibl., russische Kurzform von → *Andrej* = *Andreas* und → *Regina*.

Renka, Renke weibl., **Renke, Renko** männl., ostfriesische Kurzform von → *Reinhard(a)*.

Reno männl., ital. Kurzform von → *Renatus*.

Rensje, Renske, Renskea weibl., ostfriesische Kurzform von Namen mit *Rein-*.

Rentje männl., ost- und westfriesische Kurzform von Namen mit *Rein-*.

Renz männl. Kurzform von → *Lorenz, Reinhard*.

Renza weibl. Kurzform von ital. *Lorenza*.

Renzo männl. Kurzform von ital. *Lorenzo*.

Resi weibl., oberdeutsche Kurzform von → *Therese*.

Reta weibl., *Reto, Retus* männl., rätoromanische Vornamen, wie → *Räto* zu → *Rätus*.

Rex männl., engl. Kurzform von *Reginald* = *Reinhold*, mit Bedeutungskreuzung zu lat. *rex* »König«.

Rhea weibl. Vorname griech. Herkunft.
Name aus der griech. Mythologie, ionisch *Reiē* oder *Kybēlē*, die Göttermutter, Gemahlin des Kronos, Mutter des Zeus, Poseidon; auch *Rea*.

Ria weibl. Kurzform von → *Maria*.

Rica, *Rika* weibl. Kurzform von *Erika, Ricarda, Rikarda* und Namen mit *-rike*.

Ricarda weibl., **Ricardo** männl., span. Formen von *Richarda* und *Richard*.
Bekannt ist die dt. Dichterin Ricarda Huch († 1947).

Riccarda weibl., ital. Form von *Riccardo = Richard*.

Riccardo männl., ital. Form von → *Richard*.

Ricco, Rico, Riko männl. Kurzform von *Ricardo, Riccardo*.

Richard männl., aus dem Englischen übernommener Vorname, angelsächsisch *Richeard*, ahd. *Richart*, zu ahd. *rihhi* »mächtig, reich« und *harti* »hart«.

– Richard

Berühmter Name engl. Könige im Mittelalter, wie der des heiligen Königs Richard (8. Jh.), Richard Löwenherz (Kreuzzug im 12. Jh.); volkstümlich durch Shakespeares Königsdramen »Richard II.« und »Richard III.«, später auch Scotts »Invanhoe«; diese Literatur führte bei uns im 19. Jh. den Namen ein, der noch verbreitet, aber nicht in Mode ist.

Kurzform *Riek, Ritsch, Reich*, westfriesisch *Righard, Rikert, Rikkart, Rikkert, Ridsert*, ostfriesisch *Riekkert, Ritser, Ritserd, Ritsert, Ritzard, Ritzart, Ritzerd, Ritzert, Ridzard, Ridzart*; engl. *Rick, Ricky, Dick, Dicky, Hick, Hobe*.

Bekannt: Richard Wagner, Komponist; Richard Dehmel, Dichter; Richard Strauss, Komponist; Richard von Weizsäcker, Bundespräsident.

Richarda, Richardine, Richardis weibl. Form von → *Richard* ital. *Riccarda*, span. *Ricarda*.
K Die heilige Richardis, dt. Kaiserin (9. Jh.) gründete Kloster Andlau; Statue Richardis-Brunnen von Andlau (15. Jh.).

Richbald männl., zu ahd. *rihhi* »mächtig, reich« und *bald* »kühn«.

Richbert männl., zu ahd. *rihhi* »mächtig, reich« und *beraht* »glänzend«.

Richhild, Richhilde weibl., zu ahd. *rihhi* »mächtig, reich« und *hiltja* »Kampf«.

Richlind, Richlinde weibl., auch *Richlindis*, zu ahd. *rihhi* »mächtig, reich« und *linta* »Lindenholzschild«.

Richmar männl., zu ahd. *rihhi* »mächtig, reich« und *mari* »berühmt«.

Richmodis weibl. Nebenform von *Richmute*.

Richmut männl., **Richmute** weibl., alte dt. Vornamen, zu ahd. *rihhi* »reich, mächtig« und *muot* »Geist, Gesinnung«.

Richold männl., dt. Vorname, Bedeutung wie *Richwald*.

Richwald männl., zu ahd. *rihhi* »reich, mächtig« und *waltan* »walten«.

Richwin, *Reichwein* männl., zu ahd. *rihhi* »reich, mächtig« und *wini* »Freund«.

Rick männl., engl. Kurzform von → *Richard*.

Ricka, Ricke, *Rickele, Rickeltje* weibl., ostfriesische Kurzform zu Namen mit *Rich-, -rich*.

Rickard männl., schwedische Form von → *Richard*.

Rickert männl., niederdeutsche Form von → *Richard.*

Ricky männl., engl. Koseform zu → *Rick.*

Rickelf, Ricklef, Rickleff männl., ostfriesische Vornamen, zu ahd. *rihhi* »reich, mächtig« und *leiba* »Erbe, Hinterlassenschaft«.

Rickmer männl., niederdeutsch, ost- und nordfriesische Form von *Richmar.*

Ricksta, *Rickste, Rikste* weibl., ostfriesische Kurzform von Namen mit *Rich-, -rich, -rik(e)* → *Rixa, Rixta.*

Ridsert männl., westfriesisch, **Ridzard, Ridzart** männl., ostfriesische Formen von → *Richard.*

Riek männl., niederdeutsche Kurzform von → *Richard.*

Rieka, Rieke, *Riekje* weibl., niederdeutsch-niederländische Kurzform von *Frederike, Henrike.*

Rienzo männl., ältere ital. Form von *Lorenzo = Laurentius.*

Rigbert männl. Nebenform von *Richbert.*

Righard männl., westfriesische Form von → *Richard.*

Riglef männl. → *Ricklef.*

Rigo männl. Kurzform von Namen mit *Rig-, Rigo.*

Rigobert männl. Nebenform von → *Richbert.*

Rigomar männl. Nebenform von → *Richmar.*

Rik männl., niederdeutsch-niederländische Kurzform von *Frederik* und *Hendrik.*

Rika, Rike, Rikea weibl., niederdeutsch-niederländisch-friesische Kurzform von *Friederike, Henrike.*

Riko männl. Kurzform von *Richard*, eindeutschend für *Ricco, Rico.*

Rimbert männl. Nebenform von → *Reimbert.*

Rina weibl. Kurzform von Namen mit *-rina*-Endung, z. B. *Karina, Katharina.*

Rinald männl. Nebenform von → *Rainald.*

Rinaldo männl., italienische Form zu den alten dt. Vornamen *Rinald* → *Rainald.*
Im Jahre 1562 erschien das epische Gedicht »Rinaldo« von Torquato Tasso (1544–1595); vielgelesen wurde im 19. Jahrhundert die romantische Räubergeschichte »Rinaldo Rinaldini« von Christian August Vulpius (1762–1827).

Ringo männl. Kurzform von → *Ringolf*. Bekannt: Ringo Starr, Schlagzeuger der Beatles.

Ringolf männl., zu ahd. *ragin, regin* »Rat, Beschluß« und *wolf* »Wolf«.

Rino männl., 1. Kurzform von älteren Formen *Regino, Reino*, zu ahd. *ragin, regin* »Rat, Beschluß«; 2. ital. Kurzform von *Rinaldo, Marino* u. a.

Risto männl., finnische Kurzform von → *Christoph.*

Rita weibl., alte ital. Kurzform von *Margherita.*
Im Mittelalter Heiligenname (heilige Rita von Cascia, 14./15. Jh.), in der Neuzeit Künstlername (Rita Streich, Sängerin; Rita Hayworth, Filmschauspielerin), wodurch der Vorname allgemein beliebt wurde.

Ritser, Riserd, Ritzert männl., ost- und westfriesische Formen von → *Richard.*

Rixa, Rixta, *Rixt, Rixte* weibl., ost- und westfriesische Kurzform von Namen mit *Rich-, -rich*, zu ahd. *rihhi* »reich, mächtig«; → *Ricksta.*

Roald männl., nordischer Name → *Rodewald.*
Bekannt: der norwegische Polarforscher Roald Amundsen (1872–1928).

Rob, Robby männl., engl. Kurzform von → *Robert.*

Robert männl., niederdeutsche Form von → *Rupert*, aus ahd. *Hrodeberht*, germanisch *hroth* »Ruhm« und ahd. *beraht* »glänzend«.
Frühe Verbindung in Frankreich und durch die Normannen in England; engl. Kurzform *Rob(b), Robby, Robin, Bob, Bobby.*
Bekannt: Robert Bunsen, Chemiker; Robert Schumann, Komponist; Robert Koch, Bakteriologe und Nobelpreisträger, Robert Musil, Dichter; Robert Redford, Schauspieler, Robert Walser, Schriftsteller.

Roberta, Roberte weibl. Form von → *Robert.*

Robertine weibl. Weiterbildung von *Roberte.*

Roberto männl., ital. Form von → *Robert.*

Robin männl., engl. Kurzform von → *Robert.*
Vorname seit etwa 1960 verbreitet durch die abenteuerlichen Geschichten der Robin Hood-Literatur. In der Gestalt des edlen Räubers Robin Hood, Held vieler engl. Volksballaden (14./15. Jh.), verkörperte sich der Groll der Angelsachsen gegen die normannische Herrschaft.

Robina, Robine weibl. Form von → *Robin.*
Weibl. Alternative und Namenwahl, die der Verbreitung des männl. Vornamens Robin durch die Robin Hood-Literatur entspricht.

Robinson männl., engl. patronymischer Vorname aus → *Robin*, »Sohn des Robin«. 1976 in Heidelberg, 1980 in Fulda.
Vor allem bekannt durch Daniel Defoes Abenteuerroman »Robinson Crusoe«, der 1719 in London erschien und in kurzer Zeit zu einem Welterfolg wurde. Eine der ersten nachfolgenden Robinsonaden war Schnabels »Insel Felsenburg«.

Robrecht männl. Nebenform von → *Rodebrecht.*

Rocco männl., ital. Form von → *Rochus.*
Kerkermeister Rocco in Beethovens »Fidelio« (1805); bekannt: die ital. Rocco-(Western-)Filme.

Rochus männl., latinisierte Form des älteren frz. Vornamen *Roch*, zu fränk. *hrok*, ahd. *rohon* »schreien«; eigentlich »Kriegsruf«.
K Den heiligen Rochus (13./14. Jh.), Schutzheiliger gegen Pest und Seuchen, zeigen zahlreiche dt. Darstellungen: Rochus-Altar, Lorenzkirche, Nürnberg, Altarfigur in der Rottweiler Lorenzkapelle (um 1500).
Frz. *Roch*, ital. *Rocco*, span. *Roque, Roche*, rätoromanisch *Roc, Rochus.*

Rock, Rocky männl., amerikanische Kurzform zu → *Rochus.*

Roda weibl. Vorname, Eindeutschung des engl. Vornamens *Rhoda*, griech. *rhódon* »Rose«.

Rodebert, Rodebrecht männl., alte dt. Vornamen, zu germanisch *hroth* »Ruhm« und ahd. *beraht* »glänzend«.

Rodegang männl., zu germanisch *hroth* »Ruhm« und ahd. *gang, ganc* »(Waffen-)gang«.

Rodegard weibl., zu germanisch *hroth* »Ruhm« und ahd. *gard* »Gehege, Hort, Schutz«.

Rodehild, Rodehilde weibl., alter dt. Vorname, zu germanisch *hroth* »Ruhm« und ahd. *hiltja* »Kampf«.

Rodelind weibl., alter dt. Vorname, zu germanisch *hroth* »Ruhm« und ahd. *linta* »Lindenholzschild«.

Roderich männl., alter dt. Vorname, zu germanisch *hroth* »Ruhm« und ahd. *rihhi* »reich«.

Name des westgotischen Königs Roderich aus dem romanischen Kulturkreis, im 19. Jh. durch gleichnamige Dramen von Geibel und Dahn bekannt. Engl. *Roderick*, frz. *Roderic*, ital./span./portugiesisch *Rodrigo, Rodrigue*, nordisch und russisch *Rurik*.

Rodewald männl., alter dt. Vorname, zu germanisch *hroth* »Ruhm« und ahd. *waltan* »walten, herrschen«; altnordisch → *Roald*.

Rodger männl., ahd. *Hrodger*, zu → *Rüdiger*, → *Roger*.

Rodolfo männl., ital. Form von → *Rudolf*.

Rodolphe männl., frz. Form von → *Rudolf*.

Rodrigo, Rodrigue männl., span. Formen von → *Roderich*.

Roele männl., **Roelke, Roeltje** männl./weibl., west- und ostfriesische Formen von *Rudolf*.

Roelef, Roelf, Roelof männl., ost- und westfriesische Formen zu *Rolf, Rudolf*.

Roger männl., normannischer Fürstenname.

Im niederdeutschen Sprachgebiet gebraucht, ahd. *Hrodger*, auch frz., normannisch, engl. Name, altenglisch *Hrothgar*, in Frankreich und England verbreitet, in Deutschland erst in neuerer Zeit wieder unter engl./frz. Einfluß; zu → *Rüdiger*.

Bekannt: Roger Bacon, engl. Philosoph und Physiker (1219–1294); Roger Vadim, frz. Filmregisseur (geb. 1928); Roger Moore, Filmschauspieler.

Rois, Roise weibl., irische Vornamen zu → *Rosa*.

Roland männl., alter dt. Vorname, entstanden aus *Hrodland*, mit Anlehnung an ahd. *lant* »Land«, und älterem *Hrodnand*, zu germanisch *hroth* »Ruhm« und *nantha* »wagemutig, kühn«; ostfriesisch *Roeland*.

Engl. *Roland, Rowland*, frz. *Roland*, ital./span. *Orlando*. Gestalt aus dem Sagenkreis um Karl den Großen, gestorben 778 im Kampf gegen die Basken bei Roncevalles, Hauptheld des Rolandslieds; danach die Rolandssäulen und -standbilder als Rechtswahrzeichen.

Rolanda, Rolande weibl. Form von → *Roland*.

Rolando männl., ital. Form von → *Roland*; alte Form → *Orlando*.

Rolf männl., alte nordische Kurzform, älter *Rodhulf*, die mit der im Deutschen aus *Rodlof, Rodolf* (Nebenform von *Rudolf*), *Rolof* entstandenen Form *Rolf* zusammenfiel.

Unter den beliebtesten Vornamen in Deutschland und der Schweiz. Engl. *Rolof, Rolph*, frz. *Rodolphe*, ital. *Rodolfo*, niederländisch *Roelef*.

Rollo männl. Kurzform von *Rolof*.

Rolof, Roloff, Roolof männl., ostfriesische Formen zu *Rudolf*.
Roluf männl., nordfriesische Form von *Rolf, Rudolf*.
Roma weibl. Kurzform, zu *Romana* »die Römerin«.
Romain männl., frz. Form zu → *Romanus*.
Bekannt: Romain Rolland, frz. Schriftsteller (1866–1944).
Romaine weibl., frz. Form zu *Romana*.
Roman männl., zu lat. *Romanus* »der Römer«.
Bekannt: Roman Polanski, polnisch-amerikanischer Filmregisseur (geb. 1933).
Romana weibl., ital. Form von → *Romanus*.
Romano männl., ital. Form von → *Romanus*.
Romanus männl., lat. Name »der Römer«.
K Romanus (3. Jh.), römischer Märtyrer; Schlußstein (15. Jh.) in St. Roman, Wolfach/Baden.
Romek männl., polnische Verkleinerungsform von → *Roman*.
Romeo männl., alte ital. Kurzform von *Barromeo, Borromeo*, das sind ital. Kürzungen von → *Bartholomäus*; nach anderer Version ursprüngliche Bezeichnung für die Pilger, Wallfahrer nach Rom.
Bekannt: Romeo und Julia, Schicksal eines Liebespaares, häufig in der Literatur behandelt, Trauerspiel von Shakespeare (siehe auch → *Julia*).
Romika weibl., ungarische Koseform von → *Romana*.
Romilda, Romilde weibl., auch *Rumilde*, zu ahd. *hruom* »Ruhm, Ehre« und *hiltja* »Kampf«.
Romuald männl., alte Nebenform zu → *Rumold*.
Der heilige Romuald, Stifter der Kamaldulenser, gründete seit 999 Einsiedlerkolonien in Oberitalien und Südfrankreich.
Romulus männl., lat. Vorname.
Sagenhafter Begründer Roms; Romulus und Remus, Zwillingssöhne des Mars und der Rhea Silvia.
Romy, *Romi* weibl. Kurzform von → *Rosemarie*.
Ron männl., engl. Kurzform von *Ronald*.
Rona weibl. Kurzform von *Corona, Rowena*.
Ronald männl., schottischer Vorname, der → *Reinold, Reinhold* entspricht.
Ronan männl., irischer Vorname, zu irisch *ron* »wie eine kleine Robbe«.
Ronny männl., engl. Kurzform von → *Ronald*.
Rorik männl., nordfriesische Form von → *Rurik*, zu → *Roderich*.
Ros weibl. Kurzform von *Rosa, Rose, Roswitha*.
Rosa weibl. Vorname, zu lat. *rosa* »Rose«; die deutschstämmige Kurzform aus → *Roswitha*.
Rosabella weibl., ital. Vorname, zu lat. *rosa bella* »schöne Rose«.
Rosalba weibl., ital. Vorname, zu lat. *rosa alba* »weiße Rose«.
Rosalia, Rosalie weibl., ital. Weiterbildung von → *Rosa*.
Rosalind, Rosalinde, Roselinde weibl., alter dt. Vorname, »verschönt« aus *Rodelinde*, zu ahd. *hruom* »Ruhm, Ehre« und *linta* »Lindenholzschild«.

Rosamaria weibl. Nebenform von → *Rosemarie.*

Rosamunde weibl. Vorname, zu ahd. *hruom* »Ruhm, Ehre« und *munt* »Schutz«; ähnlich wie bei *Rosalind* hier *Rodamunde* verbildet zum »Rosenmund«.

Rosangela weibl. Doppelform aus *Rosa* und *Angela.*

Rosanna weibl. ital. Doppelform aus *Rosa* und *Anna,* auch aus *Rosa* und *Marianne.*

Rosaria weibl., Fügung aus *Rosa* und *Maria.*

Rose weibl. Nebenform von → *Rosa.*

Rosel weibl. Koseform von → *Rosa, Rose.*

Roseline, Roselyne weibl., dt./engl. Kurzform von *Rosalind, Roselinde.*

Roselita weibl., kosende Verkleinerungsform des span. Vornamens → *Rosita.*

Rosella weibl., ital. Weiterbildung von → *Rosa.*

Ros'ellen, Rosehelen weibl., moderne engl. Fügungen aus *Rose* und *Ellen, Rose* und *Helen.*

Rosellina weibl., ital. Verkleinerungsform von *Rosella.*

Rosemarie, *Rosemaria,* **Rosmarie** weibl. Doppelform aus *Rose* und *Maria*; volkstümlicher, beliebter Vorname; engl. *Rosemary.*

Rosetta, Rosette weibl., ital./frz. Verkleinerungsform von *Rosa, Rose.*

Rosi weibl. Kurzform von → *Rosa.*
Bekannt: Olympiasiegerin Rosi Mittermaier.

Rosika weibl., ungarische Koseform von *Rosa* und *Rosalie.*

Rosilde weibl., Fügung aus *Rose* und *Hilde.*

Rosina, Rosine weibl. Vorname, »die Rosenfarbige«, zu lat. *rosinus* »rosenfarbig«.

Rosita weibl., span. Verkleinerungsform von → *Rosa*; Kurzform *Sita, Roselita.*

Rosmargret weibl., Fügung aus *Rose* und *Margret.*

Rosmarie weibl. Nebenform von *Rosemarie.*

Rossana weibl., ital. Form von → *Roxane.*

Rosella weibl. Nebenform von *Rosella.*

Roswin männl. Vorname, zu ahd. *hros* »Roß, Pferd« und *wini* »Freund«.

Roswita, Roswitha weibl., älter *Hroswitha, Hruodswinda*, zu germanisch *hroth*, ahd. *hruom* »Ruhm, Ehre« und *swinde* »stark, geschwind«.
Name der 1975 gefeierten mittellateinischen Dichterin Hrotswitha von Gandersheim, Kanonisse (um 935–nach 975), Dramen und historische Gedichte. In einer ihrer Heiligenlegenden erzählt sie erstmals vom Bund des Teufels mit einem Menschen; ein Thema, das auch Goethe in seinem Faust-Stoff aufgriff.

Rötger männl., niederdeutsche Form von → *Rüdiger.*

Rothard männl. Vorname, zu ahd. *hruom* »Ruhm, Ehre« und *harti* »hart«.

Rother männl. Vorname, zu ahd. *hruom* »Ruhm, Ehre« und *heri* »Heer«.

Rotraud, Rotraut weibl., alter dt. Vorname *Hrothrud*, zu ahd. *hruom* »Ruhm, Ehre« und *trud* »Kraft, Stärke«; auch zu altnordisch *thrudr* »mutiges Weib«.

Rouven männl., neuere Form von *Ruben.*

Rowena weibl., engl. Vorname zum männl. angelsächsischen *Hroth-wine* »berühmter Freund«. Aus dem historischen Roman »Ivanhoe« von Walter Scott, eine legendäre angelsächsische Prinzessin.

Rowland männl., engl. Form von → *Roland.*

Roxana, Roxane, Roxanne weibl. Vorname persischer Herkunft, zu persisch *raohschna* »licht, hell, glänzend«, entspricht dem Vornamen *Lucia, Lucie.*

Roy männl., engl. Vorname keltischen Ursprungs, »der Rote«, zu keltisch *ruadh* »rot«.

Ruben männl., auch *Rouven, Rauben*, südarabisch *Rab'n*, bibl. Name, hebr. *r'uben* »sehet, ein Sohn!«; engl. *Reuben.*
Im Alten Testament ist Ruben der älteste Sohn Jakobs.

Rüdeger männl. Nebenform von → *Rüdiger.*

Rudenz männl., schweizerischer Vorname, nach der Idealgestalt des Junkers Rudenz in Schillers »Wilhelm Tell«.
Ursprünglich Name eines alten Ministerialengeschlechts des Haslitals und der Urschweiz, zuletzt im Turm zu Flüelen, im 13. Jh. *Ruttentze*; gehört zu *Rütener = reuten, roden.*

Rudgar, Rudger männl. Nebenform von → *Rüdiger.*

Rudhard männl. Nebenform von → *Rothard.*

Rudi männl. Kurzform von → *Rudolf.*

Rudibert männl., ältere Bildung aus ahd. *Hruod-, hruom* »Ruhm, Ehre« und *beraht* »glänzend«.

Rüdiger männl., alter dt. Vorname *Hrodger*, ahd. *hruom* »Ruhm, Ehre« und *ger* »Speer«.
Markgraf Rüdiger von Bechelaren, Gestalt des Nibelungenliedes. Nebenform *Rodger, Roger, Rudgar, Rudger.* Häufiger oberdeutscher Vorname des Mittelalters.

Rudmar männl. Vorname, zu ahd. *hruom* »Ruhm, Ehre« und *mari* »berühmt«.

Rudo männl. Kurzform von → *Rudolf.*

Rudolf männl., alter dt. Vorname *Hruodolf, Hrodulf*, zu germanisch *hroth*, ahd. *hruom* »Ruhm, Ehre« und *wolf* »Wolf«.
Seit dem Mittelalter sehr beliebter und volkstümlicher Name, im süddeutschen Raum und in der Schweiz unterschiedlicher dynastischer Einfluß durch die Fürstennamen: Gegenkönig Rudolf von Schwaben (11. Jh.), König Rudolf von Habsburg (13. Jh.). Heute ist der Vorname Rudolf in Süddeutschland noch mehr verbreitet als im Norden, in der Schweiz in den letzten fünfundzwanzig Jahren an 29. Stelle.
Kurzform *Rolf, Roll(o), Rudi, Ruedi, Ruodi, Rudo, Dolf*; engl. *Rudolph, Ralph, Rolph*, frz. *Rodolphe, Roux, Rauol, Raulf*, ital. *Rudolfo, Ridolfo*, span. *Rudolfo.*
Bekannt: der Philosoph Rudolf Steiner (1861–1925); der Dichter Rudolf Kassner (1873–1959); der Pathologe Rudolf Virchow (1821–1902); der Erfinder Rudolf Diesel (1858–1913); der Schriftsteller Rudolf Binding (1867–1938); der Journalist Rudolf Augstein (geb. 1923).

K Rudolf I. von Habsburg, dt. König, Dom zu Speyer; Rudolf II., dt. Kaiser, Dom zu Prag; Rudolf von Schwaben, Gegenkönig, Grabplatte zu Merseburg, ältester datierbarer Bildnisgrabstein Deutschlands, spätromanische Bronzekunst (1080).

Rudolfa weibl. Form von → *Rudolf*.

Rudolfine weibl. Weiterbildung von *Rudolfa*.

Rudolph männl., neben *Ralph, Rolph* engl. Form von → *Rudolf*.

Ruedi *Ruedy, Ruedeli, Ruedli* männl., schweizerische Kurzform von → *Rudolf*.

Rufin, Rufinus männl. Weiterbildung von → *Rufus*.

Rufina weibl. Form von *Rufinus, Rufus*.

Rufus männl. Vorname, zu lat. *rufus* »rot«, »der Rote, Rothaarige«, ursprünglich römischer Beiname.

Rul, Rulke männl. Kurzform von → *Rudolf*.

Rumena weibl., bulgarische Form zum männl. Vornamen *Rumen* »mit roten Wangen«.

Rumold, Rumolt männl. Vorname, zu ahd. *hruom* »Ruhm, Ehre« und *waltan* »walten«.

Runa weibl. Vorname, Kurzform von Namen mit *Run-*, zu ahd. *runa* »Geheimnis, Zauber«.

Runfried männl. Vorname, zu ahd. *runa* »Geheimnis, Zauber« und *fridu* »Friede«.

Runhild, Runhilde weibl. Vorname, zu ahd. *runa* »Geheimnis, Zauber« und *hiltja* »Kampf«.

Rupert, Rupertus männl., **Ruperta** weibl., alte dt. Vornamen, zu *Hruodpert, Rodperht* → *Ruprecht*, germanisch *hroth*, ahd. *hruom* »Ruhm, Ehre« und *beraht* »glänzend«.

K Der heilige Rupert (8. Jh.) verehrt als Apostel Bayerns, Bischof von Worms, danach Salzburg, Patron des Salzbergbaus; Darstellung Kapuzinerkloster Altötting, Korbiniansaltar von Ettal.

Ruppert männl. Nebenform zu *Rupert, Ruprecht*.

Rupprecht männl. Nebenform zu → *Ruprecht*.

Bekannt: Rupprecht, Kronprinz von Bayern, dt. Generalfeldmarschall († 1955).

Ruprecht männl., wie *Rupert* zu ahd. *Hruodpert, Rodperht*, ahd. *hruom* »Ruhm, Ehre« und *beraht* »glänzend«.

Knecht Ruprecht ist der Begleiter des weihnachtlichen Nikolaus im dt. Volksbrauch.

Deutscher Fürstenname: Ruprecht I., Kurfürst von der Pfalz (14. Jh.), Gründer der Universität Heidelberg; Ruprecht von der Pfalz, dt. König (15. Jh.). K Heiliggeistkirche in Heidelberg.

Rurik männl., alte Form von → *Roderich*.

Rurik, aus dem Stamm Rus, gründete mit seinen Brüdern das erste russische Staatswesen.

Rüter männl., niederdeutsche Form zu → *Ruthard*.

Rutgard weibl. Vorname, zu ahd. *hruom* »Ruhm, Ehre« und *gard* »Hort, Schutz«.

Rutger männl., alte Nebenform zu → *Rüdiger*.

Rütger, Rüttger männl. Nebenform von → *Rüdiger*.

Ruth weibl., bibl. Name, zu hebr. *ruth* »Freundin, Freundschaft«; norwegisch und span.-katalanisch *Rut*, baskisch *Urte*.

Ruthard männl. Vorname, ahd. *Hruodhart*, zu ahd. *hruom* »Ruhm« und *harti* »hart«.

Ruthild, Ruthilde weibl. zu → *Rodehilde*.

Rutland männl. Nebenform von → *Roland*.

Ruthli weibl., schweizerische Kurzform von → *Ruth*.

Ruthlieb männl., oberdeutscher Vorname, ahd. *Ruodlieb*, zu ahd. *hruom* »Ruhm« und *liob* »lieb«.

Rutmar männl. → *Rudmar*.

Ruven, Ruwen männl. → *Ruben*.

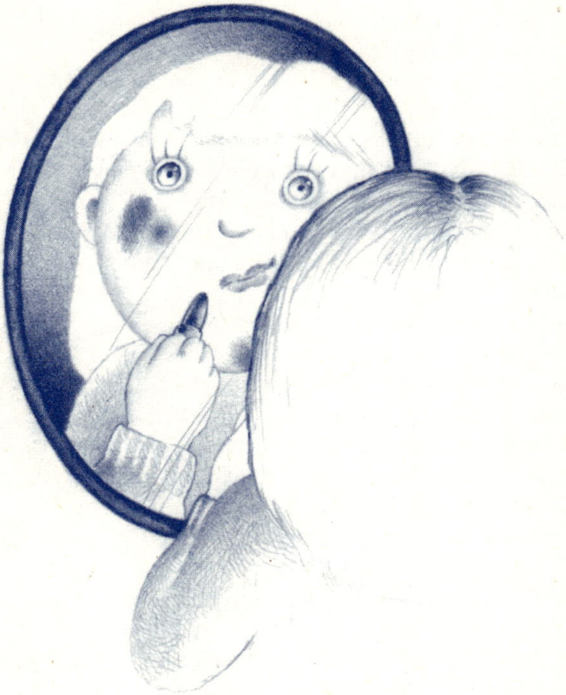

S…

S...

Sabin männl., baskisch/katalanischer Taufname, ital.-span. *Sabino, Savino*, lat. *Sabinus*. Ursprünglich römischer Beiname für den Sabiner; ein Volk in der Nähe von Latium, das ist die Landschaft, in der Rom liegt.

Sabina, Sabine weibl., »die Sabinerin«, weibl. Form zu *Sabinus*.

Sabrina weibl., angloamerikanischer Vorname, Nymphenname des engl. Flusses Severn.

Sacha männl., frz. Form von → *Sascha*.

Sachar männl., russische Form von → *Zacharius*.

Sachso männl., »der Sachse«, alter Vorname, ursprünglich ein Beiname.

Sadie weibl., amerikanische Kurzform von *Sarah*.

Said männl., **Saide** weibl., arabischer Vorname, »der (die) Wachsende, Glückliche«. Bekannt: Abu Said Ibn Abil Cheir, persischer Mystiker (967–1049).

Saladin männl., arabisch »Heil des Glaubens«.

Salka weibl., slawische Kurzform von *Salwija*, zu lat. *salvus* »gesund, wohlbehalten«.

Salli°, Sally männl./weibl., hebr. Kurzform von *Sarah* und *Salomon*; *Sallie* Kurzform von *Samuel*.

Salome weibl., bibl. Name, griech. *salōmē* »die Friedliche, Friedsame«.

Salomo, Salomon männl., bibl. Name, zu hebr. *schelōmōh* »friedlich, friedsam«. König Salomo von Israel und Juda (9. Jh. v. Chr.) galt im Orient als das Idealbild des weisen und mächtigen Herrschers (Salomonisches Urteil).

Salvator männl. Vorname, zu lat. *salvator* »Erretter, Erlöser, Erhalter«.
Die Salvatorianer, Gesellschaft vom Göttlichen Heiland, eine 1881 gegründete katholische Seelsorge und Mission.

Salvatore männl., ital. Form von → *Salvator*.

Salwa weibl., zum slawischen Vornamen *Salwija, Salvija*, lat. *salvus* »gesund, wohlbehalten, gerettet«. Weiterbildung *Salvina*.

Sam männl. Kurzform von → *Samuel*; auch weibl., engl. Kurzform von → *Samantha*.

Samantha weibl., amerikanischer Vorname hebr. Ursprungs, zu *schimeāth (schamma)* »die Hörende«, oder »Gehorchende«.

Sammy männl. Kurzform von → *Samuel*.

Samson männl., bibl. Name der Vulgata (lat. Bibelübersetzung) für → *Simson*.

Samuel männl., bibl. Name zu hebr. *schmū'ēl* »(ich bin) erhört von Gott«. Kurzform *Sam, Sammy, Samme, Sallie*.
Bekannt aus der Literaturszene: Samuel Fischer, deutscher Verleger (1859–1934); Samuel Beckett, irischer Dramatiker (1906–1989).

Sander männl. Kurzform von → *Alexander.*
Sándor männl., ungarische Kurzform → *Alexander.*
Sandra weibl., ital. Nebenform von → *Alessandra.*
Sandria weibl. Kurzform von → *Sandra.*
Sandrina, Sandrine weibl. Verkleinerungsform zu → *Sandra.*
Sandro männl., ital. Kurzform von *Alessandro.*
Bekannt: Sandro Botticelli, italienischer Maler der Renaissance (1445–1510), seine berühmtesten Bilder hängen in den Uffizien von Florenz.
Sandy weibl., engl. Kurzform zu → *Alexandra.*
Sanja° männl./weibl, russische Kurzform von *Aleksandr* und *Aleksandra.*
Sanne, Sanna weibl. Kurzform zu → *Susanne.*
Saphira weibl., bibl.Name zu hebr. *schaphir* »schön« und zu griech. *sappheiros* »Saphir, Edelstein«.
Sara, Sarah weibl., bibl. Name, zu hebr. *ßārāh* »Fürstin, Herrin«.
Sarina weibl. Weiterbildung von → *Sarah.*
Sascha° männl., russische Kurzform von *Aleksandr.*
Männl. Vorname, LG Kassel, 3.3.1989.
Sascha° weibl. Kurzform, aus der russischen Namenvariante *Aleksascha*, zu *Aleksandra.*
Saskia weibl., »die Sächsin«, niederländischer Vorname, zu *Sasso* »der Sachse«.
K Bekannt durch Rembrandts Frau Saskia van Uijlenburgh († 1642), Grabplatte in der Oude Kerk, Amsterdam.
Sasso männl., niederdeutsche Nebenform von → *Sachso.*
Saul männl., bibl. Name, zu hebr. *scha'ul* »der Erbetene, Begehrte«.
Scarlet, Scarlett weibl., engl.-amerikanischer Vorname, wird zu engl. *scarlet* »scharlachrot« gestellt, gehört jedoch als weibl. Verkleinerungsform zu → *Charles.* Literarische Gestalt in Margaret Mitchells Roman »Vom Winde verweht« (1936).
Scholastika weibl., griech.-lat. Vorname, »die Lernende, Schülerin«.
Die heilige Scholastika, Schwester des heiligen Benedikt von Nursia (5./6. Jh.).
Schöntraud weibl. Neubildung aus *schön* und dem alten Namenteil *-traud.*
Schorsch männl., oberdeutsche und rheinische mundartliche Form von → *Georg.*
Schura weibl. Kurzform von → *Sascha, Saschura.*
Schwabhild weibl. Vorname, zu ahd. *svaba* »Schwäbin« und *hiltja* »Kampf«.
Schwana weibl., niederhochdeutsche Form von → *Swana.*
Sebald, *Sebaldus* männl., **Sebalde** weibl. Vorname zu *Siegbald*, ahd. *sigu* »Sieg« und *bald* »kühn«.
K Der heilige Sebaldus, in und um Nürnberg verehrt, ist der Stadtpatron Nürnbergs; Sebalduskirche in Nürnberg mit Peter Vischers Sebaldusgrab (1507/19).

Sebastian männl. Vorname, zu griech. *sebastós* »verehrungswürdig, erhaben«. Name des heiligen Sebastian, Anführer der Leibwache Kaiser Diokletians, im Spätmittelalter in Deutschland verbreitet, Patron der Schützengilden und -bruderschaften.
Bayrische Kurzform *Basti, Bastian, Wastel*, schweizerische Kurzform *Basch, Bascho, Bastia*; frz. *Sébastien*, ital. *Sebastiano, Bastiano, Basto*.
Bekannt: Sebastian Münster, Kartograph und Kupferstecher (1489 bis 1552), Autor der berühmten »Kosmographie«, einer Beschreibung der damals bekannten Welt, die über ein Jahrhundert genutzt wurde.

Sebastiane weibl. Form zu → *Sebastian*.

Sébastien männl., frz. Form zu → *Sebastian*.

Sebe, Sebo, Sebold männl. Kurzform von → *Siegbald*.

Seffa, Seffi weibl. Kurzform von → *Josefa*.

Segimer männl., keltischer Vorname, entspricht → *Siegmar*.

Segimund männl. Vorname, zu → *Siegmund*.

Seibold männl., oberdeutsche Nebenform zu → *Siegbald*; Kurzform *Seibel*.

Selene, Seline weibl. Vorname, zum Namen der griech. Mondgöttin Selēnē, Schwester des Helios; engl. *Selena, Selinda*.

Selina weibl., engl. Vorname, zu *Celina, Celine, (Marceline)* oder *Coelina*, zu *caelum* »Himmel«; konkurriert mit *Selene*.

Seline weibl. Nebenform zu engl. *Celina*, frz. *Céline* → *Selina* oder → *Selene*.

Selma weibl. Kurzform von → *Anselma*.

Selman, Selmar männl., zu altsächsisch *seli* »Saalhaus« und *man* »Mann« bzw. *mari* »berühmt«.

Semjon männl., russische Form von → *Simon*.

Senda weibl. Nebenform von → *Senta*.

Sent, Sentz männl., west- und ostfriesische Kurzform von *Vincent, Vinzenz*.

Senta weibl. Kurzform von *Crescentia* oder *Vincenta, Vinzenta*.

Sepp männl., oberdeutsche Kurzform von → *Josef*.

Seraph, Seraphin männl., bibl. Engelsnamen *Seraphim* (Mehrzahl!), zu hebr. *ßeraphim* »Brennende, Feurige«.

Seraphia, Seraphine weibl. Formen von *Seraph*.

Serena weibl., ital. Form von → *Serenus*.

Serenus männl. Vorname, zu lat. *serenus* »heiter, glücklich«.

Serge männl., beliebte engl./frz. Form von → *Sergius*.

Sergej, Sergeij männl., russische Formen von → *Sergius*.

Sergia weibl. Form zu → *Sergius*.

Sergio männl., ital./span. Form von → *Sergius*.

Sergius männl., lat. Name der altrömischen Familie der Sergier, zu altitalienisch *sergente* »Diener, Wärter«.
In Osteuropa verbreiteter Name durch Verehrung des heiligen Sergius von Radonesch (3./4. Jh.). Er ist Gründer eines nordrussischen Klosters.

Servatius, *Servaz* männl. Vorname, »der Gerettete«, zu lat. *servare* »retten«. Name verbreitet durch Verehrung des heiligen Servatius, Bischof von

Tongern (3. Jh.); bekannt als einer der drei »Eisheiligen«; niederländisch auch *Servaas*, frz. *Servais*, ital. *Servazio*.

Severa weibl. Form von → *Severus*.

Severin, Severinus männl., **Severina, Severine** weibl., »der/die Strenge«, zur altrömischen Familie → *Severus*.

Name verbreitet durch Verehrung des heiligen Severinus, Bischof von Köln (4./5. Jh.) und des heiligen Severinus von Noricum (5. Jh.), Apostel in Bayern und Österreich.

K Statuen in St. Severin, Passau (1470), Stephanskirche in Wien (1485).

Severus männl., lat. Beiname einer altrömischen Familie, zu lat. *severus* »ernsthaft, streng«.

K Der heilige Severus aus Ravenna (4. Jh.), Grabmal (14. Jh.) in der Severikirche zu Erfurt.

Sheila weibl., engl. Form des irischen weibl. Vornamens *Sile*, eine Kurzform von *Cäcilie*.

Als weibl. Vorname zugelassen, Landgericht Münster, 1965.

Shirley weibl., engl. Vorname, ursprünglich (noch 1849) Familienname aus einer Ortsbezeichnung, später in den Südstaaten Amerikas Vorname.

Bekannt: die Filmschauspielerin und Politikerin Shirley Temple.

Siaard, Siard männl., **Siade** weibl., **Sierd** männl./weibl., **Siert** männl., **Siertje, Sierje** weibl., ost- und westfriesische Kurzformen von *Sighart, Sieghard*.

Sibilla, Sibille weibl. Nebenform von → *Sibylle*.

Sibe, Sibo männl., ostfriesische Kurzform von *Sigbert, Sigbold, Siegbold*; siehe auch → *Siebo, Sebe*.

Sigbot, *Sibot, Seibot* männl., alter dt. Vorname thüringischer Herkunft; siehe auch *Siegbod*.

Sibrand männl. Nebenform von → *Siegbrand*.

Sibyl weibl. Kurzform von → *Sibylle*.

Sibylle, Sibylla weibl. Vorname zu griech. *Sios* (eigentlich *Dios*)*boylē* »Gottesraterin«.

Von den ehemaligen Weissagerinnen und Priesterinnen des Apollo sind zehn Sibyllen bekannt. Der griech. Name kommt durch eine selige Sibylle (13. Jh.) im späten Mittelalter in Umlauf. Bekannt ist die Botanikerin und Kupferstecherin Maria Sibylla Merian (1647–1717).

Nebenform *Sibilla, Sibulla*; Kurzform *Billa, Bille*; engl. *Sibyl, Sybil, Sib*. Die Schreibung *Sibylle* ist der Urform entsprechend vorzuziehen.

Sida weibl. Kurzform von → *Sidonia*.

Sidney männl. Vorname, soll angelsächsisch Kontraktion des Heiligennamens *St. Denis* sein.

Sidonia, Sidonie weibl., »Frau aus der Stadt Sidon« (Phönizien). Beiname der Europa. Kurzform *Sida, Sitta*, slawisch *Zdenka*.

Sidonius männl., lat. Name »der Sidonier« (aus der Stadt Sidon, Phönizien).

Siebo, *Sibo* männl. Kurzform von *Siebold, Sigbolt*.

Siebold männl. Nebenform von → *Siegbald*.

Siegbald männl., alter dt. Vorname, zu ahd. *sigu* »Sieg« und *bald* »kühn«; Nebenform *Siebold, Siegbold, Seibold*, Kurzform *Sebo, Sibo*.

Siegbert männl., auch *Sigbert*, älter *Sigibert*, zu ahd. *sigu* »Sieg« und *beraht* »glänzend«.
Sigibert ist der Name mehrerer Merowingerkönige; der heilige König Sigibert III. war Schutzpatron Lothringens, ein weiterer heiliger Sigibert ist Begründer des Benediktinerklosters Disentis.
Kurzform *Sebert, Sitt, Sebe, Sibe*.
K Agatha-Kirchlein Disentis, Graubünden.

Siegberta weibl. Form von → *Siegbert*.

Siegbod männl. Vorname, zu ahd. *sigu* »Sieg« und *boto* »Bote, Gebieter«.

Siegbold männl. Vorname, zu ahd. *sigu* »Sieg« und *waltan* »walten, herrschen«; Nebenform von → *Siegbald*.

Siegbrand männl. Vorname, zu ahd. *sigu* »Sieg« und *brand* »Brand, Brennen«.

Siegbrecht männl. Vorname, zu ahd. *sigu* »Sieg« und *beraht* »glänzend«.

Siegburg, Siegburga weibl. Vorname, zu ahd. *sigu* »Sieg« und *burg* »Schutz«.

Sieger männl., älter *Siegher*, alter dt. Vorname, zu ahd. *sigu* »Sieg« und *heri* »Heer«.

Siegfried männl., auch *Sigfrid*, alter dt. Vorname, zu ahd. *sigu* »Sieg« und *fridu* »Friede«. Seit dem Mittelalter beliebter Name, insbesondere durch die jugendliche Heldengestalt Siegfrieds; durch Wiederentdecken der altdeutschen Literatur im 19. Jh. und des Nibelungenlieds neu belebt (Hebbel, Uhland), auch durch Richard Wagners »Ring der Nibelungen«. Der heilige Sigfrid (10./11. Jh.) wurde Apostel in Schweden; nordisch *Sigfrid*, Nebenform *Seifried, Seifert, Siffer, Siffrid*. Kurzform *Seitz, Siegel, Sigge*, moderne Kurzform *Sigi, Siggi*.

Siegfriede weibl. Form von → *Siegfried*.

Sieghard, *Sieghart* männl. Vorname, zu ahd. *sigu* »Sieg« und *harti* »hart«, im Oberdeutschen verbreitet; friesisch *Siard, Sierd*; frz. *Siccard*.

Siegheld männl. Neubildung aus »Sieg« und »Held« im Zweiten Weltkrieg.

Sieghelm männl. Vorname, zu ahd. *sigu* »Sieg« und *helm* »Helm, Schutz«.

Sieghild, Sieghilde weibl. Vorname, zu ahd. *sigu* »Sieg« und *hiltja* »Kampf«.

Sieglinde, *Siglinde* weibl. Vorname, zu ahd. *sigu* »Sieg« und *linta* »Lindenholzschild«.

Siegmar, *Sigmar* männl. Vorname, zu ahd. *sigu* »Sieg« und *mari* »berühmt«; bei Tacitus die keltische Form *Segimer*.

Siegmona weibl., verkürzte Form aus ital. *Sigismonda* = → *Siegmunda*.

Siegmund, Sigmund, *Sigismund* männl., ahd. *Sigimunt*, zu *sigu* »Sieg« und *munt* »Schutz (der Unmündigen)«.
Engl. und niederländisch *Sigismund*, frz. *Sigismond*, ital. *Sigismondo, Gismondo*, polnisch *Zygmunt*, ungarisch *Zsigmond*.
Siegmund ist der Vater Siegfrieds in der Nibelungensage.

Siegmunda, Siegmunde, *Sigismunde* weibl., alte dt. Formen zu → *Siegmund*; ital. *Sigismonda, Gismonda*.

Siegolf männl. Vorname, zu ahd. *sigu* »Sieg« und *wolf* »Wolf«.

Siegram männl. Vorname, zu ahd. *sigu* »Sieg« und *hraban* »Rabe«.

Siegrad, *Sigrat* männl. Vorname, zu ahd. *sigu* »Sieg« und *rat* »Ratgeber«.

Siegrich, *Siegerich* männl. Vorname, zu ahd. *sigu* »Sieg« und *rihhi* »mächtig, reich«.

Siegrid weibl., alte dt. Nebenform von → *Sigrid*.

Siegrun weibl. → *Sigrun*.

Siegtraud, Siegtrud weibl. Vorname, zu ahd. *sigu* »Sieg« und *trud* »Kraft, Stärke«.

Siegulf männl., ältere Nebenform von → *Siegolf*.

Siegwald männl. Vorname, zu ahd. *sigu* »Sieg« und *waltan* »walten, herrschen«.

Siegward, Siegwart männl. Vorname, zu ahd. *sigu* »Sieg« und *wart* »Hüter«.

Siegwin männl. Vorname, zu ahd. *sigu* »Sieg« und *wini* »Freund«.

Sieke weibl., niederdeutsch-ostfriesische Kurzform von *Sieg*-Vornamen.

Sierk männl., **Sierkje** weibl., westfriesische Kurzform von → *Siegrich*.

Sievert, Siewert männl., **Sievertje** weibl., niederdeutsch-friesische Formen von → *Siegward*.

Sigbert männl., alte Nebenform von → *Siegbert*.

Sigbolt männl., alte Nebenform von → *Siegbald*.

Sigfrid, Sigfried männl., ältere Formen von → *Siegfried*.

Sigga, Siggan weibl., nordische Kurzform von → *Sigrid*.

Sigge, Siggi, Sigi männl. Kurzform von → *Siegfried*.

Siggo männl., friesische Kurzform von Namen mit *Sieg-, Sig-*.

Sighart männl., ältere Form von → *Sieghard*.

Sigisbert männl., ältere Form von → *Siegbert*.

Sigismund männl., alter dt. Vorname, zu ahd. *Sigismunt, sigu* »Sieg« und *munt* »Schutz (der Unmündigen)«.
Bekannt durch den Namen des heiligen Sigismund, arianischer König der Burgunder (5./6. Jh.), Freising war Mittelpunkt seiner Verehrung. Nach ihm Name des dt. Kaisers Sigismund (14./15. Jh.) und mehrerer Polenkönige. **K** Sigismund-Tafel (1498) in Freising, Dom.

Sigismunde weibl. Form zu → *Sigismund*.

Siglind weibl., ältere Form von → *Sieglinde*.

Sigiswald männl., ältere Form von → *Siegwald*.

Sigmund männl., ältere Form von → *Siegmund*.

Signe männl., nordischer Vorname, verkürzt aus *Signild*, entspricht germanisch *Siganhilt* = ahd. *sigu* »Sieg« und *hiltja* »Kampf«.

Sigo, Siggo, *Sikko* männl., friesische Kurzform von Namen mit *Sieg-, Sig-*.

Sigrid, Siegrid männl., nordische Vornamen, zu altisländisch *sigr* »Sieg« und *fridhr* »schön«; schwedische Kurzform *Sigga, Sigri, Siri*.
Bekannt: Sigrid Undset, norwegische Erzählerin und Nobelpreisträgerin (1882–1949).

Sigrun, *Siegrun* weibl. Vorname, zu ahd. *sigu* »Sieg« und *runa* »Geheimnis, Zauber«.

Sigune weibl. Vorname, zu den nordischen Vornamen *Sigun, Sigunn*, altisländisch *sigr* »Sieg« und *unn* »Welle, Woge, Flut«.

Sigurd männl., nach Runeninschriften nordische Form von *Sigvard*, ahd. *Sigiward* → *Siegward*.
In der Wälsungensage entspricht Sigurd dem Siegfried der Nibelungen.

Sikko männl. → *Sigo*.

Silja weibl., finnisch/schwedische Form von *Cecilia*; *Silje* ostfriesische Form von *Cäcilie*.

Silke, Silka weibl., beliebte schwedische, niederdeutsche und friesische Kurzform von → *Cäcilie*.

Silko, Silo männl., niederdeutsche Kurzform zu altsächsisch *Silikin*, zu *Sigil-*, ahd. *sigu* »Sieg«.

Silva weibl. schwedisch und tschechisch verkürzte Form von → *Silvia*.

Silvan, Silvanus männl. Vorname, Name des altrömischen Waldgottes *Silvanus*, zu lat. *silva* »Wald«; frz. *Silvain*, ital. *Silvano*.

Silvana weibl., ital. Form von → *Silvan, Silvanus*; baskisch *Silbane*.

Silvano männl., ital. Form von → *Silvan*.

Silvelie weibl. Koseform zu → *Silvia*.

Silvester, *Sylvester* männl. Vorname, zu lat. *silvester* »waldig, im Wald wachsend«. Name des heiligen Silvester, Papst im 3./4. Jh., unter dessen Pontifikat Kaiser Konstantin bekehrt und das Christentum Staatsreligion wurde. Sein Namenstag, der 31. Dezember, wurde Begriff für den letzten Tag des Jahres.

Silvetta, Silvette weibl., ital./frz. Verkleinerungsform von *Silvia*.

Silvia, Sylvia weibl. Form von → *Silvius*, zu lat. *silva* »Wald, Forst«.
Name der derzeitigen schwedischen Königin *Silvia*, geb. Sommerlath.

Silvie weibl., frz. Form von → *Silvia*.

Silvina, Sylvina weibl. Weiterbildung von *Silvia*.

Silvio männl., ital./span. Form von → *Silvius*.

Silvius männl., altrömischer Name, zu lat. *silva* »Wald«.

Simeon männl., bibl. Name, zu hebr. *schimeōn* »(Geschenk der) Erhörung«.

Simon männl., bibl. Name, ital. *Simone*°, zu griech. *simōn*, hebr. *schimōn* »erhört, Erhörung«. Ursprünglich Name des Apostels → *Petrus*, mehr verbreitet seit Luthers Bibelübersetzung (16. Jh.).

Simona, Simone° weibl., ital./frz. Formen von → *Simon*.
Bekannt ist die frz. Schriftstellerin Simone de Beauvoir (1908–1986), Freundin des Philosophen Sartre.

Simonetta, Simonette weibl., ital./frz. Verkleinerungsform von → *Simone*.

Simson männl. Vorname, *Samson* (in der Vulgata), zu hebr. *schim'schōn* »Glänzender, Starker – wie die Sonne«.

Sina weibl. Kurzform von Namen mit der Endung *-sina*, z. B. *Gesina, Rosina*.

Sindy weibl., beliebte Nebenform zu → *Cindy*.

Sinikka weibl., finnischer Vorname russischen Ursprungs, zu *sinij* »blau«.

Sinja, Sinje weibl., friesische Kurzform zu → *Sinold*.

Sinold männl., über *Sigenold* aus *Siegwald*, ahd. *sigu* »Sieg«, *waltan* »walten«.

Sintbald männl., auch *Sinbald*, zu ahd. *sind* »Weg, Reise« und *bald* »kühn«.

Sintbert männl., auch *Sinbert*, zu ahd. *sind* »Weg, Reise« und *beraht* »glänzend«.

Sintram männl. Vorname, ahd. *Sindram*, zu *sind* »Weg, Reise« und *hraban* »Rabe«.

Sira weibl., ital.-span. Kurzform von → *Sirena*.

Sirena weibl., ital. Vorname, zu lat. *sirenis*, griech. *seirēn*.
In der griech. Mythologie weibl. Wesen, die durch süßen Gesang Vorüberfahrende verwirren und von ihren Schiffen locken sollten. Auch Odysseus lauschte, an den Mast seines Schiffes gekettet, dem Gesang der Sirenen.

Sireno männl., alter ital. Vorname, zu griech.-lat. *sirenius*, die lockenden Sirenen betreffend; weibl. Form → *Sirena*.

Siri weibl., schwedisch, umgangssprachliche Form von *Sigrid*, nach Runeninschriften *Sirith*; finnisch, mundartlich auch *Sirin*.

Sirid weibl., schwedische Form von → *Sigrid*.

Sirk männl., **Sirke** weibl., ostfriesische Kurzform zu altsächsisch *sigi* »Sieg« und *riki* »reich«.

Siro männl., ital. Kurzform von *Sireno*.

Sirun weibl. Kurzform von → *Sigrun*.

Siska weibl., schwedische Kurzform von → *Franziska*.

Sissa, Sissan, Sissi weibl., schwedische Kurzform von *Cecilia*.

Sissy weibl., kindersprachliche Kurzform in Österreich von → *Elisabeth*; in England von *Cecily* = *Cäcilie*.
Sissy, Koseform der sehr beliebten österreichischen Kaiserin Elisabeth Amalie Eugenie, 1898 in Genf ermordet; Name durch den vielgespielten Film »Sissy« mit Romy Schneider erneut verbreitet.

Sista männl., schwedischer Vorname, *»det sista barnet«* = das letzte Kind; sonst Nebenform zu *Sixta*.

Sisto männl., ital. Form von → *Sixtus*.

Sita, Sitta weibl. Kurzform von → *Rosita*; ital. Nebenform von *Zita, Citta*.
Die heilige Sita, Citta, Zita (13. Jh.) aus Monsagrati bei Lucca, Patronin der Dienstmägde.

Siverd, Sivert, Siwert männl., ost- und westfriesische Formen von → *Siegward*.

Siv, Sif weibl., nordischer Vorname in der ursprünglichen Bedeutung »Braut, Ehefrau«; kann auch Kurzform von schwedisch *Elisiv* = *Elisabeth* sein.

Sixta weibl. Form zu → *Sixtus*.

Sixten männl., alter schwedischer Vorname, nach Runeninschriften *Sigsten*, aus altschwedisch *sigher* »Sieg« und *sten* »Stein(waffe)«.
Dem ähnlichen Papstnamen Sixtus zufolge ist in Schweden Sixten für Sixtus gebräuchlich.

Sixtina weibl. Weiterbildung von → *Sixta*.

Sixtus, Sixt männl., lat. Umbildung des griech. Beinamens *Xystós* »der Feine, Glatte«.

In Anlehnung an den römischen Zahlnamen *Sextus* »der Sechste«, entstanden. Name mehrerer Päpste; frz. *Sixte, Xiste*, ital. *Sisto*.

Slava männl., **Slavka** weibl., **Slavko** männl., slawische Kurzform von Namen mit *slava* »Ruhm«.

Sofia, Sofie weibl. → *Sophie*.

Smarula weibl., vermutlich slawische Koseform von *Maria* = *Marula*.
Das S gehört zur polnischen, tschechischen *swiety, svaty* oder zu einer anderen slawischen Sprache für *Sanct*, so daß *S-marula* = heilige Maria bedeutet.

Solange weibl., frz. Vorname, zum Namen der heiligen *Solemnia*, Märtyrerin (9. Jh.), lat. *solemnis* »feierlich, festlich«.

Soley weibl., Blumenname auf Island, zu *soley* »Hahnenfuß«.

Solveig weibl., nordischer Vorname, älter *Solvig*, zu altnordisch *salr* »Halle« und *vig* »Kampf«.
Literarische Gestalt in Henrik Ibsens Drama »Peer Gynt« (1867). Kurzform *Solvei, Solvey, Solvi*.

Sonja weibl., auch *Sonia*, beliebter Vorname, russische Verkleinerungsform von *Sofia* → *Sophia*.

Söncke, Sönke, Sönnich männl., niederdeutsch-nordfriesischer Vorname, »Söhnchen«, zu niederdeutsch *Sön, Söhn* »Sohn«.

Sonnele weibl., oberdeutsche Kurzform zu den folgenden: **Sonnfried** männl., **Sonngard, Sonnhild, Sonntraud** weibl. Neubildungen »sonniger« Vornamen mit dem Himmelskörper Sonne und *-fried, -gard, -hilde, -traud*.

Sophie, Sophia, *Sofie, Sofia* weibl. Vornamen, zu griech. *sophia* »(Lebens-)Weisheit«.
Im Altertum wurde die griech. *hagia sophia*, »heilige Weisheit« umschrieben, für Christus gebraucht, danach für die Kirchen selbst. Die heilige Sophia (2. Jh.), im Elsaß verehrt, wurde als »kalte Sophie«, die letzte Eisheilige (15. Mai), volkstümlich.
Als Fürstinnenname bekannt geworden, galt der Vorname 1832 als »schöner Romanname« und hatte um 1900 seine stärkste Verbreitung.
Kurzform *Fei, Fey, Sofi, Soffi, Fi, Fieke, Fia, Zuff*; engl. auch *Sophy*, polnisch *Zofia*, russisch *Sonja*.
Bekannt: Sophia Loren, italienische Filmschauspielerin (geb. 1934).

Sophus männl. Vorname »der Weise«, zu griech. *sophós* »klug, weise«.

Soraya weibl., persischer Vorname, im Sanskrit *su* »wohl, gut« und *raja*, indogermanisch *raga* »König, Fürst«, *Rajya* »Reich«.
In der Schweiz mehrfach Vorname; Name der ehemaligen Kaiserin Soraya des Iran.

Sorka, Soroka weibl., slawische Kurzform von *Serafima* = *Seraphina*.

Sören männl., dänische Form von → *Severin*.
Der Däne Søren Kierkegaard (1813–1855) ist vor allem mit seinem kritischen philosophisch-theologischen Werk vor dem geistesgeschichtlichen Hintergrund der Philosophie Hegels bekannt geworden.

Spela weibl., zu serbokroatisch, slowenisch *Špela*, eine Kurzform von *Elisabeth*.

Stachus männl. Kurzform von → *Eustachius*.

Stan männl., engl. Kurzform von → *Stanley*; polnische Kurzform von *Stanislaw* = *Stanislaus*.

Stana weibl., slawische Kurzform von → *Stanislawa*.

Stanislaus männl., latinisierte Form des slawischen Vornamens *Stanislaw*, altslawisch *stani* »standhaft« und *slava* »Ruhm«.
Der heilige Stanislaus (11. Jh.), Bischof von Krakau, ist Schutzpatron von Polen.
Kurzform *Stasch, Stas, Stan, Stani, Stano, Stanko, Stasik*, bayrisch *Stanes, Stanisl, Stanel, Stanerl*, schlesisch *Stenzel*; frz. *Stanislas*, ital. *Stanislao*.

Stanislawa weibl. Form zu *Stanislaw*. Kurzform *Stana, Stanka, Stase, Stasja*.

Stanley männl., engl. Vorname, ursprünglich Familienname, aus einer Ortsbezeichnung entstanden.

Stanze weibl. Kurzform von → *Konstanze*.

Stasi weibl. Kurzform von *Anastasia*.

Steen männl., dänische Form von → *Sten*.

Stefan, Stephan männl., sehr beliebter Vorname griech. Herkunft, griech. *stéphanos* »Kranz, (Märtyrer)Krone«.
Kurzform *Steffie*, niederdeutsch *Steffen*, bayrisch *Steffel*; engl. *Stephen, Steven*, frz. *Étienne, Estienne, Stéphane*, ital. *Stefano*, span. *Estéban, Estévan*, slawisch *Stefan, Stepan, Stenka, Stepka, Stepko, Sczepan*, ungarisch *István*.
K Der heilige Stephanus, Erzmärtyrer, Wandgemälde (9. Jh.) in Mals (Südtirol), Stephansdom in Wien; der erste Ungarnkönig, der heilige Stephan (10./11. Jh.), Gruft der ungarischen Könige, Stuhlweißenburg; der heilige Stephan I., Papst (3. Jh.), Altar von Maulbronn (1442) in der Staatsgalerie Stuttgart.
In der deutschen Literaturgeschichte sind besonders bekannt: der Dichter Stefan George (1868–1933); der Erzähler Stefan Andres (1906–1970); der Dichter Stefan Zweig (1881–1942).

Stefana, Stefania, Stephana weibl. Nebenform von *Stefanie, Stephanie*.

Stefanie, Stephanie weibl. Form von *Stefan, Stephan*.
Zwei heilige Märtyrerinnen Stephanie werden besonders in Frankreich verehrt; in Deutschland verbreitet, seitdem die Adoptivtochter Napoleons, Stéphanie de Beauharnais, Großherzogin von Baden wurde (19. Jh.).
Kurzform *Fannie, Fanny, Steffi*; frz. *Stéphanie, Etiennette, Tienette*, russisch *Stefanida*.

Stefano männl., ital. Form von → *Stefan*.

Steffen männl., niederdeutsche Form von *Stefan*.

Stella weibl. Vorname, zu lat. *stella* »Stern«. Die Verehrung Marias als *Stella maris* der Seeleute (orientierender Stern des Meeres = der Polarstern) förderte die Namenverbreitung. Bekannt aus der Literatur: Goethes Schauspiel »Stella« (1772/75). Frz. *Estelle*, span./ital. *Estella, Estrella*.

Sten männl., nordischer Vorname, bereits als Runeninschrift *sten* = Stein, schwedischer Adelsname.

Stenzel männl., schlesische Kurzform von → *Stanislaus*; heute häufiger Familienname.

Stephan männl., **Stephanie** weibl. → *Stefan, Stefanie*.

Stephane° männl./weibl. Form von Stefan in der Schweiz.

Stephen männl., engl. Form von → *Stefan*.

Stephine weibl., frz. Form von *Stefan*.

Steve [gespr.: sti:v] männl., engl. Kurzform von → *Stephen*.

Steven [gespr.: sti:ven] männl., engl. und niederländische Nebenform von *Stefan*.

Stillfried männl., **Stillfriede, -frieda** weibl., zu ahd. *stilli* »still« und *fridu* »Friede«.

Stilla weibl. Kurzform von *Stillfriede*.

K Die selige Stilla (13. Jh.), Grab im Augustinerinnenkloster Abenberg (Bayern), Wallfahrtsstätte.

Stillo männl. Kurzform von → *Stillfried*.

Stina, Stine Stintje weibl., friesische Kurzform von *Christine, Ernestine* u. a.

Stinnes männl., rheinische Kurzform von *Augustinus*.

Stiva männl., russische Kurzform von *Stanislav, Stepan*.

Stoffel, Stoffer männl. Kurzform von *Christoph*.

Stuart männl., engl. Vorname, ursprünglich Name der schottischen Königsfamilie, aus altengl. *stiweard* = *steward* »Hausbewahrer«.

Sturmi, *Sturmius* männl., alter germanischer Name, niederdeutsch-niederländisch *Storm*, ahd. *sturm*, altnordisch *stormr* »heftiger Wind, Angriff«.

Name des Abts Sturmius (8. Jh.), Heiliger, gründete 774 die Benediktinerabtei Fulda.

Su weibl., engl. *Sue*, Kurzform von *Susanne*.

Suitbert männl. → *Swidbert, Swindbert*.

Sulamith weibl., bibl. Name, hebr. *schulammith* »die Friedliche, Unversehrte«.

Suleika weibl., arabischer Vorname, »Verführerin«.

Literarisch steht Suleika für Marianne von Willemer in Goethes »Westöstlichem Divan«.

Sulpiz, *Sulpicius, Sulpitius* männl., **Sulpizie**, *Sulpicia* weibl., alte lat. Namen, »aus dem römischen Geschlecht der Sulpicier«.

Sultana weibl., rumänischer Vorname, entspricht der männl., ungarischen Form *Zoltán*, abgeleitet vom türkischen Titel Sultan.

Süncke, Suno männl., nordfriesische Vornamen, für »Sohn, Söhnchen«.

Sunhild, Sunhilde weibl. Nebenform von → *Swanhilde*.

Sunke, Sunneke, Suntje, Suntke männl., ostfriesische Vornamen für »Sohn, Söhnchen«; → *Sönke*.

Sunna, Sünne weibl. Vornamen, wohl zu altfriesisch *sunne* »Sonne«.

Susa weibl., ital. Kurzform für *Suse*, zu *Susanne*.

Susan, Susann weibl., verkürzte Formen von → *Susanne*; bibl. Name *Susan*, hebr. *schuschan* »(rote) Lilie«.

Susanka weibl., slawische Kurzform von *Susanne.*

Susanna, Susanne weibl., beliebter Vorname, bibl. Name, zu griech. *sousanna,* hebr. *schuschan, schoshanna* »(rote) Lilie«.
Die schöne bibl. Gestalt der »Susanne im Bade« (Apokryphen, Kap. 13, Buch Daniel) führte seit dem Mittelalter zur Verbreitung des Vornamens; zahlreiche Darstellungen (Altdorfer, Rembrandt, Rubens).
Engl. *Susan,* frz. *Suzanne,* ital. *Susanna,* slawische Kurzform *Susanka.*

Suse weibl. Kurzform von *Susanne,* engl. *Sue.*

Susen weibl., schwedische Kurzform von *Susanne* (zu engl. *Susan*)

Susetta, Susette, Suzette weibl., ital./frz. Verkleinerungsform von *Susanne.*

Susi, Susy weibl. Kurzform von *Susanne; Susi* auch bibl. Name, zu hebr. *susi* 1. »meine Schwalbe«, 2. »mein Pferd«.

Suzanne weibl., frz. Form von *Susanne.*

Svane weibl. Kurzform zu Namen mit *Swan* = »Schwan«.

Svea weibl., schwedischer Vorname, allegorische Bezeichnung für Schweden (aus *Svea-rike* »Schwedenreich«).

Sven männl., nordischer Vorname, altnordisch *sveinn* »Jüngling, Knappe«, ursprünglich Beiname, dänischer und norwegischer Königsname.
Der Name wurde in Deutschland vor allem durch den schwedischen Forscher Sven Hedin (1865–1952) bekannt.

Svend männl., dänische Form von → *Sven.*

Svenja weibl., nordische Form von → *Sven.*

Swana weibl. Kurzform zu → *Swanhild;* niederdeutsch-niederländische Verkleinerungsform *Swantje Swaantje.*

Swanburg weibl. Vorname, zu ahd. *swan* »Schwan« und *burg* »Schutz«.

Swanhild, Swanhilde weibl. Vorname, zu ahd. *swan* »Schwan« und *hiltja* »Kampf«.

Swante männl., schwedisch *Svante,* Kurzform zum slawischen Rufnamen *Svantopolk* »Kriegsvolk«.

Swantje, Swaantje, Swaneke weibl., niederdeutsch-friesische Verkleinerungsform zu → *Swanhild.*

Swenolt, *Swenholt* weibl., rheinische Nebenform über *Swenulde, Swenildis* zu *Swanhild.*

Swetlana, Svetlana weibl., russischer Vorname, zu russisch *swetly* »hell«.

Swidbert männl. Nebenform zu → *Swindbert.*

Swidgard weibl., zu ahd. *swinde* »stark, geschwind« und *gard* »Hort, Schutz«.

Swidger männl. Nebenform von → *Swindger.*

Swindbert männl., zu ahd. *swinde* »stark, geschwind« und *beraht* »glänzend«.

Swinde weibl. Kurzform von ahd. Namen mit *swinde* »stark, geschwind«.

Swindger männl., zu ahd. *swinde* »stark, geschwind« und *ger* »Speer«.

Sybill, Sybille weibl. → *Sibylle.*
Maria Sibylla Merian (1647–1717), Tochter von Matthäus Merian, gelingt 1679 die erste bildliche Systematik der Schmetterlinge, mit der Präzision einer genialen Kupferstecherin ausgeführt.

Sylvain männl., **Sylvaine** weibl., frz. Formen zu → *Silvanus*.
Sylvester männl. → *Silvester*.
Sylvi männl., finnisch/schwedische Kurzform von *Silvia*.
Sylvia weibl., schwedische Form von → *Silvia*.
Sylvie, *Silvie* weibl., frz. Form von → *Silvia*.
Sylvette weibl., frz. Nebenform zu *Silvetta, Silvette*.
Sylviane, Sylvianne weibl. Weiterbildung von *Silvia, Sylvia*.

T…

T...

Tabea weibl., lat. Nebenform des bibl. Namens → *Tabitha*; *Tabe, Tabea* ostfriesischer weibl. Vorname.

Tabitha weibl., bibl. Name, zu griech. *tabi tha*, hebr. *tabjā* »Gazelle«; Nebenform → *Tabea*.

Tade, Taeike, Taetse, Take männl., friesische Kurzform zu *Diede, Diet-* und *Thed*-Namen.

Tage männl., nordischer (dänischer) Vorname, ursprünglich Beiname für den Bürgen, Gewährsmann.

Taiga weibl. Neubildung, mögliche Anlehnung an die alte ost- und westfriesische weibl. Kurzform *Teika* (für *Theda, Tida*).

Taiga vom Amtsgericht Lüneburg 1975 zugelassen. Hier wohl auf die sibirischen Waldgebiete, die »Taiga« bezogen.

Tale, Taleja, Taleke, Taletta weibl., niederdeutsch-ostfriesische Kurzform von → *Adelheid*; das T gehört durch falsche Silbentrennung zu *Sünt* = *Sanct, Sünt Ale, Aleke* = die hl. Adelheid, dt. Kaiserin im Elsaß (um 931–999).

Talesia weibl., baskischer Taufname für *(San)t'Alesia* = *Alicia, Adelheid*.

Talida weibl., wie *Alida* eine ostfriesische Kurzform von → *Adelheid*; vgl. → *Tale*.

Talika, Talka, Talke weibl., niederdeutsch-ostfriesische Kurzform von → *Adelheid*; vgl. → *Tale*.

Tamara weibl. Weiterbildung des bibl. Namens *Tamar*, hebr. *tāmār* »Dattelpalme«.

Tamina weibl. Bildung zu *Tamino*.

Bekannt geworden durch den Namen des jungen Prinzen in Mozarts Volksoper »Die Zauberflöte« (Uraufführung: Wien, 30. 9. 1791). Griech. *tamias* »Herr, Gebieter«.

Tamme, Tammo männl., alte niederdeutsch-friesische Kurzform, wie Damme, Dammo zu → *Dankmar*.

Tanja weibl., romanisierte Nebenform zu *Tanja*.

Tanja weibl., russische Kurzform von → *Tatjana*.

Tanjura weibl., russische Kurzform von → *Tatjana*.

Tanko männl. Nebenform von *Danko*, Kurzform von *Thankmar* = *Dankmar*.

Tankred männl., engl./normannischer Vorname, älter *Thancharat* = → *Dankrad*, zu ahd. *danc* »Denken« und *rat* »Ratgeber«.

Name auch in Torquato Tassos Epos »Das befreite Jerusalem«.

Bekannt: Tankred Dorst, deutscher Dramatiker (geb. 1925).

Tarek, Tarik männl., arabischer Vorname. Name eines arabischen Heerführers, der 711 von Nordafrika nach dem nach ihm benannten Gibraltar = arabisch *dschebel al Tarik* »Fels des Tarik« übersetzte.

Tasja, Tassja weibl., russische Kurzform von → *Anastasia.*

Tasso männl., alter ital. Vorname, zu ital. *tasso*, lat. *taxus* »Eibe«, entspricht *Ivo, Iwo*, altfranzösisch *Yves, Yvon.*

Tassilo, *Thassilo* männl. Verkleinerungsform zu → *Tasso*, früher als dt. Adelsname bevorzugt (Bayernherzog Tassilo, 8. Jh.).

Tata weibl., russische Kurzform von *Tatjana, Natalja.*

Tatjana, *Tatiana* weibl., russischer Vorname asiatischen Ursprungs; seit 1960 zunehmend zum beliebten Vornamen geworden, Kurzform *Tanja.*
Operngestalt in Tschaikowskys Oper »Eugen Onegin« (Uraufführung in Moskau: 29. 3. 1879).

Tebbe, Tebbo männl., ostfriesische Kurzform von *Theodebert.*

Ted, Teddy männl., engl. Kurzform von *Theodore*, auch von *Edward.*

Tede, Thede ostfriesisch: männl./weibl., nordfriesisch: männl. Kurzform, *Tede, Teede* westfriesisch: männl. Kurzform zu *Diede, Thed-* und *Diet*-Namen.

Teetje, Thetje, Tietje, Tetje männl., friesische Kurzform von Namen mit *Diet-.*

Teida weibl., ostfriesische Kurzform von *Adelheid*; vgl. → *Theite.*

Teilhard männl., alter frz. Name.
Teil- in vielen Variationen örtlichkeitsbezogen, zu frz. *tilleul* »Linde«, in Ortsnamen häufig und ahd. *hard*, ergibt, daß *Teilhard* = ahd. *Linthart* entspricht. Bekannt: der Religionsphilosoph und Paläontologe Teilhard de Chardin (1881–1955).

Tela, Tele weibl., stark verkürzte niederdeutsch-ostfriesische Formen von → *Adelheid* (wie bei *Tale, Talika, Theda*).
Das T gehört durch falsche Silbentrennung zu *Sünt* = *Sanct, Sünt Ale, Ela* = heilige Adelheid, dt. Kaiserin (10. Jh.); vgl. → *Tale.*

Tell männl., ahd. Kurzform *Tello* (St. Gallen), zu ahd. *dala-* »hell, klar«, oder vorgermanisch **dhalo-* »blühend, frisch«.
Vorname nach dem bekannten Helden der Schweizer Sage, einem Jäger aus dem Urner Dorf Bürglen (14. Jh.); Stoff bearbeitet von Schiller.

Telsa, Telse, Telseke weibl. Vornamen, niederdeutsch-friesische Kurzformen von → *Elisabeth.* Das T gehört durch falsche Silbentrennung zu *Sünt* = *Sanct, Sünt Elsa* = die heilige Elisabeth.

Temme, Temmo männl., ost- und westfriesische Kurzform zu → *Dietmar.*

Teodolius männl. → *Theodolius.*

Teresa weibl., ital./span. und engl. Form von → *Theresia, Therese.*

Terzia weibl., zu lat. *tertia* »die Dritte«; altrömischer Frauenname zur Zeit Cäsars.

Tess, Tessa, Tessy weibl., engl. Kurzform von *Teresa.*

Tete männl., **Tetje**° männl./weibl., **Tettje, Tetta** weibl. (zu *Theda*) ost- und westfriesische Koseformen von Namen mit *Diet-.*

Teudelinde, Theudelinde weibl., ältere Nebenform von → *Theodelinde* = *Dietlinde.*

Teutobald männl., ältere Nebenform von *Theodebald, Dietbald.*

Teutobert männl., ältere Nebenform von *Theodebert, Dietbert.*

Teutobod männl. Nebenform von *Theodebod, Dietbod.*
Teutomar männl. Nebenform von *Theodemar, Dietmar.*
Teutwart männl. Nebenform von *Theodeward, Dietwart.*
Tewes männl. Kurzform von *Matthäus.*
Thaddäus männl., bibl. Name zu griech. *thaddaios* »Lobpreis«.
Thaisen männl., nordfriesischer Vorname, Kurzform von *Matthias.*
Thankmar männl. Nebenform von → *Dankmar.*
Thea weibl. Kurzform von → *Dorothea* und → *Theodora.*
Theda weibl. Vorname, niederdeutsch-ostfriesische Kurzform von → *Adelheid*; vgl. → *Tale.*
Theida weibl., ostfriesische Kurzform von *Adelheid*; vgl. → *Theite.*
Theis, *Theiß* männl. Kurzform von → *Matthias.*
Theite weibl., friesische Form von *Adelheid.*
Das T gehört durch falsche Silbentrennung zu *Sünt = Sanct, Sünt Heite* = heilige Adelheid(e), dt. Kaiserin (10. Jh.); vgl. auch → *Tale* und → *Telsa* (heilige Elisabeth).
Thekla weibl., griech. Vorname, *Theokleia*, Ableitung von *Theokles*, zu griech. *theós* »Gott« und *kléos* »guter Ruf, Ruhm, Ehre«.
Märtyrerin des 1. Jh. in Kleinasien, ostfriesisch ist *Thekla* auch Kurzform von Namen mit *Theod-*, z. B. *Theodora.*
Themke männl. Kurzform zu *Dietmar.*
Theo männl. Kurzform von → *Theodor, Theobald.*
Theobald männl., älter *Theodebald*, latinisierte Form von → *Dietbald*, auch Anlehnung an Namen mit griech. *theós* »Gott« wie bei *Theodor.*
Heiligenname im Mittelalter, der heilige Theobald (11. Jh.), Patron der Köhler, Vorname im 19. Jahrhundert erneut aufgekommen.
Engl. *Theobald, Tibald*, frz. *Thibaud, Thibault, Thibaut, Théobald*, ital. *Tebaldo, Teobaldo*; Nebenform *Debald, Diebald, Diebold.*
Theoda weibl. Kurzform von Namen mit *Theo-.*
Theodebald männl., ältere Form von → *Theobald.*
Theodebert männl., latinisierte Form von → *Dietbert.*
Theodegar, Theodeger männl., latinisierte Formen von → *Dietger.*
Theodelinde, Theodolinde weibl., auch *Theudelinde*, latinisierte Formen von → *Dietlind(e).* Theodelinde, Königin der Langobarden, wurde nach ihrer Heirat mit Agilulf bayerische Landesmutter.
Theodemar männl., latinisierte Form von → *Dietmar.*
Theoderich, auch *Theuderich*, männl., latinisierte Form von → *Dietrich.*
Theoderich der Große (456–526), König der Ostgoten, Oberherr über Italien, Sizilien, Dalmatien und Rätien, erhielt die antike Kultur und brachte Italien eine längere Friedenszeit; Grabmal in Ravenna; lebt in der Sage als → *Dietrich* von Bern (= Verona) fort.
Theodolf männl., latinisierte Form von → *Dietwolf.*
Theodor männl. Vorname griech. Herkunft, *Theódōros* »Gottesgeschenk«, zu griech. *theós* »Gott« und *dōron* »Gabe, Geschenk«.

Im Mittelalter Name von Heiligen, Theologen und Herrschern; im 19. Jh. Begeisterung für den Dichter des Freiheitskampfes (1812/13) Theodor Körner; in neuerer Zeit volkstümlich durch den Namen des ersten Bundespräsidenten Theodor Heuss. Bekannt: der Dichter Theodor Storm (1817–1888); der Historiker und Nobelpreisträger Theodor Mommsen (1817–1903); der Dichter Theodor Fontane (1819–1898); der Philosoph Theodor Wiesengrund Adorno (1903–1969).

Kurzform *Thed, Theo, Thetje*; engl. *Theodore*, frz. *Théodore*, ital. *Teodoro*, russisch *Fjodor*, eingedeutscht *Fedor, Feodor*.

Theodora, Theodore weibl. Form von → *Theodor*.

Engl. *Theodora*, frz. *Théodora*, ital. *Teodora*, russisch *Fjodora*, eingedeutscht *Fedora, Feodora*.

Theodosia weibl. Form von → *Theodosius*; russisch *Feodosia*.

Theodosius männl. Vorname griech. Herkunft, *Theodósius* »Gottesgeschenk«; russisch *Feodosi*.

Theodulf männl., latinisierte Form von → *Dietwolf*.

Theofried männl., latinisierte Form von → *Dietfried*.

Theophil männl. Vorname griech. Herkunft, *Theóphilos* »Gottesfreund«, zu griech. *theós* »Gott« und *philos* »lieb, freundlich«.

Theophilus, Gestalt einer mittelalterlichen Legende, in der das Faustproblem vorkommt (9. Jh.), behandelt von Roswitha von Gandersheim.

Theophora weibl. Vorname »Gottesträgerin«, zu griech. *theós* »Gott« und *phorá* »das Tragen«.

Theres, Theresa, Therese, Theresia weibl., alter Vorname griech. Ursprungs.

Herkunftsname von der Insel Thera »Bewohnerin von Therasia« (in der Ägäis, heute Thira/Santorini).

Die heilige Theresa von Avila (Spanien, 16. Jh.) gründete mehr als 30 Klöster und reformierte 1560 den Karmeliterorden. Kaiserin Maria Theresia von Österreich (18. Jh.) machte den Namen volkstümlich.

K Kapuzinergruft, Wien.

Kurzform *Thery, Thesi, Thesy*; engl., romanisch, span., polnisch *Teresa*, frz. *Thérèse, Térèse*, tschechisch *Terezie*, ungarisch *Terézie, Terka*.

Theresina weibl. Weiterbildung von → *Theresa*.

Thery, Thesi, Thesy weibl. Kurzform von → *Therese*.

Thewald männl. Nebenform von → *Dietwald*.

Thibaut männl., frz. Form von → *Theobald*.

Thiedemann, Thielemann männl. Vorname zu *Diet*-Namen, *Thiedemann* zum Typ Dietmar, *Thielemann* zum Typ Dietleib.

Thiemo, Tiemo männl. Kurzform von *Thietmar, Dietmar*.

Thierri, Thierry männl., frz. Form von *Dieterich, Dieterik*.

Thies, Thieß männl. Kurzform von → *Matthias*.

Thietmar männl. Nebenform von → *Dietmar*.

Thilde, Tilde weibl. Kurzform von → *Mathilde*.

Thilo, Tilo männl. Kurzform von Namen mit *Diet-*, insbesondere zu *Thiethilo*.

This männl. Kurzform von niederdeutsch *Mathis, Matthias*.

Thomas, *Thomas* männl., sehr beliebter Vorname, griech. Form des bibl. Namens, hebr. *thaom* »der Zwilling«.

Bereits im Mittelalter weit verbreitet durch Verehrung des heiligen Apostels Thomas; daneben auch des heiligen Thomas Becket (gestorben 1170 Canterbury) und des heiligen Thomas von Aquin (gestorben 1274).

Kurzform *Tam, Tammo, Tom, Toms, Thoma*; engl. *Thomas, Tommy, Tomy* frz. *Thomas, Thomé*, ital. *Tomaso, Tommaso*, schwedisch/span. *Tomas*, südslawisch *Toma*, russisch *Foma*, dänisch auch *Tammes*, ungarisch *Tamás*, ökumenisch *Tomas*.

Die Redensart vom »ungläubigen Thomas« bezieht sich auf Johannes 20,24–29, wo der Jünger Thomas an der Auferstehung Jesu zweifelt und erst glauben will, wenn er die Wundmale des Auferstandenen berührt hat.

Thona weibl. Kurzform von → *Antonia*.

Thora weibl., nordische Kurzform von → *Tora*.

Thoralf männl. → *Toralf*.

Thorben männl. → *Torben*.

Thorbjörn männl. → *Torbjörn*.

Thorbrand männl., nordischer Vorname zu *Thor* (germanischer Gott) und *brand* »Brand, Brennen durchs Schwert«.

Thordis weibl. → *Tordis*.

Thore, *Thure* weibl. → *Tore*.

Thorgard weibl. → *Torgard*.

Thorge, Thorger männl. → *Torger*.

Thorgert männl. Vorname, wohl Weiterbildung des nordischen Vornamens → *Torger, Thorger* in Anlehnung an die weibl., schwedische Form → *Torgerd*.

Thorgund weibl. → *Torgund*.

Thorhild weibl. → *Torhild*.

Thorid weibl. Nebenform von → *Turid*.

Thorina weibl. → *Torina*.

Thorismund männl. → *Thurismund*.

Thorolf männl. → *Torolf*.

Thorsten männl. → *Torsten*.

Thorwald männl. → *Torwald*.

Thure, Ture männl. → *Tore*.

Thurid weibl. → *Turid*.

Thusnelda, Thusnelde, *Tusnelda* weibl., alter dt. Vorname, vermutlich zu den alten Formen *Tursinhilda, Tussinhilda*, ahd. *thurs* »Riese« und *hiltja* »Kampf«.

Zur Erheiterung die volksetymologische Erklärung: Thu-snel-da »zu schnell da«, gemeint sei ein zu früh geborenes Kind.

Thymiane weibl. Vorname, Pflanzenname des Lippenblütlers *Thymian*, zu griech. *thymíana* »Räucherwerk«.

Thyra weibl. → *Tyra.*

Tiada, Tjada weibl., **Tiade, Tjade**° männl./weibl., **Tiado** männl., friesische Kurzform zu altfriesisch *Thiad-* = hochdeutsch-niederdeutsch *Diet-, Dide, Tide, Dieto*, zu Namen mit *Diet-* »Volk«.

Tialf, Tjalf männl., ostfriesische Kurzform, zu *Dietleib* oder zu altfriesisch *Thiadolf = Dietwolf.*

Tiana weibl. Kurzform von → *Christiana.*

Tiard, Tiart männl., **Tjarde** weibl., friesische Kurzform zu altfriesisch *Thiadhard = Diethard.*

Tiark, Tiarke, Tjark, Tyärk männl., ostfriesische Kurzform zu den altfriesischen Namen *Thiadric, Tiadrik* = mittelniederdeutsch *Dederik.*

Tiba, Tibe weibl., ostfriesische Kurzform von Namen mit *Thiad-b-*, z. B. altfriesisch *Thiadberg, Thiadburg = Dietberga, Dietburga.*

Tiberius männl., zum altrömischen Namen *Tiberius* »dem Flußgott Tiberis geweiht«.

Tibeta, Tibetha weibl., ostfriesische Form zu → *Tiba, Tibe* und zu Namen mit *Thiad-b*, z. B. *Thiadberg, Thiadburg = Dietberga, Dietburga.*

Tibor männl., ungarische Form von → *Tiberius.*

Tida weibl. niederdeutsch-ostfriesische Kurzform von → *Adelheid*; vgl. → *Tale.*

Tietje, Tietka weibl., ostfriesische Kurzform von Namen mit *Diet-*, wie *Dietgard, Dietgunde.*

Tilde, *Thilde* weibl. Kurzform von → *Mathilde.*

Till, auch *Tile, Tyl* männl., alte niederdeutsch-friesische Kurzform von Namen mit *Diet-*, z. B. aus altem *Thiethilo* (911).
Im Mittelalter in Norddeutschland, in den Niederlanden und in Flandern beliebter und volkstümlicher Name. Till Eulenspiegel wird uns nicht nur als Schalk und Schelm des Mittelalters überliefert, sondern auch von Charles de Coster als Freiheitsheld Thyl Ulenspiegel des flämischen Volkes.

Tilla, Tilli, Tilly weibl. Kurzform von *Otilie, Mathilde.*

Tillo, Tilman, *Tilmann, Tillmann* männl., alte niederdeutsch-friesische Formen wie bei *Till* zu alten Namen mit *Diet-*, z. B. *Thiethilo.*
Tilman besagt »Sohn, Nachkomme eines Till«.
Bekannt: Tilmann Riemenschneider, Maler und Bildhauer (1460–1531).

Tilse weibl., niederdeutsch-friesische Kurzform wie → *Telsa* von → *Elisabeth.*
Das T gehört durch falsche Silbentrennung zu *Sünt = Sanct, Sünt Ilse* = die heilige Elisabeth (13. Jh.).

Tim, Timm, Timme, Timmo, Timo männl., niederdeutsch-friesische Kurzform zu → *Thiemo.*

Timon männl., bibl. Name, zu griech. *timōn* »ehrwürdig, ehrenwert«.

Timotheus männl., bibl. Name, zu griech. *timótheus* »Ehre Gott!«
Alter griech. Name, im Abendland verbreitet durch Verehrung des heiligen Timotheus, Gehilfe von Paulus (1. Jh.).
Engl. *Timothy*, frz. *Timothée, russisch Timofej.*

Timpe männl. Vorname seit 1979, bedeutet eigentlich mittelniederdeutsch »Zipfel«. Märchengestalt aus »Der Fischer un syne Fru«. In der Sammlung Grimmscher Märchen (1812): »Mandje, Mandje, timpe tee!« – Von Günter Grass in seinem Roman vom Butt neu erzählt. 1979 vom OLG Hamburg als männl. Vorname zugelassen, jedoch nur mit einem eindeutig männl. Zweitnamen.

Tina weibl., beliebte Kurzform von Namen mit *-tina*, z. B. *Christina, Martina*.

Tinette weibl., frz. Verkleinerungsform von Namen wie *Antoinette*.

Tinka weibl. Kurzform von *Katinka*.

Tino männl., ital. Kurzform von Namen mit *-tino*-Endung, z. B. *Albertino, Valentino*.

Tirza weibl., bibl. Name, zu hebr. *tir'sāh* »Anmut, Wonne, Lieblichkeit«.

Tito männl., ital. Form von → *Titus*.

Titus männl., altrömischer Name sabinischer Herkunft, zu *Tities*, der sabinische Stamm, und dem römischen Geschlecht *Titius*.
Bekannt ist der römische Kaiser Titus (1. Jh.), der Jerusalem zerstörte (Titusbogen in Rom).

Tizia weibl., ital. Kurzform von *Lätizia*.

Tiziana weibl., **Tiziano** männl., ital. Vorname nach der altrömischen Adoptivform *Titianus*, zur Familie des *Titius* gehörig, *Titio = Titius*.

Tobias männl., bibl. Name, bei Luther *Tobia*, zu hebr. *tōbijjāh* »Gott ist gut, die Güte des Herrn«. Kurzform *Tobi, Töbi*; engl. *Toby*.

Tom männl., engl. Kurzform von *Thomas*.

Toma weibl., russische Kurzform von → *Tamara*.

Tommy männl., engl. Kurzform von *Thomas*.

Toms männl. Kurzform von *Thomas*.

Tona weibl. Kurzform von → *Antonia*.

Toni° männl./weibl., **Tony**° männl./weibl. Kurzform von *Anton* und *Antonie*.
Nur in Verbindung mit einem eindeutig männl. oder weibl. Zweitnamen zu verwenden.

Tonia weibl. Kurzform von *Antonia*.

Tonio männl., ital. Kurzform von *Antonio*.
Durch Thomas Manns Novelle »Tonio Kröger« (1903) bekannt geworden.

Tonja weibl., russische Kurzform von *Antonija = Antonia*.

Tönjes, Tönnies, Töns männl., rheinisch-niederländische Kurzform von *Antonius*.

Topsy weibl., wohl Koseform zu den ostfriesischen weibl. Kurzformen *Tobe, Tobeke, Tobke, Töbke, Töpke*, allesamt zu *Tobias* zu stellen.

Tora, *Thora* weibl., nordische Kurzform von Namen mit *Tor-, Thor-* (germanischer Gott); weibl. Form von → *Tore*.
Nach 1800 war *Tora* in Schweden auch eine Kurzform von *Viktoria*.

Toralf männl., älter *Thoralf*, nordischer Vorname, zu *Thor* (germanischer Gott) und *alf* »Elf, Naturgeist«.

Torben, *Thorben* männl., dänischer Vorname zu *Torbern, Thorbern*, einer Nebenform von *Torbjörn*.

Torbjörn männl., nordischer Vorname, zu *Thor* (germanischer Gott) und altschwedisch *biorn* »Mann, Held, Krieger, Häuptling«.

Tord männl., nordischer Vorname, älter *Thordh(er)*, aus altnordisch *Thorfridh*, zu *Thor* (germanischer Gott) und *fridhr*, ahd. *fridu* »Friede«.

Tordis, *Thordis* weibl., nordischer Vorname, zu *Thor* (germanischer Gott) und altschwedisch *dis* »Göttin«.

Tore, *Thore* männl., nach Runeninschriften *Thorir*, zu nordisch *Thor* (dem germanischen Donnergott), Nebenform *Ture, Thure*.

Torgard, *Thorgard* weibl., alter schwedischer Vorname *Torgerd, Torgärd*, zu *Thor* (germanischer Gott) und *gardh* »Hort, Schutz«.

Torger, älter *Thorger* männl., nordisch *Torgeir*, zu *Thor* (germanischer Gott) und *ger* »Speer«.

Torgerd weibl., schwedische Form zu → *Torgard*.

Torgund, *Thorgund* weibl., alter schwedischer Vorname, seit 1918 auch mit den Formen *Torgun, Torgunn* belegt, zu *Thor* (germanischer Gott) und ahd. *gund* »Kampf«.

Torhild weibl., altschwedischer Vorname, auch *Torhilda, Törilla*, zu *Thor* (germanischer Gott) und ahd. *hiltja* »Streit, Kampf«.

Torid, *Thorid* weibl., zum alten nordischen Vornamen *Turid*, älter, nach Runeninschriften *Thor(f)ridh*, zu *Thor* (germanischer Gott) und altnordisch *fridhr*, ahd. *fridu* »Friede«.

Torolf männl., älter schwedisch *Torulf*, zu *Thor* (germanischer Gott) und altisländisch *ulfr* »Wolf«.

Torsten, *Thorsten* männl., zu nordisch *Thor* (germanischer Gott) und *sten* »Stein(waffe)«.

Torwald, *Thorwald* männl., zum alten nordischen Vornamen *Torvald*, Name des germanischen Gottes *Thor* und *vald*, ahd. *waltan* »walten«.

Toska, *Tosca* weibl. Vorname, aus dem Ital. übernommener Herkunftsname »Frau aus der Toskana«. 1900 wurde die Oper »Tosca« von Puccini uraufgeführt.

Tosja weibl., russische Kurzform von → *Antonina*.

Traude, *Traudel* weibl. Kurzform von → *Gertraud*.

Traudhild, Traudhilde weibl., zu ahd. *trud* »Kraft, Stärke« und *hiltja* »Kampf«.

Traudlinde weibl., zu ahd. *trud* »Kraft, Stärke« und *linta* »Lindenholzschild«.

Traugott männl., pietistische Neubildung des 18. Jahrhunderts, der Imperativ: »Vertraue Gott!«.

Traut männl. Kurzform des im Breisgau als Märtyrer verehrten heiligen *Trudbert* (7. Jh.).

Traute weibl. Kurzform von *Gertraud(e)*.

Trauthelm männl., zu ahd. *trud* »Kraft, Stärke« und *helm* »Helm, Schutz«.

Trauthold männl., älter *Trautwald*, zu ahd. *trud* »Kraft, Stärke« und *waltan* »walten, herrschen«.

Trautmann männl., zu ahd. *trud* »Kraft, Stärke« und *man* »Mann, Mensch«.

Trautmar männl., zu ahd. *trud* »Kraft, Stärke« und *mari* »berühmt«.

Trautmund männl., zu ahd. *trud* »Kraft, Stärke« und *munt* »Schutz (der Unmündigen)«.

Trautwein, Trautwin männl., zu ahd. *trud* »Kraft, Stärke« und *wini* »Freund«.

Treumund männl., **Treumunde** weibl., alte dt. Vornamen, zu altsächsisch *triuwi* »treu, wahr« und *munt* »Schutz (Unmündiger)«.

Trimrie männl., niederdeutsche Kurzform von *Kathrin-Marie*.

Trina, Trine weibl. Kurzform von → *Katharina*.

Trinette weibl., neuere Verkleinerungsform zu Trine = *Katharine*.

Tristan, *Tristram* männl. Vornamen, keltisch *Drystan*, zu *drest, drust* »Waffengeklirr«.

Die frz. Sage von Tristan und Isolde führte über dt. Tristandichtungen zu Richard Wagners Oper »Tristan und Isolde«. Das Thema wurde auch von Thomas Mann in seiner Novelle »Tristan« (1903) bearbeitet. In einem Brief an Bruder Heinrich spricht er im Februar 1901 von einer »Burleske, die . . . wahrscheinlich ›Tristan‹ heißen wird.« Siehe auch → *Isolde*; gallisch *Dristan*. *Drustan* ist ein Druidenname (Priestername) der alten Gallier.

Trix, Trixa, Trixi weibl. Kurzform von → *Beatrix*.

Trudbert männl., **Trudberta** weibl., zu ahd. *trud* »Kraft« und *beraht* »glänzend«.

Trude weibl. Kurzform von → *Gertrud*.

Trudeliese, Trudelise weibl. Doppelform aus *Trude* und *Li(e)se*.

Trudgard weibl., zu ahd. *trud* »Kraft, Stärke« und *gard* »Hort, Schutz«.

Trudhild, *Trudhilde* weibl. → *Traudhilde*.

Trudi, Trudy weibl. Kurzform zu → *Gertrud*.

Trudlinde weibl. → *Traudlinde*.

Trudo männl. Kurzform zu → *Trudbert*.

Der heilige Trudo gründete im 7. Jahrhundert das nach ihm benannte Kloster Sint-Truiden.

Trudpert männl. Nebenform von *Trudbert*.

Trutz männl., alter dt. Vorname.

Ursprünglich alter Beiname von Rittern und Adligen, danach Vorname geworden, zu mhd. *trutz, tratz, trotz* »widersetzlich auf etwas bestehen, Trotz bieten« = eigenes Recht des Edelmanns wahren.

Tulla, Tulle weibl., alte Kurzform für *Sanct Ursula, Sanct Ulla*, das T gehört zu Sanct!

Tünnes männl., rheinische Kurzform von *Antonius*.

Turid weibl., nordische Form von → *Torid*.

Tusja weibl., russische Kurzform von → *Natalija*.

Tyra, *Thyra* weibl., schwedischer Vorname, latinisierte Form eines altdänischen Namens *Thyr(v)i*, danach *Torvi*, zu *Thor* (germanischer Gott) und *vi(g)*, ahd. *wig* »Kampf«. Nebenform *Tyre*.

И...

U...

Uba weibl., **Ubbo** männl., nordfriesische Kurzform zu → *Ubald* oder zu *Adelbo(l)d.*

Ubald männl., alter dt. Vorname *Hugbald, Hugibald,* zu ahd. *hugu* »Sinn, Geist, Verstand« und *bald* »kühn«; frz. *Ubalde,* ital. *Ubaldo.*

Ubba, Ubbe männl./weibl., **Ubbina** weibl., **Ubbo, Ubbod** männl., ostfriesische Kurzform zu → *Ubald* oder zu *Adelbo(l)d.*

Ubert männl., rätoromanischer Vorname zu *Obert,* aus *O(di)lbert.*

Uda, Ude weibl., ostfriesische Kurzform, wie *Oda* zu Namen mit *Od-,* wie *Odilia, Ottilie.*

Udelar männl., alte Nebenform zu → *Adelar.*

Udele weibl., alte Nebenform zu → *Adele.*

Udo männl. Nebenform von *Odo,* zu ahd. *uodal* »Erbgut«; Kurzform von *Ulrich.*

Ueli männl., schweizerische Kurzform von → *Ulrich.*

Ufe, Ufert, Uffe, Uffke, Ufko männl., ostfriesische Kurzform zu → *Wolfbert, Wulfbert.*

Ugo männl., ital. Form von → *Hugo; Ugolino* Verkleinerungsform zu *Ugo.*

Ula weibl. Nebenform von → *Ulla.*

Uland, *Uhland* männl., alter dt. Vorname *Uodalland,* zu ahd. *uodal* »Erbgut, Heimat« und *lant* »Land«.
Familienname des Dichters Ludwig Uhland (1787–1862), 1848 Abgeordneter der Nationalversammlung in Frankfurt am Main.

Ulbe, Ulbet männl., westfriesische Kurzform von → *Ulbert* (zu *O(di)lbert*).

Ulbert männl., zu ahd. *uodal* »Erbgut, Heimat« und *beraht* »glänzend«; westfriesisch belegter Vorname; Nebenform von und *O(di)lbert.*

Ule, Ulerk männl., ost- und westfriesische Kurzform zu *Ulrik, Ulrich.*

Uletta weibl., romanische Verkleinerungsform von *Ula* → *Ulla.*

Ulf, Ulfo männl. Kurzform von Namen mit *-ulf, Ulf-* »Wolf«; schwedisch auch *Ulv.*

Ulfart, Ulferd, Ulfert männl., ostfriesische Kurzform von → *Wolfhard.*

Ulfhild weibl., alter nordischer Vorname, entspricht dem dt. Vornamen → *Wolfhild;* schwedische Nebenform *Ulvhild.*

Ulfilas männl., alte gräzisierte Form des gotischen Namens *Vulfilas,* → *Wulfila* »Wölfchen«.

Ulfried, *Ulfrid, Ulfert, Olfert* männl., alter dt. Vorname *Uodalfrid, Odalfrid,* zu ahd. *uodal* »Erbgut,« und *fridu* »Friede«.

Uli, Ulli männl. Kurzform zu → *Ulrich.*

Ulita weibl., russische Form von *Julitta.*

Uljona weibl., russische Form von *Juliana.*

Ulla, Ula weibl. Kurzform von → *Ursula*; auch schwedische Kurzform von *Hulda (Huldrika)* und *Ulrika.*

Ulla-Brit weibl. populäre schwedische Doppelform aus *Ulla* und *Britt* (Brigitta).

Ullmann männl., alter dt. Vorname *Uodalman*, zu ahd. *uodal* »Erbgut, Heimat« und *man* »Mann«.

Ulrich männl., alter dt. Vorname *Uodalrich*, zu ahd. *uodal* »Erbgut, Heimat« und *rihhi* »mächtig, reich«.

Ulrich ist besonders ein oberdeutscher Vorname und in der Schweiz beliebt seit der Verehrung des heiligen Ulrich und des Humanisten Ulrich von Hutten (gest. Insel Ufenau im Zürichsee 1523).

Der heilige Ulrich, Sohn des Gaugrafen Hubald von Dillingen (9./10. Jh.), mutig auftretend gegen die Ungarn (955), Schutzpatron von Augsburg, frz. *Ulric.* K Kirche St. Ulrich und Afra, Augsburg; Tafel von Hans Holbein d. Ä. (1512), Augsburg, Staatsgalerie.

Ulrik männl., niederdeutsch-friesisch, seit dem 15. Jh. auch nordische Form von → *Ulrich.*

Ulrika weibl., dänisch-schwedische Form von → *Ulrik*, Kurzform *Ulla, Rika, Riken.*

Ulrike weibl. Form von → *Ulrich*, eigentlich der niederdeutschen Form *Ulrik.*

Durch Vorbild des Hochadels seit dem 17./18. Jh. in Dänemark und Schweden, danach in Deutschland verbreitet; seit 1960 weite Verbreitung und wachsende Beliebtheit; frz. *Ulrique.*

Ultima weibl., lat. »die Letzte«, zu lat. *ultimum* »zuletzt, zum letzten Male«, übertragen »das letzte Kind«; → *Sista.*

Ultimus männl., lat. »der Letzte«, zu lat. *ultimum* »zuletzt, zum letzten Male«, übertragen »das letzte Kind«.

Ulysses, Ulisse (ital), *Ulyxes, Ulixes* männl. Vornamen, lat. Formen von *Odysseus.*

Name des listigen Königs von Ithaka, Held der Odyssee.

Umberto männl., ital. Form von → *Humbert.*

Umma weibl., **Umme, Ummo** männl., ostfriesische Kurzform von *Od-, Ot-*Namen, z. B. *Odmund, Odmunda*, zu ahd. *od* »Erbschaft« und *munt* »Schutz«.

Una weibl., engl. Vorname, irisch *Oona*, kann, wie baskisch → *Ona*, keltischen Ursprungs sein.

Undine weibl. Vorname, im Wasser hausender weibl. Geist, Nixe, Wasserjungfrau, zu lat. *unda* »Welle«.

Undine – Opern von Albert Lortzing (1801–1851) und E. T. A. Hoffmann (1815); das Märchen von der Meerjungfrau Undine inspirierte auch die Dichter der Romantik (La Motte Fouqué und Tieck).

Unne, Unno männl., ostfriesische Kurzform, Nebenformen von *Onne* → *Onno.*

Uno männl., schwedische Nebenform von *One*, nach älterer Runeninschrift nordischer Name *Uni*, zu *una* »gedeihen«, sich heimisch fühlen«.

Urban, Urbanus männl. Vorname lat. Herkunft, »Stadtbewohner«, zu lat. *urbanus* »der Städter, der Höfliche«.
Name mehrerer Päpste; der heilige Bischof Urban (nicht der Papst gleichen Namens) wird als Patron der Winzer gefeiert; frz. *Urbain*.

Urdin männl., **Urdina** weibl., baskischer Taufname, zu baskisch *urdin* »blau wie der Himmel«.

Uri männl. Kurzform von → *Uriel*.

Urias männl., bibl. Name, zu hebr. *'urijjāh(u)* »Licht ist der Herr«.

Uriel männl., bibl. Name, zu hebr. *'uri'ēl* »Gott ist mein Licht«.
Name eines Erzengels.

Urs männl., in der Schweiz sehr verbreitete Kurzform des älteren Heiligennamens → *Ursus*.
Märtyrer der Thebaischen Legion in Solothurn; zu lat. *ursus* »Bär«; rätoromanisch *Uors*.
Bekannt: Urs Graf, schweizerischer Maler und Holzschnitzer (um 1485 bis 1527).

Ursa weibl., lat. Vorname in der Bedeutung »die Bärin«, zu lat. *ursus* »Bär«.

Ursel weibl., beliebte Kurzform von → *Ursula*.

Ursetta weibl., rätoromanische Verkleinerungsform zu → *Urs, Ursina*.

Ursina, Ursine weibl. Vorname, überwiegend schweizerisch, = »die Bärenstarke«; weibl. Form von → *Ursinus*, Nebenform von *Ursula*.

Ursio männl., ital. Form von → *Urs, Ursus*.

Ursinus, *Ursin* männl. Vorname, »der Bärenstarke«, zu lat. *ursus* »Bär«.
Rätoromanisch *Uorsin*, romanisch *Ursino*, ital. *Orsion*, frz. *Ursin*.

Ursula, Ursel weibl. Verkleinerungsform von → *Ursus*, zu lat. *ursus* »Bär«.
Beliebter Name durch die Jahrhunderte durch Verehrung der heiligen Ursula, Stadtpatronin von Köln, Schutzheilige der Ursulinerinnen.
Kurzform *Ursel, Urschel, Sula*, schweizerisch *Orsch, Orscheli*, rätoromanische Form *Urschla*, im Engadin *Uorschla*; engl. *Ursula, Ursly, Usle*, niederländisch auch *Ursel, Orsel*, frz. *Ursule*, ital. *Orsola*, span. *Ursola*, ungarisch *Orsolya*.
Die heilige Ursula, Königstochter aus der Bretagne, erlitt in Köln den Märtyrertod. **K** Statue (15. Jh.) in St. Ursula, Köln; auf Lochners Dreikönigsaltar (1444), Köln, Dom; Ursula-Schrein von Memling (1489), Brügge, Johanneshospital.

Ursulane, Ursuline weibl. Vorname.
Ursprünglich Name einer Novize, die sich den Ursulinen geweiht hat; Ursulinen, Ursulinerinnen, nach der heiligen Ursula benannte Klostergenossenschaften nach der Augustinerregel.

Ursulina weibl., romanische Form von → *Ursuline*; im Engadin *Uorschlina*.

Ursus männl. Name lat. Herkunft, zu lat. *ursus* »Bär«; beliebte Kurzform → *Urs*.
Der heilige Ursus, christlicher Bekenner in der Thebaischen Legion, wurde um 300 in Solothurn enthauptet.
K Triptychon Holbeins d. J. (1522), Solothurn, Museum.

Urte, Urthe weibl., baltische Kurzform von *Dorothea*; auch baskische Form zu → *Ruth*.

Usmar männl. Nebenform von *Osmar*, zu germanisch *ans* »Gott« und *mari* »berühmt«.

Uta, Utta, Ute weibl., alter dt. Vorname *Uota*, zur altsächsischen Kurzform → *Oda*, im Nibelungenlied *Ute*.
Bekannt und beliebt die Stifterfigur des 13. Jahrhunderts: Uta von Meißen im Naumburger Dom. In neuerer Zeit beliebter weibl. Vorname.

Uthelm männl. Nebenform von *Othelm*.

Utlinde weibl. Nebenform von *Otlinde*.

Uto männl., auch *Utto*, Nebenform von → *Udo*. Beliebter Name des Hochmittelalters.

Utz, Uz männl., oberdeutsche Kurzform von Namen mit ahd. *uodal*, insbesondere von → *Ulrich*.

Uve, Uvo männl. → *Uwe*.

Uwe, Uwo männl., auch *Owe, Uve, Uvo*, friesische Kurzform von ahd. *uodal*- bzw. *od*-Namen.

V...

V...

Václav männl., tschechische Form eines altslawischen Vornamens in der latinisierten Form *Wenzeslaus*. Bekannt: Václav Havel, Dichter und Präsident der CSFR.

Valenta, Valentia weibl. Form zum ital. männl. Vornamen → *Valente*; span. *Valencia*.

Valente männl., ital. Vorname, zu lat. *valens* »gesund, sich wohl befindend«.

Valentin, *Valentinus* männl. Weiterbildung des lat. Beinamen *Valens*, zu lat. *valens* »gesund, stark, sich wohl befindend«.

Valentina, Valentine weibl. Formen von → *Valentin*.
Bekannt: Valentina Tereschkowa (geb. 1937), russische Kosmonautin und 1963 die erste Frau im Weltall.

Valentino, *Valentiniano* männl., ital. Formen zu → *Valentin*.

Valer, *Valerius* männl. Vorname, »Mann aus der altrömischen Familie der Valerier«, zu lat. *valens* »stark, kräftig, gesund sein«.

Valeria, Valerie weibl., **Valerio** männl. Formen von → *Valerius*, »aus der altrömischen Familie der Valerier«; frz. *Valérie*.

Valerian männl. Adoptivform, Weiterbildung von → *Valerius*; frz. *Valérien*.

Valeriane weibl. Weiterbildung von → *Valeria*; baskisch *Balene*.

Valerius männl., altrömischer Name, »aus der Familie der Valerier«, zu lat. *valens* »gesund, stark sein«.

Valeska weibl., polnische Form zu → *Valeria*; auch Kurzform von *Vladislavka*.

Valtin männl., oberdeutsche Kurzform von → *Valentin*.

Vanadis weibl. Beiname der nordischen Göttin Freya.
Vanadis gehörte in der nordischen Mythologie zu dem Göttergeschlecht Vanen, gemeinsam mit den Asen verehrt. Roman von Isolde Kurz (1931).

Vanda weibl., ital., auch schwedische Form von → *Wanda*.

Vanessa weibl., engl. Vorname; Kurzform *Vana*.
Eigentlich Name einer Schmetterlingsgattung, der Eckflügler, Nymphaliden, Gattung der Tagschmetterlinge. Als weibl. Vorname zugelassen, Amtsgericht Bielefeld, 10. 6. 1968.

Vania weibl., romanisierte Nebenform von → *Vanja*.

Vanja° weibl., slawischer Vorname → *Wanja*.
In Schweden seit dem 19. Jh. aufgefaßt als weibl. Form von *Ivan, Iwan*, obwohl *Wanja (Vanja)* männl. russ. Koseform von *Iwan = Johannes* ist.

Vana weibl. Kurzform von → *Giovanna*. Nebenform *Vanina*, korsisch *Vannina*.
Vom OLG Celle zugelassen, 9. 7. 1975.

Varena weibl., eine rätoromanische Form von → *Verena*, Kurzform von → *Veronika*.

Varus männl. Vorname in der Schweiz.
Römischer Statthalter in Germanien, Varusschlacht 9 n. Chr. im Teutoburger Wald.

Vasco männl., portugiesischer Vorname, Herkunftsname »der Basker, Biskayer«.
Bekannt: der portugiesische Seefahrer Vasco da Gama (16. Jh.), er fand den Seeweg nach Ostindien.

Vasja männl., russische Kurzform von *Vasilij, Wassilij = Basilius*; auch *Wasja*.

Velten, Veltin männl., oberdeutsche Kurzform von → *Valentin*.

Veit männl., alter dt. Vorname, stammt von *Wido*, romanisch → *Guido*, ahd. *witu* »Holz, Wald« ab, latinisiert zu → *Vitus*.
Ahd. *Wido, Wito*, bayrisch *Veicht, Veidl, Veil*; neulat. *Vitus*, romanisch *Guido, Vito*, frz. *Voit, Vit, Guy*, engl. *Guy*, schwedisch *Witas*, russisch *Vit, Veit*, ungarisch *Vida*.
Der heilige Vitus wurde gegen die »fallende Sucht«, den Veitstanz = die Epilepsie, angerufen. K Veitsdom in Prag.
Bekannt: Veit Stoß, Holzschnitzer und Bildhauer (1440–1533).

Vera weibl. Vorname, slawisch *Wera*, zu russisch *vera* »Glaube«; span. *Vera*, baskisch → *Egia*, gehört zu lat. *verum* »Wahrheit«.

Verena weibl., in der Bedeutung »die Scheue, Schamhafte«, zu lat. *verens, vereor* »sich scheuen«.
Sehr beliebter Name in der Schweiz nach dem Vorbild der heiligen *Verena* (um 300), bei der Thebaischen Legion in Solothurn, Klause in der nach ihr benannten Verenaschlucht.
K Glasfenster (1312), Heiligkreuztal.

Vérène weibl., frz. Form von → *Verena*.

Verita weibl., **Veritas** männl. Vorname, zu lat. *veritas* »Wahrheit«; *Veritas* ist ältere männl. Form.

Verna weibl., schwedische Form von *Verner = Werner*.

Verona, *Veronia* weibl. Kurzform von → *Veronika*.

Veronika weibl., mittellat. Form von → *Berenike, Beronike*, mazedonisch *béronikē*, zu griech. *phērenikē* »Siegbringerin«, *phernikē* »Sieg bringend«.
Name der heiligen Veronika, die als Beronice Christus das Schweißtuch gereicht haben soll, das erhalten als »vera ikon« das »wahre Bild« Christi zeige (volksetymologisches Wortspiel = altes Anagramm des Namens Veronika!).

Véronique weibl., frz. Form von → *Veronika*.

Veruschka weibl., russische Koseform von → *Vera*.

Vesta weibl. Vorname zu griech. *'estia* »Herd«.
Name der griech.-römischen Göttin *Hestia*, Mutter des Saturnus, sonst Rhea, Terra genannt = die Erde; die Römer weihten ihr die Vestalinnen als Göttin des Herdes und Herdfeuers.

Veva, Vevi weibl. Kurzform von → *Genoveva*.

Vicente männl., ital. Form von → *Vinzenz*.

Vicki, Vicky weibl. Kurzform von Viktoria.
Bekannt die erfolgreiche Wiener Romanschreiberin Vicki Baum (gest. in Hollywood 1960).

Vico männl., ital. Kurzform von → *Victor, Viktor*.

Vigoleis männl. Vorname, auch *Wigoleis*, Name einer Gestalt der Artussage, mhd. *Wigalois*, in Bayern *Wigeles, Wiguleus, Wigeleis (= Guido)*, zu ahd. *witu* »Holz, Wald«.

Viktor, Victor männl. Vorname lat. Herkunft, zu lat. *victor* »der Sieger«, *vincere* »siegen«; ital. Kurzform *Vico*.
Name mehrerer Heiliger der Thebaischen Legion: Viktor von Arganum, Viktor von Solothurn, Viktor von Xanten; Name von Fürsten und Schriftstellern, engl./frz. *Victor*, ital. *Vittorio*.
Bekannt: der französische Dichter Victor Hugo (1802–1885).

Viktoria, *Victoria* weibl. Vorname, Name der altrömischen Siegesgöttin *Victoria*, zu lat *vincere* »siegen«.
In Deutschland verbreitet nach der Königin Viktoria von England (19./20. Jh.) und ihrer Tochter Viktoria, preußische Königin und dt. Kaiserin (19./20. Jh.); 1977 Name der schwedischen Kronprinzessin.

Viktorian(us) männl., **Viktorina, Viktorine** weibl. Weiterbildung von *Viktor, Viktoria*.
Frz. *Victorien* männl., *Victorine* weibl.

Viliana weibl., russischer Vorname, aus den Initialen von *V*ladimir *L*enin.

Vilja weibl., finnischer Vorname in der Bedeutung »Reichtum, Güte«.

Vilma weibl. Vorname, ungarisch, litauisch für → *Wilma*.

Vilmar männl., alter dt. Vorname, zu ahd. *filu* »viel« und *mari* »berühmt«.

Vilmos männl., ungarische Form von → *Wilhelm*.

Vincent männl., engl., frz., niederländische Form von → *Vinzenz*.
Der niederländische Maler Vincent van Gogh (1853–1890) zeichnete seine Bilder mit »Vincent«.

Vincenzo männl., ital. Form von → *Vinzenz*.

Vinzent männl. Nebenform von → *Vinzenz*.

Vinzenta, Vinzentia weibl. Formen zu *Vinzenz, Vinzent*.

Vinzentina weibl. Weiterbildung von *Vinzenta, Vinzentia*.

Vinzenz, Vinzentius männl. Vorname lat. Herkunft *Vincentius*, zu lat. *vincere* »siegen«.
Name mehrerer Heiliger unter denen Vinzenz von Paul (16./17. Jh.) Begründer der Caritas ist. Vorname nicht häufig.

Viola weibl. Vorname, zu lat. *viola* »Veilchen«; Protagonistin in William Shakespeares Komödie »Was ihr wollt« (1599/1600).
Der autobiographische Hintergrund zu Theodor Storms Novelle »Viola Tricolor« (Stiefmütterchen, 1874) ist seine zweite Ehe mit Dorothea Jensen.

Violet, *Violett* weibl., engl. Vorname zu der frz. Verkleinerungsform *Violette*; Kurzform *Letta*.

Violetta weibl., ital. »Blumenname«, zu lat. *viola* »Veilchen«.

Violette weibl., frz. »Blumenname« des Mittelalters im Midi, zu lat. *viola* »Veilchen«.

Virgil, Virgilius männl. Vorname, altrömischer Familienname, bekannt der Dichter Vergilius, Verfasser der Äneis.
Der heilige Virgilius (Ire) im 8. Jh. in Bayern, Bischof von Salzburg, »Apostel Kärntens«.
K Krypta des Salzburger Doms.

Virginia, Virginie weibl., römischer Frauenname *Verginia*, ursprünglich Tochter aus der römischen Familie der Verginier, danach auch zu lat. *virgo* »Jungfrau« gestellt, damit zur *Virginia* »die Jungfräuliche« = *Jungfrau Maria*; engl. Kurzform *Virgilia, Virgie, Vergie, Ginger, Ginnie.*
Vittorio Alfieri (1749–1803) machte die junge Römerin Virginia zu seiner Titelheldin in der gleichnamigen Tragödie, die 1784 uraufgeführt wurde.
Bekannt: die englische Schriftstellerin Virginia Woolf (1882–1941).

Virna weibl., ital. Kurzform von → *Virginia.*

Vit männl., frz. Kurzform von *Veit, Vitus.*

Vita weibl. Kurzform von → *Viktoria.*

Vital, Vitalis männl. Vorname lat. Herkunft, lat. *vitalis* »lange lebend«, lebenskräftig«.
Name zweier Heiliger: Vitalis, Märtyrer der Thebaischen Legion (um 300); Vitalis, Bischof in Salzburg (um 700), K Stiftskirche St. Peter, Salzburg.

Vito männl., ital. Form von *Veit, Vitus.*

Vittorio männl., ital. Kurzform von → *Viktor.*

Vitulja männl., russische Form von → *Viktor.*

Vitus männl. Heiligenname, latinisiert aus dem oberdeutschen Namen → *Veit*, der aus *Wido, Widu* → *Guido*, ahd. *witu* »Holz, Wald«, hervorgegangen ist.
Der heilige Vitus (Veit) wurde in Frankreich, Süddeutschland und Böhmen verehrt, über der alten Vituskirche erhebt sich seit dem 14. Jahrhundert der Veitsdom in Prag.
K Wandmalerei (1422) Veitskapelle Mühlhausen (Neckar); Wandmalerei (15. Jh.) Friedhofskapelle Wasenweiler bei Freiburg.

Vivian, *Vivianus* männl. Vorname »der Muntere, Lebhafte«, zu lat. *vivus* »lebendig«.
Engl. *Vivian, Vivien*, frz. *Vivien*, ital. *Viviano*, portugiesisch *Bibieno.*

Viviana, Viviane weibl. Vorname »die Muntere«, zu lat. *vivus* »lebendig, lebhaft«.
Engl. *Viviane, Vivien, Viv*, frz. *Viviane, Bibiane, Vivienne*, span. *Bibiana.*
Bekannt: die englische Schauspielerin Vivien Leigh (1913–1967).

Volbert, Volbrecht männl. Nebenform von → *Volkbert, Volkbrecht.*

Volhard männl. Nebenform von → *Volkhard.*

Volkard, Volkart männl. Nebenform von *Volkhard.*

Volkbert männl., **Volkberta** weibl., zu ahd. *folc* »Kriegshaufe, Volk« und *beraht* »glänzend«.

Volkbrand männl., zu ahd. *folc* »Kriegshaufe, Volk« und *brand* »Brennen, Feuer (durchs Schwert)«.

Volker männl., zu ahd. *folc* »Kriegshaufe, Volk« und *heri* »Heer«.

Volkert männl. Nebenform von → *Volkhard*.

Volkhard, Volkhart männl., alter dt. Vorname, zu ahd. *folc* »Kriegshaufe, Volk« und *harti* »hart«.

Volkhild, Volkhilde weibl., zu ahd. *folc* »Kriegshaufe, Leute, Volk« und *hiltja* »Kampf«.

Volkhold männl. Nebenform von → *Volkwald*.

Volkmann männl., zu ahd. *folc* »Kriegshaufe, Volk« und *man* »Mann«.

Volkmar männl., zu ahd. *folc* »Kriegshaufe, Volk« und *mari* »berühmt«.

Volko männl. Nebenform von Namen mit *Volk-*.

Volkrad männl., zu ahd. *folc* »Kriegshaufe, Volk« und *rat* »Ratgeber«.

Volkram männl., zu ahd. *folc* »Kriegshaufe, Volk« und *hraban* »Rabe«.

Volkwald männl., alter dt. Vorname, zu ahd. *folc* »Kriegshaufe, Volk« und *waltan* »walten«.

Volkward männl., zu ahd. *folc* »Kriegshaufe, Volk« und *wart* »Hüter«.

Volkwin männl., zu ahd. *folc* »Kriegshaufe, Volk« und *wini* »Freund«.

Volla, Volle weibl., ostfriesische Kurzform zu Namen mit *Volk-, Volma, Volke*.

Volma weibl., ostfriesische Kurzform von → *Volkmar*.

Vollrad, Volrad männl. Nebenform von → *Volkrad*.

Volmar männl. Nebenform von → *Volkmar*.

Volprecht männl. Nebenform von *Volkbrecht*. → *Volkbert*; auch *Volpert, Volbert*.

Volrat männl. Nebenform von → *Volkrad*.

Vreana weibl., rätoromanische Kurzform von *Veronika*, neben *Varena, Vrona*.

Vreni, Vroni weibl., oberdeutsche, rätoromanische Kurzform von *Vrona* → *Veronika*.

W...

W...

Walbert männl. Nebenform von → *Waldebert.*

Walborg weibl., eindeutschend für die schwedische Form *Valborg = Walburg.*

Walburg, Walburga, Walburge weibl., auch *Walpurga, Walpurgis*, alte dt. Vornamen, zu ahd. *waltan* »walten, herrschen« und *burg* »Schutz, Zuflucht«. Kurzform *Burga, Burgl*; wendisch *Walpora, Holpurga*, estnisch *Walber*, frz. *Vaubourg*.

Die heilige Walburga (8. Jh.). Äbtissin des Klosters Heidenheim in Mainfranken; Vornamen besonders in Süddeutschland verbreitet.

Waldburga weibl., ältere Form von *Walburga.*

Walda weibl. Kurzform von Namen mit *Wald-* in der ahd. Bedeutung *waltan* »walten«.

Waldebert männl., **Waldeberta** weibl., zu ahd. *waltan* »walten, herrschen« und *beraht* »glänzend«.

Waldegund, Waldegunde weibl., zu ahd. *waltan* »walten« und *gund* »Kampf«.

Waldemar männl., alter dt. Vorname, zu ahd. *waltan* »walten, herrschen« und *mari* »berühmt«; niederdeutsch *Woldemar.*

Waldfried männl., zu ahd. *waltan* »walten, herrschen« und *fridu* »Friede«.

Waldmann männl., zu ahd. *waltan* »walten, herrschen« und *man* »Mann, Mensch«.

Waldo männl. Kurzform von → *Walter*, auch von *Waldomar.*

Waldomar männl., ältere Form von → *Waldemar.*

Waldtraut weibl. Nebenform von *Waltraud*, betont an »Wald« angelehnt.

Walfried männl., **Walfriede** weibl., alte dt. Vornamen, zu ahd. *waltan* »walten, herrschen« und *fridu* »Friede«.

Walli, Wally weibl. Kurzform von *Walburga, Valerie, Valentine.*

Walo männl. Kurzform zu altem *Walho*, zu ahd. *Wal(a)h* »Welscher, Romane«.

Walpurga, Walpurgis weibl., alte Nebenform von → *Walburga.*

Walraf, Walram, *Wallram* männl. Nebenform von → *Waltram*, mittelalterlicher Adelsname, insbesondere in Nassau.

Walter männl., auch **Walther**, alter dt. Vorname *Walthari, Waltheri*, zu ahd. *waltan* »walten, herrschen« und *heri* »Heer«.

Der Walther des Waltharilieds, ein westgotischer Königssohn (10. Jh.), und Walther von der Vogelweide (um 1200) förderten die Verbreitung des Namens im Mittelalter, in neuerer Zeit machten Schriftsteller wie Walter Scott, Walter Benjamin und Walter Jens den Namen wieder lebendig; heute nicht allzu stark verbreitet. Niederdeutsch *Wolter*, schweizerisch *Wälti*, engl. *Walter, Walt, Walty*, niederländisch auch *Wouter, Wout*, frz. *Gautier, Gauthier*, ital. *Gualtieri, Gualtiero.*

Walthard männl., zu ahd. *waltan* »walten, herrschen« und *harti* »hart«.

Waltheide weibl., zu ahd. *waltan* »walten, herrschen« und *heit* »Art, Wesen«.

Walther männl., alte Nebenform von → *Walter.*

Walthild, Walthilde weibl., alter dt. Vorname, zu ahd. *waltan* »walten, herrschen« und *hiltja* »Kampf«.

Waltram männl., alter dt. Vorname, zu ahd. *waltan* »walten, herrschen« und *hraban* »Rabe«.

Waltraud, Waltraut weibl., alter dt. Vorname, zu ahd. *waltan* »walten, herrschen« und *trud* »Kraft, Stärke«.

Waltrud, Waltrude, *Waltrudis* weibl. Nebenform von → *Waltraud.*

Waltrun weibl., alter dt. Vorname, zu ahd. *waltan* »walten, herrschen« und *runa* »Geheimnis, Zauber«.

Wanda weibl., slawisch, meint die Wendin oder Sorbenfrau, allgemein »die Wendische«.

Wanja° männl./weibl., auch → *Vanja*, weibl., slawische Formen zum russischen Vornamen → *Iwan, Ivan.*

Nur in Verbindung mit einem anderen, eindeutig männl./weibl. Vornamen zu verwenden.

Wanko männl., bulgarische Kurzform von → *Iwan.*

Wannek männl. Vorname, dtsch. Ausspracheform, aus tschechischer Kurzform *Van, Vaněk* zu → *Václav.*

Als männl. Vorname eintragungsfähig. AG Coburg, 30. 11. 1989.

Warand männl., alter dt. Vorname *Warant*, zu ahd. *warjan* »wehren«; auch → *Weriant, Werant*, Verkürzung von germanischem Namen.

Warmund männl., alter dt. Vorname *Warimunt*, zu ahd. *warjan, werjan* »wehren« und *munt* »Schutz (der Unmündigen)«.

Warnart männl., westfriesische Form von → *Wernhard.*

Warner männl., niederdeutsch-friesische Form zu → *Werner.*

Warnert männl., ostfriesische Form von → *Wernhard.*

Warnfried männl., niederdeutsch-friesische Form von → *Wernfried.*

Wasmod, Wasmot männl., alte dt. Nebenform zu → *Wasmut, Wachsmut.*

Wasmut, Wachsmut männl., alter dt. Vorname, besonders im Niederdeutschen, zu ahd. *wahsan* »wachsam« und *muot* »Gemüt, Sinn, Geist«.

Wassili, Wassilij, *Vasilij* männl., russische Formen von → *Basilius*; Kurzform *Vasja, Wasja.*

Weda, *Wedeke, Weeda* weibl., ostfriesische Kurzform aus → *Wedekind, Widukind.*

Wedekind männl., »Waldkind, Waldsohn«, mittelniederdeutsche Form zu → *Widukind*, mittelniederdeutsch *wede*, ahd. *witu* »Wald, Gehölz« und Namenwort *Kind.* Familienname des Dramatikers und Kabarettisten Frank Wedekind, der im Münchener Überbrettl »Die elf Scharfrichter« auftrat und mit seiner männerverderbenden »Lulu« (1898) bekannt wurde.

Wedig, Wedigo männl. Vorname, wie ostfriesisch → *Weke, Weko*, niederdeutsche Kurzform von *Wedekind* = *Widukind.*

Weeka, Weeke weibl., Weeke, Weeko männl., ostfriesische Kurzform zu Namen mit *Wede-*, insbesondere → *Wedekind* = *Widukind*.

Weerd, Weert männl., **Weerta** weibl., ostfriesische Kurzform von *Wighard, Wichard*.

Weigand männl. Nebenform von → *Wiegand*.

Weiart, Weierd, Weiert, *Weihard, Weihert* männl., ostfriesische Kurzform zu → *Weikhard* wie → *Wiard* zu *Wighard*.

Weigel männl., alte Kurzform zu → *Wigand*.

Weike männl./weibl. Kurzform von → *Wighart, Weikhart*.

Weikhard männl. Nebenform von *Wighard*.

Weinrich männl. Nebenform von → *Winrich*.

Weke, Weko männl., ostfriesische Kurzform zu Namen mit *Wede-*, insbesondere → *Wedekind*.

Welda weibl. Nebenform von → *Walda*.

Welf männl., alter dt. Vorname.

Name von Angehörigen des welfischen Heerscherhauses, jedoch liegt auch diesem ahd. *(h)welf)*, mhd. *welf(e)* »Tierjunges«, heute auch Welpe »junger Hund, Fuchs, Wolf« zugrunde.

Welfhard männl., Neubildung aus *Welf* und alten *hard*-Namen.

Wellem männl., rheinische Form von → *Wilhelm*.

Wellemina weibl., rheinisch, auch ostfriesische Form von → *Wilhelmina*.

Welmer männl. Form von → *Willimar*.

Welmot, Welmuth weibl., ostfriesische Formen zu → *Wilmut*.

Wemke weibl., ostfriesische Kurzform zu *Wilhelma*.

Wencke weibl., norwegischer Vorname, nordfriesisch *Weenke*, zu niederdeutsch-friesisch männl. Vorname *Weneke*, und *Wenemar* → *Winemar*.

Wendel männl. Kurzform von Namen mit *Wendel-*, zu dem Stammesnamen der Wandalen.

Wendelbert männl. Vorname, 1. Glied zu dem Stammesnamen der Wandalen und ahd. *beraht* »glänzend«.

Wendelburg, Wendelgard weibl., alte dt. Vornamen, *Wendel-* = Stammesname der Wandalen und ahd. *burg* »Schutz, Zuflucht« und *gard* »Hort, Schutz«.

Wendelin weibl. Kurz- und Verkleinerungsform von Namen mit *Wendel-* = Stammesname der Wandalen.

Durch die Verehrung des heiligen Wendelin, iroschottischer Königssohn (6./7. Jh.), ein beliebter und volkstümlicher Name durch die Jahrhunderte.

K Wallfahrtsstätte in St. Wendel, Saar: Sarkophag, Statue in der Pfarrkirche St. Wendel.

Wendeline weibl. Form von *Wendelin*.

Wendelinus weibl., latinisierte Bildung zu *Wendelin*.

Wendelmar männl. Vorname, *Wendel-* zum Stammesnamen der Wandalen und ahd. *mari* »berühmt«.

Wendi, Wendy weibl. Kurzform von *Wendelburg, Wendelgard*.

Wendila, Wendula weibl. Nebenform von → *Wandala*.

Wenemar, Wennemar männl., niederdeutsche Formen zu → *Winemar.*

Wenzel männl. Kurzform von → *Wenzeslaus*; im Mittelalter verbreiteter Taufname des heiligen *Wenzel.*
K Statue (1373), Wenzel-Kapelle im Veitsdom zu Prag. Name mehrerer böhmischer Könige.

Wenzeslaus männl. Vorname, latinisierte Form eines altslawischen Namens; zu altrussisch *vjače* »mehr« und *sláva* »Ruhm«.

Wera weibl. Nebenform von → *Vera.*

Werhart männl. Nebenform von → *Wernhard.*

Weriand männl. Vorname, germanische Kurzform, älter *Werant*, zu ahd. *warjan* »wehren«.

Werna weibl. Kurzform zu Namen mit *Wern-.*

Wernburg weibl., zu ahd. *warjan* »wehren«, *Wern-* und *burg* »Schutz, Zuflucht«.

Werner männl., auch *Wernher*, alter dt. Vorname *Warinheri, Werinheri*, zu ahd. *warjan, werjan* »wehren«, oder zum Stammesnamen der germanischen Warnen (Verini), und *heri* »Heer«.
Ein im Mittelalter besonders in Süddeutschland und in der Schweiz beliebter und weit verbreiteter Name, Wernher der Gartenaere (Gärtner, 13. Jh.), mhd. Epiker, Werner von Eppstein, Erzbischof von Mainz (13. Jh.), im Rheinland durch den Heiligennamen Werner von Oberwesel volkstümlich; im 20. Jahrhundert wieder beliebter Vorname; bekannt ist der deutsche Filmregisseur Werner Herzog. Friesisch *Warner*, nordisch *Verner*, frz. *Garnier, Vernier*, ital. *Guarniero, Guernard.*

Wernfried männl., zu ahd. *warjan* »wehren«, *Wern-* und *fridu* »Friede«.

Werngard weibl., zu ahd. *warjan* »wehren«, Wern- (→ *Werner*) und *gard* »Gehege, Hort, Schutz«.

Wernhard, Wernhart männl., zu ahd. *warjan* »wehren«, *Wern-* (→ *Werner*) und *harti* »hart«.

Wernher männl., ältere Form zu → *Werner.*

Wernhild, Wernhilde weibl., zu ahd. *warjan* »wehren« und *hiltja* »Kampf«.

Werno männl. Kurzform von Namen mit *Wern-* (→ *Werner*).

Wernt männl. Kurzform des alten dt. Namens *Wirnto*, jedoch schon im Mittelalter auf *Wernhard* oder *Wernher* bezogen.

Wiard männl., friesische Kurzform von → *Wichard.*

Wiba weibl., alte Kurzform des 8. Jahrhunderts von Namen mit *Wib-* wie *Wiborad*, zu ahd. *wip* »Weib« und *rat* »Rat, Einsicht«.

Wibald männl. Nebenform von → *Wigbald.*

Wibert männl., **Wiberta** weibl. Nebenform von → *Wigbert, Wigberta.*

Wibke, Wibeke weibl., ost- und nordfriesische Verkleinerungsformen aus weibl. Kurzformen wie *Wiba, Wibila*, jedoch Kreuzung mit *Wig*-Namen.

Wibo, Wibold, Wibolt männl., alte ostfriesische Kurzform von *Wigbold* = *Wigbald.*

Wibrande weibl. Form zu → *Wigbrand.*

Wiburg weibl. Nebenform von → *Wigburg.*

Wichard, Wickart, Wickhart, Wichert männl. Formen neben → *Wighard.*

Widar männl., zum nordischen Vornamen *Vidar*, in der nordischen Göttersage Odins Sohn, zu ahd. *witu* »Wald, Gehölz« und *hari* »Kriegsvolk«; Nebenform *Wiar.*

Wide° männl./weibl., ostfriesische Kurzform zu Namen mit *Wede-, Wide,* mittelniederdeutsch *wede*, ahd. *witu* »Wald, Gehölz«, wie *Wedekind, Widukind.*

Wido männl. Kurzform wie *Wide* zu ahd. *witu* »Wald«, romanisierte Form → *Guido.*

Widukind, *Wittekind* männl. Vorname, »Waldkind, Waldsohn«, wie niederdeutsch *Wedekind* zu ahd. *witu* »Wald, Gehölz« und *Kind* als Namenwort für Kind, Sohn.

Name des alten Sachsenherzogs Widukind (auch: Wittekind), Gegner Karls des Großen (8./9. Jh.).

Wiebke, Wiepke weibl., ost- und nordfriesische Kurzform → *Wibke.*

Wiegand männl. Nebenform von → *Wigand.*

Wieka, Wieke weibl. Kurzform vom niederländischen Vornamen *Ludowieka.*

Wieland männl., alter dt. Vorname *Wielant, Welant, Wiolant*, altnordisch *Velint, Völundr*, zu angelsächsisch *veljan* »List« und *lund* »Gesinnung, Art und Weise«.

Wieland der listige Schmied, Hauptgestalt der ältesten germanischen Heldensage (nordisches Völundlied) war namensfördernd im Mittelalter.

Familienname von Christoph Martin Wieland, Dichter aus pietistischem Pfarrhaus (1733–1813).

Wienand männl. Nebenform von → *Winand.*

Wiesche weibl., niederdeutsche Kurzform von → *Louise.*

Wies'chen, Wis'che weibl., hessische Kurzform von → *Louise.*

Wiete, Wietske weibl., ost- und westfriesische Kurzform von Namen mit *Wig-*, z. B. wie *Wierd* zu *Wighard.*

Wigand, *Weigand, Wiegand* männl., gehört zu älterem *Wignand*, zu ahd. *wig* »Kampf« und *nendan* »kühn, wagemutig«.

Wigbald, Wigbold männl., zu ahd. *wig* »Kampf« und *bald* »kühn«.

Wigbert männl., **Wigberta** weibl., **Wigbrecht** männl., zu ahd. *wig* »Kampf« und *beraht* »glänzend«.

Wigbold männl. Nebenform von → *Wigbald.*

Wigbrand männl., zu ahd. *wig* »Kampf« und *brand* »Brand (durchs Schwert)«.

Wigburg, Wigburga weibl., zu ahd. *wig* »Kampf« und *burg* »Schutz, Zuflucht«.

Wigge, Wigger, Wiggo männl., friesische Kurzform von Namen mit *Wig-*, insbesondere *Wigher*, zu ahd. *wig* »Kampf« und *heri* »Heer«.

Wighard, Wighart männl., alter dt. Vorname, Umkehrung von → *Hartwig*, zu ahd. *wig* »Kampf« und *harti* »hart«; daneben → *Wichard, Wickart, Wickhart.*

Wigmar männl., zu ahd. *wig* »Kampf« und *mari* »berühmt«.

Wigmund männl., zu ahd. *wig* »Kampf« und *munt* »Schutz (der Unmündigen)«.

Wignand männl., ältere Form von → *Winand.*

Wilbert männl., zu ahd. *willo* »Wille« und *beraht* »glänzend«.

Wilbrand männl., zu ahd. *willo* »Wille« und *brand* »Brennen, Brand (durchs Schwert)«.

Wilbrecht männl., zu ahd. *willo* »Wille« und *beraht* »glänzend«.

Wilbur männl., nordamerikanischer Vorname, aus dem Familiennamen *Wildeboer*, niederdeutsch *wilde* »fremd« und niederländisch *boer* »Bauer, Landmann«.

Wilderich männl. Nebenform des alten germanischen Namens *Willerich*, zu ahd. *willo* »Wille« und *rihhi* »reich, mächtig«.

Wildfried männl. Nebenform von *Wilfried*, angelehnt an »wild«.

Wilfred männl. Nebenform von → *Wilfried.*

Wilfred, *Wilfrid, Willfried, Willefried* männl., alter dt. Vorname *Willifrid*, zu ahd. *willo* »Wille« und *fridu* »Friede«.

Wilfriede, *Wilfride, Willfriede, Willefriede* weibl. Formen zu → *Wilfried.*

Wilgard weibl. Vorname, zu ahd. *willo* »Wille« und *gard* »Gehege, Hort, Schutz«.

Wilgund, Wilgunde weibl., zu ahd. *willo* »Wille« und *gund* »Kampf«.

Wilhard männl., zu ahd. *willo* »Wille« und *harti* »hart«.

Wilhelm männl., alter dt. Vorname, zu ahd. *willo* »Wille« und *helm* »Helm, Schutz«.

Von den Heiligen dieses Namens war Wilhelm von Aquitanien (8./9. Jh.), literarische Gestalt in Wolfram von Eschenbachs »Willehalm«, am frühesten und stärksten namenfördernd; nach ihm führten viele Fürsten den Namen Wilhelm, der Normanne Wilhelm der Eroberer in England (11. Jh.), Wilhelm von Holland (13. Jh.), Wilhelm von Oranien (16. Jh.) und in neuerer Zeit die Hohenzollern des Kaiserreiches; im Norden Deutschlands war Wilhelm am stärksten verbreitet, bereits im 15. Jh. stand der Name in Köln an 3. Stelle unter den häufigsten Namen; insgesamt ist dieser Vorname typisches Beispiel für den Übergang eines Namens von den oberen auf die unteren Schichten. Auch die Literatur beeinflußte die Namenverbreitung, wie der Freiheitsheld Wilhelm Tell, von Schiller neu gestaltet, und Goethes Wilhelm Meister. Der Name war auch nach dem 1. Weltkrieg noch volkstümlich.

K Wilhelm von Holland, dt. König (13. Jh.) gefallen im Kampf gegen die Friesen, Middelburg, Insel Walcheren, Nieuwe Kerk; Wilhelm I. von Oranien-Nassau Delft, Nieuwe Kerk.

Kurzform *Will, Willi, Willy, Wilm, Wim, Helm, Helmke*, rheinisch *Wellem*, niederdeutsch *Willem*, friesisch *Wilko*, engl. *William, Willie Bill*, frz. *Guillaume*, ital. *Guglielmo*, span. *Guillermo*, tschechisch *Vilem*, russisch *Vil'gel'm*, ungarisch *Vilmos.*

Wilhelma, Wilhelmine, Wilhelmina weibl. Formen von → *Wilhelm.*

Kurzform *Elma, Mina, Minna, Mine, Miggi, Wilma*, engl. *Willa, Wilma*, ital. *Guglielmina*, span. *Guillerma*, tschechisch *Vilema*, russisch *Vigel'mina*, ungarisch *Vilma*.

Wilke, Wilken männl., niederdeutsch-friesische Kurzform von *Wil(l)*-Namen, besonders von → *Wilhelm*.

Wilko männl., ost und westfriesische Kurzform von *Wil(l)*-Namen, besonders von → *Wilhelm*.

Will männl. Kurzform von Namen mit *Wil(l)*, insbesondere von → *Wilhelm*.

Willa, *Willja* weibl. Kurzform zu *Will*-Vornamen.

Willard männl. Nebenform von *Wilhard*.

Willbrecht männl. Nebenform von *Wilbert*.

Willegis männl. → *Willigis*.

Willehad männl., zu ahd. *willo* »Wille« und *hadu* »Kampf«.

Der heilige Willehad (8. Jh.), Missionar unter den Friesen und Sachsen, bekehrte Widukind, Gründer des Bistums Bremen.

Willehalm männl., alte Nebenform von → *Wilhelm*.

Bekannt ist Wolfram von Eschenbachs Epos »Willehalm« (13. Jh.).

Willem männl., niederdeutsch-niederländische Form von → *Wilhelm*.

Bekannt: Willem von Oranien, Kronprinz der Niederlande; Willem Janszoon Blaeu (1571–1638), Kartograph in Amsterdam.

Willhart männl. Nebenform von *Wilhard*.

Willi, Willy männl. Kurzform von → *Wilhelm*.

Willia weibl. Kurzform zu *Willi, Wilhelmina*.

William männl., engl. Form zu → *Wilhelm*.

»William Shakespeare« ist nicht nur eine literarkritische und programmatische Schrift von Victor Hugo (erschienen 1864). William Faulkner, amerikan. Dichter (1897–1962). William Golding, engl. Schriftsteller, erreichte mit seinem 1954 erschienenen Roman »Lord of the Flies (Herr der Fliegen)« seinen größten Publikumserfolg.

Willibald männl., zu ahd. *willo* »Wille« und *bald* »kühn«.

Bayerisch: *Walde, Walte*, niederländisch *Willibald*. Der heilige Willibald, angelsächsischer Königssohn (8. Jh.), gründete in Eichstätt ein Kloster.

K in Eichstätt: Silberaltar (1492): Schrein und Gestalt (1574); Rokokoaltar (1741).

Willibernd männl. Doppelform aus *Willi* und *Bernd*.

Willibert männl., zu ahd. *willo* »Wille« und *beraht* »glänzend«.

Willibrand männl., zu ahd. *willo* »Wille« und *brand* »Brand (durchs Schwert)«.

Willibrord männl., alter engl. Vorname, zu angelsächsisch *willa* »Wille« und *brord* »Spitze, Speer«.

Name des heiligen Willibrord (7./8. Jh.), Bischof von Utrecht, Gründer des Klosters Echternach.

Willigis, *Willegis*, zu *Willigisel*, ahd. *willo* »Wille« und *gisal* »Geisel«, Sproß edler Familie.

Willimar männl., zu ahd. *willo* »Wille« und *mari* »berühmt«.

Williram männl., zu ahd. *willo* »Wille« und *hraban* »Rabe«.

Willo männl., ostfriesische Kurzform zu Namen mit *Wil(l)-*, insbesondere *Wilhelm*.

Wilm männl., niederdeutsche Kurzform von → *Wilhelm*.

Wilma weibl. Kurzform von → *Wilhelmina*.

Wilmken weibl., niederdeutsche Verkleinerungsform von → *Wilhelmine*.

Wilmar männl. Nebenform von *Willimar*.
Darf nur als männl., nicht als weibl. Vorname eingetragen werden. Bayerisches OLG, München 20. 1. 1953.

Wilmont männl., zu ahd. *willo* »Wille« und *munt* »Schutz (der Unmündigen)«.

Wilmut männl., zu ahd. *willo* »Wille« und *muot* »Sinn, Geist«.

Wilrun weibl., um 1030 *Willirun*, zu ahd. *willo* »Wille« und *runa* »Geheimnis«.

Wiltraud, Wiltrud weibl., zu ahd. *willo* »Wille« und *trud* »Kraft, Stärke«.

Wim, Wims männl. Kurzform von → *Wilhelm*.

Wimar männl. Nebenform von → *Wigmar*.

Wimmer, Wemmer männl. Kurzform zu *Wennemar*, eine Nebenform von → *Winemar*.

Wina weibl. Kurzform von *Winfrieda*.

Winald männl., zu ahd. *wini* »Freund« und *waltan* »walten, herrschen«.

Winand männl., älter *Wignand*, zu ahd. *wig* »Kampf« und *nendan* »kühn«.

Windelgard weibl. Nebenform von → *Wendelgard*.

Windsbraut weibl. Vorname, nur scheinbar »die Windsbraut«, zu mhd. *windes, brut, wintsprut* »Wirbelwind«.
Nach Christian Morgensterns Palmström-Versen (erschienen 1910). Als weibl. Vorname zulässig. AG Ravensburg, 18. 3. 1985.

Winemar, Winmar männl., alter dt. Vorname *Winimar*, zu ahd. *wini* »Freund« und *mari* »berühmt«.

Winfred männl., engl. Form von *Winfried*.

Winfried männl., alter dt. Vorname, zu ahd. *wini* »Freund« und *fridu* »Friede«.
Wynfrieth (7./8. Jh.), angestammter Name von → *Bonifatius*, »Apostel der Deutschen«.

Winfrieda, Winfriede weibl. Form von → *Winfried*; Kurzform *Wina*.

Wingolf männl. Vorname, zu altnordisch *vingolf* »Freundeshalle«, bei Friedrich Gottlieb Klopstock »Tempel der Freundschaft«.
Name dt. Studentenverbindung, 1830 in Erlangen gegründet, aber erst 1842 in Bonn *Wingolf* genannt.

Winibald männl., zu ahd. *wini* »Freund« und *bald* »kühn«.

Winibert männl., zu ahd. *wini* »Freund« und *beraht* »glänzend«.

Winifred weibl., engl. Vorname zum keltischen Heiligennamen *Gwenfrewi*, zu *Wenefreda* latinisiert.

Winimar männl., zu ahd. *wini* »Freund« und *mari* »berühmt«.

Winnetou männl. Name eines idealistischen Indianerhäuptlings der Apatschen in Karl Mays Werken, kann Phantasiename sein.
Als männl. Vorname zugelassen, Amtsgericht Darmstadt, 3. 10. 1974.

Winnie weibl., engl. Kurzform von → *Winifred*.

Winno männl. Kurzform von → *Winold.*

Winold, Winolt männl., im Ostfriesischen gebrauchte Nebenform von → *Winald.*

Winrich, *Weinrich* männl., zu ahd. *wini* »Freund« und *rihhi* »mächtig, reich«.

Wintrud weibl., zu ahd. *wini* »Freund« und *trud* »Kraft, Stärke«.

Wipert, Wiprecht männl. Nebenform von → *Wigbert, Wigbrecht.*

Wippo männl. Kurzform von → *Wippold.*

Wippold männl. zu → *Wigbold, Wigbald.*

Wirich, *Weirich, Wyrich* männl., alter dt. Vorname, älter *Wigerich*, zu ahd. *wig* »Kampf« und *rihhi* »mächtig, reich«.

Wisgard weibl., zu ahd. *wisi* »weise, erfahren« und *gard* »Gehege, Hort, Schutz«.

Wisgund weibl., zu ahd. *wisi* »weise, erfahren« und *gund* »Kampf«.

Wismut weibl., alter Frauenname, zu ahd. *wisi* »weise« und *muot* »Sinn, Geist«.

Witiko, Wittiko männl., alter dt. Vorname, wie → *Wittich* aus *Widuco, Witigo, Witege*, zu ahd. *witu* »Wald, Gehölz« und *degan* »Gefolgsmann, tapferer Held«.

Aus der Literatur bekannte Romangestalt von Adalbert Stifter (1865/67).

Wito männl., zu ahd. *witu, wito* »Holz, Wald«, Kurzform von *Witiko, Wittich.*

Witold, *Widolt* männl., alter dt. Vorname *Wituwalt*, zu ahd. *witu* »Wald, Gehölz« und *waltan* »walten, herrschen«.

Witta weibl., **Witte** männl., westfriesische Kurzform zu *Witt*, ahd. *witu* »Wald, Gehölz«.

Wittekind männl., niederdeutsch *Wedekind*, auch → *Widukind*, zu ahd. *witu* »Wald, Gehölz« und dem Namenwort *Kind.*

Wittich männl., alter dt. Vorname *Widuco, Witigo, Witege*, zu ahd. *witu* »Wald, Gehölz« und *degan* »Gefolgsmann, Held«.

Held der Dietrichsage, Freund und Jugendgenosse Dietrichs von Bern, tötet in der Rabenschlacht die Söhne Etzels.

Wladimir männl., russischer Vorname *Vladimir*, zu kirchenslawisch *vladi* »Macht, Herrschaft«, und ursprünglich ahd. *mari* »berühmt«, zu russisch *mir* »Friede« gezogen.

Bekannt: der russisch-amerikanische Schriftsteller Vladimir Nabokov.

Wladislaw männl., slawischer Vorname, zu kirchenslawisch *vladi* »Herrschaft, Macht« und *slava* »Ruhm«; siehe auch die latinisierte Form → *Ladislaus.*

Wobkes weibl., ostfriesische Kurzform von → *Wibke.*

Woldemar männl., niederdeutsche Form von → *Waldemar.*

Wolf männl., alte dt. selbständige Kurzform in der Bedeutung guter Eigenschaften des Tiernamens: Kraft und Stärke des Wolfs.

Wolfbert männl. Neubildung aus *Wolf-* und *bert-*Namen.

Wolfdieter männl. Neubildung aus *Wolf* und *Dieter.*

Wolfdietrich, Wulfdietrich männl. Doppelform aus *Wolf, Wulf* und *Dietrich.*

K Wolf Dietrich von Raitenau, Erzbischof von Salzburg (16./17. Jh.), durch ihn Umgestaltung Salzburgs zur Barockstadt, Gabrielskapelle, St. Sebastiansfriedhof, Salzburg.

Wölfel männl., älter die Verkleinerungsform *Wulfila* »Wölfchen«, zu ahd. *wolf, wulf* »Wolf«.

Wolfer männl., alter dt. Vorname *Wolfhari*, zu ahd. *wolf*, »Wolf« und *heri* »Heer«.

Wolfgang männl., auch → *Gangolf*, alter dt. Vorname, zu ahd. *wolf* »Wolf« und *ganc* »(Waffen)gang, Streit«.
Als Heiligenname im Mittelalter in Süddeutschland und Österreich verbreitet; in neuerer Zeit auch durch die Namen Wolfgang Amadeus Mozart und Johann Wolfgang von Goethe verbreitet, heute beliebter Vorname.
K Der heilige Wolfgang, Bischof von Regensburg (10. Jh.), Ungarnmissionar, St. Emmeram in Regensburg.

Wolfger männl., alter dt. Vorname, zu ahd. *wolf* »Wolf« und *ger* »Speer«.

Wolfgund, Wolfgunde weibl., zu ahd. *wolf* »Wolf« und *gund* »Kampf«.

Wolfhard männl., auch *Wolfhart, Wolfart, Wolfert* männl., alter dt. Vorname *Wulfhart*, zu ahd. *wolf* »Wolf« und *harti* »hart«.

Wolfhelm männl., zu ahd. *wolf* »Wolf« und *helm* »Helm, Schutz«.

Wolfhild, Wolfhilde weibl., zu ahd. *wolf* »Wolf« und *hiltja* »Kampf«.

Wolfrad männl., zu ahd. *wolf* »Wolf« und *rat* »Ratgeber«.

Wolfram männl., zu ahd. *wolf* »Wolf« und *hraban* »Rabe«. Alter einheimischer Name, Heiligenname-Einfluß gering. Bekannt ist der Dichter Wolfram von Eschenbach, der um 1200–1210 das Gralsepos »Parzival« schrieb.

Wolfried, Wolfrid männl., zu ahd. *wolf* »Wolf« und *fridu* »Friede«.

Wolfrun weibl., zu ahd. *wolf* »Wolf« und *runa* »Geheimnis, Zauber«.

Wolftraud, Wolftrud weibl., zu ahd. *wolf* »Wolf« und *trud* »Kraft, Stärke«.

Wolter männl. Form von → *Walter*.

Wübke weibl., ostfriesische Nebenform von → *Wibke*.

Wulf männl. Vorname, eine Nebenform von → *Wolf*.

Wulfila männl., latinisierte Verkleinerungsform »Wölfchen«, zu ahd. *wulf* »Wolf«; Name des westgotischen Bischofs *Wulfila*, griech. *Ulfilas*.

Wunibald, Wunnibald männl., alter dt. Vorname, zu ahd. *wunna* »hohe Freude, Wonne« und *bald* »kühn«; *Wunnibald* wird auch zu *Winnibald* gestellt.

Wunibert, *Wunnebert, Wunnebrecht* männl., zu ahd. *wunna* »hohe Freude, Wonne« und *beraht* »glänzend«.

Wunna weibl., zu angelsächsisch *wunnia*, ahd. *wunna* »hohe Freude«; angelsächsischer Königinnenname (8. Jh.), Mutter des heiligen → *Wunibald*.

Wyn, Wyne, Wyneke männl., westfriesische Kurzform von *Wynand* = *Winand*.

X Y…

X...

Xander männl., **Xandra** weibl., rätoromanische Kurzform von → *Alexander, Alexandra.*

Xaver, Xaverius männl. Vorname span Herkunft.

Ursprünglich nur Beiname des heiligen → *Franz Xaver* (16. Jh.), auf Schloß Xavier (Javier) bei Pamplona (Navarra, Spanien) geboren; plante in Paris mit Ignatius von Loyola die Stiftung des Jesuitenordens.

Engl./frz. *Xavier, Javier*, irische Kurzform *Savy.*

Bekannt: Franz Xaver Kroetz, Schriftsteller und Schauspieler (geb. 1946).

Xaveria weibl. Form von → *Xaver.*

Xavier männl. Nebenform zu → *Xaver.*

Xenia weibl. Vorname, zu griech. *xénē* »die Gastfreundin«, auch Kurzform zu → *Polyxenia.*

Xenophon, Xenofon männl., alter griech. Vorname, zu griech. *xenos* »fremd« und *phainomai, phoa* »glänzen, leuchten«.

Ital. *Senofonte*, span. *Genofonte. Xenophon*, hervorragender griech. Schriftsteller (430–354 v. Chr.).

Xenos, *Xeno* männl., engl. Vorname griech. Herkunft, »der Fremde«, zu griech. *xenos* »fremd«.

Xerxes männl. Vorname, griech. Name des persischen Großkönigs mit dem bibl. (hebr.) Namen *Ahasver(os).*

Engl. auch *Xerus, Xeres*, weibl. Form *Sherry*, span. *Jerez, Jerges.*

Xochil [ßotschill] weibl., mexikanischer Vorname in der Bedeutung »Blume«.

Xylon männl., engl. Vorname griech. Herkunft, griech. *xylon*, Gattungsname für Holz.

Y...

Yale männl. Vorname, in den USA verbreiteter Vorname engl. Kolonisten; die ostfriesische Kurzform *Yale, Jale, Jeele, Jele* führen zu Namen mit *Geil-*, ahd. *gail*, mhd. *geil*, angelsächsisch *gal*, altsächsisch *gel*, »üppig, ausgelassen, lustig, übermütig«.

Yan, Yanick, Yanik, Yann männl., in der Schweiz gebräuchliche Kurzform und Nebenform von → *Yanneck*.

Yanneck, Yannick männl., schweizerische Formen des bretonischen Namens *Yannic*, zu frz. *Jean* = *Johann*, dänisch *Jannik*.

Yasmin, Yasmine weibl. Nebenform von → *Jasmin*.
Weibl. Vorname, AG Nürnberg, 10. 12. 1956.

Yolanda, Yolande weibl., frz./engl. Nebenform von → *Jolanda*. Kurzform *Yola*.

Yorck, York männl., ostdeutsch-slawische Form von → *Georg*, auch → *Jork, Jark*.

Yorick, Yorrick männl., engl. Vorname aus Shakespeares »Hamlet« (1603), kann zur dänischen Form → *York* = *Georg* gehören.

York männl., dänische Form unter ostdt.-slawischem Einfluß von → *Georg*; vermutlich vermischt mit keltisch *Eboracon*.
Zum altengl. Peersnamen *Eburos* von *eburos* »Eibe«; altengl. *Eferwic, Eoforwic* sind Ortsbezeichnungen, die im 9./10. Jh. unter dänisch/skandinavischem Einfluß zu *Iorvik, Iork* = *York* werden.

Yule männl., schottischer und nordenglischer Vorname, zu engl. *yule*, schwedisch *jul* »Weihnacht«, ursprünglich Fest der Mittwinternacht.

Yvan männl. Nebenform von *Ivan, Iwan*.

Yves männl., frz. Form zu → *Ivo, Ivon*, ein bekannter Name aus altfranzösischem Ritterrufnamen, zum dt. Vornamen *Ivo*, zu ahd. *iwa* »Eibe«; auch → *Ives, Ive*.
Bekannt: der französische Filmschauspieler Yves Montand (geb. 1921).

Yvetta, Yvette weibl. Formen von → *Yves*.

Yvo männl. Nebenform von *Ivo*, angelehnt an die verwandten Formen *Yvon, Yvonne*.

Yvon männl. Vorname, in der Schweiz verbreitet, frz. Form zu *Ivon, Ives*, zum deutschen Vornamen → *Ivo*, ahd. *iwa* »Eibe«.

Yvonne weibl., sehr beliebter frz. Vorname in der Schweiz, weibl. Form von → *Yvon*; auch → *Ivonne*; schwedisch → *Nonna*.

Z...

Z...

Zacharias männl., griech. Form des bibl. Namens *Sacharja*, zu hebr. *zekharejah(u)* »erinnert hat sich Jah (der Herr)«; frz. *Zacharie*.
Bekannt: der Dichter Zacharias Werner (1768–1823).

Zachäus männl., bibl. Name, griech. Verkürzung *Zakchaios* von → *Zacharias*; aramäisch *zacchai*, »unschuldig«.

Zadok männl., bibl. Name, zu hebr. *sādōq* »der Gerechte«.

Zaïd männl., **Zaïde** weibl. → *Said, Saide*.

Zala weibl., **Zalo** männl., *Zalona* weibl. Weiterbildung bulgarischer Wunschnamen für »heile, gesunde« Entwicklung.

Zammert männl., ostfriesische Kurzform, wie *Tjamme* zu germ. *Thiadmar* = *Dietmar*.

Zander männl., rätoromanische Kurzform von → *Alexander*.

Zara, Zarah weibl. Nebenform von → *Sara*.
Bekannt: Zarah Leander, schwedische Sängerin und Filmschauspielerin der dreißiger und vierziger Jahre.

Zarina weibl. Form des bulgarisch männl. Vornamens *Zarin, Zarjo* zu bulgarisch *zar* »Zar, Herrscher«.

Zäzilie weibl., dt. Schreibung von → *Cäcilie*.

Zdenka weibl., tschechische Form von → *Sidonia*.

Zdenko männl., tschechische Form von → *Sidonius*.

Zelda weibl., engl. Kurzform von → *Griselda*.

Zelia weibl., griech Vorname, weibl. Form des griech. Männernamens *Zēlos* oder zum Namen der griech. Göttin *Zēlō*.

Zella weibl. Kurzform von → *Marzella*.

Zelma weibl., engl.-amerikanischer Vorname, eine Nebenform von → *Selma*.

Zena weibl., engl. Vorname griech. Herkunft, zu den männl. griech. Namen *Zenas, Zenobius* oder Kurzform von *Zenobia*.

Zeno männl., griech. Kurzform zu *Zenodoros* »Geschenk von *Zeno* = *Zeus*«.
Der heilige Zeno (4. Jh.), Bischof von Verona, Schutzherr in Wassergefahr. K Kirche St. Zeno (13. Jh.), Bad Reichenhall.

Zenobia weibl. Form von → *Zenobius*; griech. Name der heldenhaften Königin von Palmyrene.
Zenobia (3. Jh.) machte Palmyra in Syrien zu einem Zentrum der Kultur, von Aurelianus besiegt und nach Rom gebracht.
Engl. *Zenobia, Zenab, Zenaida, Zizi*, frz. *Zenobie, Zenaide*, russisch *Zenovia*.

Zenobius männl. Vorname griech. Herkunft zu griech. *Zeno* = *Zeus* und *bios* »Leben«.

Zenta weibl., von *Innozentia, Vinzenta* oder *Kreszentia*.

Zenz, Zenzi weibl. Kurzform von *Kreszenz*.

Zerres, *Serres* männl., niederrheinische Kurzform von → *Severin*.

Ziena, *Zientje* weibl., ostfriesische Kurzform von → *Gesina, Josina* oder anderen Formen mit *-cina, -sina*.

Zilia weibl., baskische Kurzform zu *Cäcilia*, veneziaische Kurzform zu *Celia, Celestina*.

Zilla, Zilly weibl. Vornamen, 1. Kurzform von *Cäcilia, Cäcilie*; 2. *Zilla, Zillah* bibl. Name, zu hebr. *sillāh* »Schatten, Schutz«, auch »Gesang«.

Zina, Zinske, Zinskea weibl., ostfriesische Kurzform von → *Gesina, Josina* oder anderen Formen mit *-cina, -sina*.

Zinnia weibl., moderner engl. Blumenname nach den Zinnien.

Korbblütlergattung Mexikos, rot, gelb, violett und weiß blühende sommerliche Gartenzierpflanze (nach Joh. Gottfried Zinn, 18. Jh., Professor in Göttingen).

Zippora weibl., bibl. Name, zu hebr. *sippōrāh* »Vöglein, Sperling«, auch »die Zwitschernde, Singende«.

Ziska, Zissi, Zissy weibl. Kurzform von → *Franziska*.

Zita weibl., auch *Citta, Sita*, zu ital. mundartlich *citta, zita* »Mädchen, junges Ding«. Auch Kurzform von → *Felizitas*.

Die heilige Zita, ital. Dienstmagd (gest. 1272 zu Lucca), ist die Patronin der Dienstboten.

Zoe weibl., griech. Kurzform, zu griech. *zōē* »Leben«, Heiligenname, auch *Zoi*, span. *Zoa*.

Zölestin männl., **Zölestine** weibl. → *Cölestin, Cölestine*.

Zoltán männl., häufiger ungarischer Vorname, abgeleitet vom türkischen Titel Sultan.

Zora weibl., illyrische Form von → *Aurora*.

Zuria weibl., baskischer Taufname »die Weiße«, zu baskisch *zuri* »weiß«; entspricht katalanisch, rätoromanisch → *Blanca*.

Zwaantje, Zwanette weibl. Vornamen, ostfriesische Verkleinerungsform zu Namen mit *Swan-, Schwan-*.

Zwi männl., hebr. Name in der Bedeutung »Hirsch«.

Zyprian männl. → *Cyprian*.

Literaturverzeichnis

Aubert, Joachim: Handbuch der Grabstätten berühmter Deutscher, Österreicher und Schweizer. München/Berlin ²1975.

Audebert, Antoine: Dictionnaire Analytique des Prénoms. Paris 1956.

Bach, Adolf: Deutsche Namenkunde, 4 Bde. u. Reg.-Bd., Heidelberg 1952–1956.

Bahlow, Hans: Unsere Vornamen im Wandel der Jahrhunderte. Limburg 1956.

Bass, Alfred: Beiträge zur Kenntnis deutscher Vornamen. Leipzig 1903.

Brons, Bernhard: Friesische Namen. Emden 1877.

Brown, Michèle: The New Book of First Names. London 1985.

Burgio, Alfonso: Dizionario dei nomi propri di persona. Milano 1970.

Carlsson, Albert W.: stora namn boken. Stockholm 1986.

Dauzat, Albert: Dictionnaire étymologique des noms de famille et prénoms de France. Paris 1972.

Diederichsen, Uwe: Das Recht der Vornamensgebung. In: Neue Jur. Wschr. 34. Jg. (1981), 705–713.

Drosdowski, Günther: Lexikon der Vornamen. Mannheim ²1974.

Eberhard-Wabnitz, Margit, u. Horst Leisering: Knaurs Vornamenbuch. München 1984.

Förstemann, Ernst: Altdeutsches Namenbuch. 1. Bd. Personennamen. Bonn ²1900.

Heimerans Vornamenbuch von Hellmut Rosenfeld. München ¹¹1968.

Heinrichs, Karl: Studien über die Namengebung im Deutschen seit dem Anfang des XVI. Jahrhunderts. Straßburg 1908.

Hergemöller, Bernd-Ulrich: Gebräuchliche Vornamen. Münster ⁵1978.

Hornby, Rikard: Danske Navne. København 1951.

Irle, Lothar: Die Vornamengebung im Siegerland. Siegen 1932.

Johnson, Charles, Linwood Sheigh: Names for Boys & Girls. London 1979.

Katz, Rosa: Psychologie des Vornamens. Bern/Stuttgart 1964.

Kaufmann, Henning: Ergänzungsband zu Ernst Förstemann, Personennamen. München 1968.

Keller, Hiltgart L.: Reclams Lexikon der Heiligen. Stuttgart ³1975.

Kohlheim, Volker: Regensburger Rufnamen des 13. und 14. Jahrhunderts. Wiesbaden 1977.

Kopečny, František: Průvodce našimi jmény. Prag 1974.

Koß, Gerhard: Benennungsmotive bei der Vornamengebung. Motivationen bei der Wahl von Rufnamen. Sonderdrucke 1972.

Ladó, János: Magyar utónévkönyv. Budapest 1978.

Linnartz, Kaspar: Unsere Familiennamen. Bd. 2, Aus deutschen und fremden Vornamen erklärt. Bonn 1958.

Lokotsch, Karl: Etymologisches Wörterbuch der europäischen Wörter orientalischen Ursprungs. Heidelberg 1927.

Mackensen, Lutz: Das große Buch der Vornamen. München ^{4}1978.

Meijers, J. A., und J. C. Luitingh: Onze Voornamen. Amsterdam, ^{10}1977.

Meisinger, Othmar: Hinz und Kunz. Deutsche Vornamen in erweiterter Bedeutung. Dortmund 1924.

Meister, Abraham: Biblische Namen kurz erklärt. Konstanz 1975.

Merkle, Ludwig und Elli: Vornamen in Bayern. München 1981.

Naumann, Hans: Altnordische Namenstudien. Berlin 1912.

Nied, Edmund: Heiligenverehrung und Namengebung. Freiburg 1924.

Otterbjörk, Roland: Svenska förnamn. Stockholm 1970.

Paul, Karl: Das kleine Vornamenbuch. Leipzig ^{9}1974

Pierrard, Pierre: Dictionnaire des prénoms et des saints. Paris 1974.

Pulvermacher, Nathan: Berliner Vornamen. Berlin 1902, 1903.

Raveling, Irma: Vornamen- und Namengebung in Ostfriesland. Aurich ^{2}1972.

Reinhardt, Gertrud: Getauft auf den nordfriesischen Inseln. Hamburg 1975.

Rouzic, Pierre le: Un prénom pour la vie. Paris 1978.

Satrustegui, J. M.: Euskal Izendegia. Bilbao 1983.

Schaar, Johannes van der: Woordenboek van Voornamen. Utrecht/Antwerpen ^{12}1981.

Schnack, Heinrich Christ.: Vollständige Sammlung von Vor- und Taufnamen. Hamburg 1901.

Schumacher, Heinz (Hrsg.): Die Namen der Bibel – und ihre Bedeutung im Deutschen. Heilbronn ^{6}1976.

Schweiz: Kennen Sie die seit 25 Jahren in der Schweiz beliebtesten Vornamen von Mädchen und Knaben? Zürich 1979.

Seibicke, Wilfried: Die Personennamen im Deutschen. Berlin 1982.

Seibicke, Wilfried: Vornamen. Frankfurt a. M. ^{2}1991.

Seibicke, Wilfried (und Lutz Jacob): Die beliebtesten Vornamen der Jahre 1977 bis 1997. In: Der Sprachdienst (Wiesbaden) 1978–1998.

Senger, Basilius: 2000 Vornamen. Dülmen ^{6}1985.

Slownik imion (Wörterbuch der Vornamen: 555 europäische Vornamen in 25 Sprachen). Warszawa 1975.

Solar, Juana del: Diccionario de los nombres con sus respectivas fechas onomásticas. Castellano, Catalán, Euskera, Gallego. Barcelona 1985.

Statistische Vornamenangaben der Städte: Berlin, Bielefeld, Flensburg, Freiburg/Br., Hamburg, Karlsruhe, Kiel, Köln, München, Stuttgart, Wien, Wiesbaden, Würzburg.

Torsy, Jakob: Lexikon der deutschen Heiligen, Seligen, Ehrwürdigen und Gottseligen. Köln 1958.

Torsy, Jakob: Der große Namenstagskalender. Freiburg/Br. ^{10}1985.

Vornamen – Prénoms – I Nomi, Prenoms in der Schweiz. Hrsg. vom Schweizerischen Verband der Zivilstandsbeamten. Aarau 1972.

Wasserzieher, Ernst: Hans und Grete. Zweitausend Vornamen erklärt. Bonn [19]1979.
Weigel, Alexander: Unsere beliebtesten Vornamen. Niedernhausen/Ts. 1989.
Weitershaus, Friedr. Wilh.: Christliche Taufnamen. Aschaffenburg 1986.
Wells, Evelyn: What to Name the Baby? A Treasury of Names. New York 1953.
Wentscher, Erich: Die Rufnamen des deutschen Volkes. Halle (Saale) 1928.
Wimmer, Otto, und Hartmann Melzer: Lexikon der Namen und Heiligen. Innsbruck – Wien – München [4]1982.
Withycombe, E. G.: The Oxford Dictionary of English Christian Names. London, Oxford, New York 1973.
Woulfe, Patrick: Irish Names for Children. Dublin 1979.
Zahrenhusen, Hinrich: Ostfriesische Vornamen. Emden 1939.